U0024846

擁有勇氣、信念與夢想的人，才敢狩獵大海！

獵海人

迷途的羔羊

——中國托派沉浮錄

王永勝　著

我們都如羊走迷，
各人偏行己路。

——《聖經．以賽亞書》五十三：六

目次

莫斯科郊外的寒風
——中國托派與溫州托派始末

誕生於上世紀二十年代蘇共黨內鬥爭中的托洛茨基派（托派）[1]是世界社會主義運動中一個獨特的極左派別，至今已存在了近百年歷史。在全世界整個社會主義運動中，托派雖然處於邊緣化，卻一直延續著生命力。[2]在近代中國，只有二十多年短暫政治生命的中國托派，宛如旅人深夜劃開的剎那花火，轉瞬即滅。她又是從莫斯科郊外刮來的一股寒風，一路南下千萬裡，掠過溫州這一座江南小城，並將此打造成一座托派的重鎮與橋頭堡，留下許多讓人唏噓、歎息的故事。

一、中國托派組織誕生的複雜背景

蘇聯托派誕生之時，正值中國留蘇熱潮。上世紀二十年代蘇聯熱潮共有近一千四百名中國留學生在蘇聯學習，其中九十五%的留蘇學員（將近一千三百二十人）就讀於莫斯科東方大學和中山大學。[3]在兩所大學中，中山大學第一任校長拉狄克是托洛茨基的重要助手和忠實信徒，在他領導下的中山大學成為「托洛茨基反對派」的重要陣地。[4]

大革命失敗後，一些革命知識份子「從狂熱到幻滅」[5]，這對身處「紅色聖地」異鄉的留蘇學生來說，更為困惑，苦惱。在這種氛圍之中，不少留蘇學生讀到托派文件之後，淤積於胸的疑問豁然開朗，順理成章地走向托派。另外，蘇聯當局打擊托洛茨基，讓部分留蘇學生產生

1 本書在使用「托派」一詞時，根據語境不同，有時是指托派組織，有時是指托派成員。我使用「托派成員」代替「托派分子」這一帶有貶義的詞語，引用材料中的出現「托派分子」一詞，一般不改動。
2 曾淼：《世界托派運動》，導言第一頁，北京：人民出版社，二〇一一年。
3 曾淼：《世界托派運動》，第一一一頁。
4 曾淼：《世界托派運動》，第二九二頁。
5 高華：《歷史筆記》II，第三二二頁，香港：牛津大學出版社。

反感，[6]這也讓部分留蘇學生同情托派，甚至成為托派。

最初，有三十多名中共學生祕密加入了聯共（布）托派反對派[7]。據唐寶林考證，中山大學加入蘇聯托派的有：徐雪作、陸一淵、董汝誠、梁幹喬、朱懷德、張師[8]、宋逢春、史唐、安福、范金標、卞福林、曾猛[9]、謝英、趙彥卿、耿堅白、李梅五、蕭冰洋、徐正庵、楊華波、陳亦謀等，同情托派的有：杜畏之、陳原道、高衡、曾弘毅、徐達文、彭桂秋、馬景山、安明波[10]等。[11]

東方大學同情或加入托派的有：馬員生、孟炳昶、王凡西、吳季嚴[12]、彭桂生、江尚師、趙濟、朱代傑、嚴明傑、段子亮、劉胤、羅漢、濮德志、陸夢衣、王平一、李平、徐乃達等。[13]

在一九二七年十一月七日紀念十月革命遊行現場發生一件嚴重事件，讓留蘇托派學生問題浮上檯面。當日，中山大學遊行隊伍走進紅場入口時，隊伍裡的蘇聯托派成員突然從口袋裡掏出布旗揮舞，呼喊反對史達林、擁護托洛茨基的口號。這一挑釁，當即引起擁護聯共領導的其他遊行學生的反擊，雙方開始互毆。更使史達林吃驚的是，中山大學另一部分學生也突然打開寫有「執行列寧遺囑，罷免史達林，擁護托洛茨基」字樣的旗子，並高呼口號，支持遊行隊伍前面被圍攻的蘇聯托派成員，比蘇聯托派成員喊得更響。[14]

這一聯共黨史上從未有過的嚴重事件，加劇了聯共黨內反對托派的鬥爭。事件發生一周之後，聯共中央及中央監

---

6 唐寶林：《中國托派史》，第一八頁，臺灣：東大圖書公司。
7 下文簡稱為蘇聯托派。
8 鄭超麟回憶文章稱為張師，唐寶林誤寫為張特。見鄭超麟：《鄭超麟回憶錄》下，第三六三頁，北京：東方出版社，二〇〇四年。
9 曾猛，溫州人，本篇略寫，下同。詳見本書專門寫他的文章。
10 又名安景明，後來溫，對溫州托派組織產生獨特影響，見本書專門寫他的篇章。
11 唐寶林：《中國托派史》，第一九－二〇頁。
12 陳獨秀外甥。
13 唐寶林：《中國托派史》，第二〇頁。
14 唐寶林：《中國托派史》，第二四頁。

察委員會聯席會作出開除托洛茨基和季諾維也夫倆人黨籍的決定。十二月聯共十五大批准了開除托洛茨基、季諾維也夫的決定，同時開除七十五名托派骨幹成員。一九二八年一月，托洛茨基被流放蘇聯東南邊疆城市阿拉木圖。蘇聯國內開展了大規模的肅托運動，蘇聯托派活動轉入地下。[15]

參加紅場事件的中國托派留學生，都被開除黨籍和團籍。少數人如陳琪、聞嶽留校當了一段時間的「反面教員」，然後充軍到南俄靠近伊朗的邊境服苦役。多數人在一九二七年底，被遣返回國。

一九二八年七月，共產國際「六大」在莫斯科舉行。會前，流放阿拉木圖的托洛茨基獲得了史達林和布哈林起草的、要提供給大會通過的《共產國際綱領草案》文本後，就寫了《共產國際綱領草案——對根本原則的批判》，文件分三部分，第三部分是專論「中國革命的總結和前瞻」，把中國大革命的失敗，作為批評史達林工運策略錯誤的重型炸彈，全面系統地總結了共產國際指導中國大革命的路線及其慘敗的結果。[16]

已經祕密加入蘇聯托派組織的王凡西、劉仁靜、趙濟等人，正是會議期間為中國代表團服務的工作人員。他們在翻譯大會文件時看到了不准翻印、不准帶回國的這份文件，「被深深感動，不僅翻譯流傳出來，而且決定組織起來」。[17]

「為了更好地領導分散在各個學校的托派學生」，托派學生覺得「有必要建立領導機構」[18]，意思是建立獨立留蘇學生托派組織。在一九二八年夏末秋初的一天[19]，中山大學十多名托派學生，帶著一些食品水果，到莫斯科郊外去

15 唐寶林：《中國托派史》，第二四頁。
16 唐寶林：《中國托派史》，第三七—三八頁。
17 唐寶林：《中國托派史》，第三九頁。
18 劉平梅：《中國托派黨史》，第一九頁。唐寶林和劉平梅對這次祕密會議的描寫大同小異，唐寶林引用當事人曾猛在一九五五年十一月八日寫的《一九二八年莫斯科中山大學學生托派組織活動情況》手稿，劉平梅是老資格托派，並沒有留學蘇聯的經歷，他讀完唐寶林著作《中國托派史》之後，發現不少錯誤，就採訪了當時健在的托派老人，寫出他認為糾正錯誤的《中國托派黨史》一書。我在此處綜合了倆人的材料。
19 準確時間已很難確定。唐寶林認為是「九、十月間的一個星期天」。《中國托派史》》第三九頁。

「郊遊」野餐。他們分批出發，坐電車到了終點，再步行到莫斯科郊外的一片大松樹林裡，圍坐在一起。他們唱著，吃著，玩了一會兒。當遊人稀少時，就嚴肅地談起話來，討論莫斯科中國反對派的組織問題。[20]

安福主持會議，他首先傳達了蘇聯托派同志的意見。各學校托派許多同志被捕，蘇聯托派已難與中國學生反對派接觸，也不可能由蘇聯托派直接領導中國學生的反對派。故此，中國學生反對派應建立一個獨立的領導機構，來領導中國學生的反對派。[21]

安福提供了留蘇托派學生的具體人數，「分散在莫斯科各校（炮兵學校、步兵學校、列寧學院等）及本校的大多數同學，已有五六十人。」[22]

會議經過討論，決定成立「幹事會」為領導結構。選舉七人組成「幹事會」。這七人是：安福（書記），范金標（組織），王凡西（宣傳），曾猛、卞福林為幹事；李平、謝英為候補幹事。安福負責與蘇聯托派聯繫，由於安福不懂俄語[23]，范金標和王凡西協助安福。范金標負責與各個托派小組聯繫，王凡西負責翻譯各種文件。

會議決定，繼續在各校中國學生中發展組織。[24]

視線轉向國內。一九二七年底被遣送回國的第一批托派學生史唐、宋逢春、梁幹喬、區芳等人，經過約一年時間醞釀和籌備，於一九二八年十二月在上海陸一淵家中召開第一代表大會，建立國內第一個托派組織，自稱為「中國布爾什維克列寧主義反對黨」。出版油印刊物《我們的話》，所以，也被稱為「我們的話派」。」我們的話派」以上海

---

20 唐寶林：《中國托派史》，第三九—四〇頁。

21 劉平梅：《中國托派黨史》，第一九頁。

22 唐寶林：《中國托派史》，第四〇頁。

23 選安福為書記，可能是由於他資歷比較老。安福是無錫人，在紗廠做過工，後來來到上海，從事工人運動，加入中共，曾參加過上海三次武裝起事。大革命失敗之後，帶了一批工人到蘇聯留學。安福也是接觸到托派文件之後，轉向托派（唐寶林：《中國托派史》，第四〇頁）。據盛嶽說：來留學的「絕大多數無產者同志都是文盲」（盛嶽：《莫斯科中山大學和中國革命》，第八六頁，現代史料編刊社，一九八〇年），所以學俄語非常吃力。留蘇學生不懂俄語，在中山大學應該並不少見。

24 劉平梅：《中國托派黨史》，第二〇頁。

為活動中心，還在武漢、香港、蘇州、廣州、北京和哈爾濱等地建立了支部。[25]

一九二九年一月，曾猛從莫斯科回到上海，向中共中央報到，二月，他與史唐等人取得聯繫。曾猛這才知道史唐他們已經成立國內第一個托派組織，於是就把莫斯科祕密組織的情形及對國內托派的「熱切希望」轉告給他們。這樣，兩地托派組織正式貫通。他們以上海新宇宙書店為聯絡點，在莫斯科的王凡西把譯好的托洛茨基文件寄到這個書店，轉給史唐。由此他們相信，托洛茨基的「真理」就能在神州大地上傳播開來。

二、從陳獨秀、彭述之、鄭超麟到中國托派

唐寶林認為，「我們的話派」的主要活動是，「在刊物上連篇累牘地翻譯托洛茨基在中國革命問題上歷次批判史達林和共產國際的文章和資料，把托洛茨基主義介紹到中國來」，這「終於造成中共的一次大分裂。」[26]這指的是一九二九年，陳獨秀轉向托洛茨基主義。

陳獨秀轉向托派

歸國留學生王平一，原是山東的中共黨員，在莫斯科轉向托派，回國後被分配到中共中央直屬支部工作，同時與「我們的話派」關係密切，就把托派文件傳到「陳獨秀派」手中。」「陳獨秀派」成員，是指在「六大」以後失去了領導職務，先後到上海，親陳獨秀的人。一九二九年四、五月間，彭述之、尹寬、鄭超麟等人見到王平一帶來的托洛茨基文件後，一方面自動組織起來，進行系統的學習，並且完全佩服和接受托洛茨基的一切思想和主張。

彭述之是除陳獨秀外，身分最為顯赫的一位，在一九二五年召開的中共四大上，彭述之當選為中央執行委員會委員、中央局委員。此後任中央宣傳部主任兼《嚮導》週報主編，是當時中共二號人物。在中共中央宣傳部工作，編輯

---

25 唐寶林：《中國托派史》，第二六頁。
26 唐寶林：《陳獨秀全傳》，第五五三頁，北京：社會科學文獻出版社，二〇一三年。

黨報的鄭超麟正是彭述之的下級。這其實也為以後陳獨秀「不視事」之後，彭述之、鄭超麟倆人分道揚鑣埋下伏脈。

和彭述之、鄭超麟、尹寬三人對托洛茨基的全盤接受、佩服得五體投地的態度不同，陳獨秀起先一直持保留態度。陳獨秀和托洛茨基同齡，都是出生於一八七九年，在共產主義運動歷史上，倆人都是雄獅一樣的人物。戴著「右傾機會主義和投降主義路線導致大革命失敗」這頂巨大、屈辱帽子的陳獨秀讀到托洛茨基的文件，才恍然大悟，原來錯不在己。但是，要讓一頭雄獅徹底服從另一頭雄獅，陳獨秀需要「一層一層」殺死舊日的自己，然後把自己全部交給同齡的托洛茨基。到此，托洛茨基那份獨特的文件，才發揮完其全部功效。

經過三四個月的學習和討論，陳獨秀在基本上接受託洛茨基主義但在有些保留的思想狀態下，正式轉變為托洛茨基主義者，並且很快就被擁戴為中共黨內反對派即托派領袖。於是，他打破了一年多的沉默。在八月五日，給中央寫了一封長信，貢獻「一年來慎重考慮的結論」。[27]中國托派，從此進入陳獨秀時代。

早在一九二九年六月，即陳獨秀等接觸托派文件之初，中共中央就很快發現國內有托派組織活動，並在六屆二中全會上專門討論了這個問題，把陳獨秀等人的活動，當作「反革命」對待。[28]在中國托派組織誕生之初，中共就對其以「反革命」定調。這和托洛茨基的定位截然不同。托洛茨基明確說過，托派組織「是一個派別，而不是一個政黨」，各地托派組織也都奉為圭臬。[29]

陳獨秀起先向「我們的話派」表示，希望他能加入其中。但是，沒想到「我們的話派」「心胸狹窄」，「不僅表示不歡迎」，「而且很厭惡」。[30]「我們的話派」提出陳獨秀他們這些「老幹部」只能「以個人名義」加入其組織，陳獨秀覺得無所謂，彭述之、尹寬等人堅決反對，覺得那些黃毛小子太不知天高地厚，是「孩子們胡搞」。[31]

27 唐寶林：《陳獨秀全傳》，第五五六頁。
28 唐寶林：《陳獨秀全傳》，第五七二頁。
29 唐寶林：《中國托派史》，第四六頁。
30 唐寶林：《陳獨秀全傳》，第五八〇頁。
31 唐寶林：《陳獨秀全傳》，第五八四頁。

以「老托代表」自居的劉仁靜[32]出面調節「青年托派」和「陳獨秀派」之間的矛盾，希望推動兩派統一。[33]最終談判無果。陳獨秀才決定自行組織獨立的托派組織，一九二九年九月，陳獨秀打旗「中國共產黨左派反對派」，隨後，陳獨秀、彭述之等人被開除黨籍，打入「反革命行列」。一九三〇年三月一日，「陳獨秀派」機關報《無產者》創刊，從此陳托組織也被簡稱為「無產者社」。

此時，莫斯科的寒風刮到中國。從一九二九年秋季學期開始，聯共中央監察委員會派出清黨委員來中山大學，採取逼供的殘酷手段調查托派嫌疑學生，致使一位負責留蘇中國托派祕密組織工作的學生，在自殺前交出一份留蘇托派學生名單。王凡西說此人是趙言輕（疑和上文的趙彥卿為同一人）——在絕望的凌晨，趙言輕在宿舍裡懸樑自盡——名單上有三百人，其中三十人已回國（盛嶽說，交出八九十人名單的是李萍）。蘇聯當局吸取了上一次「放虎歸山」的教訓，就把這些托派學生幾乎全部發配到西伯利亞服苦役，除極少數經過千辛萬苦逃回中國外，絕大多數在那裡被折磨而死。

蘇聯當局把這份名單傳到國內，於是，又有成批隱藏在中共黨內托派成員被開除出黨。王凡西、曾猛、吳季嚴就是在這次事件中被開除出黨，還有不少托派成員自動脫黨。

劉仁靜在不滿中共、批判「我們的話派」和「陳獨秀派」的同時，於一九三〇年一月，與王凡西、黎白曼、宋逢春等九人，另行成立一個托派組織，出版機關報《十月》，於是他們被稱為「十月社」。[34]劉仁靜與十月社合作不長久又失和，最後被十月社開除。

32 一九二九年春天，劉仁靜在列寧學院結束學習之後，繞道歐洲，特意登上土耳其太子島——當時托洛茨基流亡地，專門拜見托洛茨基。居於異地的托洛茨基熱情接待了這位年輕的中國信徒。劉仁靜在島上住了十幾天，與托洛茨基促膝長談，這也就成為劉仁靜後來賴以自傲的資本。臨別前，托洛茨基將自己起草的一份《中國政治現狀和反對派（布爾什維克列寧派）的任務》的提綱，交給劉仁靜帶回中國。此後幾年，劉仁靜一直和托洛茨基保持密切聯繫，並以托洛茨基代理人自居，

33 唐寶林：《陳獨秀全傳》，第五八一頁。

34 唐寶林：《陳獨秀全傳》，第六一一頁。

另外一些莫斯科回國後還在游離狀態的托派學生，又在中共和已有的托派組織之外，成立第四個托派組織，這就是趙濟、劉胤等七人組織的「戰鬥社」，機關報為《戰鬥》。[35]

這些中國托派小組織在互相傾軋的同時，又都向托洛茨基寫信、寄材料，標榜自己，攻擊異己。[36]當托洛茨基慢慢讀完陳獨秀轉向托派的第一手資料之後，托洛茨基對陳獨秀的態度從謹慎變得明朗而熱烈。托洛茨基終於可以確定，一頭雄獅已經完全歸至麾下。

托洛茨基特別嚴厲地批評了「我們的話派」的正統自大心理，並要求三派加速統一（托洛茨基在寫這封信時，「戰鬥社」還沒成立）。[37]收到托洛茨基的這封信之後，陳獨秀一掃過去「妾身未名」的陰霾，成為托洛茨基的掌上明珠——中國托派的領袖了。[38]

但是，人們沒想到的是，這樣一來，無產者社又翹尾巴了。主要是三把手彭述之，因有感於那些青年托派對他沒好感，怕在未來的統一組織中不會奉他為領袖，於是出來作梗。[39]唐寶林在《陳獨秀全傳》裡對他有辛辣的嘲諷。

他是個矮個子，操一口濃厚的湖南口音，戴一副深度的近視眼鏡。青年托派稱他為「老夫子」。但他因沒有什麼業績，又長期在陳獨秀身邊相形見絀，所以，大家認為他低能，又高傲自大。在莫斯科留學時，看了一本布哈林寫的《共產主義ABC》，就以馬克思主義理論家自居，嘮叨個沒完，擺老資格，拿臭架子。認為「搞革命還得靠我們這些老幹部，這些小孩子只能讓他自生自滅」。這種觀點，與陳獨秀完全相反。

35 唐寶林：《陳獨秀全傳》，第六一三—六一四頁。
36 唐寶林：《陳獨秀全傳》，第六一六頁。
37 唐寶林：《陳獨秀全傳》，第六一九頁。
38 唐寶林：《陳獨秀全傳》，第六二〇頁。
39 唐寶林：《陳獨秀全傳》，第六二七頁。

大革命時期，他被黨內同志視為陳獨秀指揮下的「第一把小提琴」，忠實執行陳獨秀路線（實為共產國際的史達林路線），並處處挾陳獨秀以自重。」老先生的意見同我一致」，是他的口頭禪。而且在中央常委會議上，幾乎每次陳獨秀發表意見後，他都要替陳獨秀做注解，長篇大論地為陳的意思找根據，話說得既長，又空洞，使與會者十分不耐煩，而他卻還揚揚自得，很不自覺。有時他還狂妄地認為，中國共產黨領袖除陳獨秀以外就是他，宣稱中央常務委員會四人（本為五人，蔡和森在一九二五年十月去莫斯科當中共駐國際代表）中，「瞿秋白是高等技術人才，張國燾是高等事務人才」，言下之意，唯他是「高等政治人才」。

大革命失敗後，他也下臺了，隨後，他就參加了沒有陳獨秀的陳獨秀派活動，為恢復陳獨秀在黨內的地位以恢復自己昔日的地位而奮鬥，結果失敗。與陳獨秀一起轉向托派並另成立組織以後，又重燃起他的領袖欲之火。他一面愈加抓緊陳獨秀，利用白色恐怖下地方工作的紀律，藉口保護陳獨秀，控制陳獨秀的行蹤和住址。當時國民黨政府「賞金萬金」緝拿陳獨秀，陳與共產黨決裂後，從原址老靶子路搬到提籃橋居住，不把新地址告訴其他任何人，只有彭述之一人知道。別人要與陳獨秀聯繫，甚至給陳閱讀托洛茨基文件，都要通過他。所以，大家又都把他視為陳的「總理」。現在，他依然認為，必須依靠陳獨秀才能恢復他的領袖地位。另外，他又竭力利用往日在黨內的地位關係，把一些支部和黨員拉入托派，以擴大他在托派內部的組織基礎。陳獨秀出於特殊身分、地位和處境，很少做具體的組織工作。這樣，彭述之很快就掌握了「無產者社」中的多數。在常委中，除了陳獨秀、尹寬和何資深外，馬玉夫、杜培之、羅世凡、吳季嚴等，都是他的人。因此，他對陳獨秀和其他人搞封鎖，按照他的意願，操縱托派的某些活動。[40]

也許是唐寶林覺得對彭述之的嘲諷是太過了，馬上做出解釋：

---

40 唐寶林：《陳獨秀全傳》，第六二七－六二八頁。

上述對彭述之的評價，都是青年托派和以後托派少數派的看法。雖然都是事實，但公平地說，彭述之所以能做到這一點，以後又一直是托派多數派的領袖，一九四八年流亡國外，歷盡艱險，到巴黎成為第四國際書記處成員，並寫下大量論著，也說明他不是庸碌之輩，還是有較高的理論水準、政治經驗和組織能力的。[41]

需要指出的是，在我讀過的諸多中國托派材料中，彭述之確實如唐寶林所說，是一個接近小丑的形象。惟有溫州的托派老人，對他持比較中肯的意見。我問托派老人周履鏘，對彭述之他怎麼看？周履鏘老人說，早年由於彭述之和鄭超麟有門戶之見，鄭超麟對彭述之有反感。一九四八年，彭述之流亡海外，鄭超麟就成為大陸當仁不讓的領袖。鄭超麟又高壽，晚年寫了大量回憶文章，也帶出了對彭述之的情緒，而大陸讀者，只聽鄭超麟一面之詞，不瞭解彭述之的言行，在無形之中就被鄭超麟的評價所左右，這也影響到了唐寶林。晚年的周履鏘和周仁生兩位老人，都覺得鄭超麟對彭述之的批評，「有點過了。」周履鏘、周仁生早年屬於多數派陣營，遲暮之年，已放下門戶之見，努力做到持平之論。這當然是後話。

據唐寶林所說，在統一問題上，彭述之主張以無產社為中心，這違反托洛茨基來信指示平等原則，這也激起其他三派的強烈不滿，最後還是陳獨秀出馬，平衡各方。

一九三一年五月一日～三日托派祕密舉行為期三天的統一大會。各派代表名額的產生，由於關係到統一後托派中各派的利益分配，曾發生激烈的爭鬥。後來妥協下來：二十人出一代表，由各派自己推選。[42]

大會決定中國托派的正式名稱，仍沿用無產者社的名稱，即「中國共產黨左派反對派」，以示他們仍是共產國際及中共內部的一派。大會選舉了全國執行委員會十三名（其中包括九個正式委員和四個候補委員）。唐寶林根據王凡西、鄭超麟、濮德志三人的回憶綜後出一份名單：陳獨秀（書記處書記）、陳亦謀（組織部主任）、鄭超麟（宣傳部

41 唐寶林：《陳獨秀全傳》，第六二八頁。
42 唐寶林：《陳獨秀全傳》，第六四四頁。

主任）、王凡西（黨報主編）、宋逢春（書記處秘書）、羅漢、張九（香港工人）、彭述之、濮德志等。前五人相當於常委組成「書記處」。十三名全國執行委員會成員，領導著當時全國約五百多名托派成員[43]，勉強可以說，翻開了中國托派歷史上新的一頁。

王凡西、鄭超麟、濮德志三人的回憶略有出入，但是不管如何，彭述之沒有進入「書記處」。[44]這真是此一時彼一時也，當年中共二號人物彭述之，離「二號」位置越來越遠，而當年他的下級鄭超麟，現在成為他的上級。不難想像彭述之五味雜陳的內心。這也最終導致陳獨秀和彭述之關係的破裂。

在一九三一～一九三二年間，「托派」陳獨秀高舉反蔣抗日的旗幟[45]，帶領統一後的中國托派一路披荊斬棘。對於數十年飽飲「反革命」、「漢奸」屈辱指責的托派老人來說，一九三一～一九三二年間，是一段「光榮與夢想」的歲月。可是，在驚濤駭浪中，躊躇滿志的老船長開動這艘勉強拼湊的小船時，卻是一路打擊不斷。當年獨領風騷的弄潮兒陳獨秀，「發已微斑」。[46]

統一大會召開後不到二十天，沒能進入領導層的工人領袖馬玉夫叛變，向國民黨龍華警備司令部告密，托派中央即遭破獲，除陳獨秀、彭述之、羅漢因馬玉夫不知位址而倖免外，其他中委悉被逮捕。[47]陳獨秀出面收拾殘局。

沒想到的是，一年多之後，一九三二年十月十五日，新的托派中央常委彭述之、羅世藩、濮德志、宋逢春，在上海虹口區有恆路春陽里二〇一號秘書謝少珊家開會，被國民黨中統特務偵知，與法租界巡捕一起聯合行動，五人全部

43 同上。
44 唐寶林：《陳獨秀全傳》，第六四五頁。
45 參考唐寶林著作《陳獨秀全傳》中篇第十五章「反蔣抗日的旗手」。
46 一九三二年十月十日《申報》記載抓捕人員逮捕陳獨秀時，所見「陳獨秀之形狀」，「發已微斑」。見強重華等編著：《陳獨秀被捕資料彙編》，第一二八頁，河南人民出版社，一九八二年。
47 唐寶林：《中國托派史》，第一四四頁。

被捕。[48]

此次事件，很有戲劇性。一九三二年濮德志被捕保外就醫，仍處於國民黨特務監視之下[49]，最後導致這次大逮捕。這次大逮捕，帶來一個嚴重的後果：謝少珊自首，領人去岳州路永興裡十一號樓上將陳獨秀逮捕。這也是陳獨秀人生之中最後一次被捕。眾所周知，這是一次「著名的被捕」，陳獨秀在獄中有許多廣為流傳、頗有魏晉風采的故事。[50]

沒有陳獨秀坐鎮的托派，「城頭變幻大王旗」，領導位置數次換人。一九三二年冬，陳獨秀利用「優待」條件，通過經常到南京軍人監獄探望鄭超麟的劉靜貞（鄭的妻子，當時化名吳靜如），與上海托派臨委建立聯繫，遙控指揮，原本混亂的托派領導層更加混亂。[51]

一九三七年七七事變爆發，八月十三日，日軍向上海發動進攻，出動大批飛機轟炸南京。陳獨秀所住的牢房，有一次也被震坍屋頂。國民黨政府乘機宣佈陳獨秀等人減刑，八月底，陳獨秀一生中最後一次出獄。

陳獨秀曾經趣論過「研究室與監獄」，認為：「世界文明發源地有二：一是科學研究室，一是監獄。我們青年要立志出了研究室就入監獄，出了監獄就入研究室，這才是人生最高尚優美的生活。從這兩處發生的文明，才是真文明，才是有生命有價值的文明。」[52]陳獨秀是親身實踐之。監獄也是一個人思想、命運徹底改變的「風陵渡口」。站在「風陵渡口」的陳獨秀面目新得無人可識。

48 唐寶林：《陳獨秀全傳》，第六八九頁。
49 同上。
50 陳獨秀這次審判、坐牢的故事，這裡不再贅述，具體見本書寫曾猛的章節，讀者可參考唐寶林著作《陳獨秀全傳》「在獄中」部分。
51 唐寶林：《陳獨秀全傳》，第七四〇—七四一頁。
52 陳獨秀：《獨秀文存》卷二「隨想錄」「研究室與監獄」。第五〇頁。

還在獄中的陳獨秀，差點被他不能制約的托派中央開除[53]（王凡西說，陳獨秀已經被開除）[54]。等到陳獨秀出獄時，全民抗戰已是當務之急，他由「打倒國民黨」轉變為「擁護國民黨政府領導抗日」[55]，但是他又強烈要求國民黨改變一黨獨裁統治，實行民主政治，減輕人民負擔。[56]此時的陳獨秀，已經超脫於黨派之外，甚至拋棄大半輩子信仰的社會主義[57]。

一九三七年九月九日，陳獨秀乘輪船遷往武漢，故地重遊，喟然歎曰：「不堪回首武昌城」。陳獨秀選擇不去托派革命中心上海而去武漢，在托派同仁看來，這就是離別。在武漢的陳獨秀支持共產黨建立統一戰線，同時拒絕「回（共產）黨三條件」。[58]他試圖在政治上進行籌畫第三種勢力工作，無奈最後一次救國實踐也以夭折告終。[59]

一九三七年，對陳獨秀來說是一個刻骨銘心的年份，這一年，他被潑上「托派即漢奸」的髒水。[60]陳獨秀晚年入川，最後在國、共、托三面圍攻中死去。離世之前，他人生最後言論被集成《陳獨秀最後論文和書信》這一本小冊子。何之瑜把這本小冊子帶到上海，一九四八年由托派朋友集資印刷了幾十本流傳開來。[61]「序言」首先引用陳獨秀自己的聲明：「我已不隸屬任何黨派，不受任何人的命令指示」，強調「最後思想——特別是對民主主義只有的見解」，是他「自己獨立的思想」。壯士猛然回首，找到自己出發的路，正所謂「無邊落木蕭蕭下，不盡長江滾滾

53 唐寶林：《陳獨秀全傳》，第七五一—七六五頁。
54 唐寶林：《陳獨秀全傳》，第七六四頁。
55 唐寶林：《陳獨秀全傳》，第七九二頁。
56 唐寶林：《陳獨秀全傳》，第七九五頁。
57 唐寶林：《陳獨秀全傳》，第七九二頁。
58 唐寶林：《陳獨秀全傳》，第七九六頁。
59 唐寶林：《陳獨秀全傳》，第八〇四頁。
60 可參考唐寶林：《陳獨秀全傳》，本書在這裡不再贅述。
61 唐寶林：《陳獨秀全傳》，第八六四頁注釋。

來」。陳獨秀重新轉向民主思想，被中國托派成員看成是一種倒退。[62]

一九四九年四月十四日夜，胡適在太平洋一艘輪船上，為推薦正式出版《陳獨秀最後論文和書信》這本小冊子而動情寫道：陳獨秀晚年民主思想「實在是他大徹大悟的見解。」[63]胡適欣喜看到，他這位老朋友終於浪子回頭。

很多年之後，托派老人都不願承認陳獨秀最後是徹底告別托派。鄭超麟認為：陳獨秀、彭述之分別出獄之後，彭述之跑到上海領導托派，成為組織最高領導，當時陳獨秀如果認為自己是托派，那就把自己置於彭述之之下，這是陳獨秀難以做到的。陳獨秀申明自己和托派沒關係，是一種「外交的手段」。[64]很多托派老人都認為，如果陳獨秀死得遲，他終究還會回到托派這條真理道路上來。不管托派成員願不願意，陳獨秀都是他們面前聳立的高山。

後陳獨秀時代

一九三七年八月，彭述之、鄭超麟、陳獨秀先後出獄，恢復自由。在南京獄中，陳獨秀和彭述之發生嚴重分歧。鄭超麟說，陳獨秀「同彭述之的感情在南京監獄裡澈底破裂，一直到最後都沒有恢復同彭述之的感情」。[65]陳碧蘭說，陳獨秀和彭述之出獄之後，一個去武漢一個去上海，「分道揚鑣」。[66]

據陳碧蘭回憶，彭述之從南京監獄回到上海後不久，由原來負責書記的陳其昌召開了一次特別會議，參加這次會議的有趙濟，羅世凡和劉家良（他們都是剛從監獄釋放出來的）等，討論當時抗日戰爭政策和重建領導問題。在這次會議上通過了抗日戰爭的決議案；號召人民自動武裝起來參加蔣介石領導的抗日戰爭；同時，批評國民黨壓迫人民的反動政策，要求言論、出版、集會、結社和武裝抗日等自由權利，主張召開普選全權的國民會議，以代替國民黨領導

62 周履鏘先生和我的談話。
63 唐寶林：《陳獨秀全傳》，第八七一頁。
64 鄭超麟：《鄭超麟回憶錄》下冊，第四三六－四三七頁。
65 鄭超麟：《鄭超麟回憶錄》下冊，第四三六頁。
66 陳碧蘭：《陳碧蘭回憶錄》第三二一頁。

抗日戰爭。[67]從這裡，可以看出托派中央和陳獨秀的分歧。

據陳碧蘭回憶，在組織方面，托派選出了一個臨時中央委員會，一致主張彭述之擔任書記。但彭述之堅決主張仍由陳其昌繼續，自己願意在宣傳工作方面多負些責任，結果，仍舊由陳其昌繼續擔任書記。[68]

據唐寶林考證，托派中最有理論修養、被稱為陳獨秀的「忠實學生與同志」的鄭超麟出獄後，曾到陳獨秀的住所（陳鐘凡家）看望他。鄭明確反對他擬的幾條抗戰提綱，特別反對暫時對國民黨「休戰」，並從理論到實踐各方面認為共產黨會解散組織加入國民黨。陳獨秀反駁了鄭的觀點，堅持支持共產黨聯合國民黨一同抗日的政策。鄭很克制，沒有與陳大吵大鬧，因為他太瞭解陳獨秀的脾氣了，吵也沒用。於是，話不投機半句多，第二天就離開了。這一對從一九二四年以來在腥風血雨中結下深厚情誼的同志，就這樣再也無法見面。陳卻在文章和書信中，經常批評鄭把中日看作蔣介石與日本天皇之戰，應該採取「失敗主義政策」等荒唐的觀點。而鄭活到一九八八年，活了九十八[69]歲，經歷了一九四九年思想改造，包括二十七年監獄生活，其信仰卻始終未改。[70]

一九三八年，陳其昌長途冒險來到陳獨秀身邊，與他交換意見。唐寶林認為，陳其昌去見陳獨秀，是上海臨委派他去的。有意思的是，在陳碧蘭的回憶錄中，是陳其昌忽然要到四川去見陳獨秀，因而「述之不得不把書記的工作擔任起來。」[71]不管如何，從上海回來的陳其昌已沒能再次坐上中國托派這頭把交椅。

陳其昌這個名字，因為和魯迅的那段著名公案而載入史冊。眾所周知，一九三六年六月三日，陳其昌化名陳仲山給魯迅寫信，卻得到魯迅一頓公開的冷嘲熱諷——《答托洛茨基派的信》發表在兩個刊物上——暗諷托派有「拿日本錢」嫌疑。一九三六年六月七日，陳其昌再次致信魯迅，表示自己的不同看法。這封信魯迅收到了，卻不再回信。到

67 陳碧蘭：《陳碧蘭回憶錄》第三二三頁。
68 同上。
69 鄭超麟出生於一九〇一年，唐寶林在這裡算的是虛歲。本書中使用的周歲，除了特別指出的除外。
70 唐寶林：《陳獨秀全傳》，第八二一－八二二頁。
71 陳碧蘭：《陳碧蘭回憶錄》第三二三頁。

了一九九三年，這段公案才通過胡風的一篇遺文真相大白。據胡風回憶，魯迅答陳其昌這封信完全是由馮雪峰代筆，魯迅並沒有口述。但是，從邏輯關係上說，這就是魯迅的文字了，就要「文責自負」。魯迅的這封回信也是中國托派有日寇奸細嫌疑的原始出處。

一九四二年六月三十日，陳其昌遭日本憲兵逮捕，因拒不出賣同志被殘酷殺害，「被日本人裝進麻袋裡用刀刺死，屍體扔進黃浦江」。[72]陳其昌的死成為托派反駁「日寇奸細嫌疑」最悲情的注腳。

一九四二年，中國托派發生好幾件大事：陳獨秀死於四川江津一小山村；原本就實力弱小的中國托派由於政見不同，又分裂以彭述之、劉家良為首的多數派和以王凡西、鄭超麟為首的少數派[73]，兩派相互攻伐。不得不承認，沒有陳獨秀的中國托派，在當時的環境之下，已是「強弩之末，勢不能穿魯縞」。據唐寶林考證，一九四五年，當時上海的托派「少數派」只有十幾人，「多數派」也不過二三十人。[74]

一九四九年，迫於形勢，托派在大陸已經很難公開活動。一九四九年一月，「多數派」中央遷往廣州，後遷往香港。」「少數派」中央同年四月匆忙建黨後，隨即也遷往香港。[75]一些人流亡海外，一些人隱藏國內。鄭超麟拒絕離開，留在大陸迎接未知的命運。

三、從曾猛、王國龍、周仁生到溫州托派

溫州，是中國托派運動重鎮，對托派運動可謂是出錢又出力。這在托派老人口中和學術界都是定論。

托派老人劉平梅撰寫的《中國托派黨史》，有一章節專門寫溫州托派運動的來龍去脈。王凡西在《雙山回憶錄》

72 沈克成、王永勝：《王國龍口述自傳》，《甌風》新刊第四集，合肥：黃山書社，二〇一二年。
73 唐寶林：《陳獨秀全傳》，第八三四頁注釋。
74 唐寶林：《中國托派史》，第二九三頁。
75 許武智：《湮沒的革命者：溫州托派的興起與覆滅》，華東師範大學二〇一四屆研究生碩士學位論文。

裡也提到了溫州托派組織。[76]唐寶林在《中國托派史》中大量筆墨描述溫州托派組織，他甚至認為，「抗日時期及解放戰爭時期，托派地方組織中活動最活躍的是溫州托派支部。」[77]

探本溯源，溫州托派組織由溫州人曾猛開創，然後再枝繁葉茂。如前所述，一九二八年夏末秋初，中山大學托派組織成立時，曾猛就是七名「幹事會」成員之一。有意思的是，當時也是七名「幹事會」成員之一的王凡西在《雙山回憶錄》中，只提到負責的三人：范錦標、安福和他自己，其他還有什麼人，他不記得了。[78]他就這樣無意或有意在他的敘述中遺忘了曾猛。

在《雙山回憶錄》中，王凡西還大說特說，他是如何和聯共托派反對派成員波略可夫，以及和當時留在蘇聯的王若飛發生密切聯繫，如何驚心動魄地祕密翻譯托派文件，又隻字未提曾猛。周仁生讀完《雙山回憶錄》給周履鏘寫信說：「（王凡西）寫與王若飛關係，也是把曾猛撇在一旁。」[79]似乎認為是王凡西有意為之。論曾猛、王凡西倆人與王若飛（當時，王若飛也傾向托派）的交情，是曾猛與王若飛的關係要為親密，曾猛在出國前，正是王若飛的下屬。[80]曾猛在中山大學托派組織中，具體負責什麼工作，我們無從知曉，不過從曾猛身居中山大學托派組織「幹事會」和與王若飛的關係，以及周仁生書信的口氣猜測，在中山大學裡的曾猛，也應該是身負某一方面重任。

一九二九年，曾猛打通莫斯科托派組織和國內托派組織的聯繫管道，最終也改變了陳獨秀的人生軌跡。隨後被中共開除的曾猛加入「我們的話派」，陳獨秀統一中國托派組織之後，曾猛正式加入陳獨秀麾下。當時，

76 王凡西：《雙山回憶錄》，第二三一頁，第九〇—九一頁。《雙山回憶錄》，我參考了香港士林圖書服務社和東方出版社出版的兩個版本，本書引用部分主要以香港士林圖書服務社出版的版面為主。
77 唐寶林：《中國托派史》，第三一〇—三一一頁。
78 王凡西：《雙山回憶錄》，第一〇三頁。
79 周仁生一九九四年八月十二日致周履鏘書信。
80 詳見本書專寫曾猛的文章。

曾猛和另一位溫州人何止錚[81]負責印刷統一後的托派機關報《火花》。據曾猛回憶，他的住房（又是工作間）的房租、伙食費、以及蠟紙、油墨、紙張等的費用，「都是由陳獨秀一人承擔」。[82]只是在當時托派組織中，曾猛、何止錚充其量是技術工的角色，沒能進入核心層。

一九三二年十月，曾猛、何止錚和陳獨秀、彭述之一起被捕，同堂受審。曾猛家人打通國民黨高官的關係，讓他先待一段時間「反省院」後，提前出獄。一九三三年秋天，曾猛攜妻子黃秋君從南京回到故鄉溫州，曾猛在溫州蓮花心山上「開壇講法」，正式開創溫州托派組織。

雖然說曾猛是溫州托派的「開山祖師」，但是他麾下的人並不「純粹」。溫州托派組織，就像一塊層層耕耘過的土地，內部存在不同派系——在曾猛一九三三年創立溫州托派組織之前，早有溫州人是托派。

一九二八年十二月，國內第一個托派組織成立時，區芳擔當大任，把工作重點放在上海藝術大學上，想把上海藝術大學辦成「上海大學第二」（上海大學是中共培養幹部的搖籃），為他們培養幹部。上海藝術大學校長周勤豪辦學，也可謂是「相容並包」，中共教師和托派教師都接納。周勤豪聘請創造社詩人、當時已是托派的王獨清任上海藝術大學教育長，又另添一所文學院，王獨清任院長。王獨清就網羅一大批托派成員幫忙教學（那年代，大多數托派成員生活清貧，王獨清此舉也是為他們解決生計）。文學院下設社會系，主任是陸一淵，教授是區芳；文學院還下設中國文學系，共一百多人。托派成員嚴靈峰、陳岱青、杜畏之、吳季嚴等都應聘去文學院當教授。由於文學院的教授多是托派，該校就成立了托派支部，由區芳負責。他們的活動，使一大批青年學生加入了托派。區芳的溫州學生李國棟、何樹芬等，後來都成為溫州托派的骨幹。[83]

和曾猛親自影響的「門人」王國龍等人不同，李國棟、何樹芬，自然不會成為曾猛的心腹。他們不會以關羽、張

81 何止錚的故事詳見本書專寫曾猛的文章。
82 唐寶林：《陳獨秀全傳》，第六五〇頁。
83 唐寶林：《中國托派史》，第二八一二九頁。

飛毫無保留之心追隨曾猛。

托派運動在溫州落地生根枝繁葉茂，除了曾猛這一偶然元素之外——就像王凡西評論溫州托派和廣西托派是情形一致，「種子」都是由曾猛和史唐分別帶去，倆人「行為上差不多」[84]——還有一層重要原因是溫州獨特的地理位置。

溫州背山靠海，有開創精神，很多人經商或從政，溫州離上海只有六百多公里，來往方便（常常有上海托派成員避難溫州）。周履鏘老人告訴我，民國時期，溫州地區並沒有設置入大學的考點，最近是杭州和上海，也就是說，溫州地區的高中畢業生，如果要繼續升學，只能離開溫州去杭州或上海，而大多數年輕學子會選擇更為國際化的上海。另外，當時也有許多溫州人在上海經商，對來滬的溫州學子有照應。周履鏘有親戚在上海經商，所以他選擇去上海讀大學。周仁生的表弟沈雲芳在上海有一住所，成為從遠道而來溫州托派學生的「中轉站」。這正是李國棟、何樹芬他們在上海藝術大學的時代背景。這一層地域優勢，是廣西所沒有的，所以溫州托派才能成為「抗日時期及解放戰爭時期，托派地方組織中活動最活躍的托派支部」。

曾猛後來知道彭述之並不信任他。曾猛進過國民黨的反省院，又是兩次通過國民黨要員關係被保出獄。這是曾猛永遠要背負的十字架。曾猛最後對溫州托派運動心灰意冷，溫州托派組織後來就形同虛設。重新恢復溫州托派組織的使命就落在王國龍和周仁生的身上——周仁生在其中出力頗多。如果說曾猛是「心有猛虎」一樣的人物，那麼周仁生是有「細嗅薔薇」的細膩，最終恢復了溫州托派組織，認彭述之為宗師。

值得注意的是，周仁生是受王國龍、林松祺和安明波（湖南人，早年留學莫斯科中山大學，一九四〇年從北方南下溫州）三人共同影響，成為托派。溫州托派組織，這塊層層耕耘過的土地，也被安明波耕耘了一遍。

一九四二年，上海托派中央分裂為多數派和少數派之後，溫州托派成員分站兩邊，對兩派都出力頗多。由於彭述之和溫州托派的淵源（彭述之授意王國龍重啟溫州托派，有一段時間王國龍擔任彭述之秘書的角色），王國龍、周仁

84 王凡西：《雙山回憶錄》，第二三一頁。

生等溫州早期托派成員選擇多數派，投身多數派革命事業，另外，在滬的溫州商人也熱心資助托派事業，溫州商人葉正度資助過多數派出版刊物，彭述之對他很有好感。[85]

溫州托派中的後起之秀，多選擇少數派，據說相比兩派觀點，少數派更為激進，更能吸引年輕人。葉春華，正是少數派中溫州人的代表。

還有一個數字可以看出溫州托派在中國托派的獨特地位。一九七二年，提籃橋監獄裡關押的最後十二名托派出獄——他們也是全國範圍最後出獄的托派囚徒——轉為勞動管制。這十二人是：鄭超麟（福建省漳平縣人）、熊安東（上海人？）、鄭良（上海或江蘇人）、喻守一（湖北武漢人）、蔣振東（浙江人，杭州人？）、李培（廣西人）、黃鑒銅（廣西人）、和林華（廣東人）、劉平梅（廣州人）、王國龍（浙江溫州人）、周仁生（浙江溫州人）、葉春華（浙江溫州人）。從十二人的籍貫上來看，來自溫州地區有三人，所占比例最大。

四、一段鮮為人知的歷史：溫州托派是臺灣托派的源頭

一次沒有成功的逃亡

先說一個故事。

一九四九年五月，解放軍渡江南下，勢如破竹，席捲天下。與此同時，浙南游擊縱隊也已兵臨溫州城下。五月二日，國民黨陸軍二〇〇師師長葉芳派人和浙南遊擊縱隊代表在郭溪後山景德寺正式談判，討論和平起義事宜，並在協定附件上簽字。[86]

五月六日清晨，葉芳電邀永嘉縣長陳文來寓所密談，陳縣長同意起義。葉芳令其嚴守祕密，先回縣府處理公務。葉芳派心腹卓力文率警衛營長朱岩科坐鎮永光堂司令部。晚八時，通知普華電燈公司通宵照明，晚十時，派兵封鎖縣

85 葉正度的故事詳見本書專寫胡家托派的文章。
86 胡珠生：《溫州近代史》，第五〇五頁，瀋陽：遼寧人民出版社，二〇〇〇年。

前頭國民黨溫州專員周琦住宅。當日溫州城內，凡起義的單位，包括縣政府、警察局門口，一律掛紅燈，部隊官兵一律佩戴白色袖章，以示識別。[87]

就在溫州城內燈火通明之際，浙南遊擊縱隊主力已由周嶴向溫州城區進發，當晚接收蓮花山、翠薇山、松臺山等制高點，兵分三路進入市區。[88]

五月的溫州，陰晴不定，溫熱不明，年關早已過了，夜晚卻燈火通紅，全城紅燈照，佩戴白色袖章的官兵臉上凝重，沉默不語穿過夜巷……就像歷朝歷代政權更替一樣，安靜之中，有詭異肅殺之氣。溫州城，這一座巨大的沙盤，在葉芳等「大人物」們一番推演和排兵佈陣之後，沒有睡下，坐等東方發白。

這一天晚上，溫州市立中學（溫二中前身）五名托派高二學生陳良初、黃兆煜、陳國光、陳開元、戴雲標五人各自在家收拾行囊，約定明天一早在狀元碼頭會合，乘黑船逃往臺灣。

逃亡臺灣是他們不得不採用的第二套方案。原本準備南下，為此必須要向偽永嘉縣城防指揮部申請辦理通行證，以應付路上的盤查。在溫州解放前夕，城防指揮部內部一團混亂，辦理通行證的主管人員，早已不知去向，一般辦事員又做不了主，辦理通行證就一拖再拖。瞎等不是辦法。後來聽說永強區狀元碼頭裡停船著一艘開往臺灣的機帆船，這是最後一根救命稻草。在他們心中，臺灣，是一片可以隱姓埋名的安全之地。紙幣早已不值錢，黑船船老大只收黃金。去臺灣的船費是一錢金子。陳良初他們中學生根本沒有收入，只能各自向家長開口。參加托派活動都是瞞著家長的，況且家長也「根本不懂托派是怎麼一回事」。陳良初跟母親攤牌，攤得也很含糊，只說「如果不離開大陸去臺灣，很有可能會死在共產黨之手」。

陳母閱盡人間滄桑，丈夫患腦膜炎早早去逝，她重開祖上留下的客棧，「擺開八仙桌，招待十六方」，獨自拉扯五個子女長大（陳良初排行老么）。她不明白陳良初為之奮鬥的「托派」究竟是什麼，卻也明白痛苦感傷已是徒勞，

87 胡珠生：《溫州近代史》，第五〇六—五〇七頁。
88 胡珠生：《溫州近代史》，第五〇七頁。

這又是一次不得不面對的親人分離。在燈下，她給陳良初收拾行囊，在箱底裡掏出兩隻共有三錢重的金戒指包好遞給他。在舊時代，高中畢業生已是大人，家裡都要開始張羅婚事了。陳良初這才知道，原來母親已早早為他準備好了訂婚用的金戒指。這正合陳良初心意：一錢金子當船費，剩餘的二錢金子可作為在臺灣的生活費用。他整理了一些衣服和日用品，裝在那只在永強水心小學教書用過的小皮箱裡。萬事俱備，只等東方發白。

也許這是最後一次睡在家鄉的床板上了吧……陳良初心想。重重思緒如淤泥湧來，最後，完全淹沒他，他胡亂地睡著了。

七日淩晨，解放軍三發照明彈騰空而起，溫州宣佈解放。睡夢中的陳良初沒有看到這一幕景象。吃過早飯，他向母親告別：「媽，我走了，不知幾時才能回來，您要保重身體。兒是不能照顧您了。」陳母哭了。陳良初也落淚，忍也忍不住，勉強擦了淚，就提起皮箱往外走。

他獨自一人走出位於紗帽河的家，走出弄堂口，看見馬路邊屋簷下坐著一排穿藍灰色解放軍服，戴著六角帽，手握「三八式」長槍的士兵。陳良初明白了。這些士兵肯定是浙南縱隊的戰士，在夜裡進城，大概尚未確定駐地，又不能驚動老百姓，只得坐在馬路邊靜等待命。

狀元碼頭那艘黑船上的船老大，知道溫州城已解放，肯定不敢泊船了。陳良初知道，他走不了了。

陳良初立即轉身回家。進屋後放下小皮箱，對母親說：「媽，我走不了了。」陳母聽他說不走了，反而放寬了心。

陳良初來到陳國光家，把看到的情景告訴陳國光。大家商量之後，決定留在溫州不走，估計中共對他們「不至於那麼糟」，留下來「聽天由命」吧！

「聽天由命」的陳良初老人現在住在洪殿北路一條弄堂裡，離托派老人胡振南蝸居的養老院只相隔百來米。洪殿是溫州老住宅區，社區裡主要居民是老人，走進住宅區，讓人有暮色蒼茫之感。二〇一四年十一月，我第一次拜訪陳良初老人。陽光在陳良初先生臉上緩慢移動，把逃亡未成的青年一下子雕刻成皺紋密佈、眉毛發白的耄耋老人。

陳良初老人一直向我誇耀，他們和中共的關係比較好，所以才估計中共對他們「不至於那麼糟」。那麼既然如此，為什麼還要逃跑呢？在老人的眉宇之間，我也看出，這也許只是他們一廂情願、自己都吃不准的想法。巨大的不安和恐懼如壓在胸口的巨石。他們不得不跑。

我問陳良初老人，在臺灣有接應的人嗎？

老人手往空中一揮：「根本沒有。我們也只是先跑再說。」

「那您知道一個由溫州托派建立剛剛才覆滅的臺灣托派組織嗎？」我繼續問道。

老人的眼中流露出驚奇。他完全不知情，至少他是表現得如此。

周仁生是臺灣托派支部聯絡負責人

一九四八年，在上海的周仁生看到托派革命「滿眼生機」，唯一含恨的就是他親自負責聯絡的臺灣托派組織的覆滅。

這是一段鮮為人知的歷史：溫州托派是臺灣托派的源頭。溫州和臺灣只相隔三百多公里，兩地船隻來往頻繁，其中還包括不少黑船；溫州又是離臺灣最近的托派活動「重鎮」，自然而然，臺灣就進入了溫州托派組織的影響範圍。

一九四五年上半年的一天[89]，溫州托派成員余嘉躊躇滿志來到臺灣，他以大陸一家公司外派業務員的身分來到臺灣工作，這是公開的工作，另一方面是要在臺灣祕密發展托派組織，這是祕密的事業。余嘉在不經意間創造了一個歷史事實：他是第一位到臺灣的中國托派成員[90]，是真正的開拓者。

排資論輩，在溫州托派組織中，瑞安人餘嘉是一名老資格[91]。我們不知道餘嘉在臺灣停留了多長時間，究竟在臺

89 王國龍回憶是在一九四五年抗戰勝利之前。段躍，《王國龍口述文本》

90 蔣經國一度庇護過一些托派成員，如嚴靈峰，也是在一九四九年才到臺灣，到了臺灣也已經告別托派信仰。

91 餘嘉家在瑞安塘下。曾猛從獄中回溫，在家中開班時，餘嘉是來認真聽講的一名青年。溫州托派組織第二次幹事會之後，餘嘉是西郊小組幾名負責人之一。一九三九年秋天，朱鈐叛變溫州托派，余嘉和曾猛、王國龍、謝循歡、董國雄，一共五個人被逮捕。一九四五年上半年，餘嘉前往臺灣，我們不知道他在臺灣停留多長時間，一九四八年下半年，餘嘉已在上海，隨後又在嘉興發展托派組織，一九五二年大肅托之時，他是在嘉興被逮捕。段

灣當地發展了多少托派成員？最遲一九四八年下半年，他已經回到上海。

一九四七年夏天，又有三名溫州托派成員來到臺灣：夏廷樊在基隆海關工作，洪秀榮在臺北或高雄一化工廠工作，凌松民在臺北一汽車運輸公司工作。同年，上海多數派中央動員山東人蘇濤去臺灣，四人（三名溫州人，一名山東人）成立臺灣支部，蘇濤為書記。從這份沒有包括餘嘉在內的臺灣托派支部負責人來看，一九四七年夏天，餘嘉可能已經回大陸。

臺灣托派支部用油印機油印出版刊物，聯繫的下線全部是溫州人：白長生（白素冰的哥哥，兄妹都是托派）、甌海永強人張鳴謙，樂清人方XX[92]。也就是說，在臺灣的托派支部，除了山東人蘇濤之外，其他成員全都是溫州人。

負責聯繫臺灣托派支部的大陸方工作人員，正是周仁生。周仁生晚年閉口不談自己的托派經歷，像這種祕密工作，他更是不會提及。有三個有力事實證據：正如周仁生自己所講，他和林松祺章宏業三人共同參加了《新聲》編輯部，共同主持對香港、臺灣、南京、杭州等地的通訊聯繫工作；第二點，李蔡志的內侄、平陽人陳偉正是通過周仁生的關係才去了臺灣[93]，可見周仁生和臺灣托派組織關係密切；第三點，臺灣托派組織覆滅之後，最後牽涉到周仁生這一條「大魚」。

一九四八年上半年，托派組織被臺灣當局破獲，蘇濤被判無期徒刑，洪秀榮判五年徒刑，夏廷樊判十五年徒刑。凌松民躲過腥風血雨逃回溫州[94]，陳偉生死不明[95]。

臺灣當局在調查中發現，遙控聯絡這個組織的，是上海的周阿寶。臺灣當局的調查其實不太費力，當時從上海寄到臺灣的托派文件及托派刊物，留下收件人的名字：周阿寶，地址就是周仁生表弟沈雲芳工作的地方：上海中匯大樓

92 躍，《王國龍口述》
93 晚年周仁生已忘其名字。
94 段躍，《王國龍口述》
95 二〇一四年，我採訪邱季龍先生時，邱先生告訴我，淩松民老人可以還在世，他幾年前遇見過，但是丟了地址。我尋找未果。
段躍，《王國龍口述》

戴千里會計師事務所[96]。

臺灣當局不知道，周阿寶是周仁生的化名。抓捕資訊很快從臺灣傳到上海。據沈雲芳回憶，一天傍晚很遲的時候，過了飯點了，有幾個國民黨特務登門會計師事務所，剛好找沈雲芳打聽，「事務所裡有沒有一個姓周的人？名字叫周阿寶。」

強裝鎮定的沈雲芳說：「事務所裡沒有一個姓周的。」

來的人叫沈雲芳再仔細想想，沈雲芳就想到一個「替死鬼」，說：「有一個給附近單位燒飯的人，四十來歲，叫周洪寶，溫州人，住香港路，不知道是不是你們要找的人？」

來的人要沈雲芳馬上帶路。據沈雲芳的說法，特務一確認那名就叫周洪寶的廚師之後，就叫沈雲芳可以離開，他們不想讓沈雲芳這個「外人」看到抓捕的場面。他們根本不知道，沈雲芳這名托派，遠在天邊近在眼前。

莫名其妙的周洪寶被抓到威海路一間審訊室裡，一頓好打。碗口粗細的棍子打斷，被打暈死過去之後，用水潑醒，繼續逼供。

逼供了一個禮拜之後，周洪寶確實說不出一點東西，這才放了。周洪寶怎麼可能說出一點托派的資訊呢？因為他根本就不知情。周洪寶當然是被白打了。[97]

而另據周仁生的回憶，沈雲芳有意無意回避了一處細節，在國民黨特務抓捕周洪寶之前，國民黨特務由他的表弟沈雲芳通知他，到上海中匯大樓會面，說是香港派人來接洽。周仁生比約定時間提前半個小時先到，發覺「香港來人」只知道他的化名「周亞生」（可見是周仁生的另一個化名），而不是「周阿寶」，周仁生覺得「顯然有疑竇，立即離開」。十五分鐘後，沈雲芳被帶走，他用金蟬脫殼的辦法，把特務帶到一個溫州廚師周洪寶的公司。周仁生和沈雲芳對這次兇險事件敘述，細節稍有不同。

96 周履鏘訪談。
97 沈雲芳訪談。

這是周仁生一生中最有可能被國民黨逮捕的一次危機。

溫州托派掀起過的這一朵小浪花，背後的真相還掩藏在宏大的臺灣歷史敘述之中，而少有人知。在當年臺灣當局眼中，他們只是認為又破獲了一個親共組織。

溫州托派組織輻射四方，除了臺灣之外，還孵化出不少地方托派組織。

一九四六年八月，彭述之接受江蘇靖江縣蘇北中學校長盛逸白的邀請，從上海選聘一位英語教師去任教，彭述之安排在上海的周仁生前往。從一九四六年八月到一九四七年一月間，周仁生在蘇北中學任教英語，在此之間，他依舊不改隨處「傳播托派信仰」的初心，影響了孫鈺華、金鑒、陳琪東三位學生，把托派信念傳到蘇北大地。[98]

一九四七年，國立英士大學從溫州泰順遷往金華，英士大學裡的學生林錦芳、席時佳（女，溫州人，社會主義青年團[99]團員），以及在金華郵電局的郎起秀（溫州人）三人，成立金華支部，但「無甚活動」。[100]

據晚年周仁生撰文回憶，杭州、南京、衢州、嘉興等地都有溫州托派成員在活動。[101]也許還有一些由溫州托派輻射產生的地方組織，不由我們所知，而埋藏在歷史深處。

五、大肅托和溫州肅托

一九五二年十二月二十二日全國大肅托，國內四百八十五名托派黨員或團員被一網打盡，悉數入獄。[102]

98 據唐寶林考證，一九二八年，國內第一個托派組織成立時，曾在蘇州建立支部（唐寶林：《中國托派史》第二六頁），從後來發展來看，蘇州托派支部似乎不成氣候。劉平梅在《中國托派黨史》中有一章專門寫地方托派組織，沒有提到蘇州。

99 是托派團組織。

100 劉平梅：《中國托派黨史》，第八九頁。

101 周仁生：《一九四一年至一九四六年的溫州托派簡況》，未刊稿。

102 全國先後逮捕「托派」四八五名，管訓三〇六名。數位來源於《中央公安部關於托匪案破案情況及處理意見的中央報告》，《黨內通訊》第一四一期，一九五三年。見許武智：《湮沒的革命者：溫州托派的興起與覆滅》，華東師範大學二〇一四屆研究生碩士學位論文。這一被捕人數之前眾說紛紜。劉平梅在《中國托派黨史》中猜測是三百人左右，吳基明在《中國托派的苦難與奮鬥》一書中猜測是一千餘人。許武智考證出的資料應該最為可

也有少數托派成員被捕，比如尹寬和溫州的餘嘉是在二十二日之前逮捕[103]，而大規模的逮捕是在二十二日這一天。當天中午，陳良初在西安被捕；下午，周仁生、趙青音、周履鏘、黃禹石在海澄被捕，胡振南在北京被捕；當天晚上十點多，鄭超麟在回家路上被捕，沈雲芳是在深夜十一點過後從家中被帶走，目前來看，沈雲芳是大逮捕當天最遲帶走著的一名托派……天南地北，一齊收網。

由此可見，當局對中國托派的一舉一動都瞭若指掌。大肅托這把鍘刀是隨時可以鍘下，這取決於當局的意思。可是只要鍘刀一旦切下去，就像切一把芹菜，乾淨俐落，刀口整齊。

刀口為什麼能切得如此整齊？原因有多層。中國的托派實力本身並不強，沒有掌握武裝，對中共的影響並不大，再加上托派內部小派別林立，相互之間誰也不服，再說，對熟諳情報的中共來說，在一九五二年，掌握相對弱小的托派書生（托派成員大多是知識份子），真是易如反掌。

一九五二年十二月二十二日，對劫後餘生的托派老人來說，這一個日子太好記了。年份中有三個「二」，當天還是冬至佳節。對中國托派來說，這是人生當中最寒冷的「冬至」。為什麼在這一天大逮捕？據「托派方面和部分學者多猜測」[104]，是中國為慶祝史達林生日而端出的一份壽禮（史達林執政時官方稱其生日為十二月二十一日）。這個說法，其實也值得懷疑。周履鏘老人對我說，他們被捕時，根本沒聽說這件事，周履鏘等托派老人也是後來看了別人寫的零星文章之後才知道，史達林生日原來是在十二月二十一日，先有別人的猜測，「大肅托是為慶祝史達林生日」這個說法，後來才在托派老人間流傳。

為什麼在這一天對托派大肅托？也許只有相關文件案解密的那一天，才能真相大白。不過，如果我們把此次托派

信。據我目前瞭解，中國托派史研究尚屬於冷門領域，所以這個真實的資料少有人知。

103 段躍：《王國龍口述》

104 許武智在他的碩士論文裡也是如此猜測：「此時也處於朝鮮戰爭的相持階段……此種說法雖不無道理，但由於相關文件案未曾解密，缺乏實際材料的支撐，也無法得到證實。」

大逮捕放在上世紀五〇年代去考察，也許略能看出其中乾坤。

高華先生說：「五〇年代初的政治運動有一個重要特點，就是在進行思想政治教育，促進鬥爭物件轉變思想的同時，較多並直接運用革命暴力，帶有明顯的政治清算的色彩。」[105]

一九五一年上半年，大規模的「鎮壓反革命運動」全面推開。[106]值得注意的是，一九五二年七月十七日（離大肅托時間很近），公安部公佈了《管制反革命分子暫行辦法》[107]。《暫行辦法》中提到，反革命特務分子、反動黨團骨幹分子、反動道會門頭子、堅持反動立場之地主分子、堅持反動立場之蔣偽軍政官吏，都屬於管制的物件，其中也提到「其他應予管制的反革命分子」。托派成員，應該屬於「其他應予管制的反革命分子」這一類，托派成員在審判和勞改時，都是被管理人員稱為「反革命」。這一點是讓標榜革命的托派成員最難承受的。周履鏘老人在接受採訪時，用雙手在我面前圍了一個筐，意思是說，他們托派也屬於反革命，和其他反革命分子一起被倒進「筐」裡，這讓周履鏘老人感覺荒謬。

五〇年代初中期，國家開展了對全國職工狀況調查，重點「排隊摸底」民主人士和知識份子。[108]也是在五〇年代，非無產階級出身的那些黨員和原南方地下黨也成為黨內清理的主要集中對象。[109]現在把托派納入反革命清理隊伍，無非是名正言順的老調重彈。

高華先生對中國五〇年代，有一個精彩的總結描述：「從歷史長時期的角度來審視，新中國在五〇年代進行的社會統合是革命黨從革命奪取向建立並鞏固新政權過渡的一個階段性現象。」[110]

105 高華：《歷史筆記》II，第三九四頁，香港：牛津大學出版社。
106 高華：《歷史筆記》II，第三九六頁。
107 http://news.xinhuanet.com/ziliao/2004-12/20/content_2359076.htm
108 高華：《歷史筆記》II，第四一〇—四一一頁。
109 高華：《歷史筆記》II，第三九七頁。
110 高華：《歷史筆記》II，第四二四頁。

在採訪中，托派老人感慨：其實早在一九四九年後他們就很難公開活動。言下之意是，他們對新政權並沒有威脅，為何還是沒能逃脫被逮捕的命運？

站在新政權的角度，他們算是「仁慈」。公安部在一九五三年六月二十七日向中共中央遞交的報告中，草擬了《關於處理托匪案件的原則和量刑標準》[111]，讀來沒要置「托匪」於死地的火藥味。根據這份文件，托派一部分年輕的團員及同情者教育後被釋放，領導及幹部分子被判刑三年到無期徒刑不等，沒有一人被判死刑。

沒有一名入獄的托派被判死刑，最重的刑期是無期。據流傳在托派成員之間現在已很難考證的一個說法，這是毛澤東的意思：托派一個不殺。

我們可以對比一九四九年之後被捕的國民黨黨政軍囚徒的命運。據王鼎鈞先生考證，「國共內戰究竟有多少『大蔣介石』落入中共手中，未見正式的統計數字，只知道中共關押國內戰犯九百二十六人，軍中系統者九百三十六人，包括中將七十二人，少將兩百三十二人。一九五九年國慶，特赦三十三人。一九六〇年又特赦五十人……一九七五年全部特赦完畢，未殺一人。」在新政權眼裡，這兩種反革命分子似乎又與其他種類的反革命分子不同，有某種標杆、面子的作用？

有國外學者表示，根據某些資料，新中國建政頭幾年的這些運動，四百萬「反革命分子」受到鎮壓。[112]如果這個數字屬實，托派囚徒只是滄海一粟。

溫州比全國更早開展大肅托，並槍斃一人

溫州，早在一九五二年之前就開始肅托，肅托期間還槍斃了一名試圖越獄的托派成員。據溫州民間說法，這正是全國肅托唯一一個被殺的人。

111 許武智：《湮沒的革命者：溫州托派的興起與覆滅》。
112 亞歷山大・潘佐夫、梁思文：《毛澤東，真實的故事》，第四一八頁，臺北：聯經出版事業股份有限公司，二〇一五年。

一九四九年五月七日，中共和平接管溫州城。建政之始，溫州當局就抓捕了一些與國民黨方面有密切關係的托派，曾猛首當其衝，再次入獄，但不久就被釋放改為管制。五月八日，溫州市軍管會查封了王國龍曾擔任主編的報社「地方新聞社」，逮捕了部分托派成員。[113]

一九五〇年三月，中共中央發出《鎮壓反革命活動的指示》，全國開始進行「鎮壓反革命運動」，對各類「反革命分子」嚴加清查，溫州開始把托派列入反動黨團進行登記，對拒絕登記的予以鎮壓逮捕。同年十月，溫州鐵井欄秦三泰銅器店失火，公安局認定是托派所為。[114]可以看出當時兩者的緊張關係。公安局於十月二十日搜查了甌海中學托團組織成員王秀眉家，獲取部分托團人員名單。當晚，逮捕了連正祥、李羲、王秀眉等人。十一月，專署公安配合「登反」工作，以學校為重點向托派展開大規模政治攻勢，致使「所有參加讀書會之二百名週邊分子，在不同程度上幾乎全部坦白了反動身分」。[115]

到一九五一年春，溫州公安局發現鎮壓托派的效果並不明顯，更致命的是，溫州中共機關內部也被托派滲透。中共文件案中顯示：「目前潛入我地委、專署、市委、市府各機關內之托匪週邊分子已達九十人，甚至個別領導同志亦有托嫌……最嚴重的是市公安局，已發現托匪分子十三人。」這並非中共有意誇大，一九五〇年六月，溫州市公安局逮捕了托派「首要分子」後，溫州托派部分成員就開始打入中共公安機關內部，竊取公安局祕密掌握的托派名單和呈報批文，並裡應外合，由公安機關內部托派團員先後竊取通行證和遷移證六張，從隨後發生的托派越獄事件來看，更是這一問題的突出反應。[116]

接下來就發生了諜戰片般的一幕。曾受托派思想影響的市公安局偵察員鄭國勝，竊得「提審證」一張，於一九五

113 許武智：《湮沒的革命者：溫州托派的興起與覆滅》。
114 同上。
115 同上。
116 同上。

一年一月八日晚，以提審為由將托派囚徒曹家驥、黃政二人營救出獄，並一起逃亡香港。[117]曹家驥後來也不愧為「一匹能日行千里的良馬」（驥，千里馬也。——《說文》），據說，逃過一劫的曹家驥之後在香港成為一名成功企業家，過著和大陸托派同仁截然不同的生活。

鄭國勝「逃出生天」之後，害苦了他的上級，張璜。張璜晚年回憶道：

> 偵察員鄭國勝，在我股年齡最小（十六歲），可他是我介紹進公安局的。平時工作認真，從沒出過差錯。那時候供給制，大家過集體生活，晚上集中睡一個宿舍，以便行動。一夜鄭國勝沒有回來。當時溫州地處沿海前哨，敵情不斷。我們擔心鄭國勝有什麼意外，偵察股同志便四處尋找，未見下落。
>
> 四科通知我們，說鄭國勝在看守所提出二名罪犯，並出示一張「提審證」。提出的二名犯人是托派分子，至今未送回。——霹靂驚雷！憑我的直覺，出事了！內部人員通敵逃跑，放掉的又是托派要犯（當時托派在中國被定為「反革命」）！
>
> 解放前，我是蓮池學生聯誼會主席，而聯誼會裡有托派。溫州唯一一個烏鯉游泳隊裡也有托派，我又是烏鯉游泳隊的隊長，而鄭國勝偏是烏鯉隊裡的「小烏鯉」。鄭國勝帶著二個托派要犯逃跑，那麼，我張璜就是有十張嘴巴也難說清楚。[118]

烏鯉是溫州河道裡常見的一種淡水魚，鄭國勝這一條歸入江湖的「烏鯉」是無暇顧及張璜的命運了。接著張璜接受「走馬燈」似的調查，最後被判無期徒刑，一九七九年才被釋放。他的回憶文章最後是淒苦的結尾：「今天，我的腿開始走不動了，我的牙也掉光了，我的耳朵也聾了，我知道我的壽命不長了。我什麼都不去想了，什麼也不能再說

117 同上。
118 程紹國：《林斤瀾說》，第三一五—三一六頁，北京：人民文學出版社，二〇〇六年。

了。」[119]

托派這次越獄事件，震動整個溫州。中共惱羞成怒，為了挽回影響，同時也為了警告其餘「托派分子」，決定殺雞儆猴，槍斃越獄未遂的連正祥。一九五一年一月二十四日，溫州的托派和週邊人員，都被集中在電影院，獄中的連正祥被宣判死刑立即執行，執行以後，在電影院宣佈了這個事實。[120]

《湮沒的革命者：溫州托派的興起與覆滅》該論文的作者許武智在查閱相關資料和文件案後認為，連正祥也是中共建國後唯一被公開判處死刑的托派。在採訪中，也有知情的溫州老人如此認為。

連正祥，讓我想起很多年前凌晨，在中山大學宿舍裡懸樑自盡的托派學生趙言輕。屍體能澈底摧毀活著的人的心理防線。

這一嚴重事件，也激化了溫州的肅托運動。一九五二年八月，溫州制定對托派的偵查、逮捕、審訊、管訓、集訓、登記等計畫，開展肅托。一位知情的溫州老人對我說：「逮捕托派成員，有些其實還是年幼的學生，你想，加入托派團組織的學生年齡能有多大，工作人員把手銬拷上去，手銬能從這些年幼、瘦小犯罪的手臂滑出來。」這真是一處讓人毛骨悚然的細節。

一九五二年十二月二十二日大肅托，溫州地區五十名托派被捕（不包括周仁生、周履鏘等在外地被逮捕的溫州籍的托派）[121]。溫州肅托滙入全國部署。至此，溫州托派和其他在大陸的托派人士一起，被一網打盡，溫州以及其他地方托派組織從此在中國大陸完全覆滅。

119 同上。
120 《中共溫州地市委批轉肅托委關於溫州地區肅托工作基本總結》（一九五三年四日）許武智：《湮沒的革命者：溫州托派的興起與覆滅》。
121 同上。

六、尾聲

在中共黨史領域，很長一段時間裡，托派就是「反革命」的代名詞，所以，扣「托派」帽子也成為打擊異己屢試不爽的不二法門。打擊「托派分子」，不管是真的「托派分子」還是假的「托派分子」，共產國際當然不會有意見。

唐寶林在《中國托派史》中梳理了幾起著名的「托派漢奸」假案——

陳獨秀「間諜」案：一九三八年四月出版的中共中央機關刊物《解放》，刊登康生寫的誣陷陳獨秀是漢奸的文章。

俞秀松案：王明、康生在誣陷陳獨秀是漢奸的同一時間，到處演講、寫文章，咒罵俞秀松等是托匪。俞秀松在蘇留學期間，捲入殘酷的學生派系鬥爭，由於列寧學院領導上的保護，俞秀松才免遭打擊。一九三二年，俞秀松被聯共中央派往伯力，一九三五年，又被派往新疆，在盛世才手下做事。王明、康生從蘇聯回國時，途經新疆，會見了盛世才。盛拿出一張被聯共派往新疆工作的二十五人照片，問王明認不認識。王明說，都是托派。於是這些人先後被捕，其他人不久就釋放了，唯俞秀松和張逸凡倆人被關押入獄。一九三八年六月二十五日，俞秀松被押送蘇聯，在審訊時，他直言不諱自己是反對王明，但不是「托派」，拒不認錯，不久就慘死在酷刑之下。

張慕陶案：馮玉祥和中共合作蜜月期，中共派張慕陶去馮玉祥處做事，後來中共對馮玉祥的政策發生轉變，張慕陶「帶著對共產黨的滿腹怨恨」，以天津、太原為中心，和托派杜畏之組成一個托派小組織，後來杜畏之和張慕陶被托派中央開除，實際上，張慕陶被認為不是托派。張慕陶後被國民黨的逮捕，一九四〇年十二月八日，蔣介石下令槍決張慕陶。

王公度案：王公度，廣西永福人，與李宗仁弟友善，他未加入共產黨也未加入托派，在李宗仁處做事，後來失寵於李宗仁和白崇禧，一九三七年八月二十日被槍斃。王公度死後，對外如何解釋？據事件經辦人徐亮之事後回憶，李宗仁繞室彷徨，一籌莫展，徐亮之建議道：「何不給王公度扣上『托派』的帽子？」德公納議，遂定案。

湘西事件：湘西事件是中共山東抗日根據地由「肅托」引起的一次大冤案，也是中共歷史上一次重大的冤假錯案。[122]事件白熱化時，被捕黨政軍幹部已達五六百人，被殺三百人，「冤獄密佈，屍骨成堆」。[123]

王實味案：王實味案世人熟知。延安整風運動時，以「托派分子」名義殺於延安，後來證明是錯殺了。鄭超麟老人後來對此有評論：如果王實味真是托派，難道就該殺嗎？

另外，我按時間順序羅列了幾起和托派有關的事件：

一九二五年一月，中共四大，那些表示不同意見的人很快被貼上「托派」代理人的標籤，因為此時共產國際正流行打擊托洛茨基。[124]

一九三〇年十月，米夫到達上海，十一月十六日，他收到一封反李立三的新文件《共產國際執委關於立三路線問題給中共中央的信》，這更有利於米夫在中國工作推動，這份文件認為，李立三「本質上」是托洛茨基派。[125]

一九三五年六月，張國燾懋功會師後，反對中央北上的決定。黨內對張國燾的批評浮出水面。在批鬥托洛茨基高潮時，共產國際執委會有人試圖指控張國燾和托洛茨基祕密往來，但是拿不出具體事證扳倒他。張聞天、博古、王稼祥等留蘇人士認為無風不起浪，認為張國燾就是「祕密托派」。[126]

毛澤東也被人扣過「托派」這頂屢試不爽的帽子。一九四一年一月，王明舉發毛澤東「反列寧主義」及「托派」活動。[127]

一九四九年底，高崗透過柯瓦列夫通報史達林，毛澤東和他在中國共產黨內的人馬有反蘇及「右傾托洛茨基派」

122 唐寶林：《中國托派史》，第二七七頁。
123 唐寶林：《中國托派史》，第二八〇頁。
124 亞歷山大・潘佐夫、梁思文：《毛澤東，真實的故事》，第一六四頁，臺北：聯經出版事業股份有限公司，二〇一五年。
125 亞歷山大・潘佐夫、梁思文：《毛澤東，真實的故事》，第二五七頁。
126 亞歷山大・潘佐夫、梁思文：《毛澤東，真實的故事》，第三〇六頁。
127 亞歷山大・潘佐夫、梁思文：《毛澤東，真實的故事》，第三六〇頁。

的傾向。[128]關於毛澤東的這些資訊也許都在多疑的史達林腦中翻轉。

一九五三年二月，人民出版社出了一本名為《肅清帝國主義間諜托洛茨基匪幫》的書。只有薄薄一百來頁，卻是振聾發聵的戰鬥手冊。聯想到幾個月前的大肅托，這本小冊子應該是為「大肅托」統一認識，定調用。

一九五六年，據當時獄中托派囚徒回憶，其間氣氛寬鬆，他們都被暗示，有可能會從輕處理，可是，「波匈事件」意外發生。氣氛陡然收緊，「從輕處理」就無從談起了。

一九七二年下半年（距大肅托已經整整過去二十年），上海提籃橋監獄裡關押的最後十二名托派囚徒出獄，改勞改管制，一九七九年七月十二名「最後的托派」恢復自由，並提供生活費，提供公費醫療，安排住房。政府安排鄭超麟為上海市政協委員，蔣振東、喻守一為上海市普陀區政協委員，黃鑒銅為上海市文史館官員。在很多托派老人心裡，中國的托派「實際上」已經平反了——都恢復如此待遇了——只是沒有一個「確切承認」。

托派可以釋放，據說是周恩來根據毛澤東的一次談話定下來的。毛澤東說：「他們大多數人都不抗爭了，思想也已經改變了，雖然說還有個別人（指鄭超麟）還堅持自己的觀點，這沒有關係，無所謂了，他就堅持自己的觀點得了。都釋放。」

周履鏘說，毛澤東的這句話，不全對也不全錯。監獄中的托派，大部分是不抗爭了，因為是沒法抗爭了。」思想也已經發生改變」，這是毛澤東的樂觀想法，周履鏘是不同意的，因為絕大部分出獄的托派，對托派的信念依舊堅定，甚至沒有一絲動搖。

一九九一年出版的《毛選》，在注釋中對托派「漢奸」、「反革命」做了澈底平反；陳獨秀也平反了。

二〇一四年下半年，一向樂觀的溫州托派老人陳玉琦在接受我的採訪時，激動地揮舞手臂：「你不知道托派已經平反了，托派是全世界統一的，蘇聯對托洛茨基已經平反，那中國的托派也就平反了！」

128 亞歷山大・潘佐夫、梁思文：《毛澤東，真實的故事》，第四一九頁。

晚年的鄭超麟、周仁生都沒能等到「確切承認」，含恨離世。一九八八年，托派老人中的頂樑柱鄭超麟病逝於上海之後，托派老人就更難再提平反了，也許等到為數不多的托派老人一一離世了，也是如此。

竹舍茅簷，遮風避雨　高山流水，曠目蕩胸
——溫州托派創立者曾猛傳略及與周恩來、陳獨秀的交往[1]

一九二七年十月的一天，停泊在上海碼頭的一艘輪船終於開動了，輪船沿著黃埔江下行，經過西岸鱗次櫛比的歐式建築，臭氣沖天的蘇州河，以及連綿的工廠和船塢。二十三歲的溫州人曾猛走出船艙，他眉頭緊鎖，憑欄沉思，再看一眼這座被人稱為「魔都」的花花城市。就在幾個月前，「魔都」突然變成屠殺之城。

輪船就要開進碧藍的東海了。看著浩浩蕩蕩的江水，他想起了家鄉八百里甌江。曾猛是溫州第一代革命者，他在家鄉小有名氣。單名一個「猛」字，讓人印象深刻。

一九一九年，五四運動的巨浪波及溫州時，溫州早期共產黨員謝文錦、鄭惻塵、蔡雄、遊俠、陳仲雷，國民黨著名軍政人士張沖、邱清泉都在運動中展露才幹和抱負。當時還是浙江省立第十中學[2]（溫州中學前身，下文簡稱為十中）十五歲的學生曾猛，在鬥爭奸商、緝拿漏海、鼓動罷市罷課、反對道尹黃慶瀾等運動中，都挺身沖在前，揮舞拳頭、怒吼街頭。

這一幕給時任十中的國文教師張棡留下深刻印象。張棡有寫日記的習慣，他在日記裡寫道：

1　本文主要參考了王國龍先生寫的《曾猛其人》和段躍女士的《王國龍口述》，北京大學中國社會與發展研究中心知識份子口述生命史課題組，二〇一〇年。引用上述材料部分，本文不再一一指出。

2　溫州中學創辦於晚清「新政」時期，身世頗為複雜。一九〇二年，孫詒讓商請溫處道和溫州知府，將溫州府屬中山書院改為溫州府學堂。學府堂後改名溫州府中學堂、浙江第十中學堂、浙江第十中學、浙江省立第十中學。一九〇八年，溫州師範學堂建成，後易名溫州師範學校、浙江第十師範學校。一九二三年，教育部新學制要求將各省省立師範學校併入當地省立中學，於是十師十中合併，校名仍為浙江省立第十中學，一九三三年學校改名為浙江省立溫州中學。抗日戰爭時期，溫州三次淪陷，溫州中學數度遷徙，一九四六年，省浙東第三臨時中學歸併溫州中學（溫州中學校慶委員會編：《溫中百年》（文字部分）紀念冊，二〇〇二年）。溫州中學也和溫州托派發生千絲萬縷的關係，很多溫州托派成員都是溫州中學學生，周履鏘老人告訴我，托派組織發展的成員都是學校裡品學兼優的學生。溫州中學也就成為溫州托派活動的「重鎮」。

校長又言，罷課風潮當然不能責備學生，惟強迫出校，破壞校規的為首十餘人，如陳烈（即仲雷——引者注）、曾猛、嶽樹勳、胡澤中、林闇、張超等，實不能不加以懲戒，且俟教育廳回電後再宣佈其辦法可也。[3]

因為激進，曾猛被十中開除學籍，遭道尹黃慶瀾佈告通緝。

曾猛出逃溫州，來到上海。其父曾丹仙完全不能理解曾猛所作所為，認為他在溫州是「闖禍」，狠狠地責備他，但仍希望他能老老實實在上海繼續升學。

上海舊制中學，除國文外，其他各科都使用英文原版教科書。為了升學，曾猛先進英文補習學校。此時的曾猛並無讀書之心，學不進英文，一心想到廣州參加革命。那時正值國民大革命，廣州是熱血青年心中聖地，黃埔軍校對他有著極大的吸引力。還有一層原因：非常關愛他的同鄉戴立夫[4]在黃埔軍校任管理處處長。戴立夫是曾猛的父執，曾猛非常敬重戴立夫，一生以師侍之。他給戴立夫寫信，開頭總是恭恭敬敬寫著「立師座右」。

黃慶瀾處理「漏海案」不當被調任後，曾猛又回到溫州。一九二五年，「五卅慘案」發生後，溫州商民為支持工人罷工，舉行罷市。當時在青年學生會會長陳烈的宣導下舉行反英大遊行，在遊行過程中，有人散發傳單，喊出「打倒土豪劣紳」的口號，憤怒的人群便沖向省議員張煥紳住宅，搗毀了張煥紳的住宅。

在溫州市百里路小學官方網站上，張煥紳卻是另外一種形象。」張煥紳校長，溫州市區人，生於一八八三年，卒於一九四二年。出生於鐵器鋪人家，自小聰慧，喜誦讀。後進蒙館，刻苦勤讀，學業大進，在一年學台主持的科舉縣試時，一舉入闈，取得生員功名。爾後便設館授徒。時值晚清，頗受西方文明風氣的影響，有志於改革舊式私塾，創

3 張棡：俞雄選編：《張棡日記》，第二七九頁，上海社會科學院出版社，二〇〇三年。

4 戴任（一八六四～一九三七），字立夫，溫州永嘉人，前清官僚，甲午戰爭後往湖北學習武備，戊戌政變後參加辛亥革命。一九二四年一月加入國民黨，並作為浙江代表出席中國國民黨第一次全國代表大會。一九二四年三月三十日，在國民黨浙江臨時省黨部成立大會上，被選為浙江臨時省黨部執行委員，後被選為國民黨立法委員。曾任黃埔軍校二期管理處處長。戴立夫與共產黨關係密切，一九二五年曾在上海成都路的住宅掩護中共領導人李立三脫離險境。來源：浙江文件案服務中心溫州名人錄。轉自段躍：《王國龍口述》。

辦新式學校。民國元年，張先生深感於西門內一帶貧苦弟子入學難，遂毅然發起在三港殿創辦區立樂業初小，並任首任校長。一九一二年至一九三〇年在任。二〇年代曾當選浙江省議員。」

學生此舉被商界稱讚「打得好」，時人有「猛烈兩子，後生可畏」之評語。猛，是指曾猛，烈，是指陳烈。

曾猛在「五卅慘案」時的怒吼街頭，也是他早年在「五四」時激進舉動的自然延續。五四運動、五卅運動對於當時青年學生思想上的影響當然不可低估。

王凡西回顧自身思想轉變歷程時，就認為五卅運動卻給了他一個激烈的與決定性的轉變，使他脫離了胡適之而走向了陳獨秀有所得益。他對這個「決定性轉變」有一段論述：

> 大時代中熾烈的大鬥爭，像只巨大的熔爐一樣，把投入者身上一切不合適的思想和感情焚化於俄頃間，同時將你含有的（如果有的話）某些較好的東西提煉出來。一個省會裡的學生運動，尤其是當那個時候，無論就深度與廣度說，都沒有什麼了不起的。但因被配置在大時代的背景上，作為全國性的反帝反軍閥鬥爭的一部分而出現，其意義亦自不同。對於像我初次跨入思想生活的年輕人，其意義竟是決定性的。[5]

王凡西的思想轉變，同樣適用於解釋曾猛。「五卅慘案」發生後不久，曾猛終於去了廣州，他想進黃埔軍校第二期，到廣州後，黃埔軍校第二期的招生工作早已完畢。戴立夫就把曾猛留在身邊。戴立夫認為應該送曾猛到部隊裡去鍛鍊，征得他同意後，就親自送他到何應欽部隊當兵。過了幾個月，戴立夫聽說何應欽部隊裡普遍存在體罰，不放心，又把曾猛要回來，留在身邊工作。

在黃埔軍校，戴立夫請政治部主任周恩來及其他共產黨員幫忙教導曾猛，並且要他去聽蕭楚女、張太雷等人的演

5 王凡西：《雙山回憶錄》，第二一頁。

講，鼓勵他閱讀馬克思主義的書籍。曾猛因此結交並追隨這些第一代無產階級革命活動家，而受到他們的影響，接受了共產主義思想。在國共合作時期，戴立夫是對共產黨持有好感的國民黨左派人士，所以能「很合理」地解釋戴立夫對曾猛的上述舉動。另外，還有更隱秘的一層原因，當時六十一歲高齡的戴立夫已祕密加入共產黨[6]，也就是說，戴立夫就是想把曾猛培養成為一名共產黨員。當名義上是國民黨要員的戴立夫，把二十一歲的同鄉侄兒小輩曾猛介紹甚至有可能是託付給二十七歲的周恩來時，戴立夫和周恩來倆人說不定都已經心領神會。

在廣州，曾猛親身經歷了著名的省港大罷工。省港大罷工的領導人鄧中夏正是一九二六年領他加入共產黨的兩位介紹人之一。曾猛的另一名入黨介紹人是李啟漢。

一九二六年七月四日，國民革命軍誓師北伐時，曾猛就已經追隨周恩來。一九二六年十二月，經歷過東征、中山艦事件的周恩來離開廣東來到上海中共中央，曾猛也在同一時間來到上海。

黃浦江水滔滔向前，到了非常詭異的一九二七年。北伐軍兵臨上海城下，陳獨秀領導了的上海第三次工人暴動時，曾猛就在陳獨秀、周恩來身邊。曾猛在中共中央書記處任幹事，做技術工作，他的頂頭上司是中共中央秘書長王若飛。據彭述之回憶，中共中央秘書處技術機關，就設在周恩來的住所。[7]看見，周恩來是把曾猛安排在自己身邊做事。

在中共機關裡的曾猛，「實在按捺不住」，要見識見識暴動的「壯麗場面」，再三要求想出去走上街頭，最後才得到批准。他就隨同陳獨秀、汪壽華去閘北區走了一趟。

上海暴動讓蔣介石感到驚恐，蔣介石隨即發動「四一二」清共。「四一二」清共前夕，和曾猛並肩走過街頭的汪壽華被杜月笙誘殺。汪壽華是被打昏後裝入麻袋，活埋在滬西楓林橋。年僅二十六歲的汪壽華成為「四一二」政變中第一位被殺的共產黨員。「四一二」政變發生後，曾猛兩位入黨介紹人之一的李啟漢也被殺於廣州。歷時三年半的國共第一次合作破裂。

6 鐘建英：《戴任、馬式材真實身分之考證》，《閩北黨史資料》一九八四年第一期。
7 彭述之：《彭述之回憶錄》下卷，第三六六頁，香港：天地圖書有限公司，二〇一六年。

在一片風聲鶴唳中，中共召開「八七」會議，審查和糾正在大革命後期的嚴重錯誤，毛澤東在發言中批評了陳獨秀的右傾錯誤。缺席會議的陳獨秀被免職。會議指定瞿秋白擔任臨時中央政治局常委，主持中央工作，有著憂鬱氣質的詩人瞿秋白被推上中共第二任最高領導人的寶座。

九月十日，汪原放陪同失意的陳獨秀從武漢祕密回到上海。而此時在上海的曾猛，準備了一條鴨絨被要去冰雪覆蓋的北方——莫斯科中山大學。

海風呼呼地吹拂著，站在輪船欄杆邊的曾猛感覺到寒冷，就回到了船艙。和他同行的有二十餘人，他們各自化裝為理髮師、裁縫、洗衣工等，事先編好受盤問的答詞和被捕的口供，將一切都計畫很周密。其中也有他的同鄉人：戴立夫的共產黨員女兒戴賓；三十四歲的溫州老黨員胡識因。[8] 她還帶著一男一女。就在兩個月前的七月二十四日深夜，她的革命伴侶鄭惻塵死在國民黨的監獄裡，中共才決定讓胡識因帶著子女遠走莫斯科。一年之後，胡識因才從母

8 胡識因（一八九三～一九七四）。出生于永嘉五村的農民家庭。先後在溫州藝文女學、杭州女子工藝師範學校、上海女子體操學校等校讀書。畢業後在杭州、鎮海、孝豐等地女學任教。一九二〇年，回溫州辦私立新民小學，自任校長，並在溫州女子師範兼課。一九二四年冬，胡識因和丈夫鄭惻塵一起加入中國共產黨。同年十二月，中共溫州獨立支部在新民小學成立，胡識因任首任書記，支部直屬中共中央領導。一九二五年元旦，組織成立溫州國民會議女界促成會，胡識因被選為幹事會負責人。同年一月，胡識因根據黨組織要求，以個人身分加入國民黨，幫助改組國民黨。四月建立國民黨永嘉縣黨部。一九二六年一月，胡識因作為浙江省的四位代表之一，參加中國國民黨第二次全國代表大會。六月，調任省黨部婦女部長。六月二十日晚，孫傳芳的軍警查封省黨部辦公處，胡識因等人被扣押。溫州同鄉會會長林同莊出面具保，獲釋。北伐軍光復杭州以後，胡識因擔任省黨部執委兼婦女部長和中共浙江省婦運委員會主席。主持創辦《浙江婦女》。一九二七年四月十一日，溫州獨立支部遭破壞，軍警包圍胡識因、鄭惻塵住處。胡識因倖免，鄭惻塵、蔡雄等被捕。七月二十八日鄭惻塵被殘殺于杭州陸軍監獄。十月，黨中央將她連同兩個子女送往蘇聯中山大學學習，其女在蘇聯病故。一九二九年秋，胡識因及其子離蘇回國。在上海楊樹浦辦工人夜校，領導工運，擔任紅十三軍駐滬通訊、聯絡員，其間遭遇喪子之痛。一九三八年八月，回鄉擔任岩頭小學校長。抗戰勝利後回到上海，先後擔任肇和、崇農兩所小學校長。一九四八年回溫州。一九四九年九月先後擔任溫州第八小學、水光小學校長。一九五四年九月退休。一九五六年二月，被提名為溫州市首屆政協委員。一九五八年被錯劃為「右派」。一九七四年去世。一九七九年平反。來源：溫州地方文化・溫州方言網　周天孝文　轉自段躍：《王國龍口述》。

親的信中得知鄭惻塵已經犧牲，那時，她已經不知不覺當了一年寡婦。

國共破裂，就像暴風雪封山，讓夜宿山間旅店的中共旅人走投無路，感覺淒苦。一路上，曾猛也在獨自思索：他投身其中的革命為什麼會失敗，讓無數革命同仁人頭落地？問題的答案，難道非要去千里之外的莫斯科才能尋得？

就在一二個月前的八月五日，國民黨方面宣佈召回在蘇聯留學的國民黨學員，中共相應地加大派出學員的力度，把莫斯科東方大學和中山大學變為培訓中共幹部的專業學校。一九二七年有三百三十七名中共黨員和共青團員負笈莫斯科。九月份，曾猛的同事也是同鄉何止錚也已前往莫斯科。曾猛只是眾多困惑學員中的其中一位。

輪船在東海裡一路沉悶向北。幾天之後，他們在符拉迪沃斯托克下船，調轉幾日後，再搭列車穿過西伯利亞，前往莫斯科中山大學。

一九二五年十月，同樣的月份同樣的線路，蔣經國和同行的學生在蘇聯貨輪的船艙裡，慷慨激昂地唱著《國際歌》，那時，還是國共合作蜜月期，國民黨學生和中共學生相擁入懷，一路高歌。

短短兩年，分道揚鑣，恍如隔世。

一、在莫斯科，關門讀《紅樓夢》的「童子癆」

從上海碼頭出發，經過長久的舟車勞累，曾猛一行終於到了位於沃爾洪卡大街十六號的莫斯科中山大學。

莫斯科中山大學坐東朝西，濱臨莫斯科河。學校是一座四層的樓房，古木森森。左邊是排球場，樓房後邊是籃球場，冬天改成了溜冰場。全樓總共有一百多個房間，餐廳、圖書館、教室、學習室、辦公室一應俱全。[9]

十月革命前，它是舊俄一個貴族的府宅，據說俄國詩人普希金就在這裡舉行婚禮。學校樓裡留下的那一個很大的廳室，在沙俄時期是一個舞廳，還獨自憑弔著往日的榮華時光。十月革命後，這裡被改成一所中學，後改為一所農業

[9] 盛嶽：《莫斯科中山大學和中國革命》，第三九頁。

大學，最後成為莫斯科中山大學校址。

莫斯科中山大學對面是以其六個金色圓屋頂而聞名的莫斯科基督救世主大教堂，教堂前是一個漂亮的廣場。[10]冬天，高緯度的陽光緩慢爬過大教堂輝煌而又寧靜的屋頂。和眾多來此留學的中國學生一樣，曾猛對印入眼簾的大教堂不感興趣，在莫斯科，他是來呼吸吐納聖地革命氣息，這才是他們真正的信仰。

環境幽靜的莫斯科中山大學，是一朵奇異的「多瓣花」，開在中俄關係、中共和國民黨關係上，甚至介入了史達林和托洛茨基的殘酷爭鬥。

一九二七年冬天，迎接曾猛的莫斯科中山大學，是已被中共學生佔據的一片兇惡詭異的黑森林。校園裡拉幫結派，山頭林立。留俄學生之間的意見分歧演化成激烈的兩派——「支部派」和「教務派」，王明在兩派鬥爭中，縱橫捭闔，羽翼壯大。「江浙同鄉會事件」，正在持續發酵，來自江浙的同學人人自危。這一年，史達林和托洛茨基在莫斯科的惡鬥也進入白熱化，中山大學捲入其中。學生分裂兩派，一派支持史達林，另一派支持托洛茨基。中山大學，這朵奇異的「多瓣花」陡然高速旋轉，變成一個吞沒每一名留俄學生的巨大恐怖漩渦。

當時中國留蘇學生從上海出發去莫斯科，一般需要兩到三周，按照習慣，留學生到符拉迪沃斯托克之後，都會逗留整頓一段時間。[11]曾猛一行到莫斯科應該是在十月和十一月之間。我們不知道，參加一九二七年十一月七日紅場事件中國留學生中有沒有曾猛。不過，不管如何，這一年冬天，這位遠道而來的南方人已經感受到中山大學詭異的氣息，就像穿過莫斯科的呼呼冷風。

10 同上。

11 張澤宇：《留學與革命——二〇世紀二〇年代留學蘇聯熱潮研究》，第一七〇—一七七頁，北京：人民出版社，二〇〇九年

風聲鶴唳的「江浙同鄉會」事件[12]

一九二七年冬天，曾猛到達莫斯科中山大學時，宣佈退出托洛茨基反對派的蔣經國已經提前畢業離開中山大學，進入列寧格勒托爾馬喬夫軍政學院深造。讓人意想不到的是，離開中山大學的蔣經國卻「觸發」了一起性質嚴重、教訓深遠的政治事件，這就是所謂的「江浙同鄉會」事件。

「江浙同鄉會」事件究竟是怎樣一回事？時至今日，關於這一事件的最權威的解釋還僅僅停留在當年一些留蘇學生的片段回憶上，沒有文件，沒有記錄。所有有關這一事件經過的介紹和說明，幾乎都是支離破碎。「江浙同鄉會」事件的引發，在很大程度上是中國留蘇學生中間「你死我活」的派別鬥爭。

一九二七年十月，時任政治局委員的向忠發率中國工農代表團，幾乎和曾猛這一批留俄學生同時踏上蘇聯大地上。向忠發他們是來參加十月革命十周年紀念活動，受組織部長李維漢委託，他對留蘇中國學生政治及學習狀況進行考察並提出改進意見。向忠發在與各校負責人座談的過程中，得知在中國學生中間存在著派別問題。告密學生鄭家康告訴向忠發，「有一個江浙同鄉會及儲金互助會的祕密組織」。

一九二八年一月，莫斯科東方大學學潮爆發（起因是東大學生不滿脫離中國革命形勢的教材，多次提出修改課程要求，最終無果，一百多名東大學生列隊遊行，前往共產國際總部請願），向忠發在處理學潮時聽說，在列寧格勒的中國學生竟有人「開會慶祝」，開會之人，恰為之前傳聞的「江浙同鄉會」中之人，為首者即為俞秀松、蔣經國等。這讓向忠發感覺事態嚴重。而俞秀松在中山大學讀書時（一九二七年十一月，俞秀松離開中山大學進列寧學院深造和工作），是「教務派」中的核心人物。「江浙同鄉會」事件，又捲入了之前的「支部派」和「教務派」的爭鬥之中，更是迷霧重重。

一九二八年一月底，向忠發要求中山大學校長米夫祕密調查「江浙同鄉會」。一個月之後，米夫掌握了格伯烏提

---

12 該章節，我全文參考、簡寫了楊奎松先生寫的長文《「江浙同鄉會」事件始末》和補正文章。

供的一些證據後，公開宣佈「江浙同鄉會」事件成立，動員學生檢舉揭發。

此後，在中山大學嫌疑名單不斷擴大，今天是我揭發你，明天是他揭發我，後天又有人揭發，最多時有一百五十多名學生被列為嫌疑對象，這占全校總共四百餘名學生名額的三分之一。

在風聲鶴唳之中，幾乎每個人都在懷疑別人，而且每個人都在提防別人。同學之間的過去有過的那種親密關係蕩然無存，就連上廁所時都要小心，因為確實有人任何蛛絲馬跡都不放過，連同學們在廁所裡講的一句無關痛癢的話，也要拿去彙報。

一九二八年四月，米夫召集中共代表向忠發、蘇聯軍委代表和格伯烏代表開會，再度聽取格伯烏代表說明取證情況。格伯烏代表明確提供一份包括蔣經國、左權在內十二名「江浙同鄉會」骨幹名單。會議通過了中共代表提出的一份決議，決議中定性「江浙同鄉會」為「反黨組織」。值得注意的是，該項決議竟出自正在給向忠發做俄文翻譯的陳紹禹（王明）手筆。

但會議剛剛結束不久，米夫就感覺到這次會議的決議「不盡成熟」，他親自查閱了一些所謂的證據後，卻發現在眾多格伯烏認為確鑿的證據中，沒有一件可以直接證明這個組織事實上存在。而之前認為是「江浙同鄉會」黨綱的文件，原來是一九二六年中山大學黨部支部委員會的工作計畫。這件事讓米夫深感困惑，就把處理「江浙同鄉會」的事件暫時放到一邊去了。

火是向忠發和米夫放的，米夫突然收手，這讓向忠發大惑不解。在沒有得到米夫的答覆之後，從工人運動中發家的向忠發決定繼續追查到底。當時的向忠發還要參加兩場重要的會議——中共六大和共產國際六大。向忠發順勢在大會召開期間抛出「江浙同鄉會」這一枚「重磅炸彈」。

北國漫長冬季過後，一九二八年的春天姍姍來遲，美麗而又溫和，晴朗而又嚴寒。在白天，太陽光下溫暖到可以溶解冰雪。在霧裡，莫斯科河河水流動著，河面上的冰塊坼裂漂浮著。莫斯科的春天，沒有在曾猛的心中留下多少的喜悅，對遠在中國的諸多共產黨人來說，這一年的春天，也同樣憂鬱、陰晴不定。

就像戲劇衝突中的故事一樣，各路人馬都要聚集在一起。一九二八年四月下旬至五月上旬，包括瞿秋白、周恩裡等中央領導人在內的一百多位參加六大的代表分批祕密前往莫斯科，巧的是，曾猛的入黨介紹人鄧中夏、他出國前的頂頭上司王若飛也名列一百多位代表之中。

在中共六屆一次全會上，瞿秋白當選為新一屆中央政治局委員，沒有進入新選出的政治局委員和候補委員名單。在隨後召開的第六屆中央政治局第一次會議，選舉向忠發為中央政治局主席兼中央政治局常委會主席。中共中央也接受布哈林的建議，決定瞿秋白、張國燾擔任中共駐共產國際代表。之前身為共產黨第二任最高領導人的瞿秋白被甩出核心層，「流放」莫斯科。

七月十一日中共六大閉幕，七月十四日，共產國際第六次代表大會中共代表團召開會議，剛當上最高領導人的向忠發在會上當眾宣佈了中山大學「江浙同鄉會」的存在，要求「同志們絕對不要懷疑」。向忠發的報告立即在與會者中引起強烈反響，大家紛紛要求「嚴重調查確實」，然後將這些小組分子「一個一個地剷除出去」。有人甚至明確主張對這些人應當：

一、唯一的領袖——槍決；
二、二等領袖——坐格伯烏；
三、三等分子——放逐；
四、四等分子——用教育方法教訓他。

「江浙同鄉會」成為新一屆中共核心層需要認真處理的第一個大問題。

七月十七日共產國際六大召開。

七月二十二日，因「江浙同鄉會」事件牽連，而被蘇聯軍校開除的中國留學生學員左權、陳啟科等前往克里姆林宮，請求面見史達林和莫洛托夫，適逢史達林參加共產國際六大，留學生代表沒見到史達林。聯布（共）中央監察委員會主席雅羅斯拉夫斯基親自接見中國留學生，接受中國留學生的申述，並當即致電共產國際東方部，要求調閱所有關於「江浙同鄉會」事件的材料。恰逢中共代表團書記周恩來和主要負責人瞿秋白、蘇兆征、張國燾等也就此事往「格別烏」查閱相關材料，於是中共代表團與聯布（共）中央監察委員會就如何妥善處理「江浙同鄉會」一事進行磋商。雙方均認為有必要重新調查這一事件。

七月二十五日，鄧中夏與瞿秋白、張國燾等中共代表團一道，同中山大學支部委員會成員陳原道、李劍如等人談話，瞭解「江浙同鄉會」有關情況。陳原道、李劍如反映相當強烈，明確認為代表團不能妥協，「中共代表團不將江浙同鄉會根本解決了，則對黨的前途非常危險。首領應該槍決，活動分子應開除」。周恩來要求中大總支部委員會能夠協助提供一個確切的「江浙同鄉會」人員名單。

事實上，調查了半年多的時間都不能確定「江浙同鄉會」會員的名單，要在幾天內搞出一個「確切的名單」，這當然做不到。但是中大支部委員會很快提供了一個七十一人的名單，俞秀松、周達文等人首當其衝。

七月二十七日，「江浙同鄉會」事件委員會正式組成，成員來自聯布（共）中央監察委員會、中共代表團、蘇聯軍方和格伯烏，即日起，對所謂的「江浙同鄉會」展開調查、聽證、調閱材料、走訪當事人。鄧中夏作為中共代表團成員，參與了調查工作。與會人員聽取了俞秀松、周達文等人關於自己與所謂的「江浙同鄉會」關係的申明書時，中共方面的代表幾乎拿不出任何證據來證明俞秀松、周達文的申辯與事實不相符。

七月三十日，中山大學學生方紹原給中共代表團寫信，形容追查「江浙同鄉會」事件使整個形勢變得「天昏地暗、陰霾四布」，學生們「整天在『滿城風雨』中過不安的生活。」

八月十日，雅羅斯拉夫斯基正式向委員會聯席會議提交了《關於所謂「江浙同鄉會」或「互助會」事件的報告大綱》，從根本上否定了所謂的「江浙同鄉會」的存在及其反革命的性質。報告逐條否定了格伯烏和中共代表團的指認後，最後明確提出，這個問題僅僅是一個組織紀律的問題，是一個思想認識的問題，因此解決這件事的正確方法應當是，對已企圖組織互助性質的小組織而未向黨報告的黨團員，「進行必要的黨的教育」。

雅羅斯拉夫斯基的報告輕而易舉地說服了絕大多數與會者，甚至格伯烏的領導人也主動承認負責此一工作的人員存在著嚴重的失誤。只有與會的中共代表根據中共中央的意見，堅持之前的看法。為了能說服中共的代表，會議幾乎是不間斷地進行了十一個小時，最後，會議放棄努力，通過了聯共（布）監委提出的決議。對此中共代表當場表示自己的一貫態度。

幾天之後，同樣身為江浙人的周恩來根據中央此前文件和代表團意見起草了給聯共中央政治局的信，中共在信中做了一定的妥協，不過還認為「江浙同鄉會的個別分子的確與其他黨派還有些牽連的關係，這在客觀上是要有反革命的嫌疑的」。這讓蘇聯方面的人不能理解。

顯然，中共代表團已經讓無可讓了，再讓，剛剛登上中共權利巔峰的向忠發過去的一切說法和中共中央就此得出的結論，必將全部推翻。這不僅有可能影響新一屆中央的威信，而且可能在學生中形成嚴重的對立。聯共（布）中央政治局的代表也很快放棄了公佈解決這一事件的努力。至於捲入「江浙同鄉會」事件的當事人學生最終的命運會如何，就不在他們的考慮範圍之中了。

一九二八年十月上旬，周恩來離開莫斯科回國，王若飛擔任中共駐農民國際代表，鄧中夏在赤色職工國際工作，倆人留在莫斯科工作。

「江浙同鄉會」事件調查最終不了了之，但是影響卻陰雲難消。「江浙同鄉會」到底是有還是沒有，在中山大學的學生中間繼續被討論著。中山大學裡學生黨派間的鬥爭，殘酷時，喊殺之聲不絕於耳的。這對經歷過文革的國人來說，不難想像。

「江浙同鄉會」的真相究竟是怎樣的？據當事人盧貽松和屈武的說法，起於一個玩笑：原來是發薪水少的學生敲發薪水多的學生「竹杠」，慫恿成立「儲金互助會」，蔣經國恰巧屬於薪水多的學生。

我不惜筆墨，看似贅述和曾猛無關的「江浙同鄉會」事件——已有的少之又少的資料都沒有證明曾猛捲入「江浙同鄉會」事件，曾猛向王國龍講述自己在莫斯科的經歷時，也沒有提到「江浙同鄉會」事件——其實卻也不然。

「江浙同鄉會」事件發生在一九二七年底至一九二八年秋之間，深刻影響了當時眾多留蘇學生，一次又一次刺激他們的內心世界，戰戰兢兢，如履薄冰。又恰好是浙江人的曾猛剛好全程見證了整起事件，他的入黨介紹人鄧中夏，位重權高的「兄長」都捲入事件的調查。從他之後對陳紹禹直言不諱的反感情緒來看，他對「江浙同鄉會」事件的反應，是非常敏感。同時，弄清楚中山大學裡「城頭變幻大王旗」的殘酷政治鬥爭，也有助於我們瞭解，曾猛最後為什麼會選擇走上托派這條路。

「童子癆！」

一九二八年秋天，「莫須有」的「江浙同鄉會」事件在名義上宣告結束，沒有人會想到，一個確鑿的托派組織在中山大學一撥學生中祕密成立。頂著「風頭」，成立祕密托派組織[13]，也可見參加學生一腔沸騰的熱血。

在「江浙同鄉會」事件過後的中山大學，陳紹禹一方和以接受託洛茨基關於中國革命問題觀點的另一方同學，爭論也非常激烈。據曾猛說，他在爭論中，除了理論鬥爭外，還揭露王明把從國內帶來新制大衣上的緞裡子剪下來送給米夫當禮物，因為當時俄國人有用中國綢緞作壁飾的愛好。

在莫斯科，溫州籍的留蘇學生[14]每逢星期天都會到附近樹林中聚會。胡識因不同意反對派的意見，但她也不是王明派，她跟曾猛的私人感情不錯，平時無所不談。她勸曾猛不要參加反對派——當時她還不知道曾猛已經祕密加入反對派——不要反對陳紹禹等「布爾什維克」，並且責備曾猛不去聽黨課，只躲在寢室裡看《紅樓夢》。在中山大學，所有的黨、團員每週都要參加共產黨的小組會，就像每週開一次班會。通常每個小組有二十五人到三十五人，有一名指導員主持。在小組會上，每一個人都可以暢所欲言，要求每一個人都要對討論的問題發表意見，誰都不能保持沉

13 即前文所說的「林中會議」，此處不再贅述。

14 有證可查，當時溫州人金貫真也在莫斯科。http://politics.people.com.cn/GB/8198/68298/68302/4641825.html

默。如果有人不發言，就會被指導員點名要求發言。[15]曾猛索性不參加黨課。可見曾猛當時心境。

曾猛很不客氣對老大姐胡識因反唇相譏：「史達林的錯誤害得中國革命還不夠嗎？如果不執行史達林的指示，早作防備，我們數不清的同志會人頭落地嗎？你的丈夫會犧牲嗎？如果聽史達林的話，會有上海工人第三次暴動的勝利嗎？陳紹禹會把新大衣的緞子剪下來作禮品，奉承米夫，這是為中國革命戰爭嗎？米夫會接受這樣的禮物，是關心中國革命，還是關心他房間裡的裝飾？」

聽到這裡，胡識因趕緊用溫州家鄉話說道：「童子癆！童子癆！」。溫州方言，「童子癆」是指得癆病的小孩子，意思是短命鬼，是一句咒罵的話。胡識因暗示曾猛不要再說下去了，謹防「隔牆有耳」。這一年，胡識因三十五歲，已經得知丈夫死於屠刀之下，獨自一人在異國他鄉拉扯十歲的兒子長大，她的小女兒死在莫斯科，真可謂是閱盡人生兇險和滄桑，冷暖自知；這一年，曾猛二十四歲，血氣方剛，憤懣之氣縱橫胸中。

想不到胡識因一語成讖。也許是因為水土不服，這一年，曾猛患嚴重的咳嗽、咳血。當咳血的曾猛內心灼燒著托派信念，不屑於去聽黨課，關起宿舍大門讀到林黛玉咳血時，一定是感同身受。

這一年十一月，曾猛以生病為由向中共駐共產國際代表團瞿秋白、他的入黨介紹人鄧中夏等人提出要求，申請提前回國工作，獲得批准。

二、在上海，曾猛離開周恩來和陳獨秀

曾猛對周恩來說：「我沒有錯。」

一九二九年一月，咳著血的曾猛離開大雪紛飛的莫斯科，踏在上海碼頭。這時革命形勢和一年多之前已截然不

15 盛嶽：《莫斯科中山大學和中國革命》，第九三頁。

同，曾猛也早已不是從前的曾猛，儼然已經重生。

國民黨在前一年夏天完成北伐，名義上統一了各地。蔣介石和閻錫山、馮玉祥、李宗仁等地方軍閥劍拔弩張。一九二七年異常慘烈的十二月廣州暴動失敗後，中共的政策轉趨穩健，開始修整積聚，中共在中心城市中的力量開始得到一定程度的恢復。一九二九年，李立三在向忠發總書記身後主持一切。這一年，毛澤東在贛南、閩西發展武裝割據。

剛回到上海的曾猛出手應該闊綽，住在上海灘有名的東方旅店。曾猛隨即向中共中央報到，被安排在中央秘書廳文書科工作，回到老本行。在中共中央機關裡，周恩來一定熱情接見遠道而來關係非一般的曾猛。

和周恩來簡單寒暄幾句之後，曾猛匆匆離開中共中央機關所在地，消失在上海的弄堂裡。曾猛回國，還帶著一個祕密任務。由於身體原因，曾猛成為莫斯科祕密托派組織中最早回國的一位留學生。托派幹事會要求曾猛回國後與史唐等人聯絡。

一九二九年二月，曾猛、史唐兩位「難忘的好友」終於相見。早在一九二六年，曾猛從廣州到上海進中共中央秘書處之前，曾在中共中央辦的第一個地下印刷所做工作，史唐是那個印刷所裡的排字工人。當時的曾猛還身兼兩職，負責帳房和校對。在這個地下印刷所，曾猛還獨當一面，處理過突發事件。有一次，稱霸地下印刷所所在地段的一個流氓頭子找上門來，聲稱要找老闆說話，就是常駐營業房的曾猛出面應對。

在地下印刷所工作時，當地派出所某次舉行突擊戶口抽查，拿去印刷機上印就的一本印刷一半的《嚮導》，認為可疑，馬上逮捕了曾猛，所幸工作人員迅速將鉛板和其他印出品銷毀，派出所別無所獲，而對半冊《嚮導》的文字內容也不甚了了，遂允許交保，將曾猛釋放。這應該是曾猛第一次被逮捕。[16]

從上海到莫斯科，再從莫斯科回到上海，談笑間往事歷歷在目。曾猛這才知道史唐他們已經成立了國內第一個托派組織，於是把莫斯科祕密組織的情形及對國內托派的「熱切希望」轉給他們。這樣，莫斯科和上海兩地的中國托派

16 史唐：《憶中共早期地下印刷所》，《中共黨史資料》，二〇〇七年第一期。

組織建立了正式聯繫。

回國後，曾猛除了刻印文件等常規工作之外，據曾猛自己講述，他一回到中共中央，就在周恩來手下直接參與機密工作。

一九二八年三月，當曾猛還在莫斯科中山大學閉門讀《紅樓夢》時，中共黨員王屏周和林平海受中共浙江省委指派回溫。這一年八月間，王屏周擔任永嘉縣委書記。同一年十二月十五日清晨，王屏周在永寧巷底家裡被捕。溫州駐備司令甘清池即派兵將王屏周押解杭州。當時是乘輪船去的。按原計劃，該輪航線中途是要在海門停靠，溫州中共組織聞知消息後，策劃在海門劫救王屏周。但是王屏周是「要犯」，甘清池命令輪船直開上海，中途不得停靠。中共的劫救計畫也就落空了。

王屏周在輪船上說服押解官兵，要求船到十六鋪後，能允許他給朋友打個電話，押解軍官同意了。船到十六鋪後，王屏周就打電話給商務印書館西書部職員李景芳。李景芳，溫州人，是王屏周和曾猛的朋友。王屏周知道李景芳平時和曾猛有聯繫，希望通過他轉告曾猛。

李景芳接到電話後，立即趕到十六鋪，在附近的飯館請王屏周及押解的官兵一起吃飯。王屏周在席間無法明言，只能暗示。但李景芳糊塗，沒有立即通知曾猛，只送了一些錢給押解的官兵，要他們在途中照顧王屏周。到第二天，李景芳才把這事告訴曾猛，曾猛聽了禁不住拍檯子大罵李景芳糊塗，誤了大事！

原來，中共中央知道在海門劫救王屏周的計畫落空後，周恩來就指示曾猛無論如何要設法在上海營救，李景芳的糊塗使中央接下來的營救也落了空。曾猛和李景芳雖然是好友，但李景芳畢竟是黨外人，曾猛不能向他洩露祕密，只能委託他，如有押解王屏周的船隻到上海的消息，立即通知。而李景芳只知道盡友情，一接到電話，急急忙忙去見王屏周，沒有馬上通知曾猛。曾猛說，如果當時李景芳能穩住押解官兵，立即打電話通知曾猛，也還來得及營救。但他到第二天才通知曾猛，李景芳還怨曾猛不明言。王屏周被押解到杭州後，一年多後被槍決。

如此驚心動魄的一件事，是曾猛事後講述給王國龍聽的。王國龍在回憶曾猛的文章《曾猛其人》中說，最後曾猛越說越生氣，這是可以理解的，因為曾猛沒有完成周恩來交給他的任務。

實際上，當老資格的曾猛向比他小十歲的小弟王國龍繪聲繪色描述此事時，不排除為了說明他和周恩來的親密關係而添油加醋，虛構故事。有三點值得懷疑：一，王屏周是在溫州被捕，最後押解的目的地是杭州，押解的人沒必要押著王平周繞個上海灘再回杭州；二，李景芳請王屏周及押解的官一起吃飯。李景芳會如此糊塗看不出端倪？三，在中共中央機關工作的曾猛都不知道押解王屏周的船隻到上海的消息，而需要交代給商務印書館西書部職員黨外人士李景芳？

但是，曾猛和周恩來有不淺的交往，存在直接上下領導關係，應該是事實。一九二九年夏天，中共中央為對溫州地區的土地革命及武裝鬥爭作新部署，特召鄭馨、王國楨和雷高聲（即施德彰）到上海。王國龍從鄭馨口裡知道，他們在上海的住宿、開會、聯絡都是「阿猛參與安排的」。而且王、雷因意見相左有矛盾，雙方都是曾猛的朋友，所以「阿猛從中調解」。王國龍認為，這也是曾猛聽命於周恩來的明證。

一九二九年五六月間，又有一大批留蘇學生被送回國，這中間有不少托派學生。這些托派學生回去後該如何工作？為了解決這個難題，他們在莫斯科炮兵學校開了一次會，到會的除了幹事委員會幹事外，還有劉仁靜和各校中國托派負責人。會議決定：一、回國後必須留在黨內。為了取得繼續留在黨內的權利，不公開自己的立場，即在工作中遵守紀律，服從多數；在思想的討論中，曲折地提出自己的看法，以圖糾正「六大」路線，但儘量不暴露自己反對派的面目。二、必須以中國共產黨中的一派自居，不要到黨外去組織新黨；萬一被開除，應該在已有的托派組織（「我們的話」派）中工作，不應另立門戶。「黨內一派」，遵循的是托洛茨基制定的方針。

當這兩點指示傳到上海時，曾猛一定如釋重負：堅持自己的不同政見和認真做好中共中央這份內工作——甚至是周恩來親自交代的祕密任務，這兩者之間沒有了尖銳的矛盾。因為黨內一派，並不是反黨。曾猛可以毫無愧疚地面對周恩來。

一九二九年八月，包括王凡西、劉仁靜、吳季嚴在內的二十多名留蘇學生回國。為了安全考慮，他們回國時一般都化裝成華僑，少數富裕者，如劉仁靜、吳季嚴繞道歐洲回國。王凡西等十八人乘西伯利亞鐵路到符拉迪沃斯托克，然後持華僑假護照，坐船到日本統治下的朝鮮仁川，換船到上海。

遵照莫斯科反對派那一次會議決定，他們立即向中共中央報到。劉仁靜卻沒有按照會議決定行事，沒有去中共中央報到，寫了一封信給中共中央，報告自己已經回國，也表明了自己的托派身分。

經過一段時間的培訓之後，中共中央就給回國學生安排工作，王凡西當任中共中央組織部幹事，當時的部長正是周恩來。王凡西回國參加工作，也正是失意的陳獨秀轉向托派之時。

回國托派學生「潛伏」在中共內部的這段好景並不長。陳獨秀轉變為托派給中共帶來危機，從中央到各省省委，從黨到青年團，從黨組織到群眾組織，到處發現「取消派」的附和者，中共隨即在黨內也進行了有系統的清除運動。王凡西在各種討論場合變得沉默，甚至在一九三〇初春大病一場。據此可知同在中共中央機關工作的曾猛處境。一九三〇年初，就在王凡西大病臥床之時[17]，莫斯科中山大學掀起了一次新的反托運動。「為人非常老實缺剛毅氣」的托派學生趙言輕經過了一段時期的痛苦動搖，終於屈服，交出六十名托派學生名單，幾天後，在寢室裡懸樑自盡。

莫斯科當局在審查這份名單時發現，有三十多名托派留蘇學生已分幾批回國，就立刻給上海中共中央打了密電。周恩來發現名單中有王凡西的名字，就到醫院裡和病床上的王凡西談話。周恩來的態度「很友善」，周恩來滿意王凡西這幾個月來的工作，所以希望王凡西為了自己的「革命前途」，作一書面聲明，放棄托派意見，在《紅旗》上登載，這樣周恩來能保證他依舊留在黨內工作。王凡西沒怎麼搭話，只答應會寫聲明。第二天部裡人員來拿聲明，看了很是「失望和難過」，因為王凡西沒有放棄自己的托派立場。幾天之後，王凡西被中共開除黨籍，正式掃地出門。[18]

對於如此嚴重的事件，周恩來很有可能是挨個談話作思想工作。曾猛在莫斯科加入反對派用的是用了假名徐慧

17 王凡西身體一向不好，詳見本書《作別最後一位「火槍手」》。
18 王凡西：《雙山回憶錄》，第一六七頁。

英。這個帶有女氣的化名和曾猛本名真是形成一個巨大反差。當然，對祕密工作能手周公來說，要查清徐慧英的真實身分，輕而易舉。對關係不一般的曾猛，周恩來說的話明顯就比對王凡西的重了很多。周恩來告誡曾猛，必須承認錯誤，脫離托派，把問題交代清楚，黨可以從寬處理，否則，後果是不言而喻的。此時的曾猛，正式同周恩來決裂，堅持不肯認錯。曾猛說，他是為了中國革命的前途才參加反對派的，而且反對李立三執行的史達林的盲動主義路線，這條路線使黨的力量受到本來可以避免的摧殘和損失。不知道城府深不可測的周恩來聽完曾猛這一番話之後，又會作何感想。和王凡西的結局一樣，談話之後，曾猛被開除黨籍，搬出機關，生活陷入困境。這反而加深了曾猛、王凡西對托派的信念，可以專一從事托派運動，走自認為正確的、純粹的革命道路。

曾猛順理成章地進入了「我們的話」派。「我們的話」派很窮，活動經費主要賣譯稿接濟，例如把英文小說《七重天》拆開，大家分頭翻譯。即使這樣，活動經費還是常常沒有著落。

一九二八年十二月，王屏周在溫被捕後，還發生一個連鎖反應，當晚受此牽連的韓敏、王國芳（王國龍哥哥）不得不外逃，來到上海。曾猛出了一個點子，希望能給「我們的話」派籌集到比較可靠的經濟來源，他就撮合韓敏、李景芳及其好友出資，在上海東寶新路開設江東書店，主要銷售大學用的英文教科書，同時兼售新文藝、社會科學書籍。「我們的話」派幹事會成員和福州路的新文藝及社會科學著作的出版社有聯繫，可以不需要先付書款也能代為銷售。英文教科書則由李景芳向商務印書局西書部記帳供應。書店的盈利，用來資助「我們的話」派。曾猛被中共開除之後，生活無著落，就是靠江東書店，才有了一個棲身之所。為了安頓曾猛，江東書店在福州路的一條弄堂裡租了一間房間作為書店業務的聯絡處，曾猛就住在聯絡處，同時，他的住處也成為「我們的話」派幹事會的活動地點。由於曾猛的關係，江東書店也成為國共合作破裂之後從溫州逃亡而來的革命者的聚會場所。

在江東書店十幾歲的學徒王國龍看來，當時中共對托派的看法還是很寬鬆的，「曾猛是托派，大家都是知道的。托派還沒有被扣上帽子，無非是中間派」。當時在上海的鄭馨還對學徒王國龍說過：「曾猛是共產黨員，是不能夠參加托派的。不過，你倒是可以，因為你還不是共產黨員。」

曾猛何止錚和陳獨秀一起被捕

為「我們的話」派苦苦支撐著的曾猛還記掛比他早一個月出國，此時還留在莫斯科淒風苦雨中生死不明的何止錚。倆人在成長經歷上也有幾分相似。

何止錚[19]一九〇三年出生於溫州瑞安縣塘下區仙岩岩下村一戶農民家庭，比一九〇四年出生於溫州城區的曾猛大一歲，和曾猛是十中校友。性格沒有曾猛激烈的何止錚安安穩穩地完成了學業。在十中校長金嶸軒的支持下，何止錚同全貫真、蔡雄、蘇中常、戴國鵬等一批志同道合者組織了血波社、宏文社等新文藝團體，當時朱自清剛好來溫在十中任教，何止錚也得到朱自清的指導。朱自清的散文名篇《綠》，就是他在何止錚等幾位同學陪同下遊覽何止錚家鄉仙岩風景名勝區之後，揮筆寫下的。

一九二四年七月，何止錚從十中師範部畢業之後，到永嘉岩頭高等小學教書，這所小學是溫州中共早期黨員永嘉人謝文錦在廣華小學的基礎上興辦。同年下半年，胡公冕、謝文錦奉中央之命到溫州地區建黨，期間謝文錦回鄉探親，何止錚登門拜訪。倆人在岩頭小學「接談數次，甚覺情投意合，主義相同」，謝文錦就介紹何止錚加入中國社會主義青年團。為了黨的宣傳工作需要，謝文錦把何止錚調到《溫州大公報》社擔任副刊編輯。

一九二五年，何止錚的足跡遍佈全國許多地方。二月，何止錚到上海第一次見到陳獨秀，僅作「寥寥數語談話」。黨中央為了培養黨的幹部，就調他到北京參加由李大釗主持的政治訓練班學習，為期四個月的訓練班結業，何止錚被派到河南國民第二軍騎兵第一旅鄭思成部隊擔任俱樂部指導員——當時是國共蜜月期。八月下旬，他被調回開封，在李求實主持的共青團河南省委擔任技術書記。一九二六年六月，李求實介紹他到王若飛主持的中共中央秘書處擔任技術書記，何止錚又重新見到了陳獨秀，並和周恩來等中央高層多有接觸。半年後，曾猛從廣東也來到中共中央

[19] 何止錚的經歷主要參考了周興杞寫的《我區最早留蘇的共產黨員何止錚》一文（《甌海文史資料》第十六輯刊）。

秘書處工作，在王若飛手下和何止錚從事同樣的「管理祕密通信，文件管理，油印之類」工作。據以記憶超群聞名的鄭超麟回憶，王若飛對曾猛的要求相當嚴格，曾猛都能按照王若飛的嚴格要求，密切配合。鄭超麟有一次有事到秘書處去，那房子是三層，王若飛住二層，三樓就是祕密技術工作的地方，鄭超麟到三樓看到曾猛正在刻蠟紙，何止錚在油印，工作緊張，鄭超麟就沒有跟倆人談話。

兩名年齡差一歲的溫州同鄉在中共同一個部門工作，不得不讓人感慨是緣分使然。國共合作破裂之後，一九二七年九月，何止錚比曾猛早一個月去了莫斯科。

何止錚先在莫斯科東方大學軍事班學習一年，後又轉到中山大學繼續學習，在中山大學加入托派。中山大學托派「最高委員會」李平自首時，案及何止錚。

一九三〇年，名單上的中國學生被捕後，首先監禁半年至一年，有一些學員在監禁中就被折磨致死。監禁期滿後，不經過法院而由蘇聯政治保衛局判決。這種嚴重破壞司法公正的行為在蘇聯一九二九年清黨中屢見不鮮。被捕的一部分中國留學生經由蒙古送回國，可是據當時人李一凡回憶，他根本沒有在國內見過其中任何一個人！一部分人被反復判刑，一部分人被下放到蘇聯各地工廠參加勞動。

李平因為「認識錯誤比較深刻並揭發中國勞動者共產主義大學、列寧學院以及其他軍事院校的托派組織」而免於刑事處罰。何止錚也只能坦白悔過，當局還是決定給他警告處分，並把他下放到「紅色無產階級機器廠」學習鉗工技術。

一九三一年，在殘酷運動中撿回一條命的何止錚回國，回國後自動脫黨，在上海虹口「廣東機器廠」做工，成為一名銅匠。在蘇聯下放工廠學到的鉗工技術讓他回國後可以用此謀生。

敲打著從高溫爐裡夾出來發亮銅塊的何止錚陷入矛盾之中。他就這樣安心做一名銅匠？之前的革命抱負就讓它如一段炭火燃燒殆盡？中共中央軍委秘書也是溫州同鄉李得釗以周恩來的名義給他捎了一封信，要他到江西中央蘇區負責軍事工作。他該拒絕嗎？與此同時，彭述之陳碧蘭夫婦和曾猛也在拉攏他。他該選哪一邊呢？蘇聯清黨運動留下的陰影鬱積在心抹不去，去江西中央蘇區，還會不會再次捲入政治運動？何止錚不能確定，最後他斷然拒絕了周恩來伸出的接納的雙手，選擇了曾猛。

何止錚放下鐵錘拿起筆，在上海，和曾猛一起從事俄國文學翻譯編輯工作，以謀生計。何止錚一人翻譯的高爾基小說《懺悔》，經葉永蓁介紹，找郁達夫幫忙，由中華書局出版，列入現代文學叢刊。稿費有二百銀元。

二百銀元，這一筆不菲的收入，也見證了曾猛和何止錚的友誼。當時曾猛正在為家庭問題所困。曾猛去莫斯科之前，順從父母之命，和陳育芳結婚，並生有一男一女。在曾猛看來，這是一場徹頭徹尾的舊式婚姻。一九三〇年，陳育芳也敢愛敢恨，她到上海找到李景芳，要李景芳轉告曾猛，她要離婚，子女歸她養育，向曾猛付養育費。當時，曾猛還在中共中央秘書處工作，不能出來公開談判，只能委託李景芳轉達：同意離婚，家中用具全部歸她，子女由她養育，養育費也應該付，但是他身處地下，無收入，無力承擔這筆養育費，請她諒解。曾猛正為此事一直不安，恰在這時，何止錚拿到了二百銀元稿費。何止錚把稿費一分為二，拿出一百銀元轉交給陳育芳。曾猛和陳育芳離婚之後，最後和陳育芳的表姐妹黃秋君相愛，倆人在上海同居。

曾猛被中共開除後，中共對托派人員態度寬鬆，但是社會上還認為他是共產黨人，國民黨還是要逮捕他。他無法在上海謀生——一九三〇年秋，江東書店生意慘澹關門大吉。他致信家鄉的王國龍，用「牛衣對泣」形容他和黃秋君在上海的窘迫。

據彭述之回憶，曾猛妻子黃秋君曾在上海開過藥房。[20]顯然最後也沒能賺到錢。生活沒有保障的曾猛準備收拾行囊，以一個失敗者的身分回溫，忍受父親的嘲諷和指責。臨走之前，曾猛碰到彭述之的妻子陳碧蘭。

曾猛對陳碧蘭說：「我現在真的是沒有辦法了，只能先回家。」

[20] 彭述之：《彭述之回憶錄》下卷，第三六六頁。

陳碧蘭勸曾猛：「先別回老家，一回老家，別人會馬上知曉你的托派身分。等我回信吧，讓我想想辦法。」

陳碧蘭找到陳獨秀，推薦曾猛到陳獨秀那裡工作，當時陳獨秀已轉向托派。陳獨秀還記得懂書法的曾猛，對他在中共中央時做的祕密文字工作印象深刻，也許對他還頗有好感。

曾猛從小學過書法，寫的字連老先生都誇「有功力，頗具風姿」，在工人運動時，他大顯身手，書寫大幅遊行標語。在廣州時，他看到當時的油印文件，品質不高，就自告奮勇，毛遂自薦改進印刷方法。為了增加每張蠟紙印出的份數，曾猛不用膠輥印，而把油墨塗在玻璃板上，然後把刻好的蠟紙覆蓋其上，用軟布在蠟紙背面均勻輕抹，這樣印出來的文件，字字清晰，再加上字體漂亮，看過的人都嘆服不已，連廣州中共領導人陳延年也大加讚賞。

曾猛能在蠟紙上每一個小格子裡刻四個小字，用筆均勻，字裡行間，整齊劃一，非常清楚。為了能刻出這樣小的字，他得經常自磨、自製筆尖，親自去選購日本產的紋路最細的刻板。

曾猛這一門手藝正也是他能從廣州調到位於上海的中共中央秘書處工作的一個籌碼。在中共中央秘書處工作時，曾猛又鑽研密寫文件的偽裝工作。他用米湯把文件書寫在小說的空頁上、書邊上、上下空白處，寫在字帖的夾層上，甚至寫汗衫、白色被罩上，用碘酒顯像後，發現沒有漏字、錯字，字字清晰。

陳獨秀和陳碧蘭就把曾猛留下。曾猛從「我們的話」派轉投到陳獨秀派之後，生活才有了保障，從事印刷托派刊物時，月薪二十元。陳獨秀也把何止錚一起收在麾下。比起幾年前倆人僅作「寥寥數語談話」的會面，這一次對陳獨秀來說，是戰敗後的集結，能多集結一名，都能讓軍心振奮。

一九三一年五月中國托派統一大會召開之後，陳獨秀責成黨報主編王凡西迅速出版第一期中央機關報《伊斯克拉》（後改為《火花》），陳獨秀讓印刷能手曾猛擔任機關報印刷工作。九月五日，托派中央機關報《火花》終於問世，十二月，又創辦了托派內部輿論機關報《校內生活》，這兩個刊物都是油印。由於黨報主編王凡西剛剛入獄不久，可以推測曾猛和何止錚對兩種刊物印刷和發行一定出力頗多。

曾猛在唐山路業廣里三三五號的住所也是他印刷刊物的工作室，房租、伙食費、以及蠟紙、油墨和紙張等等費用，都是由「陳獨秀一人負責」。

陳獨秀被中共開除後，沒有了組織安排經費，不過當時由亞東圖書館出版發行《獨秀文存》大賣，陳獨秀在其他一些文字學論著也能收到稿費和版稅。陳獨秀把寫書掙來的錢，掰一部分安頓溫州人曾猛，為中國托派發聲吶喊。

一九三二年九月二十三日，何止錚搬到曾猛位於唐山路業廣里三三五號的住所，倆人同住，一起印製《火花》和《校內生活》。[21]這時候的鄭超麟又看到曾猛和何止錚忙碌的身影，又會有一番「物非人是」的感慨湧上心頭。

何止錚和曾猛同住之後沒多久，命運多舛的中國托派又面臨一次覆頂之災，這一次連陳獨秀也被捕，在陳獨秀風起雲湧的一生中，這是他第五次被捕，也是最後一次被捕。這次被捕也頗有戲劇色彩。少為人知的是，兩名溫州人——曾猛和何止錚——也一起被捕，陪陳獨秀吃了一段時間牢飯。

一九三二年十月十五日，新組成的托派中央常委彭述之、羅世藩、濮德志、宋逢春在上海虹口區有恆路春陽裡二〇一號秘書謝少珊家開會，被國民黨中統特務探知，與法租界巡捕一起聯合行動，五人全部被捕。謝少珊被捕後馬上叛變，供出陳獨秀的住址，當天下午七時，特務帶著謝少珊在岳州路永興裡十一號樓上將陳獨秀拘捕。

五十三歲的陳獨秀患有嚴重的胃病，抓捕的人都能馬上看出他「多病」。陳獨秀「貌甚清臒，唇蓄微髭，發已微斑，衣淡藍色嗶嘰長襯，戴淡黃色呢帽」。[22]

不僅如此，謝少珊還供出了五名常委（包括陳獨秀）的真實姓名和身分，以及托派中央另幾處機關，包括托派中央和外地組織的聯絡站和曾猛何止錚同住的《火花》印刷點。十月十六日，曾猛（當時化名為王子平）、何止錚在住所被捕，查抄出俄文各件七、八種。[23]包括陳獨秀、彭述之、曾猛、何止錚在內共有十一人被捕。

一九三三年四月十四日、十五日，陳獨秀等十一人在被捕半年後，由江寧地方法院第一次開庭審理。眾所周知，

21 強重華等編著：《陳獨秀案開審記》，《陳獨秀被捕資料彙編》。
22 同上。
23 同上。

陳獨秀在法庭上不卑不亢、光明磊落地宣佈了自己的主張，甚至拍案而起反對他的辯護律師章士釗陳述的辯護詞。

在陳獨秀慷慨激昂的演講詞光芒之下，民眾很少會去注意同在一個法庭接受審理的兩位小人物曾猛和何止錚。相對陳獨秀的坦蕩，曾猛和何止錚都採用了「撇清自己，把事情全都推在謝少珊身上」的策略。謝少珊舉報有功，不用接受開庭審理，曾猛和何止錚說法剛好可以沒有「對證」。

四月十五日，第二次開審，法官先問曾猛。曾猛否認自己加入托派，是因為在莫斯科時與托洛茨基人（派）比較接近，故給開除回國。在上海，他只負責印刷《火花》和《校內生活》交給謝少珊，其他事情都沒有參與過，之前不認識陳獨秀，只到被捕時才認識。

何止錚對法官說，在莫斯科由於意見不同，被開除回國，回國後在工廠當機匠。去年秋，由謝少珊介紹，在空閒時擔任印刷工作，去年九月二十三日至業廣里與王子平同住，月薪二十元，住在業廣里十餘日，只印刷刊物一次，去年十月十六日晚，在印刷《火花》時被捕，「《校內生活》則不知，其他各事，均不知悉，至陳獨秀等均不認識」。[24]

在四月二十日的第三次開審，在「最後之庭訊」階段，曾猛和何止錚都供稱「為托派擔任印刷工作，是為經濟關係」。

曾猛供說，被開除後，未加入托派，但是《火花》、《校內生活》刊物，他卻印過。但是曾猛的供詞並不能說服法官，法官認為：「共黨是很嚴的，如果他不加入，何能叫他負責印刷，所以他亦加入且幫助叛國宣傳，毫無疑義。」

何止錚的回答頗具幽默色彩：「我覺得我幫托派共黨印刷刊物，並不是犯法的，而是和做銅匠一樣的機械的工作。」當然，檢察官也不會買何止錚幽默的賬，「被告犯罪情形，與王子平（曾猛）相同」，也是「幫助叛國宣傳」。

曾猛抗辯道：「被開除後未加入托派，我印《火花》，因無法生活，並且我從第八期印起，如我是托派，則應從第一期印起，並且印刷工作，亦不重要，我每次都由謝少珊拿來印，印了即拿去，我只是解決生活問題而已。」

24 強重華等編著：《陳獨秀被捕資料彙編》。

曾猛的辯護律師蔣豪士的辯護詞義正言辭，「他（曾猛）雖一度加入共黨，但法律不追溯既往，他被開除後，未加入托派，擔任印刷，只為麵包問題。青年失業，政府及社會均應負責，被告不負犯罪責任。」

何止錚抗辯道：「謝少珊叫我印刷我只印一期，尚未印好即被捕，印刷並不犯罪，因文章有人作，又有人編，印後有人發，他們應負責。」何止錚不改之前幽默本色，他舉了一個合情合理的例子——「例如造手槍，手槍可殺人，但不能說造手槍者犯罪。我去印刷，完全為了每月二十塊錢的緣故，且與我原業銅匠並不衝突。」

四月二十六日，法院做出判決，陳獨秀等人「借反日救國名義，欲將建設中華民國之國民黨國民政府推翻」，將陳獨秀、彭述之各處有期徒刑十三年，褫奪公權十五年。其他被捕者各判五年、二年不等，其中曾猛、何止錚「說明以文字為叛國之宣傳，各處有期徒刑五年，褫奪公權七年」。陳獨秀、彭述之當庭表示裁判不公，大為咆哮，聲明要上訴。

咆哮完之後，陳獨秀和彭述之再次遞交抗辯書。六月三十日，國民政府最高法院終審判決書終於下達，判決陳獨秀、彭述之「以文字為叛國宣傳」，各處有期徒刑八年，比原判減少了七年。

廣為人知的是，一九三七年八月，日本發動全面侵華戰爭之後，出動大批飛機轟炸國民黨首都南京，陳獨秀所住的牢房有一次被震坍，國民黨政府才釋放陳獨秀、彭述之這兩位政治犯。陳獨秀和彭述之出獄後，倆人分道揚鑣。

曾猛被捕後，黃秋君就到南京去找戴立夫，要求他設法營救。當時戴立夫是國民黨立法委員，和張沖住同一幢房子。張沖住在樓下，年長的戴立夫住在樓上。年僅二十九歲的張沖已是中統幹將，親歷了顧順章事件、牛蘭案，還是伍豪事件的製造者。

有著雙層身分的戴立夫對如同義子的曾猛是又愛又恨吧？他在革命的道路上走上了岔路，也在岔路上走太遠了。黃秋君在戴立夫家住了八個月，戴立夫心軟，最後不得不託付張沖出面營救。

張沖對曾猛也不會陌生。張沖和曾猛同歲，都是出生於一九〇四年，一九一九年，五四運動的巨浪波及溫州時，張沖、邱清泉和曾猛一樣，都在運動中積極參與。張沖和曾猛都就讀於省立第十中學，倆人是校友。一九二〇年，張沖還發起組織「醒華學會」。高中畢業之後，張沖遠赴哈爾濱政法大學讀書，這所大學是由俄國人一手創辦的，一九二六年，張沖去莫斯科短期遊學，比曾猛早一年呼吸到莫斯科「聖地」的空氣。[25]

張沖答應出面營救，但他提出條件：曾猛釋放後必須在「留俄同學會」過一段時間。「留俄同學會」，名字聽上去普普通通，實際卻暗藏乾坤，佈滿兇險。「留俄同學會」是由國民黨中央訓練部部長方覺慧親自主持，採取「優待」——其實就是軟禁——的辦法，免費提供一日三餐和零花錢，對投誠者實行審查改造：當局提出若干問題考核，被考核者每日都要彙報思想，審查期三至六個月，認為合格證，發給證件，介紹職業，一般都在國民黨特務機關工作；不合格者，延長審查期，或轉移到別處去「反省」。[26]

站在張沖立場，他是想用這種方式「挽救」同鄉曾猛？這也不是沒有可能。托派統一大會召開後不久，托派成員梁幹喬、陸一淵先後變節，投降國民黨之後，就利用「留俄同學會」的條件，對托派做瓦解工作，使一大批對托派事業絕望又不能自謀出路的激進青年，紛紛投入到國民黨的懷抱。曾猛如果能轉投到國民黨情報機構，對張沖來說，也是一個皆大歡喜的結果。

經過張沖的疏通，曾猛從監獄裡出來，離開繼續被關押著的陳獨秀和彭述之，住進了「留俄同學會」招待所。幾個月之後，曾猛從「留俄同學會」招待所出來，帶著托派同仁異樣的眼光回到了闊別多年的故鄉溫州。對中國托派同仁來說，曾猛竟然讓最反動的國名黨特務頭子幫忙，還進了臭名昭著的「留俄同學會」，最後還能全身退出「留俄同學會」，這足夠讓托派同仁咬牙切齒的了。

和曾猛同罪卻沒有張沖這一層關係的何止錚就沒有這麼「幸運」了，何止錚後來又被解往江蘇反省院受審，寫了反省書後，於一九三六年五月釋放回家。在托派看來，這也算是變節了。

鄭超麟在回憶錄裡寫道：「曾猛判刑不久，就通過黃埔同學（是指戴立夫——筆者注）關係活動出獄了，他寫了

25 馬雨農：《張沖傳》，北京：團結出版社，二〇一二年。
26 唐寶林：《中國托派史》，第一四三頁。

悔過書，被同案的人視為叛徒。何子貞（即何止錚——筆者注）也活動出去了，但通過反省院，表現惡劣。」[27]

中共和中國托派（站在國民黨等協力廠商立場來看，兩者並無多少區別），對同志的要求極其苛刻，都很重「變節」或「有無寫過悔過書」。甚至，按照共產黨內部一個不成文的看法，只要被敵人逮捕，不論是否變節，都說明此人有疑點，需要進行嚴格的審查[28]。如出獄的共產黨黨員，前往延安時，都需要經過苛刻的多次政治審查，中組部在涇陽縣雲陽鎮設立的接待站，負責對去延安人員進行嚴格三審，重點是盤問出獄人員在國民黨獄中期間有無寫過「悔過書」。一九三七年十二月，原中共駐青年共產國際代表黃藥眠在雲陽鎮就經歷了這樣一番嚴厲的審查，審查人員得知黃藥眠在獄中寫過「悔過書」之後，在延安，黃藥眠就深受猜忌。[29]在審查人員看來，寫過「悔過書」，等同於在變節的契約上簽字，自然「被同案的人視為叛徒」。

鄭超麟有他笑傲的資格，身為職業革命家鄭超麟是出入監獄裡的常客，每一次坐牢都是鐵漢子一個，咬緊牙關。自從一九三一年五月二十一日他第二次捕之後，審訊人員軟硬兼施想從他口中問出陳獨秀的住址，都是徒勞。一九三七年八月南京被日本軍機轟炸，他才和陳獨秀、彭述之同一時間走出牢房。他們背負著光榮與夢想，冷眼看著曾猛、何止錚一個一個原本是大好青年最終卻經不起考驗，紛紛變節，離開。

三、在溫州，心如猛虎

隱居

一九三三年秋天，曾猛攜妻子黃秋君從南京回到故鄉溫州。一別五六年，故鄉並沒有太多變化，甌江還是不緊不慢地流向東海，稱不上洶湧，也稱不上壯闊。曾猛恍如隔世。行囊裡有一封張沖轉交的陳立夫寫給他的「八行書」。

27 鄭超麟：《鄭超麟回憶錄》（下），第五三〇頁。

28 高華：《紅太陽是怎樣升起的——延安整風運動的來龍去脈》第四九五頁注釋三，香港：中文大學出版社，二〇一三年。

29 高華：《紅太陽是怎樣升起的——延安整風運動的來龍去脈》第二三四—二三七頁。

張沖說，憑陳立夫這封信，曾猛可以在任何文職機關求職。為了一家人的生計，曾猛也確實需要有一份職業，但他又明白，憑這封「八行書」求職，就等於承認自己是陳立夫手下，這才是真正變節了。曾猛思考再三，決定都不用這封「八行書」，把它藏在行囊深處，秘不示人。

而立之年的曾猛收起驕傲，跨進廝行僧街老家，在老父親曾丹仙身邊寄食。曾丹仙早年在福建南台當過一任小官吏，卸任歸來，當選過永嘉縣議會議員。他不喜歡多發言，他說過：「任你口才多麼了不起，即使口若懸河，但抵不上我的屁股——我不起立表示贊成，你講得再好也沒有用。」這句話足以說明曾猛父親的個性。

曾丹仙和原配妻子育有四子。長子曾亮，字伯明，法政學堂畢業，曾掛牌從事律師業務，但從未出過庭，因此他人有兩句順口溜送給他：「律師曾伯明，永遠不出庭」。曾亮愛好舊文學，有才華，詩、楹聯都寫得很好，他討厭廁身官場，又鄙視市儈，終日以吟詠及杯中物自娛，以「荷鍤劉伶」自況。曾丹仙目睹長子曾亮「不求上進」，極為失望。紈綺子弟老三早卒。老四曾豪，是錢莊職員。在舊時溫州，錢莊業發達，錢莊職員也顯得普通。其他諸子都辜負老父，而排行老二初中成績不錯的曾猛，自然是曾丹仙一生的盼望，望子成龍，抱著莫大的希望。

一九一九年，曾猛怒吼街頭，讓老父親感到不解。道尹黃慶瀾要逮捕他，幸好還是曾丹仙的朋友及時來通信，才讓曾猛逃離溫州亡命上海。

在一九二六年末一九二七年初之時，曾猛回家一次，給家裡留下一張身穿國民革命軍裝的照片，曾丹仙歡喜非常，一塊破碎的心又拼湊完整復原。曾丹仙把曾猛的照片掛在客廳，指望他從此平布青雲，光宗耀祖，但轉眼間，「四一二」清共，曾丹仙才知道他兒子是共產黨，只好把掛在客廳裡的照片收起來。老父親唯一的指望最終澈底落空，心如死灰。

一九三三年秋天，曾猛以吃過牢飯的亂黨身分回家，曾丹仙複雜的內心，更是難以名狀。

也許正如作家王鼎鈞所說，學潮中的弄潮兒，「這是下一代反抗上一代，這是未來反抗現在」。[30]曾猛和他的父

[30] 王鼎鈞：《關山奪路》，第二七〇頁，臺北：爾雅出版社，二〇〇九年。

親之間，個性鮮明，存在著無法妥協的矛盾，「隔了一層可悲的厚障壁」。

史唐從廣西南寧來信，告訴曾猛他在師範學院教書，並且希望他也去那裡。說教書，曾猛很願意，但考慮到這是投奔桂系的張特出的主意，曾猛決定回絕。

這時候曾猛認識了陳又東、余嘉、王濟通等幾位溫州青年。曾猛轉身一變，成為一名革命導師。他在老家客廳裡給他們講蘇聯拉皮多斯著的《政治經濟學》及用王純一筆名譯的《西洋史要》。這兩本書原都是莫斯科中山大學的講義，由反對派帶回中國出版，成為曾猛在溫州傳播思想的教科書。

曾猛既然沒有為曾家光耀門楣，父子二人關係也持續惡化，曾猛就無法再在老家住下去了。曾猛同秋君商定，要她回娘家取些錢，由老家幫工阿潘在蓮花心山上找塊朝南的地，搭三間茅頂竹屋。阿潘就幫曾猛在蓮花心山上蓋了間茅頂竹屋，他夫婦和孩子一家三口從此就在茅頂竹屋住了下來。

蓮花心村位於溫州城郊西南，一塊山中盆地，住著五十多戶貧農，當地村民大多都是外出當雇工。曾家的老幫工阿潘就是該村村民。赤貧的山村，正是中共大力滲透的地方。一九二八年初，由王屏周擔任書記的中共永嘉中心縣委派王國楨來到該村，日隱夜出，在附近新橋、甌浦垟等地宣傳，組織農會並建立中共黨組織。一九二八年六月二十七日中共反動三縣聯合暴動時，王國楨指示蓮花心村武裝好的農民夜裡在山頭瞭望，專候城裡的信號以便接應，因未見信號而未曾下山。那次暴動計畫最終失敗，蓮花心村起義的農民因為沒有下山，未遭摧殘，反而意外地保存了勢力。[31]可以猜測，曾家老幫工阿潘對親共的曾家二少爺曾猛是有好感的。曾猛卜居蓮花心村，也許也有看到那裡的群眾關係好，可以久居。

曾猛儼然以一副高士模樣隱居在紅色小山村裡，長嘯山林，登高遠眺，慨然有澄清天下之志。在茅頂竹屋的正門，自撰對聯「竹舍茅簷，遮風避雨；高山流水，曠目蕩胸。」邊門門聯，是《三國演義》裡諸葛亮高臥隆中劉皇叔

31 胡珠生：《溫州近代史》，第三五二頁。

在門口等候時吟的詩句：「大夢誰先覺，平生我自知。」室內書架上擺有《諸葛亮集》，國民黨要員也是同鄉陳素農著《大軍統帥學》，以及陳立夫著《唯生論》（不知這本書裡是不是夾著「八行書」？）和一些社會科學譯著書籍。

一九三六年五月，關押了四年多時間寫了反省書的何止錚被釋放回家，何止錚曾猛這兩位患難朋友再次相遇。曾猛邀何止錚到位於蓮花心的他家一起居住，何止錚也同意了。

也在這一年，曾猛門徒王國龍也走出監獄，理所當然地朝聖蓮花心。一九三〇年秋，江東書店生意清淡關門大吉，王國龍不得不回到溫州。回溫的王國龍和曾猛一直保持通信，曾猛從上海寄給王國龍托派刊物《火花》，影響王國龍成為托派。一九三二年秋，溫州警察局在王國龍處查到《火花》，以「危害民國罪」被逮捕，算一下時間，王國龍和曾猛差不多是同時被捕。王國龍是在溫州被捕，曾猛和陳獨秀是在上海被捕。

隱居蓮花心山的曾猛依然為生計發愁。一九三六年夏天，王國龍要到上海，曾猛托他帶一封信給戴立夫。當時戴家住霞飛路（即現淮海路霞飛坊），戴立夫的房間在三樓。一張單人床，兩張小沙發椅和一隻茶几，一張靠牆角斜擺著寫字臺，臺上放一部日文的《資本論》（戴立夫早年留學日本），寫字臺前入一籐椅，室內別無裝飾。

戴立夫先生看了曾猛的信，就說：「我不寫回信，你回去告訴阿治（曾猛小名），餘漢謀是我的學生，我可以介紹阿治到那裡求職。諒必餘也會答應。但餘是反共的。即使安排阿治去教書，也一定有條件的，所以阿治要仔細考慮。」

王國龍回溫州把這些話轉告曾猛，他聽了感動地說：「真是君子愛人以德。」他接受戴立夫告誡，打消了在餘漢謀處謀職的念頭。

一九三七年春節，升任八十八師少將參謀長的陳素農要上山看望曾猛，曾丹仙非常高興，要陪同上山。曾丹仙看了曾猛正門對聯說：「竹舍茅簷，僅堪遮風避雨；高山流水，未必曠目蕩胸。」陳素農不以為然，想為曾丹仙曾猛父子修補好關係，他指著邊門的對聯給曾丹仙看。曾丹仙說：「諸葛亮終究出山，鞠躬盡瘁，死而後已。」陳素農接話道：「人各有志，不可強求。」

陳素農的話使曾丹仙對兒子不滿消失，父子關係有了改善，老父親又把收起來的那幅曾猛的照片，又掛在客廳裡，望子成龍的期望又開始死灰復燃。

一九三七年初，曾猛接到張沖從南京發來的電報，要他立即到南京去有事待商，他無法拒絕。曾猛說：「淮南（張沖的字——引者注）的電召，無法拒絕，必須隨傳隨到。」曾猛沒有路費，要王國龍向親戚借一百元，既充路費，又留為家用。並且要王國龍跟他同去，因為王國龍哥哥當時在南京德士古煤油公司當職員。王國龍的父親也在南京，而且王國龍還沒有見過新婚的嫂子，王國龍同意隨行。

曾猛「出山」之後，何止錚也離開蓮花心，去永嘉縣立承化小學教書，開始進入溫州教育界。

曾猛和王國龍到了南京之後第一天，曾猛就要王國龍和他同去付後崗三號張沖住處，沒有見到張沖，只見到杜桐蓀。說起來，杜桐蓀、曾猛、張沖仨人也算有緣：同歲——都是出生於一九〇四年；同鄉——杜桐蓀是青田縣人，在民國時期青田縣屬於溫州專區；同校，曾猛是在一九一九被十中開除，張沖是一九二三年六月從十中畢業，杜桐蓀比張沖遲一年在從十中畢業。杜桐蓀當時是中華民國電影檢查處處長，另一個身分是張沖的助手、心腹。

王國龍看到杜桐蓀在客廳裡對曾猛說：「淮南這次非常高興和你合作。」至於具體「合作」是指什麼，杜桐蓀沒有說。

倆人從付後崗三號出來後，王國龍問曾猛：「張沖究竟要你幹什麼？」他沒有回答。革命導師和學生之間開始生長出隔閡。

之後曾猛每次來王國龍哥哥處，只討酒喝，說晚上失眠，又說已寫信要秋君出來，要王國龍陪他去找房子。又過了幾天，曾猛對王國龍說：「神經太緊張，要到無錫陳素農處玩幾天。」陳素農當時是無錫警備司令。曾猛去了無錫之後，寫信給王國龍告訴他，說陳素農如何用自己包車（黃包車）到車站迎接，陳素農自己則乘自行車跟在後面等等。以後就沒有音信，快到這一年七月時，王國龍突接到秋君來信說，曾猛發瘋在上海醫治。

曾猛為什麼會發瘋，王國龍在《曾猛其人》裡如此分析——

有人因為他的瘋病好得快，認為他為擺脫張沖，不得不裝瘋。但不少人，包括他的家屬都說他是真發瘋。我也認為發瘋是真的，因為他事前有過連續的神經緊張和嚴重失眠。發瘋畢竟是有原因的，從本節上面（指《曾猛其人》——筆者注）記述的事實，可以證明。一、他不願眼看張沖跟國民黨其他派走，否則，他不會發瘋；二、他仍堅持托派觀點，否則，他也不會發瘋。我幾年後才知道，張衡要他去南京市，所謂「合作」，原來是要他去西安到張沖新成立的一個辦事處工作。那個辦事處是代表國民黨和中國共產黨協商聯合抗日的聯絡機構。張衡要他去，可能是因為他曾在周恩來領導下工作過。他當時得知「合作」的內容後，就神經緊張，連夜失眠。因為他沒有忘記當年周告誡他時，他振振有詞說過「為中國革命前途」的話，如果去西安，見到周，不要說周的嚴詞譴責，就是含笑問問：「為中國革命的前途，怎麼跑到國民黨機關裡去了？」他就會無地自容。而且，儘管當年他拒不接受周的告誡，被中央開除。但由於在周的領導下工作，受過周的教導，周在他心上的精神威懾，一直沒有消失。他既不敢見周，又不能公然拒絕張沖的「合作」，思想上沒有出路，所以神經緊張，嚴重失眠，才促成他的發瘋。

狂飆

一場短暫瘋魔之後，其他的路都已經阻塞，這更堅定了曾猛想成立溫州托派組織的決心。

另外，在上海參加過「我們的話」派的何樹芬、朱鈴及受王獨清影響的李國棟回到溫州，也影響了一批人。雙方都在醞釀成立溫州托派組織，用王國龍的話說是「彼此曉得對方，但是沒有來往」。其實是門戶之見極深。恰在這時，「我們的話」派賀希，剛從國民黨的牢裡放出來。因為身體很弱，生活無著落，上海的老朋友要他去溫州找何樹芬和朱鈴。賀希到了溫州之後，由李國棟和朱鈴出錢租房子，供給他生活費用。並托當時同受兩方面影響的錢川給賀希打針服藥，進行護理。

和之前落魄上海街頭的曾猛一樣，賀希也體會到「真正革命者」的苦難。從資歷上說，在溫州，曾猛和賀希屬於元老級托派。一九三二年，賀希和與陳獨秀、曾猛等人一起被捕，但賀希因證據不足無罪釋放。

賀希來溫時，由於營養不良，眼睛已經看不見了。溫州托派青年給他介紹了一名同情托派的德國醫生哈斯給賀希看病。哈斯看到賀希是營養不好，賀希第二次去看病時，哈斯就燒了一碗牛肉，當場要他吃。以後賀希每次去看病，哈斯都把牛肉準備好。後來賀希就不再去了，哈斯問介紹人：「你那個朋友怎麼不來了？」那名朋友說，他不好意思。哈斯說，叫他來好了，不要有心理負擔。賀希又去哈斯那裡看病，這一次哈斯沒有給他牛肉吃，直接給了他兩塊錢，讓賀希自己去買吃的。對於這件事，晚年的王國龍在文章裡自豪地說：「說明托派分子在困難的時候，沒有向困難低頭。另一方面也表明，托派當時亟待解決的問題是大餅而不是牛肉。」

身分既合適又特殊的賀希看出溫州兩批托派的關係，就提出，為什麼不成立組織呢？經他督促，促成雙方的聯合，成立一個核心組織。溫州托派青年錢川和兩邊的人都能說得來，由他在中間串聯，這樣就成立了溫州托派組織。由賀希向上海臨委報告溫州成立托派組織一事，要求上海臨委承認。

一九三七年秋天，北方日軍炮聲隆隆，山河國破。曾猛在他蓮花心山上的茅屋裡召開第一次托派大會。出席大會的有曾猛、賀希、朱鈴、李國棟、何樹芬、何止錚、黃禹石、錢川、陳又東、餘嘉等。曾猛主持大會，並作工作報告。大會通過兩個決議：一、《溫州工作綱領》；二、請求上海托派中央承認溫州組織為溫州支部。派賀希去上海向中央臨時委員會報告。大會選出第一屆幹事會，曾猛（書記）、何樹芬（宣傳）、朱鈴（組織）。曾猛、何樹芬、朱鈴、何止錚、李國棟五人是幹事會成員。從溫州托派領導的組成來看，曾猛派和李國棟派平分秋色，曾猛理所當然坐第一把交椅。

賀希從上海回來後，帶來托派「臨委」承認溫州托派組織為支部的信件，

但是「臨委」同時也交給賀希一個任務：教育溫州的青年托派不要信賴曾猛。相比曾猛一方，賀希與李國棟一方關係更為密切：不然他也不會貿然來投靠，賀希在溫期間的生活又多倚仗李國棟、朱鈴照料，這又多了一層恩惠。於

是作客溫州的賀希分別跟托派青年談話，力求分化與拉攏。賀希沒想到的是，曾猛在溫州托派青年之中，導師的地位不可動搖，他們中的絕大部分都是受曾猛影響而參加托派的。賀希這一草率舉動，不但沒有達到目的，反而引起溫州托派成員對中央「臨委」的不滿。

曾猛立即獲悉了賀希的背後動作。和國民黨要人曖昧的關係、以及他「不明不白」的出獄、悔過，是曾猛心中最苦澀的一條傷痛，想不到，現在又是舊事重提。曾猛佯裝不知，暫時按兵不動。

賀希草率的「談話」行動不久，曾猛找到機會反戈一擊。李國棟當時是跨黨人士，還擔任永嘉國民黨縣黨部的監察委員。曾猛因此對李國棟的身分和忠誠度表示有相當大的質疑，李國棟既身為托派幹事會的成員，就應該退出國民黨。李國棟一方進退維谷，被迫採取丟卒保車的舉動。何樹芬和朱鈐聲稱：「如果李直接退出國民黨，縣黨支部勢必追究原因。就有暴露阿棟托派身分的危險。目前還是要阿棟辭去監察委員，另找工作脫離縣黨部。」曾猛最後同意了這一措施，並保證由他親自「說服」青年托派。當時溫州成立蛋類運銷處，李國棟辭去監察委員後，設法謀得該處駐上海辦事處的職位，以如此方式解決「跨黨」問題。幹事會遂決定由李國棟在上海負責代表「溫托」組織和「臨委」之間的聯絡，實為等同於放逐。

在夾縫中剛成立的溫州托派，面臨諸多問題。一是「抗日問題」。溫州托派幹事會認為，在抗戰問題上，應該和中國共產黨合作。溫州托派幹事會派托派成員李蔡志和中共浙南縱隊城區辦事處的吳毓聯繫，托派要求和中共合作，共同抗日。這一年溫州國共雙方舉行和平談判，吳毓是中共代表。李蔡志和吳毓倆人是中學同學，也是同鄉，是有感情的朋友。

吳毓卻公私分明，拒絕了，毫不客氣地說：「我們可以和國民黨合作，但是跟你們不能合作，為什麼呢？因為你們是漢奸。」

和中共組織合作的大門被吳毓「粗暴」地關上之後，溫州托派只能退而求其次，採用「滲透」、「潛伏」的方式進入群眾組織。

溫州托派認為，溫州當時有兩個抗日團體，一個是國民黨辦的抗日禦侮團，另外一個就是這一年八月成立的中共領導的永嘉戰時青年服務團。溫州托派幹事會認為應該參加中共領導的戰時青年服務團，因為這是一個有群眾基礎的團體，中共是真正抗日的政黨，而國民黨並不是真正抗日，國民黨辦的抗日禦侮團也沒有群眾基礎，不過是一個官僚機構和三青團的御用工具罷了。

冠冕堂皇的理由背後是現實的考量。永嘉戰時青年服務團鼎盛時期擁有近八千五百餘名團員，成份涵蓋學生、工人、農民、婦女等等，聯絡瑞安、平陽、樂清、黃岩、臨海、天臺、青田等縣青年團體，組織溫台處三屬救亡團體聯誼會，協調各縣青年救亡工作，並出版會刊《聯合》。在整個浙東南地區的抗日救亡運動中，永嘉戰時青年服務團擁有絕對影響力，甚至是「五四運動以來，溫州地區組織最大，活動最廣，影響最深的青年團體」。對於溫州托派而言，這是一次絕佳的「搭車「機會，如能利用得當可以在短期內快速發展成員擴大影響，從而增強自身的實力，在地方政治割據中謀求更大作為。[32]

溫州托派幹事會最終決定，溫州托派成員和溫州托派週邊成員，全部參加戰時青年服務團，參加的形式是「間接參加」。王國龍「情況好一點」，當時戰時服務團的領導成員大多數是他的朋友，他們不知道王國龍是托派，王國龍一爭取加入戰時青年服務團，馬上就被接納了。戰時青年服務團秘書長鄭嘉治，還是王國龍的親戚，王國龍還成為戰時青年服務團秘書處秘書。」為了要避免矛盾」，托派的政治面貌已經公開的曾猛沒有加入戰時青年服務團。

溫州托派對「戰青團」的滲透是很深的，比如一九三八年，「戰青團」江北五區寶台支部[33]就是直接由托派朱鈐、潘泰運及吳昭松領導。

一九三八初，回國不久的王明、康生等人掀起空前的「反托」、「肅托」運動，各地都受到此運動的衝擊。在這

32 許武智：《湮沒的革命者：溫州托派的興起與覆滅》。

33 一九一二年，南京臨時政府頒佈《地方自治試行條例》後，溫州各地開始劃自治區域。民國時期，現台州轄區玉環，屬於溫州管轄，當時玉環縣劃為三個自治區：江南區、江北區、海山區（見《溫州市志》），而寶台，在現在的永嘉縣橋下鎮區域。江北五區應在現溫州永嘉縣。

一運動的波及之下，溫州托派在地方政治環境中的生存條件發生了顯著的變化，托派與中共在戰青團內部的衝突與鬥爭擺上桌面。

在抗日時期溫州地區的國民黨、中共、托派微妙複雜的三者關係之間，實力最微弱的溫州托派失敗命運是註定的，它被中共和國民黨相互「借刀殺人」，兩面受敵。

中共和托派在抗戰指導理論相去甚遠，此時的托派仍然在抨擊中共的抗日民族統一戰線，堅持要打倒國民黨，批評中共以抗日為藉口，放棄土地革命，放棄階級鬥爭的基本路線，屈膝於國民黨求其聯俄抗日。托派提出「打倒一切帝國主義，反對背叛階級的史達林黨，召集普選全權的國民會議。」等口號，在此理論指導下，溫州托派的確會給共產黨方面造成困擾，尤其是托派此時反對國民黨政府行動，讓本已如履薄冰的中共感到惱火。[34]

浙南中共開始把溫州托派視為和「特務」、「漢奸」同一類人，而溫州托派對中共的反擊更多只是停留在言論上的批評，「並未發現其有實際行動」——實際上也發動不了實際的反擊行動。被托派滲透的戰青團也開始讓國民政府感到不滿，一九三八年九月十八日永嘉縣黨政軍聯席會議通過決議，「永嘉各民眾救亡團體，未經依法呈準備案，雖已備案，而為健全者，應一律取締。」九月二十一日，國民黨溫台戒嚴司令部據此下令取締永嘉戰時青年服務團、溫州學生抗日聯合會、永嘉文化界戰時工作團、永嘉教育界救亡協會、永嘉兒童救亡總團等五個抗日救亡團體。一年前成立的永嘉戰時青年服務團，正式壽終就寢。站在浙南中共的角度上來看，是溫州托派鑿沉了永嘉戰時青年服務團這一艘大船。

如果把滲透進永嘉戰時青年服務團形容為第一戈，那麼溫州托派在一九三八年奮力揮出的第二戈「鼓動紡織工人大罷工」也讓浙南中共如鯁在喉。

這一時期的溫州紡織業得到較大發展，紡織工人數量激增，而永嘉針織業工會形同虛設，只向工人收會費，不為

34 許武智：《湮沒的革命者：溫州托派的興起與覆滅》。

工人謀福利，工人非常不滿。曾猛看到在紡織工人中能有一番大作為，他根據在大革命時期有過的工人運動經驗，隨即展開步步策劃。曾猛吸收針織工人頭目葉學廉加入托派黨組織，並要求葉學廉動員女工提出增加工資的要求。增加工資的勝利使葉學廉取得了職工的信任。第二步，溫州托派在工人中建立了支部，由葉學廉、陳又東、錢川、王國龍等人組成，在工人中活動積極推動工會改選，最終如願以償取得了工會的領導權。葉學廉當選為工會理事長，支部其他成員當選為理事。永嘉針織業工會已被托派完全掌握，只等在接下來的大罷工中大展拳腳。

一九三八年三月，已改選過的針織業工會借米價上漲，發動針織業十二家工廠聯合罷工。托派這一突然舉措，讓資方、國民黨、中共三方都大為不滿。資方認為工會的要求純屬無理取鬧，是得寸進尺之舉，請求國民黨縣黨部取締針織業工會。罷工事件對國民黨來說也頗為棘手，但知悉是托派在幕後操縱之後，隨即拘捕了王國龍、葉學廉。

在浙南中共看來，之前常用的罷工「絕活」現在是如此的「不合時宜」。讓中共更加耿耿於懷的是，當時，溫州絕大多數工會都是由中共領導和控制，唯獨針織業工會在溫州托派控制之下。如若不支持針織業工人的罷工要求，中共將與原本的階級立場背道而馳，無論在道德上還是政治上都將陷入不利境地。但是如果完全支持托派罷工舉動，又會眼睜睜看著托派勢力坐大。中共還擔心，托派此時「貿然舉動」會刺激到國民黨方面，從而為鎮壓工人運動提供口實，畢竟在國民黨看來，托、共本一家，這將給中共在工會中的組織和活動造成不必要的傷害。但是，禍福相依，此事對中共而言，也是利用國民黨和輿論打擊托派爭取工人的一個大好機會。中共對此事採取了一分為二的做法：發動中共控制下的棉織、印刷等十四個工會，聯合發表《告針織業工友書》，並派人到針織業工人中去進行工作。一方面聲援其改善生活待遇的要求，一方面反對罷工理事會的領導，勸告針織業工人接受總工會和有關方面的合理調解。這樣，資方、中共、國民黨儘管立場不一，但在反對罷工這一點上水到渠成站在一起。托派和針織業工會面臨著不顧大局、破壞抗戰的政治責難。溫州托派領導的大罷工事件的命運又是不言而喻。

針織工人隨即發動請願，女工們怒不可遏，到看守所探望被捕的王國龍、葉學廉，還到縣黨部質問書記吳子屏。《浙甌晚報》第二日發表了吳子屏的談話，說針對針業工人工潮是受少數陰謀分子操作，必須取締。這更是激怒了工人，一群女工未經理事會同意，湧進縣黨部搗毀了辦公室。曾猛立即趕到工會理事會，勸導工人不要這樣蠻幹。他建議理事會召集全體三千多名女工到防守司令部請願，並發動其他工會支持。

在憤怒的人群中，不知道曾猛有沒有看到他早年的影子。早在十三年前的「五卅慘案」遊行隊伍中，曾猛是學生領袖，引導憤怒的人群沖向省議員張煥紳住宅，搗毀了張煥紳的住宅。現在坐在溫州托派頭把交椅已過而立之年的曾猛，面對失控的局面，不得不仔細思量，權衡利弊。

防守司令部參謀長陳適，平陽人，也是曾猛的朋友，在第一次國共合作時期，陳適任黃埔二期管理處副處長，當時的處長正是戴立夫。曾猛對托派同仁說，「當天晚上我要去見陳適，我們本來是老朋友，我就告訴他針織業的情況，國民黨是怎樣對它，中國共產黨的態度對它也敵視；對逮捕葉學廉這件事，他身為國民黨軍隊的一個參謀長怎麼看法……」其他托派成員都不贊成這樣做，但「也不好責備他」。

帶著初春幾分寒氣，曾猛夜訪防守司令部參謀長陳適。倆人究竟談得如何？外人不得而知。

第二天，針業工人由工會理事們領頭，列隊到防守司令部門前請願。三千多名工人加上其他工會支持的工人，站滿了全條大街。陳適出來向請願工人喊話，表示防守司令部一定秉公處理。工人們要求立即釋放理事長葉學廉。

陳適解釋道：「釋放，我要同縣黨部商量後處理，工友們如不放心，我派人請葉理事長來同大家見面，讓他親自跟大家講話。」

陳適當場寫了一張條子，派一名副官到看守所提取葉學廉。葉學廉到場後，陳適請他登上桌子。葉學廉情緒激動，簡單而堅定地喊道：「我們要求合理，我們要抗日，大家在理事會領導下繼續鬥爭，不勝利不停止，即使不放我，我關在裡面也很高興！」

陳適當場對葉學廉表示欽佩，但是也強調，他無權當場釋放葉學廉，過了幾天，日軍敵軍對溫州城區狂轟濫炸，陳適順水推舟，乘機下令釋放葉學廉。經過曾猛找人疏通，被關押了兩個月的王國龍也被釋放。

這一次舉動非小的大罷工，讓中共、國民黨都感到驚訝。溫州托派在大罷工之後，完全暴露了實力，有人認為，也為之後溫州托派的第一次覆滅埋下伏筆。[35]

被捕

狂飆運動塵埃落定之後，一九三九年春節，溫州托派在蓮花心曾猛家舉行了第二次代表大會，曾猛主持大會，李國棟傳達上海臨委的指示。大會選出幹事會七人：曾猛（書記兼組織）、陳又東（宣傳）、李國棟（駐滬代表）、何止錚、王國龍、錢川、葉學廉。候補幹事何樹芬、朱鈐。成立工人委員會，成員為曾猛、葉學廉、陳又東、王國龍、錢川五人。

與第一屆幹事會相比，原屬李國棟派的何樹芬、朱鈐、黃禹石此時已經退居二線，取而代之是在針織業罷工中表現突出的青年托派成員陳又東、錢川、葉學廉。

此時溫州托派黨員人數約三十人，以教員居多，工人三人，店員三人，下級軍官一、兩人。經過一年半的發展，骨幹分子雖然增加不多，但此時已擁有相當數量的週邊分子。[36]

但出乎所有人意料的是，僅僅半年後，溫州托派就遭到了災難性的打擊。一九三九年七月，由於朱鈐叛變，曾猛、王國龍、陳又東、謝循歡、董國雄相繼被浙江省第八區專員公署逮捕。何止錚、錢川等人逃亡。

身為溫州托派候補幹事朱鈐知道托派組織全部情況，此次事件對溫州托派的打擊可想而知。

朱鈐的叛變，具體原因不明，但是背後更深的原因是溫州托派組織在建立之初兩派合流後，托派中央與曾猛派，曾猛派與李國棟派一直都存在著不信任感的口子，越撕越大，最後朱鈐變節，吞沒了曾猛和整個溫州托派。

值得注意的是，此次被捕的人幾乎都是曾猛一派的，原先與朱鈐關係密切的李國棟、黃禹石、何樹芬等人無一被捕，這不得不令人懷疑沒被捕的人極有可能已提前獲得情報。

35 許武智：《湮沒的革命者：溫州托派的興起與覆滅》。
36 許武智：《湮沒的革命者：溫州托派的興起與覆滅》。

溫州托派領導針織業大罷工，是溫州托派空前的成就，造成了不小的影響。但同時也是一把雙刃劍，間接給溫州托派帶來兩個不良結果，一是溫州托派組織的力量已經暴露，開始引起溫州地方當局的注意，罷工期間的諸多過激舉動也讓國民黨感到難堪與惱火，這很有可能使其暗下決心，必欲除之而後快。二是曾猛一方勢力在鬥爭中壯大加強，讓幹事會原本的平衡狀態被打破，何樹芬、朱鈐、黃禹石等人先後落選幹事會，極有可能會造成李國楝一派的不滿。李國楝一方本身就與國民黨有著密切的聯繫，如果此時，國民黨方面再對其中個別人物進行分化和拉攏，那麼叛變和出賣也就有些順理成章了。[37]

就在當年九月，也就是事發後兩個月，李國楝與黃禹石先後被溫州旅滬同鄉會聘為秘書、助理秘書，從此開始積極參與溫州旅滬同鄉會活動，結交溫州紳商頭面人物，對托派活動也已不甚熱心。一九四七年，朱鈐與李國楝等人更是密切合作，參與溫州地區「國大代表」的選舉工作，此時的他們也早已脫離了托派組織，完全倒向了國民黨，成為了永嘉縣地方政治中的實力人物。從這兩件事情上可以推測李國楝一派在溫州托派中的消極態度。

王國龍說，「李國楝險些被捕。因為他機警，連夜從旱路逃往上海」。從這裡或許可以推測，曾猛並沒有看到自己被捕背後的複雜原因，也可見曾猛的大意和自負。

在當時曾猛看來，他這一次被捕，和一九三二年陳獨秀在上海被捕那一次非常像。在溫州托派之中，曾猛的地位相當於陳獨秀，這兩次被捕都有托派成員馬上叛變，在上海，叛徒是謝少珊，在溫州，叛徒是朱鈐。

這一年農曆七月十五日「鬼節」深夜，王國龍突然被提取，他才看到已經被捕的曾猛（曾猛和王國龍是分開被捕）。曾猛可能事先已得到通知，身邊帶了一個包袱，王國龍只穿著一件汗背心和短褲，拖一雙破鞋。曾猛王國龍倆人共戴一副手銬，由一個軍官和六個荷槍士兵押送到西門外的碼頭。上了舴艋船（溫州當地一種小船），押解的軍官才告訴他們，要解往位於金華的省保安司令部。到金華之後，曾猛王國龍又被押送到省保安司令部設在郊區羅店的看

37 許武智：《湮沒的革命者：溫州托派的興起與覆滅》。

守所。

曾猛王國龍在看守所裡關押了兩個多月，一直沒有提審。省保安司令部的一個軍法官通知說：「已電溫州保安司令部的人把你們押解回去，由防守司令部軍法處審判。」

押解曾猛王國龍出溫原班人馬又押解他們原路回溫，只是態度比以前好說話。曾猛和王國龍回到溫州，關在太平寺。

溫州太平寺，始建於後晉天福七年（西元九四二年），盛世太平時，香火鼎盛，已浸染千餘年時光。民國時，太平寺淪為溫台防守司令部營房。溫台防守司令部沒有看守所，臨時把太平寺三間醃鹹菜的矮屋裝上鐵門和鐵柵，用來關押曾猛和王國龍，讓他們和鹹菜為伍。

在千年禪寺破舊的鹹菜間裡，曾猛和王國龍說定：開審時，矢口否認，軍事法庭一定提出朱鈐的證詞，那時就要求朱鈐到庭對質。他若來，倆人就借此痛罵他一頓；朱鈐若不來，就說朱鈐不敢來，證明朱鈐證詞純系揑造。反正是死，也落得個痛快。結果，朱鈐沒有來對質。

曾猛對王國龍說，「還是要設法托朋友營救」。王國龍心知肚明，曾猛口中所說的「朋友」，只能是國民黨要員。曾猛讓妻子分別給陳素農和杜桐蓀寫信。

陳素農接到信件後，立即給溫台防守司令部黃權打電報，陳素農和黃權是陸軍大學同學。陳素農在電報上說，曾猛是他的朋友。黃權接到電報後。立即來鹹菜間看曾猛，當場要曾猛搬出鹹菜間，另外安排房間給他住，仍留王國龍在鹹菜間。

曾猛沒有等到杜桐蓀的回信，張沖卻來信了。張沖說，浙江情況複雜，重慶鞭長莫及，除非他親自來浙江云云。曾猛很難判斷，張沖這話是否推諉。

曾猛搬出鹹菜間不到半個月又回來，事態急遽變化，這讓曾猛感到痛苦。曾猛預感，他們的終審判決近了，他準備自殺。

王國龍說：「自殺是弱者的行為。」

曾猛搖搖頭，他的看法不如年輕王國龍這樣簡單，他說：「不，槍斃並不比自殺更痛苦，但自殺是把死亡操縱在自己手裡，越飛不是在列寧像前自殺嗎？」

軍法處還是毫無動靜。這時來了一位新難友曾定，曾定是共產黨員，平陽人，王國龍之前在平陽山門見過他。王國龍想不到他們又能如此相逢。

牢房裡的曾猛，幽默勁上來了，說：「宗兄，你是共產黨員，我過去也是共產黨員，現在是托派，托派坐牢是當然的，但共產黨和國民黨合作，你卻跟我們坐在一個牢房裡，真是幸會幸會。」

吳毓後來到防守司令部來交涉，在鹹菜間柵欄口探望曾定。他們講平陽當地一種方言，曾猛和王國龍都聽不懂。和曾定談話結束，吳毓無視曾猛準備要走，卻被曾猛喊住了。

曾猛說：「我們經李蔡志向你建議，我們兩黨聯合抗日，但你執行史達林的命令，這是服從紀律，我不怪你。今天我們和你的同志曾定關在一處，客觀事實證明：凡是真正抗日的必然成為蔣介石的死敵，我看，你來交涉，不但不會有結果，而且，不久恐怕蔣介石把你也抓起來。我說的意思是應當記取中山艦事件、馬日事變及四・一二等血的教訓……」

吳毓不待曾猛說完，表示歉意，不作答覆就走了。

在曾猛、王國龍、曾定三人相處的日子裡，曾定從不跟他們爭論，對國共合作的統一戰線從未流露過絲毫懷疑和動搖，只表示承認托派是抗日的；對曾猛王國龍是托派表示婉惜。曾猛王國龍覺得，曾定立場堅定，也實事求是的。所以，三人相處得不錯。特別當王國龍後來生病，每天發高燒達三十九－四十一度時，曾定都極為關懷，非常親切護理。

溫台防守司令部軍法處後來通知：曾猛王國龍的案子已呈送軍事委員會，要他們聽候發落。樓上的靴子，終於已經落下。曾猛要妻子立即再給陳素農寫信。

一九四〇年五月間，王國龍因患惡性瘧疾，連續發高燒二十一天，每天大半時間處於昏迷狀態。幸運的是，王國龍命不該絕。軍法處一位李姓醫官，是王國龍讀十中附小時的同學，這位醫官的大哥李聖恩又是曾猛的朋友。他不忘舊情一直給王國龍服藥，但毫無效果。曾猛要他快請溫州名醫胡長庚到看守所為王國龍診治。第二天李醫官帶胡長庚進來。胡長庚診斷後對李醫官說：「希望准予保外就醫。否則，必死無疑。」李醫官如實報告軍法處，終於得到批准，但條件是必須在甌海醫院由胡長庚醫治。當時胡長庚是甌海醫院的內科主任。

陳素農知道曾猛王國龍的案子移送軍事委員會後，立即要求他在軍委會的同學設法營救。陳素農的同學要求軍委會參謀處處長瑞安人黃菊裳出面幫忙。由於黃菊裳的出力，最後，軍委會指令溫台防守司令部准曾猛王國龍交保釋放。在王國龍因病保外就醫後約兩個月，曾猛也交保出獄，但倆人仍須隨傳隨到。

另一方面，因為主要人員被捕的被捕，逃亡的逃亡，「溫托」組織自然土崩瓦解。

死心

兩次入獄都是通過國民黨要人朋友幫忙疏通出獄的曾猛，從此脫離托派組織，對托派心灰意冷。蓮花心曾猛茅頂竹屋前，門可羅雀。

就像一棵樹木慢慢枯死，曾猛對溫州托派的死心，也有著循序漸進清晰的過程。曾猛第一次出獄之後，他曾通過別人問彭述之，組織是不是同意他出來？叫彭述之答覆他。

彭述之表示：「這個問題，曾猛是不能問他的，應該由曾猛自己決定。」

一九三九年五月間，「溫托」幹事會派王國龍去上海向「臨委」報告工作。臨行時，曾猛托王國龍再次探聽彭述之對他從南京出獄之事的態度。

彭述之對王國龍明確地說：「曾猛能從國民黨的監獄裡出來，那一定不會是無條件的，你叫我彭述之批准你可以從牢裡出來，這我是辦不到的。」

彭述之還對王國龍說：「一個人在政治上發生過這種事，按照黨的紀律來說，是不可信任了。我們不能否認，曾猛到溫州之後，影響了一批人，但是今後是不是靠得住，這很難說。希望你能明白。」

王國龍回溫之後，向曾猛轉告了彭述之的原話。曾猛知道，彭述之沒有原諒他。曾猛以前對彭述之一向很敬重，但從此之後，對彭述之的態度大變，甚至罵了起來。

一九四二年秋，王國龍企圖恢復「溫托」組織，幾次約曾猛商談。他雖沒有拒絕，但因為對彭述之的不予原諒，耿耿於懷，始終不願作出恢復組織的行動。由於他持這種態度，受他影響的托派成員，也都沒有行動。因此，王國龍當時恢復溫州托派組織的舉動沒有成功。

一九四三年秋天，王國龍在路上偶遇曾猛，對相互之間的隔閡，倆人早已心照不宣。曾猛對王國龍說，他要去麗水碧湖浙江省行政人員訓練團工作。麗水碧湖浙江省行政人員訓練團是國民黨培訓幹部的組織，和三青團關係密切。王國龍當面質問他的革命導師：「你怎麼可以到那樣的地方去工作？」王國龍對曾猛的失望溢於言表。曾猛解釋道，張沖囑該團教務長陳希豪到溫州來請他。曾猛說：「這等於服兵役，不能拒絕應徵。」也許是王國龍對年份回憶有誤，因為兩年前，張沖幾已經去世，何來「張沖囑該團教務長陳希豪到溫州來請曾猛」。如果說，王國龍對年份的回憶正確，那麼，曾猛給出的理由就更牽強了，曾猛以一個變節者的角色，面對著他親自引上革命道路的學生王國龍，也許連話都說不響了吧。

抗戰勝利後，數度遷往外地辦學的溫州中學遷回溫州。可是溫州中學校長一職虛懸較久，經溫州各界人士推薦及溫州中學學生強烈要求，年已六旬著名教育家金嶸軒在一九四六年八月第二次出任溫州中學校長。[38]

隨同溫中校長金嶸軒工作多年的金宸樞原名托派成員，他向金嶸軒建議，聘任曾猛和何止錚任教。[39]金嶸軒為人

38 一九二二年，金嶸軒曾任溫州中學校長。見《金嶸軒：著名教育家、溫州師範專科學校首任校長》，溫州大學網站。

39 王國龍：《曾猛其人》。

開明，當時溫州中學「兼收並蓄」，氣象開闊，允許各種人在校教書。一九四七年[40]，曾猛回到當年開除他的母校溫州中學[41]，名義是「公民」教員，但他上課不講「公民」課，都在講時事，縱論國內外形勢。

當時避難溫州的胡蘭成化名張嘉儀，結識溫州老士紳劉景晨，由劉景晨介紹，也在溫州中學教書，和曾猛成為同事。在胡蘭成生花的妙筆之下，曾猛寂寞蕭瑟。

胡蘭成在《今生今世》裡寫道：

> 鄭先生與曾先生最好。這曾先生，單名一個猛字，教初中公民與國文，家在茶山……他當過陳獨秀的秘書，雖已脫離多年了，仍說來說去說托派，因為此外他已一無所有。托派的人往年我也見過，卻沒有像他這樣粗暴的，三日兩頭只聽見他在酗酒大罵，聽得慣了，亦無人查問他是在罵的那個，所為何事。[42]

胡蘭成說曾猛「家在茶山」，確實屬實，並不是「蓮花心山」之誤。日軍入侵溫州期間，蓮花心山高地成為兵家必爭之地，國民黨軍隊和日軍兩次在此鏖戰。而曾猛是早早地離開了曾經高臥隱居之地蓮花心山，移居更為安全的茶山。

曾猛開始用喝酒排解苦悶，成為一個十足的「酒徒人」，他也開始自誇「當過陳獨秀的秘書」──從已有資料上

---

40 周興杞在《我區最早留蘇的共產黨員何止錚》一文中整理的何止錚年表中存在若干錯誤。該年表稱，一九四五年八月至一九四八年七月，何止錚在溫州中學初中部任教，而金嶸軒是在一九四六年八月才第二次出任溫州中學校長。何止錚和曾猛去溫州中學教書只能在一九四六年八月之後，我在《溫中師生名錄》一九四七年和一九四八年條目處查到何止錚和曾猛的名字（見溫州中學校慶委員會編：《溫中百年》（文字部分）紀念冊，第二八四頁，二〇〇二年），可見何止錚、曾猛在溫中任教的確切時間是一九四七和一九四八年兩年。一九四七年九月，胡蘭成化名進溫州中學教書，和曾猛成為短暫的同事，這另一處佐證。

41 一九三三年，浙江省立第十中學改名為浙江省立溫州中學。

42 胡蘭成：《今生今世》，第五〇三頁，臺灣：遠景出版事業有限公司，二〇〇九年。

來看，曾猛只是陳獨秀身邊一個技術工的角色，沒有擔任過秘書一職——酒後的曾猛開始用大話，拉近他和陳獨秀的關係。曾猛口中大罵的「那個」，彭述之當然名列其中。

在胡蘭成眼中——

這三人（指曾猛和同事鄭先生、陳先生——筆者注），本來思想不同，尤其是曾猛是個草包，靠思想為活的，但是他們合得來，因其沒落是一，便連曾猛的性如烈火，說話像汽車的排氣管放出瓦斯，骨子裡也與鄭先生陳先生一般是懲糍糍，所以不會起衝突，拿花生米或醃肉鍋鍋，沉溺於冗談，形勢像是要作長夜之飲，但便是那飲酒亦沒有一點感慨相。[43]

胡蘭成把曾猛說成草包，根本不把曾猛看在眼裡。胡蘭成還曾觸犯曾猛這位性格乖張暴躁的同事。

曾猛我也觸犯了他。是在他房裡，我，步奎，鄭先生陳先生與曾猛五個人，步奎是來尋我的，我已要走，卻因說了一句吳天五（即學者、詩人吳鷺山，當時也在溫州中學任教——引者注）的古文有工夫，想不到曾猛就裝醉大罵吳天五，我來不及拿話給天五收拾，已經夾頭夾腦被罵我是資產階級的走狗了。我與步奎回到我房裡，曾猛還在大罵，也是罵到廊下，聲音就像破鑼破鼓，使我想起古詩裡有一句是『戰敗鼓聲死』。[44]

胡蘭成看到溫州中學的同事們「多思想左傾」，這是那個時代的滔滔大潮。胡蘭成不知道的是，曾猛是從溫州托派領袖的位置跌落，才導致性格大變。

43 胡蘭成：《今生今世》，第五〇四頁。
44 胡蘭成：《今生今世》，第五〇四－五〇五頁。

大約是一九四七年，陳素農調任國民黨陸軍軍官學校第六軍官訓練班主任。一九四八年十月曾猛要去陳素農處工作，負責文書課課長（軍銜中校）。也幾乎在同時，陳素農在溫州競選「國大代表」。曾猛替他策劃競選。陳素農最終競選失敗。曾猛因為自己沒能幫陳素農競選成功，感到對不起陳素農。當時，戴立夫和張沖兩位能「罩著」曾猛的國民黨要人都已相繼去世，對曾猛來說，陳素農是他能攀上為數不多的一個枝頭。

陳素農知道選票為地方勢力所把持，而他一向在外做官，沒有地方勢力，失敗是理所當然。陳素農也並不在意，仍帶曾猛去武漢。

一九四八年下半年，曾猛從武漢回來，路過上海時，由餘嘉領他到中陸小學，想通過蔣振東去見托派中央重要人物鄭超麟，到了那裡，鄭超麟正在學校。因為曾猛「社會關係複雜」，鄭超麟回避和他談托派問題，只談大革命時期的往事。

曾猛回溫後，王國龍在一個朋友家裡見到曾猛，王國龍問他對解放戰爭的看法，曾猛說：「在武漢知道長江佈防情況，長江天塹，共產黨要渡江，不那麼容易，蔣介石手裡有錢，有裝備，誰抵抗共產黨，就給誰錢和裝備……」

王國龍發現，這些看法和曾猛以往的見解已經完全不同，曾猛的思想已經完全背叛了托派。「托洛茨基說過，紅軍有一天會進大城市的話。」

一九四九年五月七日，浙江省第五區行政督察專員兼保安司令宣佈起義，溫州和平解放。溫州和平解放第二天，有著「親國民黨」和「溫州托派頭頭」雙重標籤的曾猛被捕。

在看守所裡，曾猛終於想到了貴為「相國」的周恩來。他給周恩來寫信。

周恩來通過國務院某個機構回信給曾猛，信很簡單，就是「你要把你的自傳寫出來。」也就是說，要曾猛把自己的歷史交代清楚。

許多年後，周恩來在逝世前，終於吐露一個驚天祕密，楊度是共產黨員，他要給楊度正名。而曾猛當然不是楊度。

關押了幾個月，曾猛就被放出來，放出來以後在家裡受管制。在一九五二年大肅托之前，鎮反運動，曾猛難逃厄運，又被捕，後來轉解杭州，關押在杭州監獄。這次進去就沒有再出來。

一九五七年夏天，全國大肅托已經過去五年，政府集中各地關押的托派囚徒去上海、北京、瀋陽、鞍山、撫順、武漢等地參觀。所謂的「參觀」，就是指帶領犯人參觀各單位，感受中共社會主義建設的偉大光榮。就這樣，曾猛和王國龍兩位囚徒在高牆內又見面了。

曾猛心情沉重地對王國龍說：「我的家累太重，我對不起秋君。但她也沒有為我著想。妻子秋君不應該啊。」曾猛的意思是說，如果當初秋君沒有去找張沖去營救他，那麼後來的這一切都不會發生了。正所謂一步錯步步錯，在監獄裡的曾猛開始詛咒命運對自己竟然如此不公。

王國龍心裡知道，這話在不知情況的人聽來，可能覺得含糊，但王國龍是「完全知道這話的含義」。這是曾猛對王國龍講的最後的話，「應該說是他的心聲。」

參觀總結寫好後，曾猛被送回杭州，關押在杭州市監獄[45]。在三年自然災害期間的一九六〇年的某一天（確實月日迄今未查明），曾猛患水腫病去世，這大多是營養不良引起[46]。在曾猛生命就要枯竭的最後一段時光裡，在極端的痛苦和絕望之下，曾猛有沒有再次發瘋？有沒有用手指亂抓監獄牆壁？他會不會悔恨當年的年輕氣盛，與周恩來如此決裂？他會不會繼續謾罵彭述之？悔恨和謾罵，最後都會穿進高牆上頭的天空，消失於虛空？杭州市監獄離西湖僅數百米，美好點說，曾猛就是死在西子湖邊。一九六一年，曾猛的家屬才接到杭州監獄的通知，說曾猛已死，囑領遺物。

「從一九五〇年到一九六〇年，他被關了十年，至死沒有判決。」這是王國龍在《曾猛其人》中，對這一位複雜導師的最後描述。

45 杭州市監獄位於現慶春路西段小車橋一號，杭州人習慣稱為小車橋監獄，一九五五年改名為浙江省第二監獄。（見浙江省監獄管理局編，《浙江監獄工作回憶錄》第四八－四九頁，浙江人民出版社，二〇〇八年。）

46 三年自然災害期間，犯人患水腫病的概率很高。以浙江喬司監獄為例，一九六一年一月，浮腫病的犯人發展到占總數的二九.三%。見《浙江監獄工作回憶錄》第二一一頁。

一生對托派信念堅定的周仁生讀了王國龍寫的《曾猛其人》，當面對王國龍說，他只能同意八十%。一九九五年十二月，周仁生在給周履鏘的私人通信中說，《曾猛其人》「後面一段話，簡直是為曾猛貼金。他寫此文，為了給曾猛的家屬看的。所以好話多了。」曾猛又有哪些鮮為人知的故事，也就只能成為祕密，永遠葬身地下了。

尾聲：勿空吵

二〇一四年十二月晴朗的一天，我推開了位於溫州市鹿城區車站大道「智慧穀」一幢八層樓頂樓，華威軟體產業園公司總經理辦公室寬大的實木大門。辦公室占地近百來平方米，牆壁上掛著龍飛鳳舞的書法作品，透過辦公室窗戶，可以俯瞰樓下行人車輛來來往往。

七十歲的曾憲光從寬大的辦公桌後站起來，身高只有一百六十左右，體格健壯，兩鬢斑白，精氣神讓我想到溫州南拳老師傅。溫州南拳，是溫州地方拳種，發源自碼頭工人苦力底層，拳法兇猛粗獷。在曾憲光身上，也許可以看出其父精力旺盛的樣子吧。

「歡迎歡迎。」曾憲光聲音洪亮，伸出寬大的手掌，和我握手，把我引到待客的桌椅旁。

曾憲光，溫州企業家，他是溫州第一家涉足生產冰箱的企業——溫州電冰箱總廠原廠長，現在是華威軟體公司老總。少有人知的是，他就是曾猛的兒子。

我說明來意，想不到曾憲光問的第一個問題是：「你先跟我說一說什麼是托派？我也莫名其妙。你說給我聽聽。他們的主張是什麼？」

七十歲的老人，是一部斷代史。一九四九年，父親被抓時，他只有四歲，對父親沒有一點印象，連父親長什麼樣都不知道，之後也從沒有人跟他講父親的事。

曾猛和黃秋君結婚後生有三男四女，曾憲光排行第六。曾猛被捕之後，黃秋君是幫人帶孩子，洗衣服，才勉強維持七個子女的生活。一九六〇年前後，派出所通知黃秋君去杭州監獄，說曾猛快死了。黃秋君沒有去杭州的路費，飯都沒得吃，「就算了」，沒有去杭州監獄見曾猛最後一面。曾猛死在監獄之後，監獄方通知「囑領遺物」，黃秋君也沒有去。後來杭州監獄把曾猛葬在杭州一個山頭，將曾猛穿過的衣服等一些遺物寄到溫州。黃秋君也從來沒有帶孩子去祭奠過，現在曾猛葬在哪個亂墳崗，也無從查證。

曾猛葬身黃土，噩運幽靈卻一直籠罩著曾家每一個人，久久沒有消散，家人都要硬著頭皮承擔，用曾憲光的話說：「我們活下來，算好的了。」站在曾憲光的立場上，他對父親的恨是理所當然。除了生活的赤貧，曾憲光在成長的過程中，處處碰到壓力，「讀書工作，都很麻煩很困難」，在升學過程中，曾憲光都被警告過：「不能讀書！」但是曾憲光很爭氣，中考成績全市第一。

母親從來沒有在曾憲光面前提過一句關於父親曾猛的資訊，曾憲光說：「母親也恨他。」家裡沒有留下一點關於曾猛的痕跡，連一張照片，一封書信，一張紙條都沒有。對父親曾猛的厭惡，也使得曾憲光對家族記憶變得冷漠和反感。在溫州，曾姓並不是大姓，曾憲光也並不清楚，他這一派曾姓是從何處遷徙而來？也不知道他爺爺何許人？他也都不想知道。

曾憲光熬到十九歲，碰到上山下鄉運動，做過泥水匠，給人拉磚頭，搬石灰。曾憲光終於長大成人，艱苦撐起這個家。

上世紀八〇年代，曾憲光成為溫州涉足冰箱生產第一人，他創立了溫州電冰箱總廠，一九八七年，他帶領技術人員，參照阿裡斯頓留下的圖紙，創建了國內獨具一格，價廉物美的雙門雙溫、封閉式「華威牌」電冰箱，從電熱杯轉產電冰箱只用了短短兩個月。曾憲光成為溫州一名成功的企業家。

也許也命運的諷刺，從骨子裡對父親的怨恨，以及伴隨著改革大潮讓曾憲光事業有成，使他成為一名忠實的毛澤東信徒。如果起曾猛於地下，不知他會如何謾罵這個「不孝子」。

七〇歲的曾憲光和我聊到此處，變得尤其激動。曾憲光說：「他們（指托派——筆者注）不瞭解中國國情，我們國家應該怎樣去搞，現在當然是共產黨這條道路最好了。事實證明，中共是對的。王明啊，托派啊，都不成功，不成功，那就是錯誤的。」

說起毛澤東，曾憲光豎起大拇指說讚揚道：「尤其是毛澤東，他是最瞭解中國國情的，他的路子是最正確的。實踐是檢驗的真理的唯一標準。中國有中國的國情，西方有西方的國情。西方這條路，我們認為是一條邪路。那肯定是不好的。」

「您是不是中共黨員？」我問道。

「我當然是。」曾憲光脫口而出。

一九八五年，曾憲光加入中國共產黨，還一直擔任黨委書記一職，現在他還是企業的黨委書記。「中國十四億人口，不是共產黨就沒法領導。」曾憲光補充說道。

十幾年前，王國龍「這一批十幾個老頭子」，來找過他，曾憲光身分特殊又事業有成，他們想請曾憲光能為溫州托派做一點事，但是曾憲光的反應「很淡漠」。

曾憲光當面對王國龍他們說：「你們是勿空吵。事情沒做成功，我們這些所有子女都被你們害了。毫無意義。實踐證明你們是錯的。」

和當年胡識因呵斥曾猛那句「童子痨」一樣，「勿空吵」，也是一句使用率很高的溫州俗語，意思是：「沒事找事」，冰箱廠生意越做越大，鹿城區每年的納稅第一大戶都是他的冰箱廠。冰箱廠生意做大之後，當地的農民開始鬧事。在溫州，確實是有不少企業是被農民鬧垮的。在寬敞的辦公室裡，曾憲光無奈地用手指一指地說，「這塊地是農民的」。

曾憲光馬上明白，農民開始鬧的時候，就是他的企業開始完蛋的時候，他最怕農民。曾憲光又向我提起毛澤東，他說，他是從毛主席的《湖南農民運動考察報告》裡把這個道理想明白的，毛主席在這篇文章裡說的「農民萬歲！」，確實是真理。

「農民是搞不清楚的，他們永遠說自己是有理的。我就妥協了。我的政策就是妥協。你說怎麼樣，就怎麼樣。這樣最簡單，他們就沒有話講了。所以，我很快就把農民問題處理掉。他提出的任何條件我都答應。農民也不會亂提問題，提的也有點依據。」曾憲光說。

農民鬧了三年，農民的條件他都答應了。二〇〇四年曾憲光的冰箱廠關門大吉。後來，市政府資訊辦公室建議曾憲光轉行做軟體，曾憲光很高興，因為「搞IT，這是一個趨勢」。

溫州政府還幫曾憲光引進國內高校的專家，他很相信政府，「高興死了」。曾憲光對這位引進的專家說，「全部委託你搞。法人代表我也給你。好好幹。」軟體公司運行了只有半年，工程師跑掉了。現在，曾憲光只能搞飲食，餐飲，旅館，賣紅酒——他自己都形容這些是「亂七八糟」的行業，不是他「心甘情願」要做的。軟體公司只是掛個名。大勢已去，就此而已。

曾憲光形容自己人生的兩個不順：碰到農民，碰到騙子。

談話結束時，我拿出刊發有寫他父親文章的兩冊《甌風》新刊，說：「這兩本要留給你嗎？」想不到一直很恨父親，對關於父親材料都「非常排斥非常反感」的七十歲老人馬上說：「好，你放下吧。」不管如何，曾憲光是曾猛生命的延續，這是一個無法改變的事實。

附錄一、何止錚的最後命運

二〇一四年八月，上海的天氣陰雨綿綿陰晴不定。我從溫州趕來，推開了漕寶路大上海國際花園沈雲芳老人的家門。托派沈雲芳是周仁生的表弟。一九五二年十二月二十二日大肅托沈雲芳被捕，一九五五年元旦前後，勞改犯沈雲芳被押送到淮河邊修路。

沈雲芳老人告訴我，當時除了他，當時還有兩位托派在淮河邊勞改，一位是陳又東，陳又東沒能在艱苦的勞作中挺過來，最後死在淮河邊堤壩上；還有一位就是何止錚。何止錚死後半個世紀，我竟然在沈雲芳老人口中聽到關於他的故事……

一九二五年的河南，是何止錚「想當年，金戈鐵馬，氣吞萬里如虎」的地方。

這一年二月，何止錚來到上海。黨中央為了培養黨的幹部，就調他到北京參加由李大釗主持的政治訓練班學習，為期四個月的訓練班結業，何止錚被派往河南。

一九二五年五月，「為發展國共合作的統一戰線，加強北方的軍事運動，根據北方黨組織和李大釗的建議，中共中央派遣王若飛為中央特派員到河南指導工作。」[47]此前，國民黨第二軍軍長兼河南督軍胡景翼已進駐河南，胡景翼「政治比較開明，允許公開集會、結社，共產黨可以公開活動」。[48]對中共來說，可謂是「人和」。

中共就在河南排兵佈陣，「在經濟、政治、文化、教育各條戰線，加強了河南基層的領導工作；派劉天章成立了學兵營，並擔任營長；蘇聯運來了不少武器、裝備，包括飛機八架。」[49]不幸的是，這一年四月，胡景翼病逝，接替胡景翼一職的嶽維峻，曾短暫地「蕭規曹隨」，對中共繼續保持一段時間的寬鬆態度。

就是在這樣的形勢之下，王若飛和何止錚同時踏上河南這一片中共準備大展拳腳的土地。王若飛來河南，原本就是出自李大釗的建議，那麼中共方面「統領」河南事務、急需用人的王若飛對剛從李大釗主持的政治訓練班裡結業的何止錚當然會非常信任。

「上海發生五卅慘案後，全國總工會、北方區委先後派羅思危、劉昌炎、何止錚等到焦作活動，發動英福商煤礦工人罷工。焦作是煤礦區，是河南的重工業區」[50]，罷工潮很快席捲河南。當時，在河南，中共活動是「半公開的」[51]，在河南省銀行工作的溫州人林壯志在洶湧的人潮中認出，那位弄潮兒竟然就是他在溫州中學讀書時的同學何止錚！

47 馬連儒、袁鐘秀：《王若飛傳》，第五七頁，貴陽：貴州人民出版社，二〇一四年。
48 同上。
49 馬連儒、袁鐘秀：《王若飛傳》，第五八頁。
50 林瑞樹：《蹉跎革命路：我的父親林壯志》，鳳凰網博客。
51 林瑞樹：《蹉跎革命路：我的父親林壯志》。

林壯志思想原本就左傾，在焦作罷工潮中，林壯志看到了工人們的疾苦，經何止錚一「導引」，馬上入黨。林壯志之子林瑞樹對此有一段生動的回憶：

> 地委那些人就拿些書籍給父親看，如《共產黨宣言》、布哈林的《共產主義ABC》、揚明軒的《社會主義史》，李達翻譯的《價值與價值規律》等。這一看，他就被吸引了，入迷了。他去時，只帶了《昭明文選》（因覺得自己修辭不好，想學一學）和《莊子》。看了革命書籍，他就把那兩本書燒了。月初去，月末就入團，十月就入黨，時為一九二五年。（他）負責共青團焦作地委宣傳工作，衷心感到自己已找到人類最高理想的道路。

何止錚剛到河南，先是在國民第二軍騎兵第一旅鄭思成部隊擔任俱樂部指導員，八月下旬，他被調回開封，在李求實[52]主持的共青團河南省委擔任技術書記。[53]何止錚、林壯志這兩位久違的老同學都在河南共青團系統工作，也算是一件樂事。

沒過多久，河南局勢陡然變化。一九二六年年初，在吳佩孚直系軍攻擊下，國民軍退出河南，河南就成為吳佩孚的地盤。王若飛在河南的苦心經營的成績，十之去八九，當地中共組織只能轉入地下辦公，設在開封的「豫陝區委」規模縮小。任「豫陝區委」書記的王若飛，將何止錚調到區委當技術書記[54]，一九二六年二月，王若飛要前往上海，

52 李求實，湖北武昌人。一九一九年「五四」運動時，參加武漢學生大示威遊行，積極投入惲代英創辦的利群書社的活動。參與組織領導京漢鐵路「二七」大罷工。一九二五年與蕭楚女等一起組織河南書店，發行《中國青年》，擴大宣傳，並成立了〝河南青年協社〞。一九二七年在共青團第四次代表大會上當選為團中央委員，任團中央宣傳部長。一九三〇年三月，參加中國左翼作家聯盟工作，並擔任了蘇維埃代表大會準備委員會上海辦事處負責人。一九三一年在上海被捕犧牲。來源：安徽文化網。

53 周新杞：《我區最早留蘇的共產黨員何止錚》。

54 林瑞樹：《蹉跎革命路：我的父親林壯志》。

出任中共中央秘書長。[55]王若飛也將何止錚帶到中央秘書處工作[56]——由此可見王若飛對何止錚的信任。接替王若飛主持「豫陝區委」的，是汪澤楷。[57]汪澤楷被認為是王若飛的心腹[58]。何止錚臨走之前，向汪澤楷推薦林壯志頂替自己的位置，汪澤楷也同意了，將林壯志調到開封任區委技術書記。[59]——我們由此可以猜測，汪澤楷和何止錚的關係應該也會不錯。

論曾猛、何止錚倆人與王若飛的交情，何止錚似乎要比曾猛更貼近王若飛。其中一層重要原因：何止錚比曾猛更早認識王若飛，可以說何止錚和王若飛是戰友，結下了「革命情誼」。而曾猛是在一九二七年跟隨周恩來來到位於上海的中共中央之後，才被放置在王若飛處工作，對王若飛來說，曾猛有點半路搭車的味道。

一九二七年，何止錚在中共裡的名聲似乎要蓋過曾猛。一九二七年四月十五日，南京國民政府發佈公開通緝「共產黨首要」一百九十七人名單。[60]一百九十七人名單後撤銷八人，實為一百八十九人。這一百八十九人，前三名是鮑

55 馬連儒、袁鐘秀：《王若飛傳》，第二一四頁。

56 何止錚是何時去上海，相關資料存在分歧。林瑞樹在《蹉跎革命路：我的父親林壯志》一文中認為，是王若飛帶著何止錚一同去了上海。這當然是林壯志的回憶；而周新杞在《我區最早留蘇的共產黨員何止錚》一文中卻說，是一九二六年六月，李求實介紹他到王若飛主持的中共中央秘書處擔任技術書記。周興杞，曾任瑞安市委黨史研究室主任。他與何止錚在仙岩小學的老師周聖伊是鄰居。上世紀五十年代末，何止錚經常過周家聊天，當時還是小孩的周興杞就知曉了何止錚的故事。周興杞在此處的回憶可能有誤，或是何止錚自己記錯了？查李求實經歷，李求實也是在一九二六年春，和王若飛在同一時間回到上海，這就可以判斷「六月李求實介紹」為不實，另外，是王若飛親自調何止錚在自己身邊做技術書記，對何止錚的工作當然是非常熟悉，也無需李求實介紹。所以，本文採用了林瑞樹文章的說法。

57 林瑞樹：《蹉跎革命路：我的父親林壯志》。

58 鄭超麟：《鄭超麟回憶錄》下，第一七三頁。

59 林瑞樹：《蹉跎革命路：我的父親林壯志》。

60 《國民政府通緝共產黨首要令》（一九二七年四月十五日），羅家倫主編《革命文獻》第十六輯，臺北中國國民黨中央委員會史料編纂委員會，一九五七，第五四－五五頁。轉自楊奎松：《國民黨的「聯共」與「反共」》一書。我在網上找到一篇博文，博文作者在臺灣找到一本名為《從容共到清黨》的書（一九六六年由臺北中國學術獎助委員會出版，作者李雲漢），博文作者根據該書整理一份詳細的一百九十七人名單（後撤銷八人，實為一百八十九人）。楊奎松在《國民黨的「聯共」與「反共」》一書中提到的徐謙、陳其瑗、詹大悲、鄧演達、張曙時，都在博主提供的名單中找到，只有顧孟餘的名字，沒有在詳細名單之中，可見博主提供的詳細名單可信度很高。http://blog.sina.com.cn/s/blog_616bfd710100eq5w.html。

羅廷、陳獨秀、譚平山，周恩來、王若飛、毛澤東等「共產黨首要」都名列其中，何止錚（名單上是他的曾用名何葆楨）也占一席之地，只是排名靠後，但這足以讓晚年落魄的何止錚感動榮耀滿身。

一九二八年六月，王若飛奔赴莫斯科，參加中共六大以後，以表示承認自己在陳獨秀問題上的錯誤，主動請求留在蘇聯，被批准入列寧學院學習，一九三〇年秋至一九三一年下，王若飛在莫斯科斧頭鐮刀工廠做鐵工，直到一九三二年九月才回國[61]。

從時間軸上來看，王若飛、曾猛、何止錚仨人的命運又在莫斯科交匯。王凡西在《雙山回憶錄》裡又寫道，王若飛也是同情托派，並讓王凡西待在他的旅館房間翻譯托派文件。[62]王凡西卻隻字未提王若飛和曾猛的交往，周仁生對此就頗有意見[63]。按常理推斷，王若飛和何止錚在莫斯科也會有不淺的交往。

一九三一年，在莫斯科已經成為托派的何止錚回國，後曾猛一步加入中國托派組織。之後的何止錚似乎是放低姿態，以一名後來者的身分一直追隨曾猛，直到曾猛對托派事業心灰意冷。[64]

一九四七年，何止錚和曾猛一起回到母校溫州中學任教，一九四八年八月，兩位曾經共患難的兄弟都離開溫州中學，分道揚鑣。曾猛跟隨陳素農前往武漢，何止錚前往杭州武德中學初中部教書。[65]何止錚和曾猛在離別前，會有怎樣一段對話？

何止錚只在武德中學教了五個月的書，一九四九年二月，何止錚回瑞安岩下老家閒居，一九五〇年三月，何止錚又離開瑞安來家前往上海，通過蘇淵雷的介紹，他在上海華東財經委員會計畫局當俄文翻譯。[66]

61 馬連儒、袁鐘秀：《王若飛傳》，第二一七—二一八頁。
62 王凡西：《雙山回憶錄》，第一一一頁。
63 周仁生在給周履鏘一封書信中提到這個看法。
64 何止錚回國後的所作所為，我在專寫曾猛文章之中已經詳寫，這裡不再贅述。
65 周新杞：《我區最早留蘇的共產黨員何止錚》。
66 周興杞：《我區最早留蘇的共產黨員何止錚》。

蘇聯肅反運動給何止錚留下了極大的陰影；一九四九年中共問鼎大陸之後，參加過托派的經歷一定也讓何止錚感到不安——這從他在一九四九年至一九五〇年間頻頻遠距離換工作上可以看得出來。

上世紀五十年代初，何止錚打算再次給周恩來寫信（之前，他曾受曾猛妻子黃秋君之托，經項遜齋、沈鈞儒給周恩來寫過一封信），這一次卻遭到了蘇淵雷、林壯志[67]等人的反對而作罷。[68]

也許何止錚的這個舉動是在曾猛寫信給周恩來遭回絕之後，蘇淵雷、林壯志也許是覺得，已有前車之鑒，何止錚沒必要多此一舉。

據王國龍回憶，一九五二年，何止錚被逮捕後，判九年，「據說他釋放出來，回家後就自殺了。有人家住（從瑞安到溫州運河）水邊，發現了何止錚穿的鞋子。據說刑滿以後，還要受地方管制的。」

周興杞回憶和王國龍的說法略有出入，也許更接近事實。據周興杞回憶，一九六四年夏，何止錚是在小河中洗澡時淹死，是因為勞動過度疲憊的緣故，終年六十一歲。

在我看來，這也可見當時淮河勞改的工作強度。也許在淮河邊上時，死神的鐮刀就已經掠過疲憊的何止錚，只是在幾年之後才收到回聲。

二〇一四年初，方韶毅先生發表一篇寫何止錚的文章《懺悔》之後，聯繫上了何止錚的兒子何德洪先生。何德洪先生寫信給方韶毅先生說，他最後見到父親的時候才六歲，由於父親歷史的牽連，二十年來，他和母親倆人一直過著寄人籬下的悲慘生活，母親在虹口山陰路幫傭，他寄養在姨媽家。他母親捨不得三分錢的電車費，每天徒步走十多公里的路從虹口到南市，帶點蘋果皮給何德洪吃。後來何德洪到江西插隊。現在何德洪先生定居上海，他的母親在十年前去世。

---

67 據林壯志之子林瑞樹回憶，林壯志擔任河南省委擔任技術書記工作期間，曾五次去上海當面向周恩來彙報工作，「周恩來同志親切會見，還派陳賡同志帶我父親遊玩上海」。

68 周興杞：《我區最早留蘇的共產黨員何止錚》。

方韶毅先生問何德洪先生：沒有留有父親的照片？

何德洪先生找不出一張。這和曾猛的「遭遇」，如出一轍，曾憲光先生也是兩手空空。

和而不同？
──王國龍、周仁生和彭述之的交往

一九三九年五月，二十五歲的王國龍從溫州出發前往上海，代表成立不滿兩年的溫州托派組織向托派臨委報告工作，除此之外，他還要完成曾猛秘授的一件事。

兩年前秋天，正在溫州養病的托派賀希，參加了在蓮花心山上曾猛茅屋裡召開的溫州托派成立大會。曾猛希望賀希會後向上海臨委報告，請求臨委承認溫州組織為其支部。賀希從上海回來後，帶來臨委的承認信件，不過，也帶回臨委交給賀希的一項祕密指令：教育溫州的青年托派成員不要信賴曾猛。在陳獨秀離去的臨委，彭述之當家。這當然正是彭述之的意思。

曾猛得知此事之後，長歎一聲：和他私人關係不錯的彭述之不再信任他了。當年曾猛被中共開除蹴躇街頭時，是彭述之的妻子陳碧蘭向陳獨秀推薦曾猛，這才讓曾猛不至於落魄回到溫州老家。王國龍認為，從這件事情上可以看出彭述之和曾猛當年的交情。

在王國龍臨行前，曾猛摒退左右秘授王國龍一事，曾猛對他說：「你碰見彭述之後問問他，對我從南京出來，他有什麼意見。」「從南京出來」，是指他通過國民黨要員張沖疏通從南京監獄出來一事，這是曾猛一塊心病，也是彭述之從此不再信任曾猛的關鍵所在。

曾猛派王國龍去上海臨委做一公一私兩件事，和臨委派賀希來溫做一公一私兩件事，做法如出一轍。想到這一層意思，「高臥」蓮花心山上的曾猛一定會冷笑一聲：彼此彼此。

在內心深處，曾猛並不死心，彭述之對他總不至於如此無情吧？曾猛想從彭述之那裡聽到確實的態度。樓頂上那只靴子，也是審判他的那柄「達摩克利斯之劍」，會不會真的落下。

夾在彭述之和曾猛中間的王國龍

在上海，王國龍第一次見到了「學者型領袖」彭述之。彭述之頂著一個「曾是中共二把手」的光環。

王國龍當面向彭述之彙報了溫州托派領導的針織業工會罷工、鬥爭情況。彭述之聽完，就要王國龍寫下報告，在托派機關刊物《鬥爭》報上發表。王國龍住在李國棟上海家中，構思撰寫報告，報告寫得很長。曾猛是當時溫州托派組織負責人，一切榮耀當然也歸於曾猛。王國龍把寫好的報告交給彭述之過目，彭述之對文中關於曾猛的部分並沒有意見。

等到王國龍把報告送給劉家良時，劉家良認為「這個報告本身是左傾的」。

王國龍說：「歐伯[1]並也沒有說我們是左傾呀。」

劉家良問：「這個報告要怎麼用？」

王國龍如實答：「要發表。」

劉家良說：「要發表是不是要修改？」

王國龍依舊不退步，對話之中，已有點火藥味，就說：「要不要修改應由臨委決定。」

這個報告後來還是發表了，「也沒什麼修改」。王國龍對彭述之的第一印象如此之好：彭述之竟然如此尊重他。當王國龍和彭述之第二次見面時，彭述之才提出不同的看法：「你們代表大會上所做的政治報告好像是全國範圍的，這個不行，你們就是地方的，地方的形勢報告不能代替全國來做，這個你們也許是自覺，也許是不自覺，這個是不行的。」

當彭述之認為，托派地方組織有觸碰到托派中央權威的舉動時，他會變得非常敏感緊張。

一來一往接觸之後，彭述之讓王國龍「先不要馬上回溫」，留下參加訓練班，彭述之的理由是，托派馬上要建黨了，建黨首先要進行理論教育，所以要王國龍留下參加訓練班。彭述之最喜歡辦培訓班，手拿煙斗在講臺上侃侃而談，這是他最喜歡的一個角色。

[1] 彭述之化名。

培訓班設在溫州托派李國棟在滬辦事處，參加的人沒過十個，都是像王國龍這樣從各地托派組織來的中層幹部。學習時間都在晚上，名義上是讀英語。王國龍記得，這是彭述之第一次辦訓練班，講課的內容是從第一國際講到第四國際，說明第四國際是繼承了從第一國際到第三國際的邏輯關係。「彭述之講話很有條理，他的講話就是一本書，如果你把他講的記錄成文字就是一本書。」這點讓王國龍很佩服，王國龍發現：原來彭述之真的名不虛傳。

找到一個合適的機會，王國龍終於向彭述之開口，就是曾猛秘授那件事。

彭述之對王國龍形容，在南京監獄裡，曾猛向他當面徵求意見的一幕。曾猛問彭述之，現在如果有機會，國民黨也沒有提條件，有可能出去，你同意不同意？彭述之答道：「這件事只能你自己決定，你問我，我同意，至於國民黨說有沒有條件，我是不相信的。」

仔細推敲，這一幕也有值得懷疑的地方。當年，曾猛和彭述之確實是一同關在南京監獄裡，可是，托派頭頭陳獨秀也和他們關在一起。如果說當時曾猛要向托派中央徵求意見，直接問陳獨秀，會更合理。再說了，如果曾猛在南京監獄裡，已親自聽到彭述之對此事的態度，曾猛又何必讓王國龍再次問彭述之，而多此一舉？

彭述之對王國龍說：「曾猛這一次出去，回到溫州，把溫州組織搞起來，這一點我們不否定，是功績。但是你們年輕人不要完全相信他。而且你們要監督他，不要再發生以前的那種事。」

王國龍帶回和兩年前賀希一樣的話。曾猛萬萬沒想到，王國龍的上海之行意外中了「反間計」。彭述之三言兩語，就把曾猛的心腹王國龍輕而易舉地挖到自己的陣營，放在自己麾下。

彭述之之所以如此在意王國龍這顆棋子，是因為在腹背受敵的中國托派勢力棋盤之上，溫州托派舉足輕重。彭述之第一次開的培訓班，算上王國龍、李國棟，至少有兩位溫州托派入「室」聽「法」。伊羅生的著作《中國革命悲劇》能在大陸影印出版，是得到了溫州商人、托派同情者葉正度的大力資助。葉正度一人拿出五百塊錢。彭述之評價道：「葉正度的錢是清潔的，不是骯髒的，什麼背景都沒有。葉正度是我的朋友。」彭述之知道，王國龍，是他能否「收復」溫州這塊「失地」的有利籌碼。另外，其時上海托派組織已成分裂之勢，對彭述之來說，收復溫州「失地」

就顯得尤為重要。

就算王國龍對托派事業的熱情稍有鬆懈，彭述之也是不允許的。一九四一年秋，在溫州的王國龍接到彭述之寄來的書信，內有「歲月如馳，賢者不免」之語，鞭策王國龍不要蹉跎歲月耽誤時間，王國龍當即決定去上海。

一九四二年，在托派第二次分裂的艱難處境中，王國龍擔當起祕密油印中央機關刊《鬥爭》報的骨幹，實際上是彭述之的工作助手角色[2]。

一九三九年至一九四九年十年間，王國龍每年都是奔波在上海臨委和溫州托派兩地，負責托派中央和地方托派的聯繫工作。王國龍和彭述之關係變得密切。

通過長年近距離觀察，王國龍日益崇敬彭述之，套用《三國志》裡的一句話，那正是「與歐伯交，若飲醇醪，不覺自醉」。王國龍猶如站在多日當空的久遠時代，看到曾猛這一個太陽已經緩緩落下西山，彭述之正是皓日當空。王國龍承認，曾猛給他留下的優點印象，後來被彭述之取代。

得知陳其昌被捕，彭述之馬上要求王國龍做應變措施

在王國龍和彭述之關係密切的一九四二年，中國托派組織發生了一件大事，那就是陳其昌被捕，引發組織的連帶應變。負責應變措施的，正是王國龍。

眾所周知，一九三六年六月三日，陳其昌化名陳仲山給魯迅寫信，卻得到魯迅一頓公開的冷嘲熱諷——答《答托洛茨基派的信》發表在兩個刊物上——暗諷托派有「拿日本錢」嫌疑。一九三六年六月七日，陳其昌再次致信魯迅，表示自己的不同看法。這封信魯迅收到了，卻不再回信。魯迅在七月七日的日記中記下寥寥幾個字：「得陳仲山信，托洛茨基派也。」

2 段躍：《王國龍口述》。

到了一九九三年，這段公案才通過胡風的一篇遺文真相大白。據胡風回憶，魯迅答陳其昌這封信完全是由馮雪峰代筆，魯迅並沒有口述。也就是說，歷次修訂的《魯迅全集》裡都說的，這封信是魯迅「口述」馮雪峰「筆寫」，並不十分準確。

當時魯迅在重病中，無力起坐，也無力說話，連和他商量一下都不可能。恰好愚蠢的托派相信謠言，竟以為這是可乘之機，就給魯迅寫了一封「拉攏」的信。魯迅看了很生氣，馮雪峰拿去看了後就擬了這封回信。「國防文學」派放出流言，說「民族革命戰爭的大眾文學」是托派的口號，馮雪峰擬的回信就是為瞭解消這一栽誣的。他約我一道拿著擬稿去看魯迅把擬稿念給他聽了。魯迅閉著眼睛聽了，說什麼，只簡單地點了點頭，表示了同意。

……

到病情好轉，恢復了常態生活和工作的時候，我提了一句：「雪峰模仿周先生的口氣倒很像……」魯迅淡淡地笑了一笑，說：「我看一點也不像」。[3]

魯迅「只簡單地點了點頭，表示了同意」，從邏輯關係上說，這就是魯迅的文字，就要「文責自負」。魯迅的這封回信也是中國托派有日寇奸細嫌疑的原始出處。這封信發表不久，一九三六年十月五日巴黎中文版《救國時報》即發表題為《我們要嚴防日寇奸細破壞我國人民團結救國運動請看托陳派甘作日寇奸細的真面目》的文章，之後連發此類文章四十餘篇。

這一切讓陳其昌心碎。據段躍女士考證，陳其昌對魯迅近乎崇拜，學生時代的陳其昌曾聽過魯迅講課，但魯迅並

---

3 段躍：《知識份子口述生命史之五——陳道同口述生命史》採訪手記。

不認識陳其昌。一九三六年六月，陳其昌是按捺住洶湧的崇拜之情才提筆給魯迅寫信，卻得到完全意料不到的苦果。

縱觀陳其昌的人生，是一曲悲情的詠歎調。一九三二年陳獨秀被捕之後，陳其昌是托派中央臨委委員，並主持工作。一九三五年初，由於托派內部派系鬥爭，陳其昌一度被新產生的托派中央開除。一九三五年底，托派中央恢復臨委，陳其昌回歸托派權力中心，繼續擔任常委，是機關報《鬥爭》的主編，「獨支大廈」。一九三六年六月，陳其昌在寫給魯迅的書信中說，「我們這個團體，自一九三〇年後，在百般困苦的環境中，為我們的主張作不懈的鬥爭」，確實是一句大實話。一九三八年底，臨委派陳其昌入川探望對托派已經心灰意冷的陳獨秀，臨委書記就由彭述之取代，一九三九年冬，陳其昌回滬後仍為臨委委員，但不再是核心人物。托派分裂為「多數派」和「少數派」，陳其昌再次受到排擠。一九四二年六月三十日，陳其昌遭日本憲兵逮捕，因拒不出賣同志被殘酷殺害，據說是「被日本人裝進麻袋裡用刀刺死，屍體扔進黃浦江」[4]。陳其昌的死真是托派反駁「日寇奸細嫌疑」最悲情的注腳。

得知陳其昌被捕，彭述之馬上通知王國龍，要馬上應變。頭一件事，就是幫彭述之和陳碧蘭搬家。在上海，彭述之和陳碧蘭是分住兩地，過著居無定所的日子。彭述之當時住在同情托派的金源錢莊裡。這時怕牽連金源錢莊，葉正度就在上海新新公司下屬的新新旅館裡開了一個房間，安置彭述之。只有少數幾個人知道彭述之的具體住所。

王國龍來到陳碧蘭住所，發現陳碧蘭都已經準備好了，說隨時可以走了。王國龍把陳碧蘭和她的三個兒女安置在亞東旅館。當時開房間需要身分證明，一九四一年秋，王國龍從溫州出來路上，在沈家門花錢買了一張日偽機關發的「良民證」，剛好派上用場。王國龍吩咐陳碧蘭，平時不要出門，不要到街上去買吃的，他會跟旅館樓面的堂口吩咐好，叫服務員每頓飯都送到房裡來。王國龍先付了一些錢給堂口，也給茶房付了小費，他們都非常殷勤，答應一定照辦。事實上也是照辦了，王國龍說，因為他的「良民證」是在沈家門辦的，店家都就認為他是從沈家門來的客人。王國龍自詡應變工作做得很漂亮。

[4] 沈克成、王永勝：《王國龍口述自傳》。

陳碧蘭帶著孩子在亞東旅館足不出戶，時間長了，感覺如同坐牢。王國龍覺得這樣也不是辦法，就商量租房子，但又怕會引來麻煩。最後金源錢莊董事長葉先芝伸出橄欖枝，表示歡迎陳碧蘭住到他家裡去。就這樣，陳碧蘭就帶著孩子住到葉先芝家裡，彭述之也可以住到葉家。

王國龍做的第二件事情，就是處理隱蔽彭述之的俄文書刊和其他托派資料。

塵埃落地之後，談起這次應變，彭述之和鄭超麟有著完全不同的看法。鄭超麟說：「我們不搬家，我們相信陳其昌，他不會出賣我們。」[5]

帶著這個問題，王國龍問彭述之。彭述之回答：「我並不是不相信陳其昌，應變是組織上的措施，不是取決於對個人相信與否。」

這也許可以看出彭述之和鄭超麟的不同性情，彭述之謹慎得多，在他的人生之中，只有一次被捕的經歷——就是和陳獨秀同時被捕那次，而鄭超麟要坦蕩得多，是出入各種監獄的常客。

周仁生和王國龍的「先斬後奏」

一九四〇年，是王國龍起伏波折又恍如隔世的一年。

前一年秋天，他剛從上海回來不久，由於朱鈐的叛變，他和曾猛被溫州當局逮捕入獄，同年冬天，在獄中的王國龍大病一場，高燒不退，差點死在監獄，幸好由胡長庚醫生說情，保外就醫，才從鬼門關里拉回來。在王國龍出獄後兩個月，一九四〇年初春，曾猛又動用國民黨高官的關係（上一次是通過張沖，這一次是通過陳素農）也出獄了。兩次動用國民黨高官的關係不明不白出獄，這一次，曾猛連自己都說不響了吧。想像一下彭述之不信任的神情，曾猛對

5 鄭超麟的回憶和王國龍的回憶稍有不同，鄭超麟的回憶是，陳其昌被捕之後，他也是先搬家了，「我把妻子送到江南一個熟人家中」，他們每人打探消息，最後確定「陳其昌絕對不會說出我們的事情的。我們也就逐漸回到自己家中」。見《鄭超麟回憶錄》（下冊）第三六〇—六一頁。也就是說，彭述之也可能是，事件過去之後，依然不放心，沒有「回到自己家中」。

托派運動徹底心灰意冷，自我放逐。曾猛對彭述之的態度大變，甚至開始謾罵彭述之。王國龍看到自己原先的革命導師曾猛，漸行漸遠，最終消失在黑沉沉的地平線上。

一九四〇年夏天，王國龍再次去上海，和彭述之匯合。由於曾猛的心灰意冷，溫州的托派組織名存實亡，只剩一片廢墟。彭述之對曾猛的不信任，冥冥之中，也加速了溫州托派的悲劇命運，但是反過來說，如果溫州托派一直唯曾猛馬首是瞻，彭述之又怎麼能安心？臥榻之側，豈容他人鼾睡？

一九四〇年冬天，王國龍從上海回到溫，也在這一年，二十六歲的王國龍認識了十八歲的溫州中學托派學生周仁生。

一九四〇年，周仁生跨進了一扇全新的大門。他先後結識了安明波和王國龍。客觀說，周仁生正是在一九四〇年前後，受到安明波、王國龍、林松祺三人共同影響，以托派信仰「弱冠」重生，才成為一名真正的托派。

剛一接觸，溫州托派老資格成員王國龍就對比他小八歲的周仁生的印象非常之好，「周仁生非常機敏、熱情、很有能力，活動能力特別強，凡接觸過他的人，沒有一個對他沒有好感。」

沒過多久，王國龍就把他想恢復溫州托派組織沒有成功的「所有原因和難題」告訴了周仁生，周仁生才曉得了全部情況。

彭述之曾要王國龍恢復溫州托派組織，所以王國龍才經常往返溫滬之間。恢復組織需要經費，彭述之還想方設法四處籌錢。彭述之讓金源錢莊經理夏杏芳貸給王國龍一萬元「中儲券」[6]，再加上從其他人那匯龍的四千元「中儲券」，總共一萬四千元「中儲券」，作為王國龍在溫滬間「跑單幫」的資本。哪想到王國龍最後做生意做失敗了，蝕了本。「這場經歷，使王國龍始終感到內疚，感到有負歐伯的囑託」，王國龍也終究沒能讓溫州托派組織起死回生。

王國龍對周仁生這位可畏的後生抱有期待。如何才能恢復溫州托派組織？十八歲的周仁生把這個問題埋在心底，

[6] 中儲券，全稱是中央儲備銀行券，是日偽時期汪偽政府在淪陷區發行的貨幣。

深思熟慮，認真籌畫。周仁生有的是耐心，而收穫是在幾年之後。

一九四六年四月初[7]，安明波、周仁生、林松祺、章宏業在溫州西門安明波家裡開了個會，大家一致認定有恢復溫州托派組織的必要。大家經過討論，決定不用上海臨委的名義，也沒有延續曾猛創建組織的名字，而是另起爐灶，取名「馬克思主義挺進社」。主要負責人推安明波，周仁生負責宣傳，章巨集業負責組織。當時討論了綱領和組織章程。綱領由周仁生起草，章程由章宏業起草。第二天討論通過這兩個文件。當新組織成立之後，並沒有馬上和王國龍聯繫。四月一天晚上，王國龍、陳又東、謝循歡——都是之前溫州托派組織中的老成員——來到周仁生家，在周仁生家樓上開了個碰頭會，周仁生才把成立「馬克思主義挺進社」的經過，向他們作了彙報，王國龍他們同意向上海組織聯繫，想要取得承認。這是周仁生在《一九四一年至一九四六年的溫州托派簡況》一文裡有關「馬克思主義挺進社」的簡短回憶。

王國龍的相關回憶，有少許不同。王國龍認為，是周仁生和安明波商量——可見，是周仁生主動挑起大樑——要恢復溫州托派組織。「馬克思主義挺進社」，這個名字究竟是安明波還是周仁生起的，王國龍並不清楚。

當時，周仁生把一份「馬克思主義挺進社」的綱領拿來給王國龍看，徵求他的同意——在周仁生的回憶中，周仁生是撇開了王國龍，事成之後才告訴他。而在王國龍的回憶中，周仁生是事先來過問。

王國龍回憶，周仁生的原意是叫「馬克思主義挺進隊」，王國龍就提了一個無關痛癢的問題：用「隊」字，不合托派傳統的命名規格，建議改作「社」。周仁生也同意王國龍提出的建議，就改成「馬克思主義挺進社」[8]。

王國龍還說，「他不能一個人說了算。」不可否認，王國龍內心很是矛盾：他知道用這個名稱，彭述之一定是不同意，但是不這麼做，溫州組織又恢復不起來。當時，上海托派中央已分裂成多數派和少數派，溫州托派組織名稱如果延續之前的名稱，就不得不面臨在多數派和少數派之間二選一的「站隊」問題，那樣勢必會撕裂溫州托派組織；

7 周仁生在《一九四一年至一九四六年的溫州托派簡況》中回憶，具體日記不確切。
8 段躍：《王國龍口述》。

而另起爐灶，選用一個新名稱，可以凝聚人心，避開了麻煩的「站隊」問題，也不失為一個折中的方法。還有一層意思，重新命名溫州托派組織，也許可以順勢消除托派中央由於曾猛「變節」而對溫州托派組織連帶產生的不信任。

周仁生聯合安明波和王國龍重啟溫州托派組織，當然是經過縝密思考。論資排輩，安明波和曾猛同齡（都是出生於一九〇四年），都是在莫斯科中山大學學習時受到托派思想影響，資格老、革命血統純正，周仁生「抬出」安明波，讓安明波「牽頭」（套用當今官場一個常用語），可以服眾；王國龍是曾猛最得意弟子，「愛吾師更愛真理」，有標杆作用，可以團結曾猛門下的托派成員；年紀最輕資歷最淺也最有衝勁的周仁生擔任出力最多的實幹角色。

王國龍就跟陳又東、謝循歡商量，他們同意用「馬克思主義挺進社」這個名稱來恢復組織，讓原溫州托派的人都參加馬克思主義挺進社。王國龍事先沒有告訴彭述之，「先斬後奏」。此事，周仁生對王國龍同樣也是「先斬後奏」。此時的曾猛沒有參加「馬克思主義挺進社」，他與溫州托派組織已漸行漸遠。一九四六年，溫州托派組織恢復，不屬於上海臨委[9]。

就這樣，安明波、王國龍、周仁生三人聯手恢復了名存實亡的溫州托派組織。此時距一九四〇年王國龍把想恢復溫州托派組織卻沒有成功的原因和難題告訴了周仁生，已過去了六年時光。

「馬克思主義挺進社」的領導機關主要負責人是周仁生和林松祺。周仁生和林松祺又發展了「馬克思主義挺進社」的週邊組織。市區裡的核心組織主要負責人是王國龍和謝循歡[10]。王國龍和周仁生，分工明確，互不重疊。

周仁生寫的許多回憶文章，大多樸實無華，坦率直接，很少會有華麗的詞句，可是當他寫到一九四六年時，卻情不自禁地使用了「山花爛漫」這四個字。一九四六年這一年，溫州托洛茨基主義運動再度掀起。周仁生回憶道：

在王國龍領導下，恢復了組織；安明波、章宏業和我創立的馬克思主義挺進隊也並進來了，一時山花爛漫。各

9 段躍：《王國龍口述》。
10 段躍：《王國龍口述》。

中學都有我們的支部。我們的人幾乎都是各校各班裡的高材生。在反蔣、反獨裁、反飢餓的學生運動中，我們的人是與中共領導的學生共同進軍，兩路分兵。[11]

「在王國龍領導下，恢復了組織」，名歸王國龍，自己功成身退，這正是周仁生的性格。

一九四六年，王國龍對周仁生一定是刮目相看，並暗暗叫好——雖然在王國龍晚年的口述之中，並沒有說破這一層意思。同時，周仁生對他的「先斬後奏」，王國龍似乎也不無微詞，和安明波更是存在更深的隔閡。一九四七年初，安明波以廈大教授的身分來到上海，拜訪彭述之，恰巧碰到來上海彙報工作的王國龍[12]。王國龍撞見了安明波和彭述之、劉家良三人在談話。王國龍就退步出來，回避了這次談話。安明波王國龍竟然彼此不知對方同時來到上海，可見倆人之間的隔閡。彭述之事後告訴王國龍，他和安明波談得很好，從此彭述之才承認溫州組織是多數派中央的一個支部。

周仁生選擇多數派，讓彭述之很高興

一九四六年七月，周仁生來到上海，以托派運動作為事業[13]。

和十九年前，站在遠赴莫斯科的輪船甲板上憂鬱彷徨的曾猛不同，此時的周仁生激情澎湃，感覺到革命形勢一片大好。抗日戰爭勝利之後，中共和國民黨再次開戰，逐鹿中原，在兩雄廝殺之際，實力弱小的托派認為面臨著難得的

11 周仁生：《晚風吹來憶往昔林松祺——我的帶路人》

12 據王國龍在《王國龍口述》中回憶，當時周仁生還在蘇北教書，那麼只能在一九四七年一月前後。周仁生在《一九四一年至一九四六年的溫州托派簡況》裡回憶，在一九四六年底或一九四七年初，溫州托派組織得到上海多數派中央承認，就改名為中國共產主義同盟溫州支部，劉平梅在《中國托派史》裡也引用這段材料，由於溫州托派獲得上海多數派中央承認之時，周仁生剛好不在上海，在蘇北教書。可以判斷，具體時間，應以當事人王國龍的回憶為准。

13 周仁生：《一九四一年至一九四六年的溫州托派簡況》

發展之機。

澎湃之餘，周仁生內心還參雜著忐忑不安。去上海，第一件事當然就是要弄清楚多數派跟少數派的是非問題，然後再決定參加多數派還是少數派。周仁生的耳畔還響著臨行前王國龍告誡的話：「自己好好觀察，再做決定。」[14]

由於王國龍和彭述之的關係，溫州托派組織認彭述之為領袖，在中國托派組織分裂為多數派（彭述之是多數派領袖）與少數派（鄭超麟、王凡西是少數派領袖）之後，溫州托派多數成員傾向於多數派。王國龍當然是希望周仁生選擇多數派。

周仁生還是重啟溫州托派組織的關鍵人物，又是以溫州學運托派領袖的身分奔赴上海。他重啟的溫州托派組織又是獨立於上海托派中央之外[15]。實際上，在中國托派運動不長的傳統之中，這種情況並不少見。他的革命導師安明波早年在北方創辦的托派組織，就不被托派中央承認，而被扣上「叛徒」嫌疑。現在，安明波又參與了溫州的托派組織。

周仁生站在甲板之上，風吹過二十四歲的青春眉宇，就像經過一顆堅硬的石頭。單論內斂隱忍的性格，我常常覺得周仁生有幾分似周恩來。

安明波走出夾板，對著周仁生微微一笑，用微笑堅定了周仁生內心的決定[16]。安明波很有可能沒有主動聯繫上海的托派組織，就匆匆一瞥風起雲湧的上海灘，南赴廈門。安明波此次上海之行，是特意為周仁生送行。

一到上海，周仁生就感受到樂觀的氣息。解放戰爭初期，中國的托派組織，不管是多數派還是少數派，都是鼓蕩著樂觀的看法。多數派的刊物《求真》和《青年與婦女》（不久後改名為《新聲》），在五月一日同一天創刊，少數派的刊物《新旗》在六月問世。實際上，這種樂觀情緒不是中國托派所獨

14 沈克成、王永勝：《王國龍口述自傳》
15 第二年，安明波才面見彭述之，重啟的溫州托派組織才獲得認可。
16 周仁生，《一九四一年至一九四六年的溫州托派簡況》

有的。在二戰剛結束時，各國托派對自身的組織發展都充滿信心。在一九四六年的國際會議上，這種樂觀主義情緒表現得極為明顯。

回憶一九四六年這一段經歷時，彭述之的妻子陳碧蘭的字句是透露出喜悅之氣的：

由於這兩個刊物（指《求真》和《青年與婦女》）散佈於全國各大城市，因而在知識份子、學生及青年工人中，發生了廣大的影響；同時，把所有被戰爭截斷了的各地組織和個別分子、私人朋友，都聯繫起來了。他們看到這兩份雜誌，都紛紛寫熱情洋溢的信給我們，表示他們的歡欣鼓舞！

此外，在上海，我們盡力教育青年幹部，除訓練班外，每星期舉行討論會，經常到會的同志和同情者在百人以上，這些會議都是在某某學校的課室舉行，因為有些高中或專門學校的教室有我們的同情者在那裡當教員或職員，因而，每星期都可利用。這種討論會繼續了兩年半這（麼）久，吸收了許多職業青年和知識份子。[17]

如何統一包括周仁生在內的奔赴上海的這些熱血青年的思想認識，說明他們加入多數派？正如陳碧蘭所說，彭述之的手段還是「辦訓練班」。

過知天命之年的彭述之，相貌堂堂，極有氣質。香港十月書屋出版社出版的《彭述之選集》第四卷裡，有一張彭述之和陳碧蘭的黑白合照，彭述之穿一件深色外套，國字臉，濃眉方框眼鏡，一頭白髮往後梳，右手拿著一個沒有點燃的煙斗（用我們現在的話說，就是擺拍），嘴角露出自負的微笑。這很符合學者形象，相比之下，陳碧蘭的長相就不敢恭維了。

一九四六年下半年，少數派領袖鄭超麟正在奮筆疾書托派文章，而彭述之是侃侃而談，「博學」得多。彭述之在

17 陳碧蘭：《我的回憶》，香港：十月書屋，一九九四年，電子版。

撰寫托派文章之餘，七月，還寫了一篇《再答李季先生〈論老子思想〉》，洋洋灑灑論述他鍾情的老子研究。[18]

周仁生決定先聽一聽彭述之的講課，再決定選擇站哪一邊。在課堂之上，拿著煙斗侃侃而談的「智者」彭述之對諸多年輕人有著致命的吸引力。幾句振聾發聵的真理，帶著濃重的湖南口音從彭述之口中說出，能讓想讀理工科的青年學子周履鏘徹底放棄初衷，而對社會主義理論發生興趣，輕易地扭轉了周履鏘的命運。在周仁生平靜的外表之下，也一定暗湧著類似的變化。

沒過多久，王國龍也從溫州來到上海，此時的彭述之已經知道了溫州自立門戶，對王國龍「態度不太好」。

彭述之責備王國龍：「你呀，怎麼搞出個馬克思主義挺進社？應該恢復多數派在溫州的組織，你搞出這個馬克思主義挺進社，就不像話啦！尤其是陳又東，他們還參加了少數派，這個不行嘛！」

彭述之對王國龍很不滿意，看不起馬克思主義挺進社。王國龍很尷尬，沒辦法說他不對，因為他確實是「先斬後奏」。

彭述之問王國龍：「你這樣做有什麼道理？」

王國龍解釋道：溫州組織的恢復，用「多數派」的名義不能夠恢復；另外，他也是根據老托（指托洛茨基）的一個說法，就是「可以參加一個不是托派而有群眾的組織，只要可以團結影響他們」。王國龍又說，起碼馬克思主義挺進社還不是一般的群眾組織，而是有托派思想的群眾組織，當時他們不同意用「多數派」這個名稱是因為他們還沒有加入多數派。

彭述之聽王國龍這樣一說，「笑了笑，就不講了」[19]。

彭述之對周仁生很器重，得知經過一段時間觀察之後的周仁生終於參加多數派了，彭述之就很高興地對王國龍說：「看來你這個辦法還是對的」。

18 彭述之：《彭述之選集》第二卷。
19 段躍：《王國龍口述》

一九四六年八月，彭述之接受江蘇靖江縣蘇北中學校長盛逸白的邀請，從上海選聘一位英語教師去任教，彭述之就安排剛在上海待一個月的周仁生前往。在這件事情上也可以看出彭述之對周仁生的信任。

一九四七年底，上海社會主義青年團（S.Y.）正式成立時，章宏業被選為市委書記，林松祺被選為市委宣傳部長。從周仁生在托派多數派中的地位來推斷，周仁生也應身居要職，在晚年的回憶文章之中，低調的周仁生卻回避不說了。

王國龍周仁生對托派多數派建黨大會的不同態度

一九四八年上半年，臺灣托派支部的覆滅給周仁生的眉梢染上一層陰影，但是，很快就是雨過天晴，一九四八年八月，托派多數派建黨大會（也是托派全國第三次代表大會）讓周仁生對事業前途，「滿懷信心」。

托派多數派為何要在一九四八年上半年，在中共和國民黨決戰前夕，召開建黨大會？

段躍女士根據現有資料分析，其中有兩個原因：一是一九四六年一月十六日，多數派中央發表《戰後國際及國內時局主張》，分析了戰後的形勢，提出美帝國主義成了戰後中國唯一的主人翁；國民黨政府已「構成了一個空前無比的驕橫，貪婪和腐敗的官僚系統」；共產黨「已墮落成一個小資產階級的政黨」，「它的基本政策，不是偏於軍事冒險，就是側重於政治投機……」「它在思想上已經完全背叛了革命的馬克思主義」。因此「號召工農及被壓迫民眾積極行動起來，為實現真正的民族民主權利而奮鬥」，「並向一切前進的工人及信仰馬克思主義的革命者建議，迅速團結起來，同我們一起建立一個群眾的革命的新黨，去領導正擺在我們面前的偉大的歷史鬥爭——第三次革命」。

二是少數派也提出中國托派統一的要求，一九四七年九月十二日，少數派連根（王凡西）寫信給第四國際，要求第四國際促進兩派統一，並要求在國際大會上討論兩派的統一問題。一九四七年十月十一日，收到第四國際帕勒《答新旗派連根的信》，信中明確了第四國際的基本立場：「最堅固的統一基礎，當然是政治的一致。但如果無法在這個問題上得到一致，則只有少數派服從本國組織和國際的多數，才能達到保持統一」。少數派沒有接受第四國際的意見，最終的結果，是各行其是，多數派成立「中國革命共產黨」，少數派成立「中國國際主義工人黨」。[20]

多數派建黨前夕，王國龍從溫州來到上海，周仁生和章宏業領著他登門拜訪彭述之。彭述之讓周仁生和章宏業知道自己的住處，就像當年只有少數人知道陳獨秀的住處一樣，是對下屬的極度信任。

彭述之住在華山醫院附近一座大倉庫裡頭一間空著的小庫房裡。這樣的居住環境顯然出乎王國龍意料，他一看如此局面就問彭述之：「這是個倉庫，怎麼能住人呢。」

和去年倆人的見面不同，這一次彭述之對王國龍「非常熱情」，「馬克思主義挺進社的陰雲已經完全過去」，彭述之對王國龍滔滔不絕講準備建黨的事。

彭述之說：「準備建黨除了要發展新的青年以外，還要到全國去找老人，找散佈在全國各地的老托派，他們是堅持托洛茨基主義，但是脫離托派組織關係已久的人。」彭述之說，最近他已經旅行幾次，到過武漢等地，非常高興的是，又碰到了一些老朋友，包括喻守一、尹寬，這些老朋友還是有參加托洛茨基主義運動的要求。喻守一、尹寬倆人後來都到了上海，要參加建黨大會，這讓彭述之信心大振。

但是，這一次彭述之的侃侃而談並沒有打動王國龍的心，王國龍並不買彭述之的賬。王國龍晚年回憶，到了一九四八年，儘管彭述之不承認，但國內形勢已顯而易見，中共軍隊渡江只是時間早晚而已。「建黨」和「應變」是同時進行，這一事實本身說明，再不建黨，以後就沒有建黨的機會。[21]對彭述之來說，也許要在退去之前，給歷史一個確切的交代？

王國龍憂慮重重。他更看中「應變」，所以就不參加建黨大會，「也是因為應變工作纏身，走不開」[22]——這也許是托詞——讓杭州地區一位姓柳的代表代替他行使投票的權利。

20 段躍：《王國龍口述》注釋。
21 段躍：《王國龍口述》。
22 段躍：《王國龍口述》。

一九四八年八月二十日至九月八日，托派多數派全國第二次代表大會在上海八仙橋附近泰豐煙店後座舉行，出席大會的代表共十七人（二十票），代表全國三百五十名托派多數派黨員。周仁生和錢川列席會議[23]。

大會選舉了彭述之（書記）、劉家良（組織）、尹寬（宣傳）、喻守一、陳碧蘭、周仁生、錢川、葉征慶、籍雲龍、王國龍、熊安東為中央委員[24]。實際上就是從十七名托派選出十一人當選中央委員。這也是周仁生個人在中國托派歷史上，擔任過的最高的職務，雖然中央委員的身分很快就成鏡花水月。

大會開得闊綽，又振奮人心。會後還辦了酒席，大吃了一頓[25]。

和三十四歲的王國龍的憂愁形成鮮明對比的是，二十六歲的周仁生是「何等高興」。周仁生從建黨大會歸來之後，把「福音」傳給林松祺和章宏業。那時，三人也是何等高興：「『已見好花在，更期明月圓。』這是理想嗎？抑還是『遙遠的夢』？大概萬里長江，也要繞過千灘萬壑。」

白頭宮女在，閒坐話玄宗

就在頃刻之間，國民黨兵敗如山倒，共產黨軍隊如此迅速兵臨城下，這完全出乎托派的意料之外。多數派托派中央不得不作出「應變決定」。在上海所有的成員、黨員和團員，都一致建議，政治局必須遷移至南方，上海成立臨時委員會，負責與各地方的組織聯絡；同時，決定所有的黨員和團員都設法加入中共及青年團或各種工人和農民群眾的組織；在政治方面，支持中共一切進步的措施。一些為中共所熟知的幹部，則離開上海——如周仁生奉命撤離上海，躲避福建；其他地方的人則轉到上海，互相調換[26]——如當時主要活動範圍是在溫州的王國龍，則選擇繼續留在上

23 劉平梅：《中國托派黨史》。
24 劉平梅：《中國托派黨史》。
25 劉平梅：《中國托派黨史》。
26 陳碧蘭：《我的回憶》。

海。事後證明，托派自以為「瞞天過海」的應變措施其實是在中共的手掌上的「一覽無遺」。一九五二年十二月二十二日，全國大肅托，王國龍和周仁生同時被捕，從此迎接他們的是漫漫鐵窗生涯。

在眾人之中，「法力」最大的彭述之，很早就逃離了大陸。一九四八年下半年，托派多數派全國第三次代表大會會後，彭述之就隨托派組織領導機構遷往香港。一九五〇年初流亡越南。不久移居歐洲。一九五一年參加第四國際「三大」，成為執行委員、常務委員及書記局成員。一九五三年第四國際分裂，離開領導機關。一九六八年到日本。一九七三年移居美國。一九八三年十一月二十八日在美國病逝。

彭述之在流亡海外期間，曾給大陸當局寫公開信，呼籲大陸當局釋放在押的數名中國托派重要人物，其中包括王國龍和周仁生。彭述之的這一句呼喊，鐵窗內的王國龍、周仁生當然不可能聽得到。

晚年重獲自由的周仁生，翻譯了法文版的《彭述之回憶錄》第一卷。周仁生認為，論史料價值，《彭述之回憶錄》遠遠超過《張國燾回憶錄》。彭述之在回憶錄中，對毛澤東、瞿秋白、項瑛、李立三有第一手的觀察和感受，「恐怕別處難以找到。當然都帶有主觀性，也可能有片面性，但無論如何，歐伯都親自與他們生活，工作在一起，真實性可靠度大。」[27]

周仁生在一九九七年說的上段掌故，彭述之當然也不可能聽到了。現在，彭述之、周仁生、王國龍都已先後逝世，墓木已拱，連「白頭宮女」都已經不在人間，還會有多少沒說而長埋地下的故事？

---

[27] 周仁生一九九七年五月四日致周履鏘書信。

有生但望日東出，遺恨未聞烏夜啼
——王國龍、周仁生、周履鏘和鄭超麟的交往

一九八八年八月一日大清早，在滬的溫州托派老人周履鏘接到鄭超麟侄孫女鄭曉芳打來的電話。電話裡說，老人走了。

周履鏘老人馬上趕到醫院，用手摸了一摸躺在病床上的鄭超麟。鄭超麟心跳已經停止，身上還有餘溫，眼睛似閉非閉，是死不瞑目，嘴巴還張著，似乎還想說點什麼。周履鏘老人不忍心使鄭超麟死不瞑目，就按摩了他的眼眶，讓他閉上眼睛。周履鏘老人也托上了鄭超麟的下巴。一個老托派幫精神領袖閉上眼睛合上嘴巴，是非功過，任後世評說，這真是意味深長。周履鏘為鄭超麟感到遺憾：「革命老人」鄭超麟沒能看到新世紀的曙光。

由於溫州托派組織在全國托派運動版圖中的獨特地位，鄭超麟，這位中國托派有著標杆旗幟作用的革命者，生前和溫州托派王國龍、周仁生、周履鏘風雨同舟，一起走過跌宕起伏的人生路。

鄭超麟喜愛周仁生，認為他「不亂說話」

一九五二年十二月二十二日，全國大肅托。

鄭超麟是抓捕名單上來頭最大的人物。當晚十點多，鄭超麟在回家路上被捕，之後直接送到上海提籃橋監獄，關進監獄二樓一間十六平米的牢籠裡。門口早已插著寫好他名字的卡片。如此寬大的牢籠只關鄭超麟一人，可見當局對鄭超麟的重視。[1] 關押在提籃橋監獄裡的鄭超麟直到出獄都沒有接受宣判，言下之意是，罪大惡極，用罪行已經難以衡量。

同一天，王國龍也在上海被捕。一九五三年，王國龍被判處無期徒刑之後，也被關押進上

1 鄭超麟：《鄭超麟回憶錄》（下），第二二三頁。

海提籃橋監獄。

一九六四年四月[2]，關押在全國各地監獄裡的托派囚徒集中上海參觀，周仁生從臨平監獄而來，劉平梅從廣州監獄而來，參觀活動結束之後，周仁生和劉平梅倆人就留在了上海提籃橋監獄。從此，鄭超麟和王國龍、周仁生在提籃橋監獄裡一起煎熬歲月。

王國龍要比周仁生更早認識鄭超麟。一九二六年的冬天，抵溫的北伐軍在溫州開辦政治訓練班。當時已小學畢業十二歲的王國龍，被「左傾」的姐姐王蘭芳推進了這個班，接受共產主義思想洗禮。王國龍成為這個訓練班裡年齡最小的一名學生。

當時訓練班裡用的教材正是由鄭超麟翻譯的《共產主義ＡＢＣ》。《共產主義ＡＢＣ》是由布哈林和普列奧布拉任斯基為配合一九一九年俄共（布）八大通過的新黨綱的宣傳和進行系統的共產主義基本理論教育而合著的通俗讀物，於一九一九年十月出版。一九二四年《共產主義ＡＢＣ》由鄭超麟翻譯，一經介紹到中國，就成為中國最早也是最有影響的共產主義課本[3]。

王國龍在培訓班只待了半年，就發生「四一二事變」，北伐部隊一開走，培訓班壽終就寢。可是，「鄭超麟」這個獨特的名字，就永遠地刻進了王國龍的記憶裡。

十五年之後，王國龍當面見到了鄭超麟。一九四二年六月，陳其昌遭日本憲兵逮捕入獄，托派臨委不得不緊張部署應對措施，王國龍是主要的應對負責人之一。彭述之告訴王國龍，一些俄文書刊和托派文件案都需要「隱蔽起來」，其中包括托洛茨基兩本著作《俄國革命史》和《蘇聯的現狀和前途》[4]中文紙版，這些重要的材料都藏在位於威海衛路的金源錢莊倉庫裡。

---

2 根據劉平梅文章《我的回憶》（中文馬克思主義文庫）和王國龍的回憶（沈克成、王永勝：《王國龍口述自傳》）。

3 據段躍女士考證，鄧小平就曾說過：他的入門老師是《共產黨宣言》和《共產主義ＡＢＣ》。

4 也就是《被背叛的革命》。

王國龍來到倉庫，發現王凡西、樓國華、鄭超麟早已在那裡。這應該是屬於多數派陣營的王國龍和屬於少數派鄭超麟的第一次見面。一九四二年，托派「多」、「少」數派已涇渭分明，但是共同的命運又把大家都連在了一起。「多」、「少」兩派成員一起蹲在倉庫地板上整理托派材料，「真理」的言語攤在地上，就像族人拼湊摩西下西奈山帶回的石板，怎能不讓人唏噓感歎。

周仁生最早在一九四六年夏天赴滬之後，才有可能認識鄭超麟。而當時托派早分裂成多數派、少數派已有多年，結怨已久。身為多數派忠實信徒的周仁生也許只能聞名而不能面見鄭超麟。一九四七年，在上海的周履鏘和其他幾位多數派讀到少數派領袖鄭超麟寫的文章之後，「認為寫得很好」，就「萌發了想面見鄭超麟的念頭」，「通過聯繫」，約鄭超麟在虹橋公園見面[5]。顯然，由於鄭超麟、周仁生在兩派各自都有來頭，周履鏘不便通過周仁生約到鄭超麟，也就是說，很有可能直到一九四七年，周仁生還沒有結識鄭超麟。直到後來，新中國的鐵窗才把他們打回分裂前的「原形」，「多」、「少」兩派終於在監獄裡碰面，生活。在新中國的監獄裡，如果還談「多數派」和「少數派」的門戶之見，那就會顯得更可笑了。

周履鏘說，托派和共產黨一樣，關起來的時候，各種表現的人都有，基本上可以分三種：第一種就是骨頭很硬的，死不承認自己是反革命，不認罪；第二種中庸派，儘量不說話，潑在自己身上的髒水，認了，唾面自乾，但是也不舉報別人，不隨眾惡；第三種是表現積極，和當局妥協了，批鬥同仁。

鄭超麟、劉平梅和林松祺屬於骨頭很硬的第一種人。周仁生屬於第二種人，中庸派。在監獄裡，周仁生如此舉動，已屬難得，所以，周仁生得到了鄭超麟的喜愛，認為他「不亂說話」。

據周履鏘老人回憶：

---

5 周履鏘：《意因同志》，《周履鏘文存》，自印本，二〇一五年。

文革開始，毛澤東為了要打倒、整死劉少奇，到處收集劉少奇的罪證。派人找到當時還在押的犯人鄭超麟，威逼、利誘鄭超麟證明劉少奇在武漢時出賣工人的利益，充當工賊叛徒。鄭超麟處在當時的逆境下，頂著壓力，硬是不肯順著誘供寫劉少奇是叛徒工賊的證詞。後來，為劉少奇平反前幾天，人民日報發表的文章中，引用當時鄭（超麟）在獄中寫的材料，證明在武漢時期，劉少奇是捍衛工人利益的。[6]

無獨有偶，文革時期，復旦大學為調查谷超豪[7]的問題也派人來提籃橋監獄，要周仁生交代谷超豪是托派。周仁生說：

> 第一批人罵我不老實，但當時監獄長是保皇派，他支持我實話實說，被我頂走了。第二批來的是兩位婦女幹部，也很有知識。我說了實話之後，她們問：照你說來，縠（超豪）都是優點，沒有缺點了。我說，哪有無缺點的人。她們追問缺點是什麼？我說縠（超豪）是共產黨員，我是托派。他的缺點是跟我「和平共處」。這兩位婦女幹部說：（當然笑了起來），你這個犯人真會說話。[8]

周仁生如此舉動正是從鄭超麟這個模子裡一五一十印出來的。當鄭超麟得知此事時，對他一定更是刮目相看，更是歡喜非常。另外，相比鄭超麟的堅硬，周仁生也就圓滑些，竟然能把來的女幹部說笑起來，連誇他「真會說話」。

---

6 周履鏘：《意因同志》，《周履鏘文存》。

7 谷超豪，著名數學家，溫州人，和周仁生是溫州中學校友。

8 周仁生一九九九年十一月二十日致周履鏘書信。

王國龍是鄭超麟批鬥會組長

對第三種「批鬥同仁」的，周仁生是嗤之以鼻，金剛怒目。這是他的底線。據周履鏘老人描述，提籃橋監獄為了調動批鬥的積極性，會讓資歷淺的人當批鬥會組長，而像鄭超麟這樣的老資格囚徒卻被安排為批鬥會之中的組員。

在監獄方安排的一次專門針對鄭超麟的批鬥會上，「政府所最相信的」王國龍[9]被指定為組長，站在政府立場上主持，李培、鄭良和另一個托派，是批鬥會上積極分子，「做出一股打鬥姿態」[10]，批鬥鄭超麟。「那時籍雲龍倒是良心發現，看不慣他們。」[11]

在批鬥會現場，鄭超麟「嘗」到了不愉快的肢體衝突，甚至幾記憤怒的拳頭。二〇〇一年一月十日，周仁生在給周履鏘書信中寫道：

> 有一點，京劇組裡的人，雖說奉命助長聲勢，但也有個別人會動手的，這完全可以想得到。那時人們以此為樂，儘管老超年邁體衰，京劇組裡有個別不肖之徒，是會幹下這種事的。我現在記不起那幾個人的姓名，但臉孔都能記得清。[12]

為了教育改造工作的需要，提籃橋監獄把犯人中具有一定文藝專長的人員組織起來，成立了「自新人俱樂部」，下設京劇組、話劇組等，排演節目，主要在獄內演出（少量也去社會上演出，後來被制止），豐富犯人的改造生

---

9 二〇〇〇年十月二十八日，周仁生致周履鏘書信。周仁生沒有說，因為什麼，王國龍才成為政府最相信的人。

10 同上。

11 同上。至於籍雲龍良心發現之後，會有怎樣的舉動，周仁生的書信沒有提及。

12 二〇〇一年一月十日，周仁生致周履鏘書信。

活。[13]據周仁生所說，有托派囚徒編入京劇組。

看周仁生的口氣——「這完全可以想得到」——他似乎沒有親眼看到鄭超麟被打。但是，想到林松祺[14]就是死在其他托派囚徒的拳頭之下，周仁生是不得不相信，個別人為了向政府「表衷心」，確實會對鄭超麟動手。

當過鄭超麟生前最後一位生活助手的周履鏘非常肯定，在提籃橋監獄裡鄭超麟確實被托派後輩毆打過。

二〇〇〇年七月十五日，周履鏘至王凡西書信中說：

> 伯父（指鄭超麟）晚年對大陸僅存的人，已不以多（數派）少（數派）劃分，例如他對周仁生和我很信任，我們對他也很尊重，尤其尊敬他在那樣處境下的堅貞不屈。此事也許跟他在獄中的親身體驗有關，因為在獄中批鬥他最兇狠的，是少（數）方的幾個人。其他的人大多只動嘴不動手。[15]

鄭超麟是當時「少數派」的領袖，在批鬥會上，為了向政府表現積極，自己派系的門人鬥得最凶，對他動手；而多數派的人只是「動嘴不動手」。

數十年過去之後，當事人都已白髮蒼蒼，當時參加批鬥鄭超麟的一人辯解道，如此批鬥鄭超麟，「是政府佈置的，目的在於保護老超。」[16]周仁生不相信這種說法：要佈置會在整個小組（即托小組）會上佈置，起碼王國龍會知道，怎麼只私下佈置三個人呢？而且這三個人並不是政府所最相信的，政府所最相信的是王國龍。[17]

二〇〇一年初，周仁生、錢思敬、王國龍三人在王國龍家又談起了「保護」鄭超麟這個話題，那時，鄭超麟已

13 徐家俊：《一九四九：上海監獄接管始末》，《政府法制》二〇〇九年第二九期。
14 林松祺的故事，見本書。
15 周履鏘：《與王凡西通信》，《周履鏘文存》。
16 二〇〇〇年十月二十八日，周仁生致周履鏘書信
17 同上。

作古多年。王國龍表示，他並非親自聽到提籃橋幹部有「指示」，而是有人聽到鄭良說過一句話，「那時你保護了老超」，就這樣，王國龍當著那人的面不好意思說出，所以「弄假成真」。[18]王國龍是願意相信，他身為組長的那次批鬥確實是「曲線保護」了他們的精神領袖鄭超麟。欺騙自己，心上的那道坎能好跨過去一點。

耄耋之年的周仁生在給周履鏘的書信裡歎道：

事情都已過去，說七道八，都不足信，我只把此事告訴了你，你不必再告訴小芳（指鄭超麟侄孫女鄭曉芳），免得節外生枝。世上做任何事，凡帶著個人「目的」的，都不會有好結果，這是天經地義的法則。[19]

我們能在這裡聞得出，周仁生對王國龍執迷不悟的批評氣味。他也只能在和周履鏘私人通信之中，才透露出這層意思，一聲歎息。當著王國龍的面，周仁生並沒有說破。百舸爭流過後，晚年的周仁生和王國龍兩位老人，都是坦誠相見，可以相互當面批評的，比如周仁生對王國龍譯稿的缺陷是直說；王國龍寫的《曾猛其人》，周仁生也是當面對王國龍說，他只能同意八十%，文章後面一段話，簡直是為曾猛貼金，好話多了，沒有做到實事求是。[20]

周仁生唯獨對上述這一層意思沒有說破，是因為，事件的直接受害人鄭超麟生前都已經原諒了王國龍這種行為，如果周仁生再當面戳向王國龍，那就難免「節外生枝」了。

早在一九九四年一月二十三日，周仁生在給周履鏘的書信裡說道：

春節前，廣東劉平梅給（王）國龍寄來五百元，表示關心他的生活。此人忘卻過去的恩恩怨怨，仍以老友相待

18 二〇〇一年二月八日，周仁生致周履鏘書信。
19 同上。
20 周仁生一九九五年十二月十九日致周履鏘書信

龍兄，實在難得。我認為老超是第一位，第二位就是劉平梅。因為老超從不計較過去的恩恩怨怨。如論恩怨，那時國龍兄有些地方是過分的，但老超對國龍依然如故。人生難得這樣的一位老人。要是劉家良，我認為根本做不到，恐怕（王）凡西也未必能做到。當然所發生的一切，都是那些失去自由的地方。籍雲龍固然比國龍兄還嚴重得多，但籍雲龍私下對我說過一句良心話，他不過是在做戲，明知C.P.都不會相信，只在保住自家性命而已。話雖可恥，究竟對人說了。他還說他那樣做，如果凡西在，也差不多會這樣做。

一九九六年一月二日，周仁生在給周履鏘的書信裡，再次感歎鄭超麟「胸懷寬廣」。

老超向來胸懷寬廣，留給我印象最深刻的是對龍兄（王國龍）的態度，想當年在那特殊環境下，老超受盡了磨難，其中有我們大家的份，而龍兄是主要負責人。

周仁生當然知道，在監獄裡，他們的很多做法都是不得已的。但是，正如周仁生一直強調的，做剛烈的第一種人確實不易，但是也只能是「守住山門」——這是周仁生晚年書信裡愛用的一個詞——努力作中庸派，卻是底線。在監獄裡，王國龍身為組長批鬥鄭超麟，固然是不得已，但是不是可以不做得這麼激烈？周仁生不能原諒王國龍的是，晚年王國龍對此並沒有反省，反而附和別人「曲線保護」鄭超麟這個說法。

另一方面，剛強的鄭超麟和劉平梅，是立在周仁生面前的鏡子，照出周仁生一身「蛤蟆的油」。[21]晚年的周仁生老人一直懺悔，在監獄裡沒能做到像鄭超麟、劉平梅一樣不屈不撓——在寫給周履鏘的書信中，這一部分內容讀來讓

21 日本民間傳說，在深山裡，有一種特別的蛤蟆，外表非常醜陋。人們抓住它後，將其放在鏡前，蛤蟆一看自己醜陋不堪的真面目，不禁嚇出一身油。黑澤明晚年回首往事，自喻站在鏡前的蛤蟆。

人動容[22]。周仁生如果決定當面向王國龍說破，他會反躬自省，自己不是也有錯嗎？「老超受盡了磨難」，其中不是也有他的份嗎？自己不也是「以五十步笑百步」嗎？這種難以與他人言說（周履鏘除外）的痛苦，一直鬱結在晚年周仁生心中。

周履鏘成為晚年鄭超麟的助手

一九七九年，包括鄭超麟、王國龍、周仁生在內的十二名「最後的托派」取消管制，宣佈恢復公民權。鄭超麟等幾位留在上海的托派老人住在政府安排的石泉新村住房裡。他們住得很近，相互有些照顧，生活也很安定。但大家畢竟都是老人了，長壽的鄭超麟看著一片片落葉歸根。蔣振東，黃鑒銅，喻守一相繼去世。鄭超麟患難與共的妻子劉靜貞，在搬進新居後不久也安然長眠。鄭超麟的生活無人照顧，他的侄孫女鄭曉芳就從老家福建漳平來到上海照顧老人的生活，替他抄寫文稿。鄭超麟已是高齡，有白內障，行動不便，鄭曉芳上班之後，在托派老人之中相對年輕的李培就頂了上來，李培，就是當年在提籃橋監獄裡，批鬥鄭超麟的幾名「積極分子」之一（甚至很有可能還動手毆打了他），最後卻成為鄭超麟的助手，替鄭超麟讀書報，抄寫文章，郵寄信函，與外界聯繫，甚至負責鄭超麟的日常飲食起居。「超麟一步也不能離開李培」。[23]知情人心照不宣，李培的所作所為，也是贖罪。

一九九三年九月下旬，李培突然發病，當月三十日就逝世了。鄭超麟得知李培死訊時驚歎：「李培死了，我也完了。」鄭超麟在《悼李培》一文中寫道：生活上的困難可用雇請傭人解決，但政治上的幫助就無人可代替了。鄭超麟所說的「政治上的幫助」，是指他晚年寫的回憶文章有政治意義。那段時間，鄭超麟老人變得很憂鬱。他常對人說：「我不是為了我自己。」[24]

---

22 周仁生致周履鏘的書信之中，周仁生多次懺悔。
23 周仁生一九九三年十月九日致周履鏘書信。
24 周履鏘：《意因同志》，《周履鏘文存》。

鄭超麟用泣血的筆寫了一幅挽聯：「有生但望日東出，遺恨未聞烏夜啼」。

在中西文化裡，烏鴉有著極其複雜甚至包含相互對立的意象。烏鴉，可以兆喜。三國清談家何晏在獄中時，恰逢有兩隻烏落在屋頂上，何晏女兒說：「烏有喜聲，父必免。」後來何晏果然被釋。《唐書・樂志》揭載：「元嘉十七年，徙彭城王義康於豫章。義慶時為江州，至鎮，相見而哭。文帝聞而怪之，征還。慶大懼，伎妾夜聞烏夜啼聲，扣齋閣雲：『明日應有赦。』其年更為南兗州刺史，因此作歌。」寫的一手好詩詞的玉尹老人鄭超麟當然知道上兩處的典故，就像被囚牢獄的何晏和懼怕的劉義慶一樣，鄭超麟老人也渴望能在死前聽到一聲「烏夜啼」——直白點說，就是希望在有生之年看到托派「冤案」平反。在挽李培的聯中，「烏夜啼」是喜兆。

但是，烏鴉醜惡黑暗的形象，也給人以厭惡，也可是凶兆。南宋洪邁在他的《容齋三筆》裡說：「南人聞鵲噪則喜，聞烏聲則唾而逐之，至於弦弩挾彈，擊使遠去。」鄭超麟正是南方人。深沉的夜幕裡，一聲淒厲烏啼，對行路人來說，應該是恐怖多於喜兆吧？

鄭超麟這幅意味深長的挽聯，一寫下就在健在的托派老人口中輾轉流傳。

周履鏘回憶：

> 我們僅存的幾位朋友在考慮今後怎麼辦。鄭超麟的能力和影響，是無人可代替的。李培死了，但絕不能讓鄭超麟處於無助的境況。李培在世時候，他有時太忙，曾將鄭老的文稿交給我抄寫，但我和鄭老接觸不多。李培死了，住在鄰近的二位老友身體欠佳，周仁生希望我能協助鄭老。於是我開始走入鄭家，做了一點我的能力能做到的工作。[25]

25 周履鏘：《意因同志》，《周履鏘文存》。

李培死後，正是周仁生要求自己的學生周履鏘[26]走入鄭超麟家，成為他的助手角色。周仁生的這一決定，也是經過一番深思熟慮。在勸周履鏘接受這個建議之前，周仁生煞費苦心，先給周履鏘講了一個動人的故事：

> 四川一位得道高僧，聞來人來報（陳）獨秀之死，他面不改色，只向來人討回珍貴的碑帖，然後拿出光洋[27]五十元，說道辦理喪事要緊。這位高僧值得我們學習。現在最最重要的事，就是商量今後如何幫助老超。這位可敬可貴的老人，是我們活著人的旗幟，只有他，能替我們頂住「擎天柱」。我們失去李培，他確已失去了耳目；熊（安東）兄，葉（春華）兄都有家務，看來照顧老超有困難，而你又住得太遠，所以只有請沈文銓兄來上海。他的問題在於住。未知老超老沈目前的想法如何？請你們在上海的諸友們大家一起商量，解決老超這個助手問題，是頭等大事。至於三部曲及老超今後的寫作，只有放在第二步了。[28]

周仁生後來發現，沈文銓無法長住上海，最佳人員只能是周履鏘。[29]周仁生希望周履鏘每週都要去看望老超一次，去幫鄭超麟整理文稿，幫忙處理雜事，外加通電話一次。周履鏘都能做到了，這讓周仁生也很感動。周仁生懸著的一顆心也就放下了。

鄭超麟晚年寫的文章，都是由周履鏘幫忙整理。鄭超麟有嚴重的白內障，寫字只能拿開一尺遠，憑感覺寫，有時候，一句話會寫出好幾行遠。除了心細的周履鏘，一般人還確實很難勝任整理工作。周履鏘每完成一章，就交給鄭超麟親自校訂。鄭超麟再用放大鏡，逐字逐句審核修訂，有時還會補充或修改相當多的內容，交給周履鏘再次謄抄。

26 周仁生也是周履鏘中學老師。詳見本書下文。
27 即大洋。光洋，即銀元，又稱現大洋、大洋，因幣面上以袁世凱為頭像的較多，又因袁世凱是光頭，所以亦有「袁大頭」、「光洋」的別稱。
28 周仁生一九九三年十月九日致周履鏘書信。
29 周仁生一九九三年十月三十日致周履鏘書信。

晚年的鄭超麟，還做了一件事，那就是拍板促成了《先知三部曲》的出版。

上世紀八十年代，時任湖南省人民出版社領導的朱正先生向鄭超麟提議，如果將多伊徹為托洛茨基立傳的《先知三部曲》譯成中文，他承諾可以由湖南省人民出版社出版。對托派老人來說，是一個太好的消息了。當時鄭超麟手裡只有原文（英文）第一卷，他本人視力已盲，無法親自翻譯，就把這一卷交給王國龍翻譯，流亡在外國的王凡西後來寄來原文三卷，於是托派老人決定，由周仁生譯第二卷，喻守一譯第三卷，這是王國龍、周仁生、喻守一仨人在提籃橋監獄裡合作翻譯《國際事務概覽》之後的第二次合作。

一九九六年六月，鄭超麟決定，由周履鏘出面聯繫到了世文公司總經理袁亮和編輯室主任施用勤。一個月之後，施用勤南下來到上海周履鏘家，第二天周履鏘領著施用勤到鄭超麟家商談出版事宜。

當時施吞吞吐吐地說：「我們只用你們的第一、二部的譯稿，因為我們已經有第三部的譯稿，不知你們是否同意？」當時拿出第三部的列印稿給我們看。鄭超麟稍一思考，馬上拍板同意。接著談了具體事項，譯費定為每千字三十五.〇〇元（當時算是較高的），送樣書三十套。最後由周履鏘和施用勤簽了正式合同。於是我們交了譯稿，並告訴施用勤智慧財產權問題已有了著落。後來我們將得到的著作權的授權資料也交給施用勤。

周履鏘事後知道，世文公司之所以能和他們一談就成功，這是因為周仁生王國龍的譯稿正中他們下懷：第一、他們原有出版計畫，已有了第三部的譯稿，有了周仁生王國龍的譯稿，他們就不必譯第一、二部了；第二、他們尚無法找到外國著作人的授權，而托派已經幫他們找到了，而只需先付的一千元簡直是象徵性的小數目，托派老人就將授權關係轉給他們，解決了世文公司最大的困難。

施用勤回去看了稿子之後，給周履鏘寫信說，原稿須請人抄寫，在稿費中扣抄稿人工費七元，後來又來信提出譯文須請人校對，要付給校者三十%的稿費，周履鏘與鄭超麟商量後馬上去信表示同意，「其間來往信件沒有事先徵求王國龍、周仁生兩位譯者的意見，只是事後寫信告訴周仁生。」老人之間，信任如此。

對周仁生來說，已經譯好的第三卷整部譯稿都可以棄之不用，那點抄寫、校對的花費，能得到多少稿費，又算得了什麼呢？周仁生和王國龍在遲暮之年翻譯《先知三部曲》這部托派「聖經」當然不是為了考慮掙錢，不用自費掏腰包能在大陸正式出版公開發行，周仁生早已以手加額謝天謝地了。

從一九九六年七月八日簽約，到一九九九年一月出版發行，約經過兩年半時間。由於鄭超麟年歲已高，期間的聯繫工作都由周履鏘負責。

一九九九年一月，周仁生捧著散發著油墨香的《先知三部曲》，感慨萬千，他感到最大的遺憾，就是托派頂樑柱、「革命老人」鄭超麟已在幾個月前逝世。鄭超麟沒能活著看到《先知三部曲》中文版的出版。

周履鏘先生見證了鄭超麟人生的最後階段，周履鏘先生說，幾十年的監獄囚禁，鄭超麟的思想立場始終堅貞如一。一九九七年夏天，九十六歲的鄭超麟居然著手寫他的論文。他克服視力的困難和行動的不變，獨自艱難地翻閱馬恩列全集，托洛茨基及其他資料。走過近百年風雨的鄭超麟，用枯枝一樣的手指，撫摸馬克思主義文獻。

到了十月份，鄭超麟寫出了長達八萬字的論文，題目為《最後的論文》。周履鏘建議：「不能稱為《最後的論文》，你還要活下去，還要不斷地寫文章的。」鄭超麟聽從周履鏘建議，就把論文定名為《馬克思主義在二十世紀》。鄭超麟把原稿交給周履鏘，囑周履鏘抽空慢慢整理。

周履鏘建議鄭超麟給論文改名，也透露了兩位托派老人對信仰的執著堅定，「最後的」三個字，對鄭超麟來說是不吉利，同樣的，對托派來說，也是不吉利。

一九八八年元旦後，鄭超麟患病住院，當時他自以為不治了，寫信向王凡西告別。在病榻上，鄭超麟囑咐周履鏘：「就算我的遺囑，我的《最後的論文》就交給你整理了，以後如能發表時，一定要說明，前四章是經本人親自審定的，後幾十章根據手稿整理，本人來不及審核了。」

醫院用多種方法檢測，最後確診為肝癌晚期。根據醫生的建議，鄭超麟回家療養。這位望百高齡的老人，記憶思維始終非常好，仍能看書寫信。於是周履鏘加緊整理，爭取在老人有生之年，能親自審核全稿。周履鏘每晚工作到深夜，一周整理二、三章，整理好鄭超麟晚年文選。到一九八八年四月十五日，在鄭超麟九十八壽辰之前，鄭超麟親自全部核定完，連一個標點符號也不疏漏。

這項「巨大工程」完成後，鄭超麟非常高興，不過他還說著只是初稿，還要仔細修改。

一九八八年七月二十日，鄭超麟突發腦溢血昏迷失去知覺，住院。八月一日大清早，鄭超麟離開人世。

周履鏘知道鄭超麟未了的心願。周履鏘在回憶鄭超麟的文章《意因同志》中寫道：

> 鄭超麟生前多次上書中共中央，要求給一九五二年肅托案平反。定托派為反革命的主要依據是「漢奸」和「特務」。毛選新版注釋已指出托派是抗日的，還有什麼理由不予平反呢？但多次上書，似石城大海。鄭超麟說，只要我活著，還要繼續上訴，不得平反，死不瞑目。不過我們不忍心使老人死不瞑目，按摩了他的眼眶，讓他閉上了雙眼。畢竟他已見到毛選新版刪去了對托派誣衊性的用詞。他還曾為此寫了一篇文章。至於何日正式法律上平反，後人只能拭目以待了。羅馬教皇數百年後給伽利略平反，我們能待到何日呢？
>
> 鄭超麟說：「今日我們要平反，並不是爭論政見的是非，只是法律上定托派為反革命是沒有根據的。至於托洛茨基政見是否正確，是值得討論的。」
>
> 鄭超麟還有一個心願，要成立「托洛茨基主義研究會」，有一次對我說，由他出面向民政部門申請，爭取成為合法的學術組織。他的這個願望，在其有生之年未曾正式提出。[30]

[30] 周履鏘：《意因同志》，《周履鏘文存》。

周履鏘老人對我說，毛毛在寫《我的父親鄧小平》的時候，訪問過鄭超麟。鄭超麟和毛毛談完之後，據說鄭超麟問毛毛，「你來訪問我，你爸知道不知道？你父親會不會批評你？」毛毛可能沒有正面回答。鄭超麟想叩問高層意思，無奈無果。這些，俱往矣。

家屬們商定在八月七日這一天開追悼會，卻馬上接到了當局的通知：不行，追悼會必須提前。家屬們無奈，只能改在五日，鄭超麟一些外地朋友，只能馬上改機票。

八月七日是什麼日子？鄭超麟當時是參加過「八七」會議而健在的最後一個人。他的追悼會放在這一天，這是不是給當局出了難題？老人不可能會知道，他的追悼會還有這麼一段插曲。

一九九九年七月十九日，鄭超麟侄孫女鄭曉芳護送老人的骨灰回故鄉福建漳平，讓鄭超麟和妻子劉靜貞、兒子鄭弗來合葬。鄭弗來死在遙遠的革命年代。

周履鏘和幾位老友目送靈骨，向老人作最後的告別。火車徐徐啟動，漸漸遠去，獨留久久呆站在月臺上的周履鏘。

作別最後一個「火槍手」
——王凡西和周履鏘的書信交往

一九九六年秋，流亡英國里茲的中國托派「元老」王凡西老人接到了一位不速之客——家住上海的托派周履鏘——寫來的書信。在信的開首，周履鏘恭恭敬敬地向王凡西叫了一聲「王老」。蜷居異鄉寒冷書齋裡的王凡西老人馬上感到一種溫暖，就像家鄉海甯的陽光灑滿枯槁的身體。這一聲「王老」，九十歲的王凡西當之無愧。其實，這一年「小周」也不小了，也已是七十歲高齡。兩位遲暮的托派在數年間鴻雁不斷，直到二〇〇二年底王凡西老人辭世，才雁杳魚沉，信斷音絕。南朝沈約曰：「神交疲夢寐，路遠隔思存。」想來也不過如此。

周履鏘先作了自我介紹：

> 從李培去世後，我幫鄭老做一些工作。您給他的信都讀過了。不過我住得遠且仍在工作，每週只能到鄭老家一次，所以不能將他給你的信及時謄清，致使你有時看不清楚。[1]

在這封書信裡，周履鏘向王凡西告知數件事。周履鏘在和世文公司施用勤洽談《先知三部曲》出版事宜時，還推薦了王凡西在香港發行的著作《雙山回憶錄》和班頓的著作《山火》，希望促成這兩部著作能在大陸出版，也請王凡西能轉告班頓。主修現代中國史的班頓[2]，當時

1 周履鏘一九九六年八月十七日致王凡西書信，（書信來源，周履鏘：《與王凡西通信》，《周履鏘文存》，下同）。

2 班國瑞，一九四四年出生於英國。原名格魯戈・本頓。王凡西和周履鏘都稱他為班頓，本文就以王凡西和周履鏘的稱呼習慣為准，不再修改。一九六八年畢業于英國劍橋大學，獲文學士學位，一九七零年又獲碩士學位。主修現代中國史。一九七九年又考獲英國裡茲大學哲學博士學位。論文是：「The origins and early growth of the New Fourth Army,1934-1941」。一九七八年至一九八九年在荷蘭阿姆斯特丹大學的人類社會科學研究中心擔任副教授職。一九八九年至一九九九年擔任裡茲大學東亞研究系教授。一九九九年起擔任威爾斯加地夫大學歷史與考古學系教授。據「海外華人研究「網站」。http://www.lib.nus.edu.sg/chz/chineseoverseas/oc_bgr.htm

擔任里茲大學東亞研究系教授，和王凡西同在一個城市，這也許能稍稍沖淡老人的孤獨之感。

王凡西的著作《雙山回憶錄》，也有著和作者本人相同坎坷命運。上世紀五十年代，「被逼蟄居在偏僻的廈門」的王凡西在「寂寞與寒愴」中寫成該書，但是「在當時的政治氣氛中，當然沒有任何一個出版社會接受這本書」，樓國華[3]就「請朋友繕寫在蠟紙上，油印了二十部，傳觀於當時廖若晨星的一些香港朋友之間」，「一九七七年，這本油印書用鉛印出版」，「不久（一九八〇年）便被北京[現代史料編刊社]編印，在中共內部流通傳觀」，一九七九年出日文版，一九八〇年出英文版，一九八三年出德文版，一九八七年出法文版，一九九一年，美國哥倫比亞大學出版社再出英文版，該書也從「寂寞、寒愴」逐漸變得「熱鬧、堂皇」[4]。在周履鏘他們看來，《雙山回憶錄》一九八〇年在大陸以內部發行，影響還遠遠不夠，再說，也存在不少錯誤，希望重版時能一併糾正。在第一封裡，周履鏘還同時附上朱正和他認真讀完《雙山回憶錄》後做的勘誤表。王凡西對周履鏘仔細的性格，應該會印象深刻。

周履鏘在信的結尾對王凡西說：「這些事本應由鄭老寫信告訴你，怕他的字你看不清，以至誤事，所以我先寫就，待後天去見鄭老時讀給他聽，他認可後附在他的信中。」這正是周履鏘身為後輩冒昧給王凡西老人提筆寫信的緣由。

一九九六年十二月十九日，躺在床上的王凡西給周履鏘寫了回信，開首稱周履鏘為兄。

周兄：

收到你寄來的勘誤表好多天了。今天才有力氣仔細看了一遍，覺得非常好。此書如有機會再版，必須照此表改正後付排。我因終日頭痛，眼力也差，此書出版後始終不曾從頭至尾再讀一遍。朱正指出了一些錯誤，你這次又指出了許多，書中也許還有錯字，但相信已接近完善程度了。

3 少有人知的，托派樓國華正是著名作家樓適夷的堂弟。
4 《雙山回憶錄》樓國華序。

你的校對很仔細。我粗心大意，腦筋又不能集中，以至錯誤百出。不過校對也實在難，所謂「校對如掃落葉，掃了還有」，誠然。

朱正勘誤表就是你寄來那一份，此外沒有了。現將原件寄回。

我躺著寫的字，非常難認，希望你能看得清楚。問好

弟根上　十九／十二／九十六[5]

沒過多久，周履鏘就收到英國王凡西寫來的上述這封豎書繁體的書信，書信附在王凡西與鄭超麟來往信中。在一九八八年八月鄭超麟逝世以前，周履鏘沒有與王凡西直接通信，這也是周履鏘身為後輩的自律。

在年輕時代，周履鏘就讀過署名連根的文章，後來才知道連根就是王凡西。王凡西是比他大二十歲的老一代革命家，他給王凡西的信稱王凡西為「王老」、「根叔」，王凡西的來信卻稱他為「兄」，剛開始惶恐得不自在，周履鏘建議直呼他為「小周」，王凡西卻始終不改。周履鏘後來想，這可能是老一輩的一貫作風，老先生陳獨秀給王凡西的信也稱他為根兄，也就安然接受了。

從一九九六年至二〇〇二年，王凡西給周履鏘總共寫了四十七封信，信件都非常簡短，有時只有短短二百多字，原因是王凡西老人衰弱多病，很多時候都是躺著寫信，沒力氣把信寫長。很多書信，甚至就是「報病帖」。

九十歲的王凡西老人低頭看看自己身體，搖搖頭，自嘲道：這還是一個人的軀殼嗎？這完完全全就是一具「活屍」啊[6]。

王凡西早年的身體健康就不好，一九三〇年，二十三歲的他由於憤懣於心而得大病。四年之後出獄，曾經的愛人同志在他最無助的時候，棄他而去，他的健康，又「幾瀕崩潰」。一九四一年，王凡西正在校對《俄國革命史》第一

5 原文為豎書繁體，現改為橫書簡體字格式。

6 「活屍」是王凡西二〇〇〇年十一月二十九日寫給周履鏘書信中的原話。

卷的譯稿時，肺結核病大發作，可以想像吐血在稿子上的情景。從此他一直為病魔所纏，特別是肺結核，「每年必咯血數次」[7]。對自己身體，王凡西非常悲觀，他一直相信自己的壽限最長不會超過五十歲[8]。

王凡西老人在書信中提到數中疾病：帕金森非常嚴重，這讓他寫不了長信；心臟有問題；整天牙痛，影響精神；新添了高血壓；終日頭痛，無法用腦，目力也越來越差，看書用放大鏡，如果超過半小時，那就是白茫茫一片，什麼都不見了，到後來，看書超過幾分鐘，字就模糊了。這是一具非常衰弱的軀殼。

按時間順序讀老人的書信，感覺非常殘忍。這是看著一個生命在慢慢死去，燈枯油盡，感覺「隨時會離開這世界」，老人知道自己的氣數已盡。更淒涼的是，流放異鄉的老人還是「空巢老人」，身邊連個寄信的人都沒有，有時，天氣太壞，連替他將書送去郵局付郵的人都沒有。里茲的天氣，雖說四季分明，氣候溫和，但是日照少，雨水多，濕度大，霧多，對王凡西老人來說，這也太過惡劣了。

失散三地的三個「火槍手」（鄭超麟、王凡西、樓國華如此互相稱呼），鄭超麟和樓國華的身體都非常好，不見有什麼疾病。對此王凡西一定很羡慕他們。晚年的鄭超麟行動不便，得了眼疾（王凡西以為鄭超麟失明了，其實也只是半盲），但是留在大陸的鄭超麟老人，被中國托派後輩順理成章地尊為精神領袖，在生活上和寫作上，都有後輩悉心照顧，先有李培，後有周履鏘。而耄耋之年放逐異鄉，疾病纏身的王凡西，留下十幾萬字書稿無人整理[9]，不能不「痛切感到的是寂寞」[10]，不能不暗暗顧影自憐。

周履鏘寫給王凡西第一封的開頭——「從李培去世後，我幫鄭老做一些工作。您給他的信都讀過了。不過我住得遠且仍在工作，每週只能到鄭老家一次，所以不能將他給你的信及時謄清，致使你有時看不清楚。」——說者無心，

7　王凡西一九九八年十一月十日致周履鏘書信。
8　同上信。
9　王凡西一九九九年十一月十日致周履鏘書信。
10　王凡西一九九八年八月二十四日致周履鏘書信。

聽者有意，王凡西讀來一定別有滋味上心頭。這樣的生活，正是他所沒有的啊。

一九九九年十一月十日，也就是王凡西結識周履鏘三年之後，老人才向周履鏘坦率承認他對鄭超麟的羨慕，認為「老超真有福」。當時鄭超麟和樓國華都已經去世，鄭超麟逝世於一九九八年，樓國華逝世於一九九五年。一九九五年，樓國華在香港去世時，王凡西寫信對鄭超麟說：「三條腿的板凳斷了一條腿了。」[11]一九九八年，也就在鄭超麟去世這一年，王凡西以三號火槍手的身分向一號火槍手祝壽，祈望他長壽（王凡西是自認在三個火槍手中是最不重要的一個）。現在三條腿板凳變成了獨木樁。誰知，如此羸弱的王凡西竟一挺再挺地拖到九十多歲，老人感慨，這真是韓愈所說：「強者夭而病者全！」這最後一個火槍手環顧四周，怎麼能不感到孤獨？

老超真有福，先後能有李培和你做他的合作者，讓他在失明[12]後還能寫出大量文章。我的眼睛還能用，只是頭腦不行了，無法寫系統的文字。偶有感想，隨便記下一點，幾年來已積有十幾萬字。（樓）子春生前曾擬將這些劄記出版，誰知他先我而去，這些稿子只好付之一炬了。本來你可以幫我這個忙的，可惜「天南地北」，無法合作，真是憾事！[13]

王凡西老人的意思很明白。王凡西也許是覺得，只有在鄭超麟去世之後，周履鏘才有時間有可能幫他整理這最後的文字，其實就是遺稿了。而對周履鏘細緻的工作，王凡西老人一直很放心。鄭超麟晚年親自編定的《鄭超麟晚年文選》就是周履鏘幫忙整理謄抄的。鄭超麟真是有福。

周履鏘先生也很仗義，馬上回信表示願意幫忙整理。

11 周履鏘一九九九年七月二十二日致王凡西書信。
12 周履鏘自注：鄭老只是視力極差，並未失明。
13 王凡西一九九九年十一月十日致周履鏘書。

你十日來信，談到子春生前擬將你的偶感集出版，現在只好「付之一炬」了。我想太可惜了。所以我在給朱正的信中，請他幫忙出版此冊。為了引起朱正的重視，我特地將你的來信複印附寄。現在有了複印技術，請你通知香港朋友或子春的後人，將你十多萬字的偶感集複印寄給我保存，即使一時不能出版，多一份底稿也好。真的無法出版，也可電腦排版少量散發朋友。我的意見你以為如何？[14]

可是奇怪的是，王凡西在接下來寫給周履鏘的書信中都不再提起那份劄記。王凡西生前和周履鏘通信最後部分，談得最多的是，希望他的《雙山回憶錄》能在中國大陸再版，可是現實環境卻是四處碰壁。

二〇〇二年十月七日，衰弱的王凡西老人再次提筆給周履鏘寫信。

履鏘老弟：

收到你的來信好久了，只因我近來體力加速衰退，無力作複，請原諒。

前天精神略好，翻閱一些舊信，發覺其中有二信還值得保存，給你和其他朋友們看看。

想和你說的話不少，可惜我現在有氣無力，只好算了。

祝

健安

根上　二〇〇二年十月七日

---

14 周履鏘一九九九年十二月二十一日致王凡西書信。

這是王凡西寫給周履鏘最後一封信，也很有可能就是王凡西老人的絕筆。「前天精神略好」，也許是老人死之前的迴光返照。人之將死，其言也哀。老人也許感覺到了什麼，所以第一次改口稱周履鏘為老弟。周履鏘收到這封信，備感親切，想不到竟是最後的一次親切。

王凡西老人附在信中的「二信」，是指一九八一年他和曼台爾[15]的書信往來。那一年，全世界範圍內的托派組織依舊不改分裂的「老傳統」，香港托派又發生了一次分裂，王凡西在給曼德爾的書信中，悲觀和樂觀的複雜情緒雜揉。臨死之前的王凡西老人在他堆積如山的材料中唯獨找出這兩封書信寄給周履鏘，除了它們有「值得保存」的價值之外，也可看見他枯黃絕望的心境。

二〇〇二年十二月三十日，王凡西逝世。他可能是帶著深深的絕望離開這個世界的。「老超啊！我多麼羨慕你啊！」臨死之際，王凡西老人一定也是如此在內心呼喊。如果自己身邊有個像周履鏘這樣的助手就好了。他也許帶著——自己是「三個火槍手」中最差的，也是最淒慘的——這個想法，慢慢閉上黯淡下來的眼睛。

直到王凡西老人逝世，周履鏘始終都沒有收到王凡西自己「擬將它們從頭到尾看一遍，大量刪去那些可有可無的段落，然後請人複印二份，一份寄給周履鏘，另一份寄給朱正先生」的《箚記》影本。周履鏘猜測，也許是王凡西老人根本無力完成這一工作。為了找到《箚記》原稿下落，周履鏘特地寫信向班頓詢問，班頓回信說：王老去世後，他已將《箚記》寄給香港的朋友了。既然已有著落，周履鏘就不管了，放心了。

二〇〇三年下半年，周履鏘收到香港朋友寄的王凡西《箚記》手稿影本和打字影本，因為王凡西的手寫字體特別，其中有幾頁是鄭超麟寫給王凡西的信，字更難辨認，所以只能由周履鏘幫忙校對。這是周履鏘應該做的工作。他完成校對之後寄回香港。香港新苗出版社後來出版這本箚記，書名《王凡西晚年箚記》。稱紀念本，每冊編號，周履鏘得到的是〇三號。《王凡西晚年箚記》也終於能被少數人讀到了。

15 比利時欽譽國際的馬克思主義學者及第四國際領導人。

隨後，周履鏘謀求《王凡西晚年箚記》能在國內出版，將箚記手稿和紀念本複印一份，並摘錄了上信中有關的段落寫信給朱正。朱生回信說：「看來王老把這件事託付給我們二人了。現在要出書必須審批，像王老的箚記是不可能被批准的。」朱正遺憾，他得到這個文本太遲了，如果早些時候得到，可以將之作為黑皮書《雙山回憶錄》的附錄不經報批就發表，「現在只能待再版時視情況決定了。」其實就是遙遙無期。

二〇〇四年三月，《雙山回憶錄》由東方出版社出版「內部限量發行本」，俗稱黑皮書。王凡西都沒能看到在大陸重版的《雙山回憶錄》和在香港出版發行的《王凡西晚年箚記》。

附錄二、「三個火槍手」的故事

王凡西本名王文元，王凡西是他許多筆名之一，但是差不多可以算是他的正名，代替了本名。一九〇七年，王凡西出生在浙江省海寧縣一個並不富裕的儒商之家。自小喜歡讀書，多思考，有志氣。十四歲小學畢業那年，開始受到五四運動的新思潮影響，決心追求學問，做大事。

一九二五年五卅運動爆發時，他正在杭州讀中學最後一學期，參加了響應五卅的運動，並擔任了新成立的杭州學生會的宣傳部長，開始熱心於政治，思想左傾。同年，王凡西進入北京大學讀書，很快就參加了校內的共產黨組織，親近的同學有陳其昌、王實味、胡風等。陳其昌，曾是中國托派領袖，一九四二年被日本人裝進麻袋用刀捅死再扔進黃浦江；王實味，一九四六年被定為「反革命托派奸細分子」，一九四七年七月，被殺於延安，「野百合花」被連根剷除；胡風，建國後一場文藝界大規模政治整肅和清洗運動中的主人公，在暴風雨中浮浮沉沉；加上晚年流亡海外的托派王凡西，有著不同命運的四人，是宏達無情敘事下的四朵「苦澀」的「野百合花」。

王凡西在北京大學就讀時，共產主義革命的志向壓倒了他原先想做文學家的志向。一九二六年三月十八日，「三一八」慘案發生時，王凡西是親身感受到「四十多個青年的血，洋溢在周圍，使人艱於呼吸視聽」。一九二六年秋，因貧困停學，王凡西去廣州，想找全職革命工作，不久又重回北京繼續黨的地下工作，靠朋友的救濟生活。一九二七年六月，王凡西被派往當時號稱革命中心的武漢工作，只因私自寫下罵汪精衛反革命的泄忿文字而被國民黨政府拘留。這是王凡西人生之中第一次被捕，被關了十多天后恢復自由。一九二七年七月下旬，武漢政府宣佈「清共」，王凡西逃離武漢，奉黨指派去蘇聯留學。

在蘇聯東方勞動大學期間，王凡西接受托派思想影響，祕密加入托派組織。一九二八年秋，東方勞動大學中國班併入中山大學，王凡西成為中山大學托派祕密組織的領導人之一。在蘇聯，王凡西與一位女同學兼同志結婚。一九二八年，家道中落的王凡西，事業壯志凌雲，愛情甜美非常。

一九二九年八月，王凡西偕妻離蘇回國，到上海後任黨中央組織部幹事，在周恩來領導下從事地下工作。一九三〇年初，莫斯科當局在中山大學肅托時審查出一份名單，發現已有三十多名托派已分幾批遣送回國，就立刻給上海中共中央打了密電。周恩來發現名單中有王凡西的名字，就到醫院裡和病床上的王凡西談了一次話。由於王凡西在中共內部一直保持著壓抑憤懣的工作狀態，當時他正大病一場。

周恩來態度很友善，滿意王凡西這幾個月來的工作，所以希望王凡西為了自己的「革命前途」，作一書面聲明，放棄托派意見，在《紅旗》上登載，這樣周恩來能保證他依舊留在黨內工作。王凡西沒怎麼搭話，只答應會寫聲明。第二天部裡人員來拿聲明，看了很是「失望和難過」，因為王凡西沒有放棄自己的托派立場。幾天之後，他被中共開除黨籍，正式掃地出門。自此，王凡西的生活更加困苦，以賣文為生。

王凡西起初參加托派的「我們的話」派組織，後來屬於「十月」派。在四個托派組織商談統一時，王凡西真誠爭取統一，並於那時開始和陳獨秀密切合作，終於促成一九三一年的托派統一。王凡西當選為統一後的托派中央委員，並擔任機關報編輯。當時王凡西才二十四歲。

中國托派統一大會召開後不滿一個月，即五月二十二日，陳獨秀、彭述之、羅漢因叛變的馬玉夫不知他們住址而倖免外，大多數中委就被捕，其中包括二十四歲的王凡西、二十五歲的樓國華和三十歲的鄭超麟。晚年他們天各一方，互稱「三個火槍手」，當年一起被囚龍華司令部監獄。

龍華司令部監獄有「肉票窩藏所」之稱，除了就地正法的「首要人犯」之外，拘押所所長「明目張膽」開價，價格沒講成的，撕票或放人。「不用說，價票是很高的」，「真能被贖出去的幸運者始終不多」，「革命者的家庭畢竟寒素居多「——曾以賣文為生，體會過生活艱辛的王凡西用「寒素」兩字來形容，讓人讀來心有戚戚焉——所以，王凡西「所看見的贖買成功的人，無一例外子是黨內在朝派的密友，因而由黨出了大錢的」，王凡西看到「陳紹禹的好友陳微明，進來三兩天就談妥贖出了」，而當時被中共拋棄的向忠發，卻被槍斃於龍華司令部監獄之內。

在關押期間，「外面親友探得消息」，「據說有生命危險的只有（鄭）超麟和（何）資深二人」，「其餘（指被捕的其他托派囚徒）都不至於打靶（指槍斃）雲」，得知這個消息，鄭超麟何資深二位「完全不當一回事」。鄭超麟的舉動深深得震撼住了王凡西，在王凡西眼中，鄭超麟彷彿是一位生死置之度外「得道的高僧」，「欣然等待『好日子』的到來。他一樣授課（指給在獄中和關在一起的中共黨員上課，一起討論中共和托派的分歧），一樣下棋，一樣的談笑自若」，這也讓「同囚的〝史達林派〞同志們深深感動了。」要知道，槍殺向忠發的槍聲還縈繞在王凡西、樓國華、鄭超麟這「三位火槍手」耳際！

一九三一年十一月底[16]，關押在龍華司令部監獄裡的托派囚徒全部點名起解，臨解前，監獄對他們宣佈刑期，鄭超麟十五年，何資深十年——鄭超麟何資深最後並沒有被「打靶」，大家都非常高興——王凡西和樓國華都是六年。

王凡西他們先在漕河涇江蘇第二模範監獄裡只「住」了短短兩個月，卻留下「永不磨滅的恐怖印象」，該「模範」監獄也無愧於「模範」這個稱呼，王凡西形容，「這個監獄是比槍斃略慢些的處死，而精神與肉體的虐待，實在比槍斃更加難受」，該監獄裡囚徒的存活率只有十分之一。在短短兩個月內，陳亦謀病死「解脫」，等到因戰事被送往蘇州盤門外軍人監獄時[17]，王凡西已經「衰弱得幾乎不能走路」。

在蘇州盤門外軍人監獄關押數月之後，有一大批難友轉押南京第一軍人監獄，鄭超麟和何資深在被解之列，江常

16 王凡西對該時間也是記憶模糊，原文是「大約在同年（一九三一年）十一月底」。
17 原文誤寫為杭州，根據下文描述，應為蘇州。

師和宋逢春「彷彿早已押回上海監獄」，轉押的轉押，出獄的出獄（同時宣判的濮德志刑期最短，只有二年半，家人花了一點錢，早已出獄），死的死（如陳亦謀），最後留下王凡西和樓國華在蘇州盤門外軍人監獄裡孤獨絕望。

一九三四年底，王凡西終於出獄，數月之後，樓國華也出獄了。對出獄後生活，王凡西在他的《雙山回憶錄》裡，有一段描寫：

> 長年間肉體和精神的虐待，使我們的健康幾瀕崩潰；可是這還不夠，自由世界裡卻有更大的打擊等著我們：二人的妻子，都在我們（指他本人和樓國華）入獄期間找到了新的配偶，這些祕密卻到此時才向我們揭開。在革命者的生活中，這樣的變故原是常事，算不得悲劇的；不過當每一個革命者接受他自己的這一份變故時，仍永遠會感覺到新鮮的打擊力。我是病倒了，國華比我強些。他在一個農場裡隱居了半年，舐舔好創傷。

王凡西體質一直不大好，內心又極其敏感、陰鬱、悲觀。浸淫在「中國革命的悲劇」——套用伊羅生的書名——這個大環境之中，王凡西的內心，就越發顯得敏感、陰鬱和悲觀了。他見過太多流淌著的青年的血了。這種情緒，如手握刀鋒朝向自己的利刃，也影響王凡西的身體健康。要知道一九三〇年，由於憤懣於心得大病時，他才二十三歲〇四年之後出獄時，曾經的愛人同志在他最無助的時候，棄他而去，他的健康又「幾瀕崩潰」時，他才二十七歲。

王凡西回鄉下養了半年病之後，一九三五年夏天再到上海，王凡西看到的是，「領導機關根本沒有」，「全上海只有二十余位反對派同志」，還在坐牢的陳獨秀「寫信出來」，主張由陳其昌、趙濟和他暫時成立一個三人委員，重起爐灶。與此同時，王凡西創辦《鬥爭》及《火花》。前者是托派政治機關報，後者是理論機關報。對重獲新生的王凡西來說，「沉舟側畔千帆過，病樹前頭萬木春」。

一九三七年五月，王凡西再次被捕，被押往南京。那時他第二次結婚才剛一年，他又不得不和愛人分離。這次逮捕他的是特務機關，完全不依任何法律，對他施以殘酷的刑訊手段和長期虐待。他的親友和同志完全不知他的下落。

一直到抗日戰爭開始後，中國軍隊已經撤出南京，日軍正式開入之前沒幾天，一切政治犯早已釋放，南京的國民黨黨政機構都已解體時，王凡西才從特務的監牢中走出來。他狼狽不堪，歷盡千辛萬苦，一九三七年十二月中旬，流浪去到武漢[18]。幸虧的是，王凡西不久就找到在武漢的陳獨秀，並碰到了濮德志、羅漢。此次的陳獨秀已經「非常不滿意上海的托派組織」，演講的內容闡明的不再是托派的抗日主張。對「老先生」陳獨秀拋棄托派信仰而求它法，王凡西內心不以為然。

一九三八年二月，眾人同床異夢，各走各的路，陳獨秀有離漢入川之意[19]，濮德志準備去滇，羅漢準備赴湘，王凡西準備途徑經香港回上海，繼續參加托派工作[20]。「老先生」陳獨秀「很不同意」王凡西走，王凡西還是毅然決然離開「老先生」，回到上海。

此時的「老先生」陳獨秀頭髮已經發白，已近花甲，可是王凡西眼前的「老先生」一點都不「耳順」，托洛茨基和「老先生」同齡，一位還是如此銳意進取，「不斷革命」，而另一位卻「退步」到如此田地！望著湯湯江漢，王凡西一定感慨一路。

此後幾年間，儘管飽受史達林派的誣衊和種種打擊，中國托派不但恢復了正常活動，而且吸收了一批年輕的新成員。王凡西做了大量的工作，尤其是文字工作。如擔任公開的《動向》月刊的編輯和撰稿，翻譯第四國際的《過渡綱領》和《俄國革命史》等。一九四一年，王凡西正在對《俄國革命史》第一卷的譯稿最後校對時，肺結核病大發作[21]。

一九四二年，原本就弱小的中國托派分裂為兩派：彭述之與劉家良領導的多數派和鄭超麟、王凡西、陳其昌、樓國華領導的少數派。

18 向青：《王凡西小傳》
19 唐寶林：《陳獨秀全傳》。
20 王凡西：《雙山回憶錄》第二八一頁。
21 向青，《王凡西小傳》。

抗戰結束後不久，少數派在上海創辦《新旗》半月刊，王凡西是主力執筆人之一。他還把所有已經譯成中文的托洛茨基論中國革命問題的文章集中起來，經過校訂，編成一冊出版。一九四九年五月，在中共軍隊抵達上海前夜，王凡西和樓國華被逼離滬前往香港。鄭超麟卻堅持留在祖國大陸不走，他就像《聖經》裡等待殉難的使徒。幾個月之後，香港政府開始驅逐一批托洛茨基主義者出境，王凡西被香港政府逮捕並驅逐至澳門，幸運的是，樓國華沒有被驅逐，遂定居香港[22]。上世紀五十年代中期，樓國華試圖恢復托派在香港的活動，成立「信達出版社」，先後出版了十多本托派及相關著作。在中國托派成員眼中，「信達出版社」就是傲立在暴風雨肆虐黑沉沉海面上的一座燈塔。

王凡西正是在「被逼蟄居在偏僻的廈門」，「寂寞與寒愴」中，寫成下自己前半生的故事《雙山回憶錄》。該書的最後一章「在寂寞中思索」，是綿長的絮絮叨叨，這也是當時心境使然。很多托派，對他的「思索」並不贊同。一九九四年下半年，該書在溫州流傳時，周仁生讀完之後，在書信裡對周履鏘說：「最後的反思，正像喻守一說的，不知反的是什麼，思的是什麼？今天歷史已經證明，他的反思內容，都成了時代的落後者。」[23]

王凡西在澳門住了二十五年多。這是他一生中最寂寞的時期。與此同時，中國托派兩派之間的壁障已漸鬆弛，王凡西陸續新認識了不少屬於多數派的後輩同志，其中有的和他密切交往，在後輩朋友中流行稱他為根叔，就是從那時開始的。他繼續思考和寫作。較重要的著作有《雙山回憶錄》和《毛澤東思想論稿》。譯作有《帝王術》、《詩與自傳》、《文學與革命》。[24]

一九七五年三月，王凡西離開澳門移居英國，取得英國居留權之後，生活算安定，也終於飽嘗久違的自由滋味。他和各國人士交往，作思想交流，也繼續寫文章。當年「三劍客」，最終失散在世界三地，就像一個巨大三角形上的三個角，只能寄哀思於書信，卻不能見面。

22 王凡西：《悼念中國托洛茨基主義者樓國華》。
23 周仁生一九九四年八月十二日致周履鏘書信。
24 向青：《王凡西小傳》

一九八八年，鄭超麟逝世。一九九五年，樓國華逝世。二〇〇二年王凡西逝世。至此，「三個火槍手」澈底告別人間。

安明波：南下的點火者

一九四〇年，年近不惑的北平民國大學經濟系教授安明波帶著妻子曾琴心，離開北平，一路南下。說得好聽點是南下，實為逃亡。舉國抗戰民生凋敝之際，江南景色的秀美和氣候的溫潤，洗滌安明波鬱悶的心胸。這也讓他的南下之旅，充滿樂觀。馬克思常自比希臘神話中盜火的「普羅米修士」，在溫州托派看來，駐錫溫州的安明波，無疑也是南下的「普羅米修士」

南下

對溫州托派組織來說，安明波是一位非常重要、又是頗為神祕曇花一現的人物。

說安明波的「重要」，一是他堅定了周仁生的托派信仰，讓周仁生成為一名徹底的托派，二是在曾猛對溫州托派活動心灰意冷，溫州托派組織名存實亡之際，他和王國龍、周仁生一起恢復了溫州托派組織，把溫州托派組織更名為「馬克思主義挺進社」，讓溫州托派的篝火死灰復燃，繼而熊熊燃燒。來溫之前，安明波可能並不認識曾猛。一九二七年，安明波從莫斯科中山大學畢業，曾猛才剛到中山大學。倆人可能失之交臂。

林松祺是周仁生走上托派事業的「帶路人」，是「先知先覺」者，而從莫斯科中山大學留學歸來，帶著純正托派思想，和溫州托派組織創立者曾猛有著同樣資深資格的安明波，就是他最信任和最崇敬的導師。比周仁生大二十歲的安明波是英雄普羅米修士和智慧禪師的合體。周仁生以弟子身分走進安明波，安明波安然智慧地伸出一根手指，向周仁生指明一條「真理之路」。

說安明波「神祕」，是因為幾乎沒有人能說清關於他的來龍去脈。我只能根據溫州幾位托派老人的零星回憶和其他單薄材料，拼湊出托派安明波的大概人生軌跡。

安明波，又名安景明[1]，一九〇四年出生，湖南沅江人。史書記載，安姓發展史上有三大郡望：涼州、姑臧、武陵郡。武陵郡，正是沅江流經區域。我們可以據此猜測：安明波有可能出自當地望族。湖南，也是出革命家的風水寶地[2]。

安明波早年留學莫斯科中山大學[3]，政治經濟系畢業[4]，和另一位托派留學生杜畏之是同班同學[5]。我們也可以站在杜畏之的人生座標上，觀照安明波的人生歷程。

一九二五年，杜畏之成為一名中共黨員，同年十月二十八日，他從上海坐船前往莫斯科，杜畏之是莫斯科中山大學開辦後招收的第一批中國留學生。和他同一批前往莫斯科的有之後在中國革命史上赫赫留名的蔣經國、王明、張聞天、王稼祥、俞秀松、烏蘭夫、伍修權等[6]。安明波很有可能也是赴蘇第一批留學生，夾在那些人物之中，前往莫斯科。

在莫斯科，杜畏之和關係要好的吳季嚴（陳獨秀外甥）一起成為托派。安明波是不是受到托派同學杜畏之影響而

---

1 唐寶林：《中國托派史》第二一五頁。

2 溫州托派老人周履鏘先生回憶：安明波應該是北方人，這是因為安明波從北而南下，給溫州托派成員造成的錯覺。周履鏘先生估計，安明波比周仁生大二十歲左右，也就是一九〇二年左右出生，這和一九〇四年這個準確的年份非常接近。二〇一五年七月，我在溫州市圖書館裡找到該館館藏的一本由國立浙江大學龍泉分校學生自治會在一九四四年編印的《國立浙江大學龍泉分校教職員學生通訊錄》上找到安明波的名字，安明波的基本資訊才得以確定。

3 在莫斯科還有一位重要的托派留學生名安福和安明波並不是同一人。

4 《國立浙江大學龍泉分校教職員學生通訊錄》

5 周履鏘先生回憶和周仁生都認為安明波和杜畏之是同班同學。關於周仁生的這句話，是來自一份署名為王國龍寫的材料《一九四一年至一九四六年的溫州托派簡況》。這份材料是我無意之中從網路上查詢到的。周履鏘先生和邱季龍先生看過之後，一致斷定這份是周仁生寫的，只是署名署錯了。這份材料很有可能是周仁生寫給劉平梅參考的。劉平梅著作《中國托派黨史》中的溫州部分，主要是周仁生提供。我經過對比發現，這份材料和這份劉平梅著《中國托派黨史》中的溫州部分，確實有大段大段段落相同。周履鏘先生猜測，可能是劉平梅去世之後，材料散落出去。至於這份材料是怎麼流傳到網上，原因不明，這份材料的原件可能沒有署名，發表的人以為是王國龍撰寫的，而署錯了名字。

6 吳基明：《中國托派的苦難與奮鬥》，第一二八頁，新加坡：八方文化創作室。

成為托派？也不是沒有可能。一九二七年九月，莫斯科中山大學第一期學生畢業。絕大多數托派學生回國，傾向托派思想甚至已經加入托派組織的安明波很有可能也是在這個時期回國。

在中山大學已經成為托派的杜畏之卻留了下來，當了一段時間翻譯。一九二八年七月十八日，在莫斯科召開為期一個月的中共六大結束之後，杜畏之才被派回國內。他先被安排在上海團中央機關工作了一段時間，不久又被派往鄭州，擔任共青團河南省委宣傳部長。一九二九年夏天，他又回到上海，擔任團中央組織部秘書。

據吳基民著作《中國托派的苦難與奮鬥》一書描述，在莫斯科親耳聽到史達林與李立三爭論的杜畏之，在一次黨的組織會議上發表了自己的看法，談了史達林批評李立三的「波浪」和「浪花」的故事，引起軒然大波。有人將杜畏之的話傳到中共中央，李立三勃然大怒，先是暫停了杜畏之的黨籍，繼而將杜畏之開除出黨。杜畏之的妻子梁識威是工人出身，也是一九二五年入黨的老黨員，不肯與杜畏之斷絕關係，也被暫停了她在黨內的工作，並於一九三一年被迫脫黨。[7]

一九三一年五月，中國托派第一次代表大會召開後不久，杜畏之即參加了中國托派組織。這一年秋天，陳獨秀為杜畏之謀了一個工作，介紹他去安徽大學教書。也就在這一年，中共發生了一件極其嚴重的大事變，那就是顧順章被捕隨即叛變，此事對中共造成極大危害，但意想不到是，這件事也對杜畏之帶來巨大影響，一年之後的一九三二年七月二日[8]，杜畏之和吳季嚴在滬西的兆豐公園（今中山公園）被顧順章親自抓捕。

吳季嚴和杜畏之被關在南京衛戍司令部裡，經過慢慢審問，員警才搞清楚了，倆人早已經不是共產黨了，而是托派，但是即便是托派，也是要判刑。好在杜畏之就職的安徽大學托了關係，將杜畏之保出來。杜畏之被南京衛戍司令部派人送到安徽大學校長程演生處之後，當夜，杜畏之又逃回上海。這已經是一九三二年年底了，那時陳獨秀又一次被捕。

---

7 吳基明：《中國托派的苦難與奮鬥》，第一三一—一三二頁。

8 這是吳基民在《中國托派的苦難與奮鬥》說法，吳基民是當面採訪杜畏之。唐寶林在《中國托派史》中認為是發生在一九三二年春天。

陳獨秀被捕之後，杜畏之與新的托派領導集團格格不入。也許是和吳季嚴的關係，杜畏之被認為是陳獨秀派而受到排擠。

一九三五年，杜畏之失意地離開上海，去北平一所大學教書。杜畏之聯繫上了原托派華北區委成員耿炳光和安明波（一九三五年三月托派新中央被破獲之後，華北地區的托派組織已經瓦解）。《國立浙江大學龍泉分校教職員學生通訊錄》上顯示，來浙江大學教書之前，安明波「曾任北平民國大學教授」。[9]

杜畏之、耿炳光和安明波三人通力合作，成立一個獨立於托派中央的托派組織。他們以新組織的名義，在天津、北京、太原等地積極活動，還吸取了被中共開除的張慕陶，聯絡華北各派上層軍政人員反蔣反共，最後與閻錫山結合[10]。托派中央知道杜畏之在華北的活動情況後，認為他們完全違背托派不與異己勢力特別是反動軍閥政客聯合的原則，就在機關報《鬥爭》上公開發表申明，開除杜畏之，否認他們的活動與托派有關。

不久之後，該組織瓦解。可以猜測，他們是在托派中央和國民黨當局的雙重壓力下潰敗。杜畏之、耿炳光、安明波就像《三國演義》裡的劉、關、張三名英雄豪傑失散各地。耿炳光回陝西，在民主黨派辦的《秦風日報》擔任主筆；杜畏之跑到福建劉建緒處做事，並與軍統特務鄧文儀來往密切[11]；安明波選擇南下，先在浙江大學教書，一九四○年，安明波繼續南下，來到溫州，成為溫州中學一名老師。

根據周仁生的回憶：「一九四○年，溫中遷校青田已一年餘，來了一位留學蘇聯莫斯科中山大學的教師安明波，成了我們最親近的老師。我和松祺此後十多年的政治生涯、生活道路，都是與安明波先生甘苦與共，休戚相關。」

安明波只在溫州中學停留了一年時間。我在《溫州百年》師生名錄「一九四○年」處找了「安明波」這一個少有

---

9 《國立浙江大學龍泉分校教職員學生通訊錄》第一七頁，溫州圖書館館藏。
10 唐寶林《中國托派史》二一五頁
11 唐寶林在《中國托派史》裡的說法；在吳基民的《中國托派的苦難與奮鬥》，沒有此段內容，只說在一九三二年之後，杜畏之脫離托派組織，關起門來一門心思研究學問。

人知的名字。在厚厚的《溫州百年》裡，安明波就是一顆不知名的流星，只閃耀過一次。而安明波的這一次閃耀，對溫州中學高中生周仁生來說，接近於燦爛。

一九四〇年，對十八歲的高中學生周仁生來說，這是一個充實的年份。這一年，周仁生碰到了他的革命導師安明波，也認識了溫州托派重要成員王國龍。客觀說來，周仁生正是在一九四〇年前後，受到安明波、王國龍、林松祺三人共同影響，成為一名真正的托派成員，以托派信仰「弱冠」重生。

酩酊龍泉龍樹寺

一九四二年秋，周仁生、林松祺、章宏業、洪秀榮從溫州出發，走水路，溯甌江而上，來到浙大龍泉分校。對周仁生和林松祺來說，此次去龍泉還有一層更為重要的含義，那就是和導師安明波會合。早在一年前，安明波接受了浙大龍泉分校校方的邀請，以經濟學副教授的身分，在校教書。周仁生、林松祺報考浙大龍泉校區，也許很大一部分原因也是因為安明波導師正在那裡。

龍泉分校[12]裡，除了有安明波之外，還有溫州人教師王季思、夏承燾在校任教，這讓周仁生一些溫州籍學生感到親切。

12 抗日戰爭時期，浙江大學被迫一路西遷，最終遷往貴州遵義。浙大西遷之後，浙江籍高中畢業生和福建、安徽、江西等離滬青年學生，由於交通或經濟關係，不能去內地大學升學者越來越多。為此，一九三九年七月，浙大在龍泉縣設立浙東分校，最後改名為龍泉分校。

龍泉分校校址選在龍泉縣城郊外一個叫「坊下」的山村，教室和教學辦公用房即是當地鄉紳曾永清建於一九二一年的曾家大屋。曾家大屋建築面積為三〇二六平方米，大小房間合計七十二間，容納了分校文、理、工、農四個學院一百五十名學生以及各種辦公室。

曾任浙大龍泉分校主任的著名教育家鄭曉滄先生是海甯人，在海寧口音中「坊下」與「芳野」諧音，他就以「芳野」這個妙趣橫生的字代替「坊下」。在「芳野」的曾家大屋裡，竟薈萃著數十位中國學界的泰斗：教育家陳訓慈、鄭曉滄、路季納，數學家毛路真、宋叔麟，物理學家斯何晚、周北屏、郭貽誠，化學家吳浩青、陳嗣虞，生物學家金維堅、董聿茂、王曰瑋，翻譯家戚叔含、林天蘭、張其春，歷史學家孫正容、李挈非、季平子，農學家包伯度、韓雁門、程學達，心理學家潘淵，地理學家王勤堉，經濟學家安明波，文學家王季思、胡倫清，語言學家徐聲越、任銘善，「一代詞宗」夏承燾。儼然是一個桃花源理想國。

據周仁生回憶，他們在浙大龍泉分校讀大一的第一年，「主要是在安明波先生指導下走過來的。安先生勉勵我們深入研究馬克思列寧主義，廣泛閱讀中外歷史、政治經濟學、哲學（包括資產階級學者們的著作），那時，我們年輕，精力充沛，所以如饑如渴地博覽群書。我們還關心國際國內的政治形勢，常在安先生家裡召開時事討論會，舉行座談。參加的人不僅有我們托洛茨基主義者，還有少數幾個靠近中共的人，也有政治立場並不鮮明的人……如果說往後幾年，浙大總校、分校曾經出現過一個規模不大的托洛茨基主義運動，那就應該說，運動的根子就在浙大龍泉分校。」[13]

夏承燾有寫日記的習慣，透過夏承燾日記，我們能觸摸到那時安明波的灑脫自在和無憂無慮。

一九四三年三月十八日，夏承燾的日記裡第一次出現安明波的名字。

> 午後，安明波招予同（王）季思、（徐）聲越小酌，聽談留學歐洲事。謂俄人極堅韌，德人次之，法人極靈巧，亦甚脆弱。

夏承燾是在一九四二年底到浙大龍泉分校任教，比安明波稍遲到校。從日記的內容來看，夏承燾、安明波倆人尚屬剛認識階段，四人談話的話題，是聽安明波介紹自己的留學經歷。從安明波的自述來看，他遊歷頗廣，除了留學蘇聯莫斯科之外，不排除還留學過其他地方。

一九四三年四月十八日，夏承燾和安明波談經濟學。安明波認為：

> 希臘時代的唯物論，甚重精神，羅馬時代耽享樂，乃修改希臘精神最快樂之說。培根出，反重精神，乃唯物論之重興。精神產生於物質，亦能支配物質。但精神決定物質。彼（指安明波，筆者注）甚服膺馮友蘭以唯物說

13 周仁生：《晚風吹來憶往昔》。

> 復興宋明理學，謂馮君質樸，能令見者起勁。

早前，夏承燾也讀了馮友蘭的著作，也是深感佩服。在內心深處，夏承燾是以安明波為知己的。談完文化談音樂。一九四三年五月二十二日，安明波、徐聲越來夏承燾處「談中西音樂之異」：

> 聲越謂：中國以禮樂為教化之具，故不及西洋發達。明波謂：體制不及西人。

在浙大龍泉分校讀過書的學生還記得，安明波給他們唱俄國歌曲時的情景，慷慨激昂。安明波談古論今，博學多才，讓學生們佩服得五體投地。

沒過多久，安明波和夏承燾等同仁變得非常熟悉，幾人常常喝醉，如魏晉名士，放浪形骸。一九四三年十一月三日，夏承燾在日記裡寫道：

> 午後王敬老攜酒榼盛肴，來龍吟樓少飲。季思、聲越、安明波皆酩酊。明波謂敬老古稀，猶有青年意氣。訝予未老先衰。

王敬五，出自海甯望族王氏，一九四〇年七月開始，任職浙大龍泉分校，在同仁聚會之中，是一位德高望重的中心人物。

幾場大醉的雅會之後，他們也移座到安明波處。一九四三年十一月十二日，夏承燾在日記裡寫道：

> 午後心叔招季思、聲越、敬老在安明波破廟中小飲。

心叔，即任銘善（字心叔），他是夏承燾執教之江大學時的愛徒。任銘善是聽從了夏承燾的建議，來浙大龍泉分校教書。

當時龍泉分校教職員單身宿舍名為「風雨龍吟樓」，安明波並不住在「風雨龍吟樓」裡，而是住在當地一間龍樹破廟之中，廟旁種有梅花[14]。

安明波妻子名曾琴心，也是蘇聯留學回來，隨著安明波四處奔波。安明波在溫州時，曾琴心在永嘉中學教過歷史。安明波在龍泉時，曾琴心也一定是服侍左右。所以安明波曾琴心才選擇不住在教職員單身宿舍而棲身破廟。看著這幾位長飲的性情文人，也看著龍樹廟旁清幽的梅花，曾琴心會不會笑而不語，心滿意足？

第二天，夏承燾特意還為此賦詩一首。

心叔招飲龍樹寺明波寓

共握傳杯手，霜邊不了知。
一蛩猶有語，數客可無詩。
句裡出孤月，松間無四時。
相看飛動意，拈笛囑誰吹。

一九四四年一月二十六日，夏承燾、徐聲越、任銘善、安明波「諸君圍爐小酌」，這是夏承燾在日記裡最後一次提到安明波。這一年六月，夏承燾離開龍泉回溫州，在這半年的聚會之中，不再有安明波的影子。一九四五年十月十一月間，夏承燾重回浙大龍泉分校，在此間日記之中，不再出現安明波的名字。很有可能的是，在一九四四年一月之

14 夏承燾：《夏承燾集》第六冊「天風閣學詞日記」二，一九四四年一月十九日條，一九九七年。

後，安明波也已經離開龍泉分校。

也是在同一時間，楊憲益和妻子戴乃迭在貴州組織「詩友社」，大家談美食，吟詩唱和。和安明波、夏承燾們在龍泉的所作所為如出一轍。楊憲益傳記作者范瑋麗對此評論道：「這些美食家的文學聚會散發著一股濃濃的封建氣息；在當時的歷史時期，也是一種遁世行為。」[15]真是很深的見地。

從一九四一年十月（安明波到龍泉分校的時間）到一九四四年一月，安明波在龍泉度過了約兩年半的暢爽時光。他的下一個落腳點是英士大學。

英士大學是民國年間著名的國立大學，是國民政府為紀念陳其美（字英士）而成立的。一九三八年，經浙江省政府決議，省立戰時大學開始籌備，一九三九年二月正式辦公。有就讀過該校的學生認為，單從校名上來看，就是出於CC系的授意，「因為陳英士既是蔣介石的拜把兄弟，又是陳果夫、陳立夫的胞叔，以之命名來紀念陳英士，既是邀功獻媚，又為CC系張目。」[16]

一九三九年五月，該校定名為浙江省立英士大學，分設工、農、醫三院於松陽、麗水。一九四二年五月英士大學內遷雲和，十二月經國民政府行政院決議改為「國立英士大學」，一九四三年暑假，又因為日軍打通浙贛線，而再遷泰順，一九四五年十一月遷至永嘉，一九四六年秋天，英士大學遷到金華，把金華作為永久校址。

也就說，安明波執教英士大學，只能在一九四四年二月至一九四六年秋天，英士大學在溫州境內辦學這一段時期之內[17]，據周仁生回憶，安明波是在一九四六年四月去英士大學任教[18]。

安明波又一次整理行囊，攜著妻子曾琴心，重回溫州——這是讓他可以以托派「老先生」自居、在漂泊半生之中

15 范瑋麗：《他翻譯了整個中國》，第八三頁，臺北：蔚藍文化，二〇一五年。
16 梁春芳：《英士大學前期概況》，《麗水文史資料》第七輯，中國文史出版社，二〇一一年。
17 據周履鏘先生回憶，安明波在英士大學教過書，在英士大學讀過書的學生回憶文章裡，也有提到安明波的名字。
18 周仁生，《一九四一年至一九四六年的溫州托派簡況》

難得感到溫暖的一片土地。

從繁華北平到偏僻龍泉，再到國民黨勢力盤踞的英士大學，安明波是一個遊走在各種勢力夾縫之間的流亡者角色。在龍泉分校，他越是大醉解愁，也許越能證明他胸中的不如意和憤懣。讓他感動痛苦的是，他還背負著「托派異端嫌疑」的枷鎖。

卸下「異端嫌疑」枷鎖

一九四六年七月，安明波特意陪同周仁生一起前往上海。

此時的安明波應該已經接到廈門大學王亞南的邀請。一九四四年，王亞南受邀任內遷福建長汀的廈門大學經濟系客座教授，一九四五年秋到長汀出任廈門大學經濟系主任兼法學院院長[19]。一九四六年六月一日，廈門大學校本部開始遷回廈門，回到廈門的王亞南膽識過人，延聘著名經濟學家郭大力和石兆棠、王守禮、吳兆莘、安明波等一批左派經濟學教授來廈門大學經濟系，「使得經濟系成為『國統區』的馬克思主義經濟學的堅強陣地」。[20]

在王亞南向安明波正式提出邀請之前，倆人是否認識？我對比了王亞南和安明波的履歷，並沒有發現明顯有「重疊」的部分，也有可能倆人之前根本就不認識。王亞南垂青安明波，只是因為安明波經濟學系教授的身分。

廈門大學提供的資料顯示，安明波的到校時間是一九四六年十一月。[21]也就是說，安明波在赴廈門之前，特意來到上海，觀望觀望分裂後的托派組織。

安明波沒有主動聯繫上海的托派組織（據王國龍回憶，安明波和彭述之的第一次見面是在一九四七年，當時安明波已經是堂堂廈門大學的教授了），匆匆一瞥風起雲湧的上海灘，又南下了。

19 王亞南：《王亞南文選》三卷，北京：中國社會科學出版社，二〇〇七年。
20 廈門大學校史編委會：《廈門大學院系館所簡史》，第一七一頁，廈門大學出版社，一九九〇年。
21 陳營、陳旭華編：《廈門大學校史資料》（第五輯）——組織機構沿革輯教職員工名錄，廈門大學出版社，一九九〇年。

一九四七年初，安明波以廈大教授的身分再次來到上海，拜訪彭述之，恰巧碰到留在上海彙報工作的王國龍[22]。和一年前截然不同的是，迎接安明波、王國龍的是一派喜樂景象。多數派正式的刊物《求真》和《青年與婦女》都已經風風火火地辦起來了，加入托派多數派的人也在增多。

在上海南京路很有名的惠羅公司隔壁，有一所很小的房子，就是《求真》雜誌社。王國龍在雜誌社撞見安明波和彭述之、劉家良三人在面談。王國龍退步出來，回避了這次談話。

彭述之事後告訴王國龍，他們和安明波「談得很好，安明波同意多數派的意見。」安明波同意讓「馬克思主義挺進社」的人員參加托派多數派。至此，溫州托派組織正式得到上海多數派中央承認，改名為「中國共產主義同盟溫州支部」，「馬克思主義挺進社」的政治生命也隨之宣告結束。安明波也卸下了背負很久的「異端嫌疑」枷鎖。

在廈門被捕　死在監獄

一九四九年二月底，周仁生、趙青音和林松祺一起，靠著變賣了趙青音可憐的一點黃金首飾，湊足盤纏，買到了「元培輪」五等艙票，離開上海，前往還屬於國民黨勢力的廈門，去投靠安明波。安明波把他們三人介紹到漳州專區海澄縣海澄中學當教師。

根據托派多數派一九四九年大撤退時做出的「應變決定」，隱藏著的托派成員也是要支持中共一切進步的措施。在廈門的安明波和在海澄的周仁生都是熱心支持各種反國民黨的運動的進步教師。一九四九年十月，廈門警備司令部中將司令毛森手下進廈門大學抓捕鬧事師生，已過不惑之年的儒雅教授安明波也被抓去，安明波還「因刺激過深，神

[22] 據王國龍在《王國龍口述》中回憶，當時周仁生還在蘇北教書，那麼只能在一九四七年一月前後。周仁生在《一九四一年至一九四六年的溫州托派簡況》裡回憶，在一九四六年底或一九四七年初，溫州托派組織得到上海多數派中央承認，就改名為中國共產主義同盟溫州支部，劉平梅在《中國托派史》裡也引用這段材料，由於溫州托派獲得上海多數派中央承認之時，周仁生剛好不在上海，在蘇北教書。可以判斷，具體時間，應以當事人王國龍的回憶為准。

經失常」，沒過多久，安明波被釋放出獄，向廈門大學附小學生講述自己被捕蒙難經過[23]。

一九四九年底至一九五〇年一月間，在上海的周履鏘帶著妻子錢慧初去福建海澄，到周仁生任校長的海澄中學安身。

周履鏘先取道廈門，去廈門大學找安明波。安明波給周履鏘指明去福建海澄的路，當時，從廈門到海澄，要渡過一片大海。

這是周履鏘和安明波唯一一次碰面。這一次碰面，安明波給周履鏘留下了非常好的印象，「就是一個大學教授的模樣，很有氣質」。

一九五二年十二月二十二日，大肅托時，周仁生、周履鏘和趙青音在海澄被捕。

一九五四年，在福州的監獄裡，周仁生對周履鏘說，他感覺到安明波也關在這裡，他沒有見過安明波的面，是從審問人員口中推斷出來的：安明波也同時被捕，不過沒有和福建其他被捕托派一起宣判。

安明波很有可能是死在監獄。「連年紀較輕的黃禹石都死在監獄，年紀較大的安明波估計很難倖免。」周履鏘老人對我說。

23 廈門市委黨史研究室主編：《廈門革命歷史文獻資料選編》（第九冊），第五六七—五七一頁，一九九二年。

江漢大地上的一坡泥土
——林松祺的悲情人生

一九九四年春寒料峭，兩位老人立在蒼茫的江漢大地上，沉默不語，白髮在寒風中搖曳。他們從溫州樂清奔波數百公里風塵僕僕而來。從地圖上看，他們的行程就像在中國地圖這只大公雞腹部斜著深深剪了一刀。

兩位老人先是向武漢當地人打聽，武漢監獄怎麼走？對行人來說，這真是一次稀罕的問路。兩位老人找到監獄，向監獄工作人員報出「林松祺」，一個四十年前死去的人的名字。兩位老人只想知道：林松祺死亡的確切日期，和他的骨灰安放地。

林松祺，沒聽過，再說了，四十年前死去的囚犯，現在怎麼能打聽得到?!監獄工作人員愛莫能助。在人不如狗的年代，誰會在意一具「反革命」犯人的屍體。夾邊溝勞改營裡死去的勞改犯，草草埋掉，有些甚至是暴屍野外，連墓碑都沒有。[1]比林松祺遲幾年死在杭州監獄裡的曾猛，也是被草草埋掉，再通知家屬去領遺物。

蘇子那首著名的悼亡妻詞：「十年生死兩茫茫，不思量，自難忘。千里孤墳，無處話淒涼。夜來幽夢忽還鄉，小軒窗，正梳妝。相顧無言，惟有淚千行。料得年年腸斷處，明月夜，短松岡。」對兩位老人來說，他們和林松祺，是隔著比蘇子和亡妻四倍的茫茫。蘇子還有短松岡亡妻的墓地可憑弔，可是蒼茫廣漠的江漢大地上，林松祺又是長眠在何處呢？這又如何能找得到呢？

「哥哥啊！」兩位老人的悲嘯穿雲。他們正是林松祺的數十年來陰陽相隔的弟弟和弟媳。兩位老人就抓一坡江漢大地上的泥土回去，權當做哥哥，葬在樂清林家墳墓裡。周仁生加入托派的領路人林松祺，就這樣化為一坡泥土，回到故鄉。

[1] 楊顯惠：《夾邊溝記事》，廣州：花城出版社，二〇一四年。

宋直

林松祺，樂清烏牛人，生於一九二〇年，比周仁生大兩歲，又名林逸白，化名宋直。「宋直」，真是名如其人。少時家境清寒，世代務農，祖父和父親粗識字，信天主教。

林松祺在溫州九小（後改名康樂小學，現為瓦市小學）讀書時，因家庭無力負擔學費、膳宿費，只好寄宿在周宅祠巷天主教堂裡，由於是教友家庭，他也得到天主教教友一點說明，解決部分生活費用。

林松祺能在康樂小學一直讀到畢業，全靠學校兩位傾向托洛茨基主義的教師潘泰運和李蔡志的大力支援。潘泰運和李蔡志是由曾猛創立的溫州托派組織裡的第一批成員。潘泰運，永嘉梅坑人，至少在一九三八年，他就已經是托派成員。這一年，「戰青團」江北五區寶台支部的領導人，全部是托派，朱鈐（錢川）、吳昭松和潘泰運名列其中。

李蔡志，平陽李家垟村人[2]。平陽李家垟村，在甌越大地上是一個叫得響噹噹的地名。李家村內河道縱橫，村民大多以捕魚為業，生活富裕。李家垟村村民素有習武之風，普遍流傳攻柔（又稱剛柔）、五支（也稱五龜）兩門兇狠的南拳拳種。老話說「窮文富武」，窮人家庭，只有通過讀書來改變命運，而富裕家庭，不為農活所累，有餘力則學武，可以強身健體看家護院。憑著這一份豐厚的祖傳家底，到現在，李家村還是龍港鎮裡的經濟強村。

李蔡志是曾猛重用的成員，溫州托派第二屆幹事會召開後，李蔡志是幹事會城區教員組三名領導之一（其他兩位是黃禹石和林朝熙）。曾猛和王國龍到平陽調查托派活動成績時，也是由李蔡志陪同，並由李蔡志出面約當地士紳見面。王國龍形容李蔡志「家裡比較大」[3]。

2 王國龍在段躍作的口述文本中，稱李家村，實為李家垟村，李家村也有可能是李家垟村的簡稱。
3 段躍：《王國龍口述》。

可以猜測，林松祺能在康樂小學一直讀到畢業，李蔡志比潘泰運出錢出力更多。

由於托派教師潘泰運和李蔡志的共同影響，出身教友家庭的林松祺捨棄宗教信仰，而投奔「托洛茨基」懷抱。站在風起雲湧的路口，舍宗教而趨革命，這也不是個例。在每一個孤獨寒冷的夜晚，靠著周宅祠巷天主教堂冰冷的牆壁，窮學生林松祺會不會一次次追問上帝，最後卻以失望告終？

一九三六年春，林松祺考進溫州中學初中部，比周仁生年長兩歲的林松祺成為比周仁生低一年級的學弟。倆人的人生軌跡正式相交。

林松祺在溫中讀書時，品學兼優，是激進活動的弄潮兒，主編過溫中校刊，出版「細流」壁報，主持過民眾夜校，被推選為學生自治會的領導成員之一。

與林松祺旦夕相處的同學章宏業（即章濤，江濤）、洪秀榮、曾昌勳，前倆人最後成了中國托洛茨基主義組織的骨幹分子[4]，而曾昌勳也是托派同情者。

抗戰期間，林松祺參加了溫州托派所領導的週邊團體——救亡大同盟，並擔任溫中該團體的主要負責人。在此期間，林松祺成為溫中托派學生的領袖。

托派對中共的統一戰線一直是持批評態度，身為溫中托派學生領袖的林松祺在抗戰八年中始終忠於這個口號，執行這條路線。這勢必與溫中內的中共學生發生意見分歧，也就避免不了激烈的爭論。林松祺在爭論中，「以理服人，但堅決反對史達林主義官僚集團，反對一國社會主義，反對史達林的罪惡統治。」

身為溫中托派學生領袖的林松祺，猶如橫刀立馬的先鋒大將，不得不勇往直前，舌戰中共諸學生。林松祺揮舞獵獵大纛，讓周仁生等追隨者有容身之所。

---

4 周仁生如此評價倆人

「多憂思」

一九四一年秋，溫州中學畢業的周仁生考進浙大龍泉分校，並沒有馬上去學校報到，等到一九四二年秋，比周仁生低一屆的學弟林松祺、章宏業、洪秀榮也考進浙大龍泉校區，周仁生四人才一起去浙大龍泉分校讀書。「四人旦夕相處，思想上、感情上結下了深厚的友誼」，後來都成為溫州地區信仰堅定的托派成員。

周仁生、林松祺、章宏業、洪秀榮溯甌江而上，來到浙大龍泉分校。在夏承燾的日記之中，也有林松祺的身影，不過是「憂鬱多思」。

一九四三年四月十一日，夏承燾在日記裡寫道：

> 夕，仁生、松祺來久談。松祺多憂思，為指瓶花，說死生之理。

在日記裡，夏承燾直呼周仁生和林松祺其名，而省略姓，一見面就是久談，可見三人非常熟悉。當時的夏承燾並不知道，林松祺的「多憂思」，是從之前激昂的外向性情突然轉變而來的。據周仁生回憶，他們在浙大龍泉分校讀大一的第一年，在安明波先生指導下的讀書會上，林松祺是很積極的，富有熱情。他同周仁生共同寫作，共同翻譯，廣結朋友。[5]

不幸的是，到了一九四三春天，林松祺的健康發生了變化，神經衰弱症逐漸嚴重起來，「思想顧慮多了」，「精神負擔重了」，是家庭包袱壓得林松祺透不過氣來。林松祺家中還有父親和一個年幼的弟弟，收入微薄，生活困難。雖說林松祺他們在浙大讀書，都是公費生，膳宿不愁，但總得有其他開銷。同學之間的互助不在言下，但林松祺「總

[5] 周仁生：《晚風吹來憶往昔；林松祺——我的帶路人》，《十月評論》第三十四卷第一期，二〇〇七年。

是憂心忡忡」。

周仁生對林松祺的回憶飽含深情：

回想浙大這一年，儘管松祺後期身體虛弱，心境不暢，但他與我的友情是更加深沉了。一九三六年我開始認識他，到了一九四三年已有六、七年歷史。但他給我的印象最深，對我的影響最大，莫過於模範小學[6]的幾個月和浙大的一年。是他，給了政治上的啟蒙思想；是他，使我從埋頭讀書，而走向認識社會，理解人生；是他，帶給我托洛茨基主義；是他，使我結識了中國托洛茨基運動的資深領導彭述之、劉家良；溫州的王國龍，黃禹石；是他，第一次給我談起蘇聯的托洛茨基，中國的陳獨秀。從那以後，我就跟他們共呼吸，同命運。

一九四三年秋，大二學期開始前，面臨繼續升還是停學問題，林松祺躊躇不決，反復再三。最後決定的結果是，周仁生等七八位溫籍同學同坐一條小木船，從溫州西門碼頭出發，再赴龍泉，在蕭瑟的秋天，林松祺隻身一人離開周仁生。

一九四五年九月，浙大龍泉分校輟學生[7]周仁生接受位於平陽鄭樓的溫州師範學校應聘執教，教歷史和英文兩門課程，於此同時，林松祺也從樂清師範學校應聘到溫州師範學校教語文。兩年之後也是在同樣蕭瑟的秋天，周仁生林松祺又重逢了。

兩年前，林松祺離別周仁生，便留在青田縣，經人介紹，在青田縣城教書，直到一九四五年夏，他轉到雁蕩山靈岩寺樂清師範學校執教，竟然與夏承燾重逢了。當時，溫州第三次淪陷，夏承燾避難樂清，也執教該校。

6 在去浙大龍泉分校之前，除了洪秀榮之外，周仁生、林松祺、章宏業三人曾在溫州府前街模範小學教過幾個月的書。

7 當時浙大規定，最後兩年課程要到貴州本校完成，周仁生沒有選擇中途輟學：一，是可能去貴州路途遙遠；二，也可能是為了為家裡節省費用。

雁蕩山的奇峰怪石、山山水水，讓詞人夏承燾心曠神怡流連忘返。夏承燾常常帶著林松祺遊山玩水，此時的林松祺要比在兩年前在龍泉時心境開朗得多，已不再「多憂思」。

雁蕩山水、詞人相伴，林松祺收穫了的一份愛情。他在樂清師範時的學生李淑荷（唐玉蓮），後來成為他的女友、未婚妻，一九四五年秋季她也跟隨林松祺轉學到溫州師範。這些都慢慢暈染、改變著原來的林松祺，以致讓重逢的周仁生感到陌生和「驚異」。

夏承燾十分愛惜林松祺的文才，林松祺也非常愛戴夏承燾。林松祺對周仁生說，夏先生臥室裡掛的那幅親筆寫的對聯：「房攏雖小天地大，不足迴旋睡有餘。」一直鼓勵著他「另找人生樂趣」。

吳鷺山[8]之子吳思雷對夏承燾林松祺倆人的忘年交有一段回憶：

夏公在「樂師」教書時，同事中有個永嘉烏牛人[9]林松祺，是夏公在浙大龍泉分校教過的學生。他因身體健康欠佳而中途休學過，康復後就到雁蕩山「樂師」當教員，因此夏公跟他既是師生又是同事，關係很密切。松祺告訴他的朋友，在「樂師」那段時間是他一生中精神上最愉快，知識進益最多的，無論生活或教學上碰到什麼疑難問題，經夏公一點撥，立即就豁然貫通。他不放過每個學習機會，夏公到班裡上課，他都儘量爭取去旁聽，從中學到教課的本領。

僻處雁蕩山中，消息十分閉塞，國內外的時事新聞都不容易聽到，而松祺平時對社會科學頗有興趣研究，能根據零星搜集到的報章雜誌中的新聞線索，通過獨立思考，作出仔細的分析、判斷。所以，當夏公將一些自（己）不大熟悉的事向他討問時，他就這樣對夏公說：「根據各方報導，現對國際形勢大好，軸心國德、日在

8 吳鷺山和夏承燾是至交，吳鷺山的名字，在本書上文寫曾猛的文章裡出現過。

9 應為樂清烏牛之誤。

寇敗通之後[10]，如國共仍能合作，國家應呈生平景象；否則必然發生內戰，兄弟鬩於牆，百姓要遭殃……。」另外，夏公還謙虛地向他討教關於西方文學名著和哲學經典著作方面的問題，教學相長，做到了知識互補。松祺曾一度提出要跟夏公學作詞，夏公說，憑你的學識基礎，學作詞也不是難事，只要能循序漸進、持之以恆，定會寫出好詞來。[11]

周仁生感慨地說：「夏先生是一位好人，學識淵博，執中國詞壇牛耳，吸引力很強，無可否認，這就在松祺的世界觀裡，打開另一扇視窗。」[12]

周仁生的這句話，其實並不簡單，而是暗藏潛臺詞，委婉透露他內心真實想法。說「夏先生是一位好人」，潛臺詞就是他「並不是」志同道合的「同路人」，周仁生評價安明波，就不會用「一個好人」來形容。說夏承燾「學識淵博，執中國詞壇牛耳，吸引力很強，無可否認，這就在松祺的世界觀裡，打開另一扇視窗。」其實是周仁生「埋怨」——說得嚴重點——林松祺在革命道路的「正道」之上分了心，走了岔路。這其實是一句牢騷話。只是周仁生性格穩重內斂，不會明發牢騷話罷了。

在周仁生堅定的人生之中，托派活動當然是最重要的，文學之類，都只是岔路，只能是「插曲」。夏承燾讓周仁生當「朱生豪第二」[13]，站在周仁生自己的立場，也只能一笑而過。在周仁生看來，林松祺在主次之間發生了動搖。

閒話暫且不表，直說正題。同時應聘到溫州師範學校執教的，還有「我們自己人」（周仁生語）錢思敬和梁庭。梁庭是中國托派領袖之一劉家良的妻子。周仁生撰文回憶道：

---

10 這句難懂，原文如此。

11 吳思雷編撰：《一代詞宗夏承燾逸聞》，一九九八年。

12 周仁生：《晚風吹來憶往昔；林松祺——我的帶路人》。

13 周仁生曾對他的學生虞爭鳴說過此事。

兩年闊別，一旦在鄭樓重逢，彼此間內心喜悅的「青枝綠葉」，鬱鬱蔥蔥。鄭樓的夜景，月色；溫師後院沿河的綠柳垂楊，都會令人觸景生情。這時，抗戰結束了，時局未定。國共兩黨談談打打，打打談談。我們的人，本來各處一方，現在都向上海集中了。《求真》、《新旗》、《青年與婦女（後改名新聲）》三個刊物也相繼面世。這時候，我們曾經設想，我們的事業正在迎朝霞、舞彩虹，會像春雷般地震撼長空。但是，不容諱言，松祺卻有另一種心態。他對現實生活，個人婚姻、家庭、父親、弟弟、未來，想多了。對打開社會關係，擴大我們的隊伍，對托洛茨基主義運動，共產主義事業，想少了。夏先生無意中給他啟開的那扇視窗卻是陣陣清風向他撲來。

夜深，我與他坐在一起，有時也有思敬在旁，當然是無話不談。他的話題總是轉向生活，自然也流露出：「我們太苦了，前途茫茫。」如果把此時的思敬拿來與松祺作一對比，前者是積極、樂觀、虎虎有生氣；而後者則是棉花一團，懶洋洋、軟綿綿。此時，我為我們的好友擔心，為他的「轉變」而感到無比驚異。但是，我從來沒有對他失望過。在他短暫的三十五生命史中，這是一段令人傷心的插曲。[14]

告別「消沉」

周仁生和林松祺的聚散彷彿都是在蕭瑟的秋天。一九四六年秋天，周仁生先林松祺一步奔赴上海投奔托派革命事業。林松祺是經王季思介紹，先去甌海中學執教，與他在一處的有洪秀榮、黃禹石、趙養性，他們就成了甌海中學的左派教師，又在校影響了一批熱血學子。一九四七年，通過劉志婉的介紹，林松祺來到上海，林松祺先是在肇和小學教書，後經民主同盟成員錢天起[15]介紹，先後執教於國強中學、建承中學和正始中學。對周仁生、林松祺來說，教書

14 周仁生：《晚風吹來憶往昔；林松祺——我的帶路人》。

15 錢天起（一九〇六—一九六八），浙江省瑞安縣人，一九四二年為避戰亂，曾回家鄉永嘉縣中任教，與著名詞學家夏承燾，當代臺灣女作家琦君同事，一九四七年十二月，中國民主同盟建上海市地下支部，下設十二個區分部（行業），錢天起任第十區分部主任。解放後，錢天起到河南任教，曾

也只不過是個職業，無非混口飯吃，革命才是事業。

讓大家快意的是，林松祺和章宏業各自帶著自己愛人，和周仁生相聚。一九四七年的夏天，周仁生和趙青音在上海結婚。周仁生、林松祺、章宏業三人事業愛情雙豐收。

從一九四七年起直到一九四八年底離開上海，周仁生、林松祺、章宏業三人「形影不離」，「一心撲在事業上——想望著托洛茨基運動會在神州大地，星火燎原，風卷巨瀾。」他們分頭參加學運工作，工運工作，婦運工作。在上海這個各種政治勢力的大熔爐內鬧革命，周仁生、林松祺、章宏業正是在刀鋒上舞蹈。

一九四七年底，上海成立了社會主義青年團（S.Y.）市委籌委會，林松祺被指派為籌委之一，他與章宏業一道領導交大、上海師專、同濟大學、復旦大學、暨南大學，還有幾所中學的學生支部。上海S.Y.正式成立時，章宏業被選為市委書記，林松祺被選為市委宣傳部長。周仁生、林松祺、韓宏業三人還共同參加了《新聲》編輯部，共同主持對香港、臺灣、南京、杭州等地的通訊聯繫工作[16]。

周仁生也終於在林松祺身上看到他最想看到的樣子，林松祺「是處在這種嚴酷環境中進行鬥爭的能手。他態度沉著，目光銳利；在宣傳中有驚人的耐性」。林松祺徹底告別了之前的一段「消沉」。

周仁生也承認，在上海，托派革命運動「規模如此之小，力量如此之弱，步履維艱」，這是和「前進一步就必須後退兩步」的處境「不無關係」。

就在頃刻之間，國民黨兵敗如山倒，共產黨軍隊就要兵臨上海。

林松祺和周仁生、趙青音撤離上海，投奔廈門安明波處。就在這個人生渡口，林松祺和未婚妻李淑荷分手。從此，未婚妻就成為永遠的未婚妻。

任河南省開封市民盟主委。可以推測，林松祺可能是通過夏承燾結識錢天起。

16 周仁生：《一九四一年至一九四六年的溫州托派簡況》。

書生意氣

一九四九年二月底，周仁生、趙青音、林松祺一起，靠著變賣了趙青音可憐的一點黃金首飾，湊足盤纏，買到了「元培輪」五等艙票，離開上海，前往還屬於國民黨勢力的廈門。

「三人行」之中的林松祺，還多了一層感情上的落寞。站在甲板上的周仁生，眼前浮現托洛茨基最後一次離開莫斯科時，向第一次到達莫斯科時所看到的「塔樓」和「城牆」投去最後一瞥時的情景。周仁生、趙青音和林松祺在離開上海時，也向第一次來到上海時所看到的黃浦江水投去深情一瞥。而林松祺投去的，確確實實是他對黃浦江的最後一瞥。

廈門大學的安明波把遠道而來的三人推薦到漳州專區海澄縣海澄中學當教師。

據周仁生回憶，當時，國民黨的特勤學校退居海澄。名為特勤學校，實際上裡面的編制多數是正集中起來要向金門、臺灣撤退的國民黨軍長、師長等高級將領。他們閒著無事，偏要當地海澄中學校長林汝昌派個教師去作報告。林校長就派剛來海澄的林松祺去。講什麼題目好呢？林松祺「智者不惑」——周仁生顯然是指責他太書生意氣了——就以「美國的門羅主義」為題，作學術報告。借「門羅主義」狠狠大罵美國佬一通。國民黨軍長、師長們心中亮堂著：臺上這位三十來歲的年輕教師，罵美國就是罵蔣介石的主子，就只差一點沒點蔣介石的名罷了。課後，特勤學校一位姓張的教務長私下告知海澄中學校方，要「注意從上海來的人」，意思是有共黨嫌疑。對林松祺來說，他只在海澄待了半年，可以痛快地罵完拍拍屁股走人，繼續南下，去香港。

一九四九年七月，趙青音已經懷孕六七個月，周仁生趙青音倆人把幾乎所有的積蓄都贈送給林松祺當盤纏。古人說傾囊相授，也不過如此。林松祺帶著滿滿的歉意和感激，搭乘最後一班荷蘭郵輪離開廈門前往香港。林松祺在香港碰到了早已在港的彭述之陳碧蘭夫婦、章宏業、錢川、康溪、丁毅等一批托派成員。

林松祺從香港寫給周仁生的第一封信，心情極端興奮，他詳細地描述了香港風光，托派在港的組織活動，「自己人」的生活情況，他還忘不了給趙青音道歉：「這種深情厚誼，對照我平時對她的想像，實在於心有愧」。

出於生計考慮，一九四九年下半年，林松祺又從香港返回廣州，由中山大學王季思教授作保並推薦，考取了中山大學歷史系研究生班。一九五二年，林松祺學成畢業，留校任助教，兼講師職，有開課資格。從鄉村貧苦家庭出身到如今有這番學術地位，林松祺心滿意足。在大肅托之前，林松祺在廣州度過了幾年平靜幸福的時光。這段歲月靜好的日子，可比多年前他和夏承燾師遊玩雁蕩山之時。沉浸在這段滿意時光裡的林松祺，哪裡又會想到，從香港返回廣州，正是自投羅網。

平靜時光如夢飛逝，到了中國托派的淒苦之年——一九五二年。周仁生的不安，最初是從林松祺處傳遞而來。

在中大歷史系，恰好來了一位溫州樂清的姓連（連東京？[17]）學生，政治蓋子被揭開。一場「斯－托」論戰被迫在中山大學小範圍內上演。以林松祺的性格，是不會對連姓學生妥協的，但是，建國後的一九五二年，已是此一時彼一時也，林松祺處於極端劣勢，壓力很大，感覺「天旋地轉」。

王季思迫於自身利害權衡，一再勸說林松祺要向當權者自首。林松祺低頭了。林松祺在自首之後，寄給周仁生一封信。這份信大約是在一九五二年十月間寫好的，這也是林松祺親口留給周仁生的最後一封信，最後一個資訊。林松祺在信中說：「他們都已知道我的情況，季思先生也要我交待自己問題和你的問題。我向季思先生說明在以不談你的問題作為條件，我可以自首。無論如何，你必須小心謹慎，最好是轉移陣地。」[18]這是一封讓人不能不動容的書信。

一坡泥土

一九五七年八月，監獄方組織關押犯人「參觀活動」。就這樣，全國各地監獄關押的托派囚徒就齊聚上海，周仁生和曾猛也從浙江監獄裡「調」來。王國龍、周仁生、曾猛等一批托派囚徒就見面了。

---

17 原文如此，周仁生：《晚風吹來憶往昔：林松祺——我的帶路人》。

18 同上。

在此次參觀期間，周仁生得到一個沉痛的消息。從武漢監獄來的托派陸續告訴周仁生，林松祺已經身亡[19]。林松祺臨終前，在監獄裡碰到熟悉的人，總是重複語焉不詳的三句話：（一）我要回到中山大學；（二）這是個誤會；（三）我對不起自己的朋友。陸續說，林松祺是於一九五五年左右死於武漢獄中。三句話具體是什麼意思？這一個巨大的謎團一直盤旋在周仁生頭頂。

領路人林松祺的音容笑貌常常在晚年周仁生眼前閃現。周仁生老人常常對妻子趙青音說：「松祺早去了，我們能活到今天，都是撿來的。晚風吹來，不能不回首當年。」但是每想到林松祺臨終前的三句話，周仁生就滿腹狐疑，到底是什麼意思？

一九九三年春節，林松祺的弟弟弟媳，「出人意料」地到周仁生家拜年[20]。他們對哥哥一片深情，無限懷念。他們要求周仁生做兩件事，第一弄清哥哥死亡的確切日期、骨灰的安放地；第二要給他哥哥寫點東西。這兩件事周仁生義不容辭。

同年四月份，周仁生向周履鏘託付此事，並讓周履鏘向廣州、廣西、湖北等地曾與林松祺一起關押過的、共同勞改過的老朋友打聽真實情況。上海的李培轉來廣東謝山、廣西姜君羊的信，湖北徐燕蓀直接寄信給周仁生。他們異口同聲說，林松祺被捕以來，始終堅持自己的立場。從廣州押解到武漢的途中，向押送人員宣講：「我們不是反革命。」小組學習開會，他始終表示：「我們與中共只是有不同的政見」。因此被扣上了「頑固分子」，小組批鬥他，捆綁他，肉體受到摧殘，刑期也由原判七年加刑到十五年。三句話的真實含義，周仁生全都弄明白了：也許當年傳話的人，迫於環境特殊，故意把話淡化了。

周仁生在當年五月二十七日寫給周履鏘的書信之中，談及林松祺弟弟之事，他撰寫的紀念林松祺文章卻省略了下

19 在廣州入獄的林松祺為什麼會是死在武漢？周履鏘老人告訴我，全國處理托派，是以大軍區為範圍劃分地域的，地方上沒有處理的權力。當時，廣東和湖北武漢同屬於中南軍區。所以，在廣東被捕的林松祺，最後是被關押在武漢的監獄裡。

20 「出人意料」是周仁生在《晚風吹來憶往昔；林松祺——我的帶路人》一文中的原話。

面內容。據周仁生說，林松祺的弟弟及其弟媳已二次來看他。林松祺弟弟[21]，是溫州地區的一個高級中共幹部，林松祺弟弟得出的最後的結論是：「數十年來，自己的所作所為，有損於人民的利益，並認定他哥哥走的路是對的，現在更是明白無疑的了。」老資格的中共黨員晚年重拾「憤青」態度，對社會上的諸多人事看不順眼，這是一個很有意思的現象，也不少見。跪在江漢大地上的老人似乎終於對哥哥林松祺有所思有所悟。

一九九四年春天，林松祺的骨灰——實際只是泥土一把——由他的弟弟弟媳從武漢運回溫州樂清。林松祺弟弟與周仁生商量墓碑，挽聯該怎麼寫。周仁生說，乾脆就寫「林松祺之墓」。林松祺弟弟建議，是否用夏承燾送給林松祺的那一對，即「房櫳雖小天地大，不足迴旋睡有餘」當挽聯。周仁生說，那不如用鄭超麟挽李培的那一聯。晚年周仁生還是對夏承燾送給林松祺這句話不以為然。周仁生估計，林松祺的弟弟會按他的建議照辦，「老超的名聯成了溫州亡友墓前的蒼松翠柏。」

常常會有人問劫後餘生的周仁生老人對林松祺有什麼感想？意思是，林松祺領著他走上托派這條路，也給他帶來無窮的苦難，他應該埋怨呢，還是別的什麼？

周仁生老人常常會想起文革時的一幕。一九六五年，文化大革命前夕，陳獨秀時代的安徽臨時省委書記尹寬因病保外就醫，提籃橋監獄負責人請來上海市公安局兩位處長，然後把鄭超麟、周仁生等十多個托派階下囚集中起來，要尹寬談談保外就醫的感想。尹寬回答得很乾脆，講了一兩分鐘話，原話大意是：「毛澤東搞農村包圍城市，成功了。我們反對農村包圍城市，錯了。但我今天有機會回家，你們也會有這一天的。」之後，監獄長要其他托派囚徒談談感想，鄭超麟是最後一個發言。他說：「尹寬把我引向中國共產黨，又把我引向托洛茨基主義——左派反對派，那麼，我該埋怨他，還是感謝他呢？我考慮了之後，還是應該感謝他。」

周仁生原封不動地搬出當年鄭超麟評價尹寬的這段話，回復問話人：「我應該感謝他。」

21 因是周仁生和周履鏘之間的私人通信，筆者在引用時隱去其名。

二〇〇三年十月[22]，就是在周仁生老人辭世前幾個月，老人得出一個悲傷的結論，那就是：「中國托派中壞人居多數，好人居少數……在批鬥林松祺的那個場面，完全暴露了那些人的真面目。那些人原先自稱是最積極的中國托派，但在批鬥林時，為了主動贖罪，使出最卑劣手段，林松祺便死在他們的拳打腳踢之下。」

周仁生老人在臨死之前終於忍心道破林松祺的死因。

22 見二〇〇三年十月八日周仁生寫給周履鏘的書信

周仁生：行無愧怍心常坦，身處艱難氣若虹

一九四九年二月底，農曆庚寅年正月，二十七歲的周仁生感受不到一點喜慶氣息。他不得不變賣妻子趙青音穿戴著的一丁點黃金首飾，才湊足盤纏。那些黃金首飾是兩年前新婚、他送給新娘的禮物。從妻子身上捋下原本就不多的黃金首飾，確實有點殘忍。讓周仁生寬慰的是：妻子善解人意，覺得無妨。

從一九四八年秋天起，上海陸續出現逃亡潮，大量從大陸各省湧入上海的平民百姓舉家南遷。[1]所有船票不再按票面價，多用黃金換船票。[2]一九四八年年底，從「王氣黯然收」的南京出發開往上海的火車，不管是有票沒票都已經很難坐得上，身在南京的邱季龍，是從車窗裡鑽進去才坐上火車。邱季龍是周仁生發展的下線，周仁生當然知道當時的行路難。在慌不擇路的正月裡，還能買到三張船票，周仁生已經夠幸運的了。

周仁生和妻子趙青音、林松祺一起，買到了「元培輪」最末等艙船票，擠進彌漫著各種難聞氣味的船艙。仨人隱藏在擁擠的人潮，前往還屬於國民黨勢力的廈門。選擇廈門，還有一層原因，周仁生的托派導師安明波在廈門大學任教，可以有個接應。周仁生一定覺得如此逃跑是萬無一失。

逃離之際，周仁生眼前浮現托洛茨基最後一次離開莫斯科、向第一次到達莫斯科時所看到的「塔樓」和「城牆」投去最後一瞥時的情景。周仁生、趙青音和林松祺在離開上海時，也向第一次來到上海時所看到的黃浦江投去深情的一瞥。站在夾板上的「中國革命共產黨宣傳委員會委員」[3]周仁生悵然若失。九年托派運動，如滾滾江水，付諸東流。

1 張典婉：《太平輪一九四九》（增訂版），第三頁，北京：三聯書店，二〇一一年。
2 張典婉：《太平輪一九四九》（增訂版），第七頁。
3 一九四八年下半年，托派多數派召開第三次代表大會，周仁生列席會議。這次會議決定，改名中國革命共產黨。會後產

一、磐石無轉移

一九二三年四月二十二日，農曆狗年，周仁生出生於溫州老城區中府前二十三號雨傘商販周立齋家中。童年周仁生剛好生活在民國「黃金十年」，當時手工業市場興旺，周家過著不差的生活。周仁生原先是在溫州藝文小學讀書，一九三二年八月，轉入甌江小學。一九三五年八月周仁生進入溫州中學初中部讀書，一直到一九四一年七月溫州中學高中部畢業，周仁生在溫中度過了整整六年時光。

周仁生的中學時光，跨越了國、共、日三方角力的三〇年代和四〇年代。大環境像陽光直射每一位行走的路人，讓學子熱血沸騰，再加上年輕人天生的反叛心理，對「消極抗日」的國民政府更是沒有好感，紛紛轉向激進。

坐落在甌越大地上的溫州中學有著久遠的歷史，其前身是清末溫州府學堂。溫州府學堂往前追溯，是乾隆年間建造完工的中山書院。而溫州府之所以要建造中山書院，是因為坐落在華蓋山麓的東山書院破損而需要另建書院。東山書院是宋朝皇祐間（一〇四九年－一〇五三年）永嘉道學首倡者王開祖講學之處。彷佛就在一夜之間，千年歲月流淌、朝代更替，提槊橫議的古代書生走下山坡，搖身一變，變成激進學生湧上街頭高呼革命口號。在當時的中國，激進的路至少有兩條，而周仁生選擇的，是參加人數相對較少、同樣「革命的」托派。

改變周仁生人生命運，領著他走上托派的人，是比他遲一年進入溫中初中部的學弟林松祺。一九四〇年，周仁生還結識安明波和王國龍，從此，他的托派信念如磐石無轉移。

一九四一年秋，考進浙大龍泉分校的周仁生並沒有馬上去學校報到，等到一九四二年秋，比他低一屆的學弟林松祺、章宏業、洪秀榮也考進浙大龍泉校區，周仁生才和他們結伴前往龍泉分校讀書。

在去浙大龍泉分校之前，除了洪秀榮之外，周仁生、林松祺、章宏業三人曾在溫州府前街模範小學教過幾個月的

生宣傳委員會，周仁生為委員之一。這應該是周仁生在托派組織中擔任過的最高的職務。

書。模範小學校長之前是餘立夫，後來是溫州托派老資格成員黃禹石。

周仁生「牛刀小試」，在人生中第一次傳播托派信仰，在模範小學組織成立「別了」讀書會。讀書會的成員有胡振東、邱季龍、葉征慶、胡大鏞、陳鶴梅、席時佳、沈豔芳等幾名成員。

一九四六年，胡振東、邱季龍他們分別在溫州中學、甌海中學、永嘉中學這幾所溫州主要的中學就讀時便開展托派活動。他們是各自學校裡學生自治會中的主要負責人，也是溫州托派運動中的學生領袖[4]。正如周仁生所說，這一段因緣是他在模範小學種下的。

從此以後，周仁生就是一名舉著「真理火炬」不知疲倦地奔跑在蒼茫大地上的「巨人」，停靠在哪裡，就把「托氏光明」燃燒照耀到哪裡。周仁生也理所當然影響了他的身邊親近的人，比如他的表弟沈雲芳。一九四五年一月－七月，周仁生在位於文成山區裡的浙東三臨中擔任英語課老師時，影響了趙青音在內的要求進步的優秀中學生苗子。一九四六年七月，周仁生來到上海投身托派革命運動。八月，彭述之接受江蘇靖江縣蘇北中學校長盛逸白的邀請，從上海選聘一位英語教師去任教，彭述之就讓席不暇暖的周仁生前往。從一九四六年八月到一九四七年一月間，周仁生在蘇北中學任教英語，在此之間，他影響了孫鈺華、金鑒、陳琪東等幾位學生，又把托派信仰傳到蘇北大地。

一九四九年二月底，廈門大學安明波教授把遠道而來的周仁生、趙青音、林松祺三人安排在海澄中學教書。當時，海澄中學校長[5]系廈大講師，曾在安明波手下做事。安明波所以才有能力為周仁生他們安排這份工作。

周仁生一到海澄中學，就化名為周任辛，這應該是周仁生在潛意識裡對之後未知命運的反應。彷彿換了一具陌生的軀殼，舊的「周仁生」死在了過去，新的「周任辛」安全新生。[6]

儘管如此，我們還是對周仁生兩個名字發生濃厚興趣。本名「仁生」，仁義生成；化名「任辛」，任重道遠艱

4 周仁生：《晚風吹來憶往昔：林松祺——我的帶路人》。
5 許鎮坊前一任。
6 本文採用「周仁生」這個名字，行文特殊處除外。

辛。冥冥之中，這兩個名字，恰恰成為周仁生命運多舛的準確寫照。

一九四九年七月，中共地下黨員許鎮坊走馬上任海澄中學校長，把「周任辛」[7]這位隱藏的托派視為革命同仁。九月，許鎮坊創立中共組織「海澄解放大同盟」，許鎮坊任書記，已升為教務主任的「周任辛」任宣傳委員。海澄解放大同盟的主要工作是「開展宣傳教育，向廣大群眾宣傳共產黨、共產黨軍隊的方針政策，揭破敵人的謊言。特別是宣傳解放軍的三大紀律、八項注意，以及當前解放戰爭的形勢，以解除群眾的思想顧慮，為迎接解放打下思想基礎。」[8]宣傳能力極強的周仁生任宣傳委員，可謂是不二人選。有「異心」的周仁生「簞食壺漿以迎王師」，其內心真實感受又會是如何？

在職務上，周仁生也可謂是平步青雲。一九四九年年底，周仁生任海澄中學校長[9]。在波浪洶湧的海面上，他構建了一個看似安全的世外桃源，周履鏘夫婦、黃禹石、趙養性先後都來投奔，避難。

二、鐵窗生涯

有一張拍攝於一九五一年七月十六日的「澄中初十九組歡送參幹同學全體合影」黑白照片，瘦小的周仁生校長被數十名學生簇擁當中，穿一件條子襯衫，袖子挽至肘部，勒緊皮帶，這是一副實幹的裝束。厚厚的鏡片上，雪白一片，這是拍照時，鏡片反光了。所以，我沒能看清當時周仁生的眼睛。那會是怎樣的一雙眼睛？是惴惴不安，還是平靜如水？

平靜時光如夢飛逝，到了中國托派的淒苦之年——一九五二年。周仁生的不安，最初是從林松祺處傳遞而來。一

7 在此處採用周任辛這個化名。
8 許鎮坊：《海澄解放大同盟的組建與活動》，《龍海文史資料》第十二輯總第十七輯。
9 福建省龍海二中網站介紹（http://www.lhez.cn/index.aspx?pkId=1624）。海澄中學是龍海二中的前身。周履鏘先生猜測，周仁生能當上海澄中學校長，也許和許鎮坊關係良好有關。

九四九年下半年，林松祺離開海澄短暫停留香港最後留在廣州，由中山大學王季思教授作保並推薦，考取了中山大學歷史系研究生班。

一九五二年十月，林松祺向當局自首，寄給周仁生一封信。這是林松祺留給周仁生的最後一封信。林松祺警告周仁生「必須小心謹慎，最好是轉移陣地。」[10]是因為太倉促？帶著妻子和剛出生不久的周爾雅舉家逃難顯得艱難？還是周仁生太書生太樂觀，猜想事態總不至於這麼糟糕？又或者他已經厭倦了再次逃亡？不管如何，周仁生沒有聽從林松祺的警告，最終坐困海澄。

周仁生晚年沒有向外人回憶他的被捕經歷，在周履鏘的講述中，我們可以看到階下囚周仁生的背影。

一九五二年十二月二十二日下午，周履鏘被捕時，正忙著給福建海澄縣新政府幹活。那一天，政府組織集市，身為海澄中學教師的周履鏘被抽去在現場做宣傳工作。兩個穿便衣的公安，給周履鏘晃了逮捕證，周履鏘就被捕了。周仁生、趙養性和黃禹石也應該是在同一時間被捕。趙青音當時在廈門大學外語系進修，也在同一時間在廈門被捕。

當天晚上，周履鏘就被押送漳州，關在漳州一間老式大房子的廂房裡。兩個解放軍守在外頭。

一九五三年四月底，周履鏘被押送到福州市看守所，他被告誡，不要跟別人談案情。每個監牢門口都有一個名牌，周履鏘門口的名牌上寫的卻是「周ＸＸ」。

一九五四年下半年的一天，看管人員叫到了周履鏘的名字，叫他去拿行李。到了一個不知名的地方之後，看管人員讓周履鏘先等著，過一會兒，對他說：「看看，這些是不是你的東西？」周履鏘在海澄工作時的東西，一隻皮箱和一些雜物，都攤在地上。

周履鏘在等著的時候，從裡頭帶出幾個人，是周仁生、趙養性和黃禹石。在一個不大的廳裡，周履鏘四人接受開庭宣判。周仁生刑期最重，無期徒刑；黃禹石，判十五年；趙養性，判八年；周履鏘，判七年。

---

10 周仁生，《晚風吹來憶往昔：林松祺——我的帶路人》。

宣判一結束，周仁生和周履鏘、黃禹石、趙養性一起被關在福建省看守所裡。

此後的鐵窗生涯，用周仁生自己的話說是：「失去了一切聯繫，身陷囹圄，靠幻想度日子。」[11]

冀汸眼中「世故的」周仁生

一九五四年下半年，周仁生被宣判之後，當局為了弄清溫州托派情況，把他從福建牢房裡提出，押往溫州協助調查，調查完之後，「轉手」關押在杭州一所監獄[12]。一九五五年八月之後[13]，周仁生再次被「轉手」，關押到位於余杭臨平的浙江省第一監獄。

一九五七年八月，監獄方組織關押的托派犯人「參觀活動」。就這樣，全國各地監獄關押的托派囚徒齊聚上海，周仁生和曾猛也從浙江監獄裡「調」來。王國龍、周仁生、曾猛等一批分散在全國各地監獄裡的托派囚徒就又再次見面了。

「參觀活動」快結束時，曾猛心情沉重地對王國龍說：「家累太重，我對不起秋君。但她也沒有為我著想。妻子秋君不應該啊。」

相比曾猛的頹喪絕望，王國龍見到的周仁生要積極樂觀許多。這也是當時氛圍使然，高牆之內的囚徒在寬鬆的參觀過程中聞到自由的氣息。工作人員向托派囚徒暗示，參觀活動結束之後，對他們的處理會有所改動，刑期長的會改

11 周仁生：《晚風吹來憶往昔林松祺——我的帶路人》。

12 王國龍認為周仁生是關押在杭州（市）監獄，這樣就和曾猛就碰在一起。杭州市監獄位於現慶春路西段小車橋一號，杭州人習慣稱為小車橋監獄，一九五五年改名為浙江省第二監獄（《浙江監獄工作回憶錄》第四八—四九頁）。而根據下文一九五七年周仁生和冀汸的談話推測，一九五七年的周仁生是第一次來到省第二監獄。後者的資料相對可信。

13 浙江省第一監獄始建於一九五二年，一九五五年八月，省第一監獄新建的牢房投入使用，主要監管不適宜在監外勞動的已判決死刑緩期執行、無期徒刑的反革命和其他重要刑事犯。浙江省公安廳還特此下發通知，決定將已判決死刑緩期執行、無期徒刑的男性重刑犯，無論身體、年齡條件，全部調入浙江省第一監獄。均有浙江省第一監獄關押。關押在杭州的周仁生（被判無期徒刑，托派活動罪名也屬於反革命）屬於調入重刑犯的範圍。

短，刑期輕的有可能會被釋放。沒想就在這個當口，「波匈事件」意外爆發的消息傳到中國，氣氛陡變，在押的數百名托派囚徒的寬鬆處理就「按下不表」，無從談起了。

「參觀活動」結束之後，在上海提籃橋監獄「住」了個把月時間，周仁生和曾猛被送回杭州，一同關押在浙江省第二監獄。這時周仁生和受「胡風案」牽連的詩人冀汸同住了一個星期。在冀汸回憶錄《血色流年》裡，周仁生留下一個長長的略顯神祕的剪影。

> 單身監禁的局面終於改變了。晚飯後，所長開門，放進來一個穿著嶄新灰色衣褲戴著眼鏡的中年人，手上還拎著一隻旅行袋。我立刻移開雜物，將上鋪讓給他。他表示滿意，向我點頭，笑著。整理好鋪位，下來，我讓他坐。他仍然笑著，坐下。雖然誰也沒有開口說話，但我心裡在慶倖，我有了做伴的人，有了交談的人，不再孤獨了。看樣子，他很想和我拉拉，大概我過於拘謹，他才沒開口。他從旅行袋裡取出一本書，湊著昏暗暗的燈光看起來。那是一本英文原版著作。直到吹哨子就寢，我們沒有說一句話。他在觀察我哩！當然，我也在觀察他。他也剃著光頭，但面色紅潤，健康狀況良好。那一身灰色衣褲，不中不西，既像便服，又像制服，左右肩部墊了幾層布，縫紉機在上面密密麻麻紮過，左右膝蓋部分也一樣，顯得十分厚實，耐磨。這種式樣的衣服，我從來沒有見過。我忽然意識到，大約這就是勞改犯穿的服裝。那麼，他是一位正在服刑的犯人了。次日起床後，他主動招呼我，詢問這裡的生活制度和伙食情況。聽了我的回答，他表示，這裡不僅比他所蹲的那所監獄差，也比不上上海提籃橋監獄。最近，他被帶到上海進行社會參觀，就住在提籃橋監獄，吃在提籃橋監獄。那所監獄建築合理，空氣通暢，伙食也能保證營養的需要。這些話引起了我的好奇心，很想知道他是一個怎樣的「人物」。他叫周仁生，浙江溫州人，浙江大學西語系畢業，學生時代參加了托派活動。解放前，任溫州某中學校長，解放後，為了逃避追究，躲到了福建，還是任中學校長。東窗事發，才被押回浙江，現在第一監獄服刑。他笑著說：「我的勞動很輕鬆，就在制釘間當統計，兼當掃盲教員，還給《新生報》當通信員，

寫寫稿，每月還有一塊多錢的稿費。關在監獄裡的都是不適於在戶外勞動的重刑犯，所以政府在生活上還是照顧的，每個星期大伙房裡都要殺豬，改善生活。豬，是自己養的……」問他判了幾年，回答含糊其辭：「十多年，十多年。」他既然有所顧忌，我也不再追問。過了一會，他又問我：「注意院子裡進門朝左拐角第一間房裡關的那個人沒有？」那是一個死角，我從沒留心過。關在那裡的是個什麼人，也毫無印象。他繼續說：「他是一個老頭子，戴深度近視眼鏡，名字叫曾猛。」向我介紹那兩個字的寫法之後，接著說：「這次到上海參觀，他也去了。他有一段特殊的歷史：中國共產黨第一次代表大會在嘉興南湖召開的時候，他是大會秘書長哩！」這話叫我吃驚，但也只有姑妄聽之的份兒。出於好奇，有機會走出監房或貼近小視窗時，我就格外注意那個角落。我終於不止一次地看見這個人，個子不高，微胖，步履蹣跚，顯得非常衰老，年齡總該過了七十吧？情形經常是這樣的：每天吃過早飯，管理員就來帶他出去，到了吃晚飯的時候才送來，誰也不知道他整個白天在那（哪）裡過的。監房對於他，似乎只是一個吃早餐、晚飯和睡覺的地方。

周仁生大體上把他的案情告訴了我，估計我會禮尚往來，投李報桃，我可滴水不漏。他也看出來了，並不追問或試探，顯示他的深於世故。我們相處的那幾天，還是很和諧的，天南地北，古今中外，無所不談。我發覺我的語言能力並沒有因為長期監禁而退化，心裡非常高興。大約一個星期後，他被押走了。臨行時，他說：「這一輩子也不會有機會再見面了。這裡還挺不錯啊！回去要下車間，要上掃盲課，再沒有多少時間讀書了。這幾天，我讀完兩本英文書哩！」[14]

「胡風分子」冀汸和「托派分子」周仁生（也就是倆書生）被關押在新中國同一間牢房裡，相互試探又同床異夢，這真是意味深長的一幕。實際上，一九一八年出生的冀汸要比一九二二年出生的周仁生年長四歲，可是在詩人冀

14 冀汸：《血色流年》第一七七—一七九頁，上海：復旦大學出版社，二〇〇四年。

汸的眼中，周仁生卻比自己要老練、世故得多。

冀汸說，周仁生大體上把案情都告訴了他，這當然是詩人天真的想法。周仁生對冀汸的談話，真真假假，回避了他在上海時的托派活動——他人生中很重要的部分——而直接「跳」到了海澄。

其中最有意思的一點，周仁生竟然說，中共一大在嘉興南湖召開時，曾猛是大會秘書長。中共一大參加人數究竟是十二人還是十三人，學界雖然存有爭議，不過可以肯定的是，當時只有十七歲名不見經傳的曾猛不可能廁身其間。一九二一年，曾猛確實在上海，起因是他被省十中開除，避難上海，在英文補習學校裡學習。再說了，激進學生曾猛真正加入中共，也是在一九二五年去廣州之後。

可是，已淪為階下囚的周仁生有必要向獄友撒這麼一個大謊嗎？有沒有可能是曾猛以工作人員的身分參加了中共某一屆黨代會，以訛傳訛，傳成了曾猛參加過「一大」。曾猛最後可能參加的中共黨代會是中共在一九二七年召開的「五大」[15]。一九二六年至一九二七年之間，曾猛在中共中央秘書處工作，中共在籌備一九二七年召開的「五大」時，在秘書處工作的曾猛有可能做了相關的工作[16]，但是不管如何，曾猛也不大可能以工作人員的身分參加在一九二七年在武漢召開的中共「五大」。

冀汸對此是半信半疑，「姑妄聽之」。其實，一生做事謹慎的周仁生又何嘗也不是「姑妄說之」呢？階下囚周仁生也許是為了要向獄友證明中國托派運動的老資格和「根正苗紅」，為自己蒙上榮光，好度過幽暗無期的歲月？對此時的周仁生來說，崢嶸歲月的敘事曲到此時終了，悲悼終身囚禁的淒涼哀歌早已開始。

「這一輩子也不會有機會再見面了。」周仁生和冀汸臨行時如是說，這可能是，周仁生覺得已判無期最終會死在監獄裡，畢竟當時寬鬆的氛圍已陡然收緊；也有可能是，托派和「胡風分子」畢竟道不同，不管之後怎樣都不會再見面了吧。

15 中共「五大」之前的「四大」於一九二五年一月在上海召開，那時的曾猛還沒進入中共組織。
16 王國龍在自己撰寫的《曾猛其人》中稱，曾猛在中共中央秘書處工作，而在段躍的訪談中，卻稱曾猛在「五大秘書處」。

離開浙江省第二監獄時，周仁生深情地望向院子裡進門朝左拐角第一間，這是周仁生和曾猛的最後一次「見面」。三年自然災害期間，曾猛餓死在省第二監獄；周仁生在砸石場上，佝僂如蝦蛄，苟延殘喘，百念俱灰。

在臨平勞改農場砸石頭

一九五七年或一九五八年，當周仁生重新回到省第一監獄時，他向冀汸描過的「輕鬆勞動」——「回去要下車間，要上掃盲課，再沒有多少時間讀書了」——已一去不復返，迎接他的是勞改農場裡最苦的體力活，在露天工地上砸石頭。

在省第一監獄剛建立的十年間（一九五二年－一九六二年），採石賣石一直是監獄的最主要的經濟收入。據曾擔任過浙江省公安廳長的王芳回憶，在籌集喬司勞改農場時，為了解決資金缺乏的問題，就曾把臨平山上砸下的石頭賣掉，用來支援建設喬司勞改農場。[17]用一所勞改農場裡犯人的辛苦所得，建設另一所囚禁犯人的勞改農場，這是一種諷刺嗎？

周仁生恰好趕上這個「好時候」。他被踢出制釘間拋向砸石場，正趕上「大躍進」，監獄為了加大砸石場的砸石量，相應就要有更多的勞改犯人去砸石。

砸石場勞改犯人平時工作強度就很大。以當時農場裡「大犯隊」（主要是關押被判了刑的原國民黨縣團級以上的軍政人員）為例，平均每天工作十四小時，天還沒有亮就要出工，一日三餐都在露天工地上吃，傍晚收工回監房，晚上還有學習任務，一直到夜裡九點響鈴才睡覺，夏天炎熱時，夜間就寢再推遲兩小時到十一點[18]。「大犯隊」勞動所在的露天工地就是指砸石場，被編入砸石隊的周仁生應該也是如此作息。

到了「大躍進」，勞改犯連常規的星期日休息制度也沒有了，每天需工作十五個小時。犯人有時要去半山、塘棲

---

17 浙江省監獄管理局編：《浙江監獄工作回憶錄（一九四九－二〇〇五）》，第四頁，浙江人民出版社，二〇〇八年。
18 浙江省監獄管理局編：《浙江監獄工作回憶錄（一九四九－二〇〇五）》，第一七一頁。

拉焦炭和礦石，路程遙遠。監獄還提出「苦戰九個月，產量翻兩番，上交利潤四百七十萬」的冒進口號。統計資料顯示，一九五八年砸石場一年生產的石料是四十六萬多噸，到了一九五九年，年石料生產值飆升到一百多萬噸[19]。一百多萬噸石頭是一個什麼概念？以一噸石頭占地約〇.五立方計算，一百多萬噸石頭疊起來就是一個長寬高各一百七十米的巨大實心石棺！可是就算勞改犯人如此不要命的砸石，最後也不可能達到上交利潤四百七十萬的冒進目標[20]。

《浙江省第一監獄一九五二－二〇〇五》一書收錄一張「臨平砸石場罪犯勞動情形」的照片。照片上，兩名勞改犯戴著白手套，身邊堆滿了臉盆大小的石塊，他們徒手把石頭搬到兩輪板車上，石頭很重，勞改犯人搬石頭時，身體不自覺地前傾，板車也裝得滿滿的，疊起來的石頭早已超過了板車兩邊的擋板。不管是砸石頭、還是搬運石頭，每一道工序，都非常辛苦。

在烈日暴曬、粉塵漫飛的砸石場，身高一百六十公分體重九十斤的周仁生舉起錘子又砸下，無數次重複這個枯燥的動作，就像推巨石上山的西西弗斯。他「面色紅潤，健康狀況良好」的身體終於垮掉，吸入太多粉塵，得了肺病。

更恐怖的是砸石場頻發塌岩事故，有死亡威脅。塌岩事故之所以會發生，是因為犯人采空了岩石層。這真可謂是「自掘墳墓」。死神手提鐮刀，散步在荒涼的砸石場，俯瞰命如草芥的勞改犯。勞作在砸石場上的周仁生，如一個枯槁的幽靈。在周仁生關押省第一監獄期間，從一九五五年一月到十一月，光是砸石二區隊[21]，就發生大小事故一百四十起，其中傷亡事故三起，死亡六人[22]。周仁生是眼睜睜地看著自己身邊的獄友被突然滾下的石頭砸死，腦汁濺出，抽搐著如一條狗死去。

---

19 浙江省監獄管理局編：《浙江監獄工作回憶錄（一九四九－二〇〇五）》附錄「一九五二年－一九六一年生產情況統計表」，第三八六頁。

20 同上。

21 一九五二年，臨平砸石場全場編制三個大隊計打石大隊一四〇〇名（見《浙江省第一個監獄史》編纂委員會編：《浙江省第一個監獄史（一九五二－二〇〇五）》第三頁），以後的資料應該會略有變動。

22 這是周仁生去砸石場勞改前的統計資料（見《浙江省第一個監獄史》編纂委員會編：《浙江省第一監獄史（一九五二－二〇〇五）》第二三五頁），會和之後幾年的統計相差不大。

監獄也不是方外之地，層層疊疊的政治運動如鬼魅輕鬆穿過監獄高牆而來。周仁生經歷了一九五七年監獄裡的整風運動。一九五七年八月，省第一監獄組織力量在犯人中開展反抗拒改造鬥爭，對犯人全面進行摸底。在鬥爭中七十%的犯人被發動起來，共收到監內揭發檢舉材料四千九百三十八件（這一年監獄共關押犯人四千〇五十一人，也就是說，平均每一位犯人都寫了一份檢舉材料），批判鬥爭了五百〇九名抗拒改造分子，擬予死刑四十六人（也就說，犯人間相互舉報，殺死了四十六人），全獄還挖出了五個反動小集團[23]。托派囚徒周仁生又會是怎樣熬過這場整風運動？然後是大躍進，自然災害，餓殍遍地。省第一監獄提供的統計資料顯示，一九五八年至一九六〇年，因營養不良，患浮腫病人數大量增加，共有一千六百二十九名犯人死亡。[24]周仁生也全身浮腫，差點喪命。[25]羸弱的肺病病人周仁生逃過死神鐮刀的一茬茬收割，也是天可憐見。

在提籃橋監獄中翻譯

一九六四年四月，關押在各地監獄裡的托派又集中上海參觀，周仁生從臨平而來，劉平梅從廣州而來，參觀活動結束之後，周仁生和劉平梅兩人留在了上海提籃橋監獄。在中國托派運動之中重要的人物、刑期也最長的囚徒，最後都是集中在上海提籃橋監獄統一關押。周仁生和王國龍、鄭超麟就如此重逢在提籃橋監獄。

周仁生和王國龍雖然不在同一個牢籠，不過統一學習時，在一條弄堂裡，大家都會碰到。當時他們是每人關一個房間，條件還是比較好，門都是開著的，大家可以自由走動。周仁生的身體雖然還是不好，但是撿回一條命的他非常樂觀，把一件衣服剪成馬甲，對王國龍說，這就叫「的確涼」。

提籃橋監獄中後來成立了翻譯組，把懂外語的階下囚都囊括其中。監獄管理員知道周仁生英語水準好，就把周仁

23 《浙江省第一監獄史》編纂委員會編：《浙江省第一監獄史（一九五二—二〇〇五）》第一四頁。
24 《浙江省第一監獄史》編纂委員會編：《浙江省第一監獄史（一九五二—二〇〇五）》第二四九頁。
25 徐晉：《周任辛先生逝世前後及與我的師生情緣》。

生調進了翻譯組。懂英文、日本和德文的喻守一和自學英語的王國龍後來也調入翻譯組，留學法國的鄭超麟以精通法語著稱，是翻譯組中的重要人物。就這樣，四名托派囚徒組成了一個翻譯組。他們當時主要翻譯科技類的文章，對周仁生王國龍來說，這也是在英語翻譯上的一次鍛鍊。

在提籃橋監獄裡，周仁生和王國龍、喻守一合譯了《國際事務概覽一九五九—一九六〇》，再由鄭超麟最後統稿，一九八六年該書由上海譯文出版社出版。周仁生和王國龍、喻守一的這次合作，也為三人之後合譯《先知三部曲》打下基礎。

周仁生還趁機向鄭超麟請教法語。周仁生在浙大龍泉分校文學院外文系主修英語時，輔修的正是法語。他分別跟隨韓雁門和沈練之兩位老師各學過一年法文，自謙法文水準有限，不能與鄭超麟同日而語，卻也頗有自信。從風華正茂的學子到已過不惑之年「重拾英語和法語」的階下囚，物是人非只在一瞬間。

中國托派曾經的領袖人物老先生[26]陳獨秀曾經趣論過「研究室與監獄」，認為：「世界文明發源地有二：一是科學研究室，一是監獄。我們青年要立志出了研究室就入監獄，出了監獄就入研究室，這才是人生最高尚優美的生活。從這兩處發生的文明，才是真文明，才是有生命有價值的文明。」陳獨秀後來也親身實踐之。陳獨秀是名士坐牢，在獄中可以給慕名而來的客人揮毫贈字，在寬鬆的環境中研究文字學。這和後輩周仁生他們的處境——和其他囚徒相比，雖然周仁生他們確實有了一個相對寬鬆的環境——也是不可同日而語。在提籃橋監獄翻譯組，周仁生他們只是可以再利用的翻譯機器。

當自由的陽光照進監獄，打在外文書本密密麻麻的文字上，沉浸其中的周仁生會感到靜謐，心靈雲遊室外。他當然會想起當年在監獄裡做學問的老先生。在周仁生出神想像的孤獨國裡，他會不會當面問老先生：幹革命和做學問，是不是都重要？當革命之路已斷時，比例該如何分配？

26 老先生是鄭超麟等人對陳獨秀的習慣稱呼。

此時的周仁生，讓我想起年輕的張中曉。飽嘗孤獨絕望之苦的張中曉，在筆記中寫道：「在孤獨中，人的內心生產著獸性；在孤獨中，人失掉了愛、溫暖和友情；在孤獨中人經歷著向獸的演變……」[27]寫筆記是張中曉的救贖，可以排遣內心的孤獨，抵禦他向「獸的演變」。而在我看來，獄中翻譯——監獄裡其他囚徒難以碰到如此經歷——在無意之中，也成為周仁生的「自我救贖」。當然，周仁生是澈底的馬克思主義者，他不喜歡「救贖」這個詞。但是無論如何，在溫暖的陽光中，在筆下連綿不斷的沙沙聲中，周仁生的內心一定發生某種確鑿改變。

硬骨頭劉平梅

一九七二年下半年（距大肅托已經整整過去二〇年），一些被判有期徒刑的托派成員先後出獄[28]，上海提籃橋監獄裡關押的這十二名，成為全國範圍最後的托派囚徒。

九月二十八日[29]，十一名托派囚徒被一一告知，拿好自己的東西，調離監房，「換個地方住」，「改善一下環境」。周仁生、王國龍、鄭超麟等十一人名老資格托派終於跨出了著名的提籃橋監獄大門。他們被告知：寬大釋放，但先不放，從監獄關押轉移到勞改農場受管制。據說，這也是毛主席「開恩」，下了指示，要對這批人寬大釋放，因為尚在文革中，社會秩序混亂，即做此處理。十一人面面相覷，發現少了劉平梅。後來他們得知，劉平梅不認罪，態度強硬，所以暫時沒調離。

提籃橋監獄管理員拿劉平梅也沒辦法，過了二〇多天之後，還是叫劉平梅收拾行李，離開監獄，劉平梅猜想到可能是調他去勞改農場，他再次說明：「我不承認犯了反革命罪，托派不是反革命」。到了下午二點左右，兩位監獄管

27 張中曉：《無夢樓隨筆》，第五—六頁，臺北：臺灣商務印書館。
28 一九七二年十月，杜畏之在北京釋放恢復自由。
29 離開提籃橋監獄的確切日期，托派成員回憶存在分歧。王國龍回憶，是九月二十八日，劉平梅回憶是五月，熊安東回憶為八月二十八日。暫以王國龍回憶為准。

理員給劉平梅辦理了釋放手續。劉平梅上了一輛吉普車，到達目的地——青浦青東勞改農場，來開大門的是熊安東。整個院子住的全是托派，下車後進入院內，隨行的工作人員（劉平梅猜是法院法官）和劉平梅分手時，對他說：「爭取回到人民內部來」。[30]

十二名托派分別關押在青浦和周浦，每個場所六人，並配備專門的看管人員。鄭超麟（福建省漳平縣人）、王國龍（浙江溫州人）、喻守一（湖北武漢人）、蔣振東（浙江人）、李培（廣西人）和林華（廣西人）關押在周浦玻璃廠（勞改工廠）。劉平梅（廣州人）、周仁生（浙江溫州人）、黃鑒銅（廣西人）、熊安東（山東人）、葉春華（浙江溫州人）和鄭良（江蘇人）關押在青浦青東勞改農場。管理部門似乎是以年齡為標準安排這十二名托派，關在周浦的六名托派年齡較大，關在青浦的六名托派年齡相對較輕。另外，從十二人的籍貫上來看，來自溫州地區有三人（王國龍、周仁生和葉春華），所占比例最大。

周浦在上海浦東，位於周浦西六十公里處的青浦在一九五八年前還是屬於江蘇省管轄。可見兩地的所處位置的偏僻。

劉平梅到達青東農場的第二天，「來了許多幹部，有公安局的，有監獄的，還有一位穿軍裝的可能是軍代表」。農場的專職管教幹部陪同他們到劉平梅住的房間找劉平梅談話。管教幹部叫熊安東去燒開水準備泡茶，叫其他人都回到自己住的房間裡，不要隨便走動。

灶間在劉平梅住室的對面。他的屋門關著，屋裡的談話，熊安東聽得不十分清楚。談話結束之後，屋門開了，一位幹部高聲地說：「你這種態度，叫我們怎麼向上交待！」這句話熊安東聽得很清楚，「到死都不忘」。

熊安東提著開水到管教幹部住的房間兼辦公室去沏茶，那位高聲叫著「叫我們怎麼向上交待」的幹部劈頭問熊安東：「你說說，劉平梅是怎麼回事？」

[30] 劉平梅：《我的回憶》。

熊安東心裡一驚，「這明擺著是想考察他的思想」，就如此作答：「劉平梅脾氣怪，對他，我不十分瞭解。」熊安東沏好茶，灌滿保溫瓶後迅速離開了管教幹部住室回到自己屋裡。

熊安東回屋不久，看到兩名幹部從窗外走過，又去了劉平梅屋裡，不一會功夫，他們又從熊安東窗外經過，回到辦公室。來去匆匆，不知他們向劉平梅交待了什麼話。不久，熊安東聽到幹部們乘車離去的馬達聲。管教幹部在院子裡巡視一圈後，也出門去了農場場部。青東農場的院子裡又恢復了寧靜，熊安東「呆坐在自己屋裡，好半天心情沒有寧靜下來」。[31]

這不同尋常的一幕，周仁生也看在眼裡。周仁生和劉平梅有著不同的性格，到萬不得已時，周仁生會低頭，表面認輸，內心不認同。在勞改農場，周仁生是以無比崇敬的眼光默默地注視著劉平梅，就像注視著走出獅坑的但以理。[32]

在青浦周浦，十二名托派成員感受到了前所未有的寬鬆監管。鄭超麟和王國龍的妻子可以來農場同住，也允許家人來探望；享受公費的醫療；還能夠自己訂報刊；還可以到鎮子上去買生活用品、買書，只是要有管理人員專門看著，一個月可以出去三四次。改判有期徒刑刑滿之後的林華和鄭良，還可以自由出入農場或去上海。如此「正常的生活」和以前是天壤之別。

十二人做些很輕鬆的活，種菜、管花、種藥材，每月還能收到六十到八十元生活費。鄭超麟資格最老，拿八十元，王國龍周仁生拿七十元，劉平梅拿的最少，只有六十元。

他們參加勞動只是次要的，做個樣子，最主要的任務是要接受「學習」，學習原著，讀《馬克思恩格斯全集》。每人都存了錢買了馬、恩、列全集。學習頻率頻繁，每週學習，季度、年度有學習總結。按照慣例，學習總結總寫有批判托派、托洛茨基的話，而且要每個人簽名。站在中共的角度，是把這十二名最後的異端掰到正軌上來。

劉平梅「以其人之道還治其人之身」，細讀原著，為了「能判斷別人引用列寧、馬克思和恩格斯的文章正確不正

31 熊安東：《憶劉平梅》。
32 但以理是《聖經》裡記載的著名先知，被投入獅子洞而毫髮無損。

確，理解得對不對」，好便於反駁。在托派成員們看來，托洛茨基繼承了馬克思主義的正統，托派思想當然是最正確的。

在每一次學習討論中，劉平梅從不批評托派、托洛茨基。他在總結上加上附言：「對托派，托洛茨基的批評，我保留意見」。

周仁生晚年，不停地懺悔自己當年「不夠勇敢」，是以硬骨頭的鄭超麟和劉平梅為參照。

在青東勞改農場讀毛選

青東勞改農場專管周仁生等六人的負責人潘隊長[33]對周仁生挺好，他看到周仁生和黃鑒銅的身體都不好，怕幹農活受不了，就沒讓他們參加農場勞動，只用負責輪流煮飯。沒想到的是，周仁生書生氣質顯露無疑，四體不勤，五穀不分，他竟然不會煮飯。

潘隊長又有一次對周仁生說，有機會帶他去周浦，讓「你們老朋友見見面」，後來他還真借了一輛車，把周仁生送到六十公里外的周浦。

在青東農場期間，周仁生老父病危，死前家裡來信，希望能見周仁生一面。周仁生把這封信拿給潘隊長看，竟然真批准了。潘隊長親自送周仁生回到溫州，做了一輩子買賣的雨傘販周立齋看著不再年輕，前途難卜的兒子才終於閉上了眼睛。

王國龍評價，在監獄裡農場裡，周仁生和每一個工作人員都相處很好，工作人員沒有說過周仁生一句壞話。

青東農場裡有一所化工廠，常常碰到有資料要翻譯，這個時候，又要用到周仁生。周仁生在寫給表弟沈雲芳的一封信中說，「政府領導」還通過周浦玻璃廠（周仁生的好人脈跨越兩個勞改單位），向周仁生約了一本書稿，總共約

---

33 周仁生在寫給表弟沈雲芳的通信中提到，負責人姓潘，叫潘隊長。在和沈雲芳的通信中，也可以看到潘隊長對周仁生很是照顧。

六十萬字，譯好之後，還有出書的可能。

在文革後期，這兩處安靜的場所意外成為十二名托派的庇護所。要知道，在文革時期的提籃橋監獄，批鬥運動也是開展得風風火火，鄭超麟也曾深受其辱。

在勞改農場裡，周仁生他們見證了毛澤東的去世和「四人幫」的倒臺。一九七六年十月三十日，「四人幫」倒臺二十多天，周仁生給表弟沈雲芳去信一封，大談讀毛選心得。

> 局勢變化很大，很速，四人幫揪出來之後，上海人心大快，弟心大快。……我們必須站在擁護華國鋒主席為首的黨中央一邊，旗幟鮮明地與四人幫劃清思想界限。我向政府提供姚文元和父親姚篷子的情況。姚篷子可能同彭述之、胡山源、求真雜誌有關係，因為上海人的大字報和標語中，提到「打倒大托派姚文元」，究竟姚文元的情況怎樣？我們無法瞭解，只是提供一點線索而已。
>
> 我們還必須認真學習毛主席著作。我通讀毛選四卷的初步計畫已經定好。預期在明年上半年讀完，並做好筆記。從十月份開始，我備了一本毛主席著作學習筆記專冊。這回做筆記，比以往都認真。筆記內容大體上分以下幾個專案：原著篇名，內容提要，哲理內容，心得體會，問題解決，問題提出，批鄧批托，世界觀改造等。迄今為止，已學過第二卷的十多篇，寫好筆記二十多頁。目前還必須把學習毛主席著作同澈底揭發批評四人幫聯繫起來。
>
> ……
>
> 關心國家大事，是毛主席對我們的教導，我們除學習毛主席著作外，還要認真讀報，報紙上的社論和重要文章，要反復讀，反復捉摸，仔細思考，獨立思考，才能抓住要點，不致迷失方向，望我弟好自為之。
>
> 身體很重要。毛主席也說：「留得青山在，不怕沒柴燒。」列寧也說過，只要活著，都會看見。我們希望看見共產主義在全世界實現，所以希望你務須保重身體。

……所以，我已寅吃卯糧（指家庭經濟負擔重——引者注），困難是有的，但再大困難，也不會嚇倒我積極改造的信心。

對於這封讓人「難以理解」的信，周仁生學生虞爭鳴先生認為，周仁生當然知道從勞改農場寄出的信，都會被接受審查，他就順道有意寫了這一通捧「毛」的話。周仁生在信中如此詳談作學習毛選筆記步驟，讀來確實更像是寫給農場負責人看。周仁生「和任何人都相處得很好」的為人處世風格，躍於紙上。相比來說，硬骨頭劉平梅也許就不會寫這樣的書信吧？

不難想像，青東勞改農場潘隊長在燈下拆開周仁生這封書信，讀到周仁生對毛主席交心的話時——當時，毛澤東剛剛去世——漾開的笑容。

有一張拍攝於勞改農場時的黑白半身照，周仁生身穿一件有領中山裝樣子的服裝，左胸口袋上插兩支筆，戴一頂深色帽子。不認識的人，還以為照片中人是當年的幹部。只是帽檐下腦袋兩側剔平的頭髮，洩露了主人的祕密，周仁生留著的是光頭，這是勞改犯的屈辱標誌。周仁生眉毛稀疏，顴骨突出，臉頰內陷。淒苦的牢獄生涯，在他的臉上留下痕跡。他嘴巴抿緊。五官透露出的是不開心和一股認命的味道。這是一張介於中年和老年之間的臉，也是一張閱盡艱辛、老無所依的臉。臉孔不會騙人，看著這張臉，我們會懷疑，他面對冀汸時的輕鬆，是裝出來的，是違心的；我們也願意相信，他提筆寫下誇毛的話，也是言不由衷。

一九七九年六月五日，上海市高級人民法院和上海市公安局負責人把十二名托派集中在青東農場，宣佈正式釋放，恢復公民權。但是沒有說是平反，只是口頭通知，每人領到一張正式裁定書，工作人員說，「是中央的規定。」最後，由上海政協出面，在上海飯店請他們吃了一頓飯。

上海還專門成立一個管理這十二名托派成員的機構，開出的條件是，一是提供生活費，二是提供公費醫療，三，安排住房。十二人可以選擇回原籍，在老家已無家人可以照顧的，可以選擇留在上海，選擇留在上海的，統一安置在普陀區石泉路新房。

「以色列人哪，各回各家去吧！大衛家阿，自己顧自己吧。」最後，劉平梅回廣州，林華回廣西，大多數人選擇留在上海。

王國龍和周仁生都不想回家。我們不知道他們當時是出於什麼考慮不想回故鄉。工作人員也確實向上級反映倆人的去留問題，得到回復是：鄧小平明確表示，這倆人一定要回去。上海公安局一個處長，還特地去溫州一趟，走訪王國龍和周仁生家後，決定補貼周仁生幾百元錢用來修補房子，給王國龍在溫州分配一間大一點的房子。

一九七九年七月，周仁生和王國龍恢復公民身分，終於回到了溫州的家。從一九五二年至一九七九年，周仁生從三十歲關押成五十七歲，王國龍從三十八歲關押成六十五歲。這幾個數字，寫下來輕鬆，細細數來，每一年都沉重如鐵。人生中最美的時光，他們算是捐了，白雲蒼狗，活像一場夢。

溫州，是一座水多、橋多、樹多的美麗水城。樹，多為榕樹。闊別家鄉數十年的白頭浪子，走過童童如車蓋的家鄉榕樹，鄉音入耳，這恰如賀知章的詩所雲：「少小離家老大回，鄉音無改鬢毛衰。兒童相見不相識，笑問客從何處來。」

趙青音望夫成石

在一首歌裡，有慷慨激昂的曲調，也就會有淺唱低吟的回蕩；在章回體小說裡，有頑劣的石頭，也就有嬌豔的絳珠草；在天地之間，有陽就有陰。而在我們的故事裡，趙青音和周爾雅，正是周仁生內心最柔軟的另一面。

二十七年牢獄生涯，周仁生會有多少次思念他的妻子趙青音和獨子周爾雅。妻子和兒子，都有著那麼好聽的名字，一個曼妙如佛音，一個優雅如處子。

我能看到的最年輕趙青音的形象，是在一張周仁生、趙青音和母親三人黑白合照之中。已經發黃的照片裡，三人裹得嚴嚴實實，這是在寒冷的冬天拍攝的。沈雲芳老人推測說，這是周仁生在青東農場時，趙青音和他母親來上海探望，特意去照相館裡拍的。

周仁生戴一頂深色保暖呢帽，呢帽之下，還是光頭，裹一條圍巾，清澈的眼鏡鏡片之後，是一雙堅定、無所畏懼的眼睛，是一名儒雅的書生——和上一張照片裡的他相比，是完全不同的面相。

五十來歲的趙青音梳著四六分短髮，前額的劉海繞到耳朵後面。留著短髮，是很適合做家務。照片上的趙青音身體前傾，笑得並不自然。這是一個任勞任怨靦腆家庭婦女。照片上的趙青音和身高一百六十公分的周仁生不相上下，在趙青音的學生時代，應該不算嬌小。

周仁生母親坐在前排，黑白參半的頭髮往後梳著。站在兩旁的周仁生和趙青音臉上露出淺淺笑容，攝影師一定喊了「笑」的口令，唯獨老太太不笑。認識老太太的人都說，老太太脾氣不好，常坐在家門口咒罵別人。婆媳關係也不是很好，趙青音只能都忍讓著，周仁生如雙面膠夾在中間，很難做人。

周仁生和趙青音是師生戀。當年，二十三歲的年輕教師周仁生在文成山區三臨中侃侃而談，比他只小兩歲的諸暨流亡女學生趙青音，感受到了周仁生老師身上散發出的獨特魅力。

浙東三臨中是抗日時期一所特殊的高中。抗日戰爭中期，浙江紹興諸暨等地被日軍佔領，當地許多師生開始流亡，國民政府為收容這些學生，就開辦一些臨時中學。一九四二年五月，在文成山區一個小山溝裡成立的浙東第三臨時中學就是其中之一。

一九四五年八月，抗日戰爭結束，浙東三臨中也隨之撤銷。流亡學生回到原籍，趙青音卻沒有回去，繼續留在了溫州讀完高中。趙青音之所以沒有回故鄉，也許是那時已經和周仁生相愛。一九四七年夏天，周仁生和趙青音在上海結婚，結婚不到兩年時間，周仁生和趙青音、林松祺不得不逃離上海。

一九五二年大肅托周仁生趙青音被捕時，在海澄出生獨子周爾雅只有兩歲，如無依無靠的浮萍。兩歲的「孤兒」自然是無辜的。可是在政府看來，把孤兒送回溫州，路途遙遠，不實際，就在當地找了一位「好心的婦女」，把孩子寄養在她家。人心如江湖，也許這位「好心的婦女」只是貪圖政府開出的撫養費，而收下這個孤兒，權當養了一條流浪的阿貓阿狗，也未必沒有可能。

設身處地想想，一個兩歲的嬰兒，突然發現自己的父母不見了，自己被「變」到一個完全陌生的環境裡，整件事情完全超出他的想像，他內心又會是怎樣的驚恐？

如此年輕又初為人母的趙青音，和丈夫和兒子一一生離死別。

一九五六年，刑期相對較短的趙青音在福州提前釋放。走出福州監獄的趙青音，又面臨一次重大抉擇。她知道，周仁生被判了無期徒刑，今生團聚希望渺茫，與他離婚劃清界限，還能重返學校教書，否則無異於活守寡。

趙青音選擇了後者。第一件要做的事，是要找回骨肉。她從福州奔波三百公里來到海澄，想起分離四年的獨子，淚灑一路。在海澄，趙青音找到已經六歲的兒子周爾雅。沒有人知道她是如何找到的。晚年的趙青音沒有向任何人說起她尋子的艱辛過程，是不忍敘說。

趙青音帶著幼兒，北上六百公里，來到溫州城區周仁生家，從此與公婆生活在一起，代替周仁生孝敬父母，撫育幼子。她還要戴著「反革命家屬」的帽子，工作無著落，其生活艱難更不必說。她後來被安排到街道辦的集體合作單位一個畫簾社當臨時工，總算有了一份工作，拿著微薄的工資，苦苦掙扎，苦苦等待。

上海作家吳基民在《煉獄——中國托派的苦難與奮鬥》一書中描述，一九五六年冬天，周仁生被從福州押往臨平時，曾途經溫州，並在溫州住了幾天。由於看守人員的寬大，周仁生和老父周立齋還見了一面。此刻周立齋還不滿六十歲，但在周仁生看來已顯得非常蒼老。他深感內疚，他明白自己是父母親畢生的希望，而自己給父母帶來的卻是苦難……周仁生看著趙青音清瘦的臉，給她講了「趙氏托孤」的故事。最後周仁生講：「死是容易的，而活下來卻是艱難。我心已死，我把容易的留給了自己，而把苦難留給了你……」[34]

34 吳基民：《煉獄——中國托派的苦難與奮鬥》第一五二頁。

二〇〇三年，吳基民先生在周履鏘先生的陪同之下，來溫採訪周仁生，可是採訪完不到一年時間，周仁生還沒看到吳基民寫的文章就去世了。我也願意相信，一九五六年的冬天，這對共患難的夫妻總算見面了。周仁生看著趙青音清瘦的臉，給她講了「趙氏托孤」的故事——這無疑是一處非常動人的細節。

不過，周仁生那一顆滾燙的「心」，從未死去，而是老而彌堅。周仁生說，「我心已死」，要麼是吳基民先生的想像之語，要麼，是周仁生和趙青音見面時，看守人員也在場，又是周仁生一句言不由衷的話語？

另外，這一年冬天，周仁生又該收拾怎樣的心情，面對分別四年的獨子周爾雅？

一九六六年之前，周家的生活雖然受到歧視，但是生活還算正常。文革開始之後，趙青音的處境就更困難了，她成為被專政的四類分子，開始是在單位受批鬥，後來居民開批鬥會，被拉出來批鬥，最使她傷心的是，有好幾次，「正義的人民」還把她未成年的周爾雅也拉出來陪鬥。人群之中同情者也大有人在，但是他們不敢出聲，只能投來同情的眼光。

趙青音還有一個痛苦的故事。有一年兒童節，周爾雅的同學們都穿戴整整齊齊，系上紅領巾。周爾雅祖母也給他穿上白襯衫，青褲子，藍色的球鞋，就是沒有紅領巾，因為身分特殊，他一直入不了少先隊。他高高興興地走到學校，學校的老師卻對他說：「你也配！」他哭著跑回家。「你也配！」這句話就像一把刀一直紮在了趙青音的胸口。

二〇一四年，在紀念周仁生逝世十周年座談會上，周仁生一位女學生告訴我，她見過趙師母被批鬥，被罰掃馬路的情景，「很慘」。我想繼續追問，趙青音被批鬥的具體細節，話到嘴邊還是硬生生地忍住了。這種批鬥會，我在各種回憶錄裡早已經讀到過多次。我不忍問，就算我問出口，她也不忍回答吧。

趙青音的苦日子真如無邊大海，她還有一位胡作非為的惡鄰。想像一下，文革時期「正義凜然」、無情專政反革命的居委會大媽的面容。周履鏘老人在回憶趙青音的文章中悲憤地寫道：「而一些品行惡劣的鄰里，借機欺侮她們，霸佔她的房屋物品。趙青音所受的苦楚，筆墨是寫不盡的。」

就算周仁生已經回到溫州，趙青音還是常常被惡鄰欺侮。周履鏘就親眼看見過如下一幕：

我流落在內蒙古三十多年後，到了溫州，再次見到趙青音的情景，在腦際始終抹不去。那時仁生已經回到溫州。青音躺在小天井一間小偏屋（可能是舊灶間）的破床上，因為她的惡鄰欺侮她，手臂被打斷了，躺在床上不能動彈。青音是一個很堅強的人，我從未見她流淚。那次她見到我，突然淚湧出來。這是受到冤屈遇到親人時的流露。[35]

算一下三位老人的年歲（周履鏘是在一九八七年冬從農場退休回到上海），被打斷手臂的六十三歲趙青音老人躺著，眼枯見骨；六十歲的周履鏘老人不知該如何勸才好；六十五歲的周仁生老人枯坐一旁，無可奈何。

據周仁生的朋友徐晉回憶，這個惡鄰，連周仁生都打。一九八七年上半年，周仁生在勤奮外國語學校教英語，徐晉在那裡教世界語，教室相互隔壁，見面機會更多。由於房屋糾紛，周仁生被惡鄰毆打，為了防止意外，每次下課放學，由徐晉護送周仁生老人回家。[36]

苦難最終壓垮了趙青音老人。老人變得很瘦，身體病態地佝僂。不認識的小孩子乍一看見走出昏暗房屋的老人，是會感到害怕，好像看到童話故事裡歹毒的巫婆。

三、劫後餘生

《先知三部曲》出版背後的故事

勤於深思反省的周仁生一定會反反復複問過自己：劫後餘生，如何在賺來的年歲之中找到活法，活出意義？從事托派運動？當然已是不可能。從事托派著作翻譯和出版，還托派運動真相，讓無聲的爭辯在托派原典之中呈現，從「先知」托洛茨基的口中傾瀉而出，讓被蒙蔽的公眾自己判斷誰對誰錯，無疑是可行的方式。這成為老人的信

35 周履鏘：《悼念趙青音大姐》，《周履鏘文存》，自印本，二〇一五年。
36 徐晉：《周任辛先生逝世前後及與我的師生情緣》；

念，老人開始致力於翻譯托派原典，直到死神從他手中奪去筆管。

在人生最後的二十五年裡，周仁生翻譯了多伊徹的鴻篇巨著《先知三部曲》（與王國龍、施用勤合譯）、《彭述之回憶錄》第一卷（由法文本譯出）、《托洛茨基文集補遺》上下兩卷，布魯耶用法文寫的《托洛茨基傳》（未譯完）等托派著作。

《先知三部曲》是多伊徹所寫的托洛茨基傳記，出版後曾轟動一時，在二十世紀六〇年代托派運動振興中起到不可忽視的作用[37]。毫無疑問，《先知三部曲》中譯本的翻譯與出版，是周仁生這麼多種譯作中最有分量，是可以讓他死也瞑目的一部。

一九八八年，《先知三部曲》最終能由中央編譯出版社發行，過程曲折坎坷。

謀劃出版的首倡者是朱正。上世紀八〇年代，時任湖南省人民出版社領導的朱正向鄭超麟提議，如果將《先知三部曲》譯成，即可由湖南省人民出版社出版發行。對托派老人來說，這是一個大好消息。當時鄭超麟手裡只有原文（英文）第一卷，他本人視力近盲，無法親自翻譯，就把這一卷交給王國龍翻譯。定居英國的王凡西後來寄來原文三卷，於是鄭超麟決定，由周仁生譯第二卷，喻守一譯第三卷。這是王國龍、周仁生、喻守一在合作翻譯《國際事務概覽》之後的第二次合作。

早在一九八九年，周仁生就譯好《先知三部曲》第二卷，並五易其稿，一九九〇年初便已校讀兩遍。相比而言，更早拿到原文的王國龍卻遲遲沒能拿出譯稿。

周仁生在給周履鏘的書信中批評王國龍「沒有引起重視」，以周仁生的性格，很有可能也是如此當面批評龍兄——王國龍比周仁生年長，革命資歷也老，周仁生以兄侍之——面對龍兄，如此大事，他是有話直說。

長時間伏案翻譯，是耗精氣神的體力活，對兩位都上了年紀的老人來說，更是不易。另外，平心而論，周仁生有

37 曾淼：《世界托派運動》，第一三七頁，北京：人民出版社，二〇一一年；

著比王國龍更加輕鬆甚至是讓他羨慕不已的工作環境。

周家家務雜事由趙青音一手包辦，連飯都不會燒的周仁生完全可以兩耳不聞窗外事，一心只譯聖賢書。趙青音還是周仁生的得力助手。周仁生字跡潦草，不熟悉他字跡的人，很難讀懂他的「蝌蚪文」。周仁生的字跡如此潦草不講究，書寫起來可快如疾風，最後由趙青音辨認，用小楷抄寫一篇。趙青音寫一手娟秀小楷，抄寫的書稿如書法作品，能讓周仁生的學生們嘖嘖讚歎。周仁生就像一位披堅執銳的前鋒大將，只管向前奮勇廝殺，輜重補給自會有人送來。

而王國龍妻子劉曼莊患精神疾病[38]，家中雜事（包括廚房工作）都要王國龍老人去做，王國龍只能安排在夜間譯書。[39]一九九四年，颱風過境，王國龍一直忙到凌晨三點鐘，接著劉曼莊又發瘋來。在墨黑墨黑的天地間，淒風苦雨敲打玻璃，一個瘋老太婆手腳舞動，口出詛咒，彷彿原始人跳著詭異的舞蹈，在旁人看來，確實毛骨悚然。王國龍一夜未眠，煎熬苦楚。[40]劉曼莊發瘋嚴重時，還曾無端把王國龍推倒在地，補上一拳，打在頭上，幸好未死。王國龍說：「只能坐著等死。」[41]王國龍甚至很難在家中找到一處清靜之地用來譯書。另外，王國龍寫一手工整楷書，抄寫速度也遠遠不如周仁生。

王國龍周仁生，有著兩條如此不同的生活道路，自然是各奔東西，最後，我們發現竟是殊途同歸。

王國龍最後醒悟：連清稿都沒拿出，談何出版。王國龍老馬加鞭，一九九四年終於完工，比周仁生遲了五年交稿。

王國龍交出譯稿之後，周仁生又花了很長一段時間整理校訂。這是王國龍拿出的譯稿有些地方並不精准，都需要周仁生一一改過。周仁生有學生說，周先生幾乎是重譯《先知三部曲》王國龍部分。

周仁生在寫給周履鏘的書信中也挑明瞭王國龍譯稿的缺點：

38 周仁生和別人的私人通信中，稱為「患神經官能症」，而王國龍在自己的口述中直言不諱地稱，「妻子瘋了」。
39 周仁生一九九四年二月二十二日致周履鏘書信。
40 周仁生一九九四年八月二十五日致周履鏘書信。
41 周仁生一九九六年十月二十九日致周履鏘書信。

龍兄的譯稿很認真，很仔細，但他的缺點有三：（一）全部逆序譯法，讀起來不順口；（二）語法結構複雜一點，他沒有吃得准；（三）一些比較「非常用」詞的搭配，他只查單詞，而放過了片語。因此，有譯錯的。我主要把譯錯的改正過來。譯的風格，那就只能大體照顧，如要改動，非兩倍時間不可。[42]

「每天至少校訂十頁」。這是周仁生老人給自己定下的要求。每當他疲倦時，耳邊就響著亡友喻守一的警句：「只可慢，不可站」——喻守一後來離世，生前翻譯的第三卷部分譯稿被他的親屬拿去「留作紀念」，第三卷就分攤給王國龍、周仁生兩位老人繼續翻譯。

托派老人一路凋零，紛紛亡故。周仁生老人明白，他的翻譯校對，是真正在和時間賽跑。繁花落盡，周仁生卸下曾經的職務和名號，成為一名純粹的書生。是啊，「現在不能慢了，要掄著幹了。年歲雖大，幹勁尚可。」周仁生如此感慨。

就在周仁生老人低頭辛苦翻譯、校訂《先知三部曲》的數年間，變局不斷。

朱正提議後不久，就因故被迫離職，他的出版承諾無法實現。出版希望雖然渺茫，但是王國龍、周仁生並沒有停止翻譯，只是放慢進度。

周仁生、王國龍負責譯書，鄭超麟、李培、周履鏘負責到處找出版社，向國內多家出版社發函，寄去《先知三部曲》簡介和各卷序文譯文，不是被拒絕就是沒有回音。鄭超麟還向出版家範用推薦此書，最終也以失望收場。托派老人們也曾考慮在港臺出版，可是想到即使能在港臺出版發行，「不能發揮應有作用」，也就作罷。

在昏暗一片之中，曙光開始出現。周履鏘先生說：

---

42 周仁生一九九三年十一月十五日致周履鏘書信。

大陸出版界有一種怪現象，暢銷書出版社當然樂意出版，有些品質不高，甚至近於黃色的書也大量出版。可是一些有價值的書，包括專家學者花畢生精力寫出來的學術著作，卻無法出版。想出版必須自己掏腰包買書號，自負出版費用。上海學林出版社就是這樣的自費出書單位，而且出了許多很有價值的書。例如汪原放的《回憶亞東圖書館》就是由學林出版社出版的。學林原領導人曹宇庭與鄭超麟認識，鄭老決定：與學林聯繫，計畫自費出版。具體聯繫工作先由李培負責，李培逝世後，由周履鏘繼續。經多次商談，其中一次周履鏘陪同王國龍到曹宇庭家中面談，大體談妥，約需自負出版費十多萬元。[43]

在譯書之余，周仁生還想方設法籌錢。對清貧書生周仁生來說，籌錢的困難不亞於他當年在勞改農場劈柴燒飯。一九九四年，溫州已經浸染在改革開放的春風之中，一些「先知先覺」已經撈到錢大發一筆，周仁生有「自知之明」，沒有向「各奔前程」發財的人開口要錢。

正月初五，溫州老朋友共十一人聚餐。人人都問老超的身體情況，祝他長壽。溫州老朋友還很多，數以百計，不過各奔前程。有的如鶴森等，家財累計近百萬，夏建勳也在幾十萬左右。但我們出書事，我不願也不能向他們啟口，人各有志，要有自知之明。[44]

我在溫州可籌兩萬元，這是有保證的。再多難說。[45]

43 周履鏘：《多伊徹〈先知三部曲〉中譯本出版經過》，《周履鏘文存》。
44 周仁生一九九四年二月二十二日致周履鏘書信。
45 周仁生一九九四年三月九日致周履鏘書信。

就在周仁生寫完上一封書信數月過後，周仁生完成《先知三部曲》三卷的翻譯和校訂。老人才有空騰出手來，咬咬牙，決心再多籌幾萬。

溫州已有的只有兩萬元，我再設法吧，至多只能籌到大約四－五萬元。好事多磨，不過不能灰心冷意，必須積極去籌措。[46]

周仁生最終籌措了五萬元，攬下了自負出版費十多萬元中的近半數，剩下的資金缺口只能請「港友」（當年流亡香港的托派成員）幫助解決。

等到周仁生拿出《先知三部曲》中文清稿之後，迎面又撞來一個障礙，那就是版權問題。過去中國出版譯著，大都不尊重智慧財產權，現在不行了，所以要想出版，須取得原作者或原出版社的授權，學林出版社把這個難題踢給托派老人。日本翻譯出版《先知三部曲》時，多伊徹夫人健在，經多伊徹夫人授權免費出版日文譯本。雖說王凡西與多伊徹夫人相識，但此時多伊徹夫人已去世，無法再與原作者聯繫。托派老人僅知道《先知三部曲》由英國牛津大學出版社出版，於是鄭超麟寫信給王凡西，請他托英國裡茲大學班頓教授聯繫，牛津的答覆為：多伊徹的著作權屬於其代理人，並告知其通訊處。班頓再與多伊徹代理人聯繫。由於外國人不瞭解中國出版界的實際情況，以為出書能有很大的利潤，提出來托派老人根本無力承受的條件。班頓就繼續與之商談，介紹在中國出版此書，甚至要賠錢的，請求免費讓中國托派老人翻譯出版，或者待出版有收益後再按一定比例付版費。最後英國代理人答覆班頓，將此事交予其遠東代理人，駐在臺北的安寶林。於是班頓和王凡西相繼給安寶林去信，請求給予免費出版多伊徹《先知三部曲》中文譯本。遠東代理人可能較瞭解大陸出版界的情況，一九九四年十一月二十四日覆信給班頓，並寄來《西書中文版授權

[46] 周仁生一九九四年七月十五日致周履鏘書信。

提議書》，提出了一個先付一千元人民幣，以後視銷售按一定比例付版費的合理條件。這是托派老人能夠接受的，繞了大半個地球，版權問題總算有了著落。

版權、經費、出版社的問題都解決了，《先知三部曲》的出版又擱淺了。根據周履鏘的說法，這時碰到一名「自己人」的阻撓，認為「千萬不能用香港的錢，那是香港組織的錢，萬萬不可使用，否則後果不得了」。而周仁生認為，這是香港朋友私人的錢，不存在這個問題。

正當由於托派「自己人」的阻撓，《先知三部曲》沒能在學林出版社自費出版時，又出現轉機。這是重重困難中的「最後一個上坡」。

周仁生一位在北京的學生為該書出版奔走。一九九六年二月，她發現北京國際文化出版公司出版了《托洛茨基自傳——我的生平》，由世文圖書發行公司總經銷。她抱著試探的態度，去聯繫《先知三部曲》的出版。世文公司聽說周仁生他們已有譯稿時，一口答應願意出版。她馬上把這個好消息傳到上海。一九九六年六月，鄭超麟決定，由周履鏘出面直接與世文公司總經理袁亮和編輯室主任施用勤聯繫，世文公司來信，請托派老人送稿到北京，旅費都他們負擔，老人去信，因年事已高，請他們來取稿。

一九九六年七月七日，施用勤南下來到上海周履鏘家，第二天周履鏘領著施用勤來到鄭超麟家商談出版事宜。

施用勤吞吞吐吐地說：只用第一、二部譯稿，因為他們已有第三部的譯稿，不知托派老人是否同意？並拿出第三部的列印稿給鄭超麟、周履鏘過目。施用勤放過《先知三部曲》第一卷第二卷不譯，而先譯最後一卷，乍一聽有點奇怪，其實也有其考慮：第三卷是寫托氏最後的流亡歲月到被謀殺身亡，故事性很強。托派老人認為，施用勤先譯一卷單獨發行，也不是沒可能。

鄭超麟稍一思考，馬上拍板同意。接著談了具體事項，譯費定為每千字三十五元（這在當時算是較高的稿費），送樣書三十套。最後由周履鏘和施用勤簽了正式合同。於是周履鏘交了譯稿，並告訴施用勤智慧財產權問題已有了著落，也把著作權的授權資料轉交給施用勤，施用勤的喜悅可想而知。

周履鏘事後知道，世文公司之所以能和他們一談就成功，這是因為周仁生王國龍的譯稿正中他們下懷：第一、他們原有出版計畫，已有了第三部的譯稿，有了周仁生王國龍的譯稿，他們就不必譯第一、二部了；第二、他們尚無法找到外國著作人的授權，而托派老人已經幫他們找到了，而只需先付的一千元象徵性的小錢，就解決了世文公司出版發行最大的困難。

施用勤回去看了稿子之後，致信周履鏘說，原稿須請人抄寫，在稿費中扣抄稿人工費七元，後來又來信提出譯文須請人校對，又要付給校者三十%的稿費，周履鏘與鄭超麟商量後馬上去信表示同意。周履鏘在其間來往信件沒有事先徵求王國龍、周仁生兩位譯者的意見，只是事後告知。老人間信任如此。

對周仁生來說，連已經校訂好的第三卷整部譯稿都可以棄之不用，那點抄寫、校對的花費、能得到多少稿費，又算得了什麼呢？周仁生和王國龍在遲暮之年翻譯《先知三部曲》這部托派「聖經」，當然不是為了考慮掙錢，不用自費掏腰包就能在大陸正規出版社出版，在社會上發出托派的觀點，周仁生老人早已以手加額謝天謝地了。

從一九九六年七月八日簽約到一九九九年一月，經過施用勤的兩年多的努力，《先知三部曲》最終由中央編譯出版社出版，由新華書店和世文公司經銷。當年書一問世，就被評為全國十大好書之一。

周仁生捧著散發著油墨香的《先知三部曲》感慨萬千，最大的遺憾，就是幾個月前，托派的頂樑柱鄭超麟已經逝世，鄭超麟沒能活著看到《先知三部曲》出版。

從事公益英語教學

一九七九年七月，當王國龍周仁生兩位老人如兩塊赤貧的石頭回到溫州時，剛好趕上全社會學英語熱。溫州著名的勤奮外國語學校在一年前創辦。也是命運使然，身分奇特的周仁生成為溫州普及英語教育的民間「祭酒」。他一邊在各種英語學習班上課，一邊還開辦公益英語學習班，「撒豆成兵」，盡力影響更多的人。

對周仁生來說，翻譯托派著作和開展英語學習班，是晚年兩種活法。也許，在冰冷的高牆之內——和冀汸同牢房時，勤讀英語原著——周仁生就已想明白，有生之年如果能走出監獄的活法。

翻開周仁生朋友和學生撰寫的真摯的紀念文章，我們可以感受周仁生老人身上散發出的獨特人格魅力。

王國龍和周仁生剛剛恢復自由回到溫州，主持勤奮外國語學校的沈克成登門拜訪，請兩位高人出山，並和王國龍周仁生倆人結下深厚友誼。

二十年來他一直孜孜不倦地從事著翻譯和教學工作，不論是大學教授，或是專家學者，遇到英語方面的疑難，都要向周先生請教。市政府的許多對外宣傳資料，也都是請他來翻譯和審校的。開放以來，外事活動頻繁了，街頭的外文標識也多了，但是差錯和紕漏也很多。老人總是細心的觀察，一一列出，通過各種管道向有關部門反映。第一次溫博會期間，溫州打出了「穿在溫州」的口號，其英文翻譯為Dress in Wenzhou。周老師認為不妥，他找了不少佐證材料，還要我在網上作了大量的檢索，提供給主管部門參考，遺憾的是政府沒有採納。老人很生氣，又很無奈，這又能怪誰呢？因為當事者根本還沒有認識到翻譯信達雅的重要性。

二十年來，他為家鄉培養了數以千計的英語人才，他的學生遍佈各個部門、各個領域，有政界的高官，有學府裡的教授、老師，而更多的是溫州城一撥又一撥的莘莘學子。無論開高級班或是口語班，他幾乎都不收學費。周先生高風亮節，有口皆碑，溫州城裡幾乎找不到有哪一位先生的精神境界能跟周先生媲美。正因為如此，他也特別深受社會的尊重、學生的愛戴。

二十年來，由於頻繁接觸和交往，我們成了忘年交。我一直將他奉為父輩，無論是他的學識或是他的人品，都是我學習的楷模，尤其是他那人格的魅力像磁石一樣深深地吸住了我。[47]

47 沈克成：《行無愧怍心常坦，身處艱難氣若虹——悼念周任辛先生》。

一九八一年春天，虞爭鳴結識了改變他人生的周仁生老師。那時，溫州市科委科技情報所在舉辦了為期一年半的科技英語學習班（由王庚堯授課）之後，接著舉辦了溫州最早的英語翻譯班。每星期兩個晚上，一個晚上由王庚堯講授新概念英語第四冊，另一個晚上由周仁生講授中英、英中翻譯，翻譯課作業由王國龍批改。教師陣容可謂豪華，集中了當時溫州頂尖的英語教師。當時，大約有五十來名學生，這些學生的組成也很有意思：年齡參差不齊，從二十出頭到四十多歲；職業更是包括了醫生、工程師、銀行職員、教師、學生、政府官員、報社記者等等。其中不乏後來在溫州嶄露頭角的政界、新聞界、醫學界名人。國際象棋女子特級大師諸宸也是周仁生的學生。

在當時虞爭鳴的心目中，花甲的周老師是一位神祕人物：剛剛獲得自由不久的托派頭子。雖然英語翻譯的功力還未達到他一生的最高峰，夜校授課的生涯也是剛剛開始，但是他勇於嘗試不同的教學方法，善於調動課堂的氣氛，上課時的興奮和投入，對學生發自內心的關心和提攜，已經給虞爭鳴留下極其深刻的印象。

翻譯班結業，虞爭鳴離開周仁生。一九八七年，他在無意間聽人提起周老師仍在辦一個免費的英語學習班，就馬上托人介紹，進了這個班級。想不到的是，數年之後重逢，周仁生馬上叫出了虞爭鳴的名字，這讓虞爭鳴很感動。虞爭鳴重續和周老師的師生之緣，一直到周老師去世，虞爭鳴執弟子禮甚恭。

虞爭鳴回憶，周仁生老師教學極其認真，備課仔細，每次都是早到教室，他不想讓學生們等他，因為每一位學生的時間都是極其珍貴的。學習班裡學生如流水的兵，可是每一位流水的學生都入他的眼。

周仁生寫給周履鏘的數百封書信，都是寫在他教過的各種英語培訓學校的教師用簽上，為了節省紙張，正反面寫滿。早期書信結束部分，周仁生常常一遍遍囑咐在上海大都市的周履鏘幫他代買最前沿的英語資料，帶給他的學生們用，買資料的費用，由他出。老人的慈祥溫暖，透過信紙向我蔓延過來。

虞爭鳴所說的「當時溫州頂尖的英語教師」，大多數是勤奮外國語學校裡的顧問。勤奮外國語學校曾經的負責人文選先生告訴我，組織這支顧問隊伍，是他的主意。他一向周仁生提及，周仁生就非常支持，熱心張羅。只要能為溫州英語教育出一份力，老人當仁不讓。

勤奮外國語學校每年組織一次年會，周仁生老人都會早早做好準備，戴上一頂標誌性的老人帽——他可能是在勞改時期養成的戴帽子的習慣，戴頂帽子打扮簡單，能很出門——再拿上一把雨傘，雨傘可以遮雨遮太陽還可以當拐杖，可謂一舉多得。

文選先生說，每次輪到周仁生發言時，他總會是謙讓一番，誇一下一位官方背景的顧問教師，那位教師是溫州英語教育界官方執牛耳，而周仁生是公認的溫州英語教育界「民間」執牛耳。周仁生隨後的發言都是簡潔明瞭。

年會照例是在酒店吃喝中結束。文選記得，有一次周先生心情很好，牛飲無數鬥，毫無醉意。這讓他的學生很驚訝，他的學生一直以為他是不會喝酒的人，想不到是酒量深不見底。可以想像，當年崢嶸歲月，在一群志同道合的托派同仁之中，年輕樂觀對革命充滿美好想像的周仁生，舉杯一飲而盡的豪爽場景。

晚年複雜心境

在老人人生中的最後幾年，內心鬱結著多層複雜情緒。

首先，是對托派信仰一如既往的堅定。

周仁生曾不止一次向沈克成吐露心跡：「對自己的人生選擇無怨無悔。」翻譯《先知三部曲》之後，周仁生在寫給周履鏘的信中笑談托洛茨基：「我們的祖師爺是集諸葛亮，趙子龍於一身，最最出色的人物。其他的人物的臉相都可以找出與三國演義中的人物相彷彿。那個史達林只能同曹操相比了，但無曹操之才，只有曹操的惡毒心腸。」[48]

周仁生老人認為：「馬克思的基本理論，無可挑剔，但有些個別結論，還要根據當今的世界演變，加以發揮的。」[49]「根據當今的世界演變，加以發揮」的，當然就是指托派思想。

二〇〇三年十月八日，也就是周仁生逝世前幾個月，他寫信對周履鏘說：

48 周仁生一九九四年八月二十五日致周履鏘書信。
49 周仁生一九九五年八月二十七日致周履鏘書信。

奧威爾的政治小說《一九八四》發行量如此大。這使我聯想起一位作家的話，這位作家說，一九七九年中共釋放了最後一批托派，不再繼續關押，也不要求他們改變立場，這不僅表示政治的清明，而且還表明中國托派為數甚少，都已是老弱不堪，沒有「春風吹又生」的風險了。顯然，作家認定中國托派不是「野草燒不盡，春風吹又生」的政治派別，而它的歸宿只能是自我消亡。這種斷言，不乏真實性。

從周仁生的口氣來看，他似乎是認真讀完奧威爾這部著名的反極權主義小說——但這並不會妨礙他對托派信仰的無比堅定。在我採訪過的幾名托派老人如邱季龍先生、胡振南先生看來，蘇聯解體，恰恰證明了史達林主義的破產，這反而能說明最正統的、最純粹的馬克思主義繼承者托洛茨基的正確。套用托洛茨基的一句話，史達林從事的那是「被背叛了的革命。」我以今日之心，度周仁生周公之腹，他也「應作如是觀」。

二〇〇二年下半年，當時名不見經傳的二十多歲小青年杜建國[50]曾給周仁生打了一個長途電話，杜建國「來電話主要目的，是問國內還有哪些托氏的書和文章，主要還要向我借閱老超與凡西譯的《俄國革命史》。」[51]杜建國，是以左派的眼光來看周仁生老人，而周仁生老人只會把杜建國看成一個「有趣的人」，不會是「同路人」。

一邊是「光榮正確」的托派思想，另一邊，是大肅托之後，遲暮的托派老人遲遲沒有得到平反。

在周仁生老人寫給周履鏘老人的數百封書信裡，念茲在茲的是，風氣如何轉向，某某人對托派持同情態度。周仁生老人是在收集資訊，等待「烏鴉夜啼」。

按照時間順序，翻譯周仁生老人寫給周履鏘老人的書信，我能強烈地感受到是，老人一次次的盼望，最後是澈底的心死——不能在死前見到托派平反。

---

50 杜建國二〇〇三年，參與創辦著名政經網站烏有之鄉，後退出。二〇一二年〇二月二十八日，世界銀行行長佐利克當日在北京舉行記者會，遭遇現場抗議。中國學者杜建國闖入發佈會現場，散發材料，並大聲斥責世行是騙子，抗議其主導的私有化建議。這一事件，讓杜建國名聲大振。

51 周仁生二〇〇二年九月十六日致周履鏘書信。

周仁生在一九九五年十月二十五日致周履鏘的書信中說：

龍兄談起，為丁字碑[52]搞平反，最好專門收集毛澤東說過有利於丁字碑的話（不利的話一概不理），這樣堂而皇之，上頭的人看了不會縮手縮腳。現在，有兩件事可以引證，第一，潘文學說，文化大革命後期，康生主持會議，確定那（哪）些組織為反革命，會上有謝靜誼，遲群，毛澤東。談到丁字碑是否反革命組織，毛澤東在會上說，丁字碑不是反革命，而是思想問題……潘文學為此找過原始文件，但因文件未編號，一直未曾找到。老超曾認為有此可能，豈不是最佳的引證。第二，潘文學又說，一九五六－五七年，毛澤東曾召集懂俄語的專家，潘的同學是應邀的一個。那是毛企圖要他們把托氏全集譯出，目的在搞清「不斷革命論」。那時，赫魯雪夫不是指責毛為「不斷革命論者」嗎？毛認為中華人民共和國成立之前，中國的革命是新民主義，成立後轉變為社會主義革命，這不是與我們常說的「不斷革命」嗎？譯全集的用意在此，如果屬實，豈不可以引證。

我們還可以舉出，文革期間，通過江青的口，說蘇聯的托洛茨基派，到底怎樣，現在還很難說。這絕不是江青說的，江青只是毛的傳聲筒。還可以引蕭克和江津市長講話中，有關毛對陳獨秀的評論，都是只褒不貶的好話。老超有能力，有智慧，定會找到有關這類的好話，那麼彙集起來，大大有利於丁字碑的平反工作。

在周仁生老人心中，還有一份對托派持同情態度知名人士的長長名單。

唐（寶林）的進步，應當說都是老超起的作用，當然他本人的努力也是個因素。過去老超曾同我與阿龍談到，他不寄希望於唐（寶林）。看來，人都可以有變化的，在一定氣候下變得快些。所以像周梅森（《重軛》作

[52] 托洛茨基名字首個字母T，所以在托派老人之間，用丁字碑這句暗語代替托派。

者），葉永烈之類的人，也不必看死。[53]

靳樹鵬與劉家駒之間來往信件，其中涉及平反事；特別提到李銳。他（指葉春華，引者注）告訴我，小芳（鄭超麟侄孫女鄭曉芳，引者注）已去看過戴晴、樓適夷和李銳。據春華告，「平反」事，李銳的重要性超過溫濟澤。他（指葉春華，引者注）提到一次靳來信告訴老超：「平反只是時間問題」，老超說他來不及看到了等等。有關陳鶴梅的話（可作參考）。[54]

周仁生老人對周履鏘老人所說的，哪些人「不必看死」，是希望他們能在以後的托派平反之中出一份力，但是老人最後發現，平反無從談起。

明白了有生之年平反無望（鄭超麟死後更加無望）——我們可以想像周仁生老人那一刻內心的痛苦——老人內心隨即生出了「害苦了別人」的痛苦心跡。

周仁生曾不止一次向沈克成吐露心跡的「我對自己的人生選擇無怨無悔」，還有沉重的下半句——「只是害苦了好多朋友，害苦了老伴孩子，我深感不安！……也許我是等不到那一天了，但是，待到托翁平反日，家祭毋忘告乃翁。」

回望蒼茫人生路，老人對自己是「無怨無悔」，可是對別人呢？這是不是值得？這筆賬該怎麼算？

早年在海澄中學任職時教過的學生，最後終於打聽到周仁生——這位受學生愛戴中途突然消失的神祕校長——的消息。

53 周仁生一九九四年十月二十七日致周履鏘書信。托派老人認為，唐寶林早期寫托派的文章，對托派的有偏見，後來慢慢轉變過來一點，所以周仁生認為這是「唐的進步」，周梅森在《重軛》之中，有一名主人公是以托派為原型。

54 周仁生一九九五年九月三十日致周履鏘書信。

一九九五年，周仁生收到當年對托派初具同情的學生蔡素慈寄來的書信。周仁生在周履鏘的通信中提到：

她現在漳州市，已退休。四十三年（前）的往事，她記憶猶新，卻因此一生遭到憂憂戚戚的悲慘境地。她現有二個女兒，都是師範大學畢業，一學數學，一學物理。「城門失火，殃及魚池」，城門失火，屬於我們——本來如此，「殃及魚池」屬於建林兄與素慈——他們兩人遭受可怕的災難。據素慈來信說，葉秀明在文革中自殺身亡；劉良榮出來後一直在漳州市教育系統工作，現已退休。素慈的丈夫是印尼歸僑，但信中沒有提起她丈夫的現狀。[55]

蔡素慈是受到周仁生的影響而囚禁半年，「對她的前途必有災難性影響。」[56]不單單只有蔡素慈，蔡素慈姐姐蔡素心，弟弟蔡靈德也可能是一同受周仁生牽累，姐弟仨的命運「都是相當坎坷」。[57]

當年的學生還寄給周仁生一張攝於二〇〇二年元月「龍海二中[58]初中五三／高中五六屆同學相會及祝壽合影」。在照片裡，當年稚氣未脫的學生，都已是白髮老人。照片的背面，是一一對應的名字。周仁生老人在六個人的名字上用紅筆打了勾。他們的名字分別是：蔡葉章、許琳琅、許寶英、鐘秀華、黃一卿和陳玉樹。

老人咀嚼的會有悔恨和愧疚嗎？可是，他指給他們的是明明是一條光明的「真理之路」啊，這，又有什麼錯？這筆賬又該怎麼算？

一九九六年三月二十三日，一位名叫陳琮的溫州老人逝世。二十四日，靈車直送火葬場。年過古稀的周仁生執意

55 周仁生一九九五年八月七日致周履鏘書信。
56 周仁生一九九五年五月九日致周履鏘書信。
57 周仁生一九九六年十二月二十三日致周履鏘書信。
58 海城中學後來改為龍海二中。

送到山上，一直看著封龍門的磚，直到最後一塊砌上為止。[59]這觸發老人的感慨：「一生中有人春風得意，有人落寞坎坷。」[60]而他的人，當然都屬於後者。

還有一層是悲涼感。

他看過太多人性中的黑暗。二〇〇三年十月，就是在周仁生老人辭世前幾個月，老人得出一個悲傷的結論，那就是：「中國托派中壞人居多數，好人居少數……在批鬥林松祺的那個場面，完全暴露了那些人的真面目。那些人原先自稱是最積極的中國托派，但在批鬥林（松祺）時，為了主動贖罪，使出最卑劣手段，林松祺便死在他們的拳打腳踢之下。」

在悲涼之中，傳統的中國讀書人（周仁生當然也是一名讀書人）會情不自禁低吟古典詩句，聊以自慰。這似乎成為中國讀書人的一種本能。《一滴淚》作者巫甯坤下放時，讀杜甫。《上海生死戀》作者鄭念，在詭異恐怖的氛圍之中讀唐詩平靜內心。一九七〇年後，丁玲被單獨監禁五年，是靠著背誦幼時母親教給的古詩，才沒使自己失去語言功能。[61]晚年的周仁生也同樣如此，他在和周履鏘的通信時，筆端也會流淌出詩句。「王師北定中原日」，「但願人長久，千里共嬋娟」，「江山仍動色，鶯燕欲銷魂，試從平地看，四遠綠無垠」[62]是有某種期待，更多的，還是惆悵。「平林漫漫煙如織，寒山一帶傷心碧」；「未老莫還鄉，還鄉須斷腸」；「寒嬋淒切，對長亭晚，驟雨初歇」；「天意從來高難問，況人情易老悲難訴，更南浦，送母去！」

如前所述，老人對托派信仰不變，可是對整個中國托派的運勢，老人最後持悲觀態度。

在悲觀悲涼之中，還藏著老人一層隱秘心境——這也最讓人動容。讀周仁生寫給周履鏘早期書信，透露出對人

59 周仁生一九九六年三月二十九日致周履鏘書信。
60 周仁生一九九七年一月十九日致周履鏘書信。
61 高華：《歷史筆記》II，第三三四頁，香港：牛津大學出版社。
62 夏承燾詞句。

事的憤懣。他氣憤有托派老人，不知悔改，有托派老人乘機「以陳獨秀研究專家」自居，爭名奪利，他也看不慣。而後期書信，老人變得平和，他原諒了早先指責的「非我族類」的人，他終於體會到，一位白髮蒼蒼的老父親，收拾好家，等待回家浪子的心情。過去的事情，就讓它過去。百轉千回，周仁生老人看山喜平。絕望悲涼，和寬容平和原諒，兩者看似矛盾，卻在老人的軀體內神奇共生。

周仁生去世前三年，在一次前列腺診查中發現癌細胞，醫生建議用進口藥治療，昂貴的藥費都是他的學生們掏腰包支付，當看到他的病情出現轉機時，大家都為他高興。

周仁生早年在海澄中學時的同事，現在已是廈門大學知名教授潘天順，聞訊特地趕來溫州看望他，在這個時機，勸他回到基督懷抱，老人笑笑說，「我是堅定的唯物主義者，我始終信仰共產主義。」這位廈門大學的知名教授並不是第一位勸周仁生信教的人。受周仁生牽累的女學生蔡素慈，最後也投入基督教懷抱，她在來信中，總是——在周仁生和趙青音讀來——「絮絮叨叨」傳福音，老人對此並不感興趣。他要無愧於床頭掛著的那副著名聯：「行無愧怍心常坦，身處艱難氣若虹。」

沈克成回憶，在周仁生去世前一年——

> 他又感到身體不適，人也越發消瘦了。大家都勸他趕快到醫院診治，雖然家貧如洗，但他的醫療條件還是不錯的，哪個醫院裡沒有他的學生，光醫學院的教授、主任醫師，曾聆聽過他講課的，至少有一班人。民政部門對他也特別照顧，答應所有的醫藥費都可以報銷。想不到他卻執意不去醫院，也不想進食。大家苦口婆心相勸，始終無法使他回心轉意。作為他的學生，作為晚輩，我理解他的所思所想，他一定是覺得與其這樣苦撐著活在世上，還不如早日歸去。但是他沒有認識到自己存活的社會價值，也沒有體會到有這麼多愛他、敬他的朋友和學生，希望他能再活幾年、多活幾年。[63]

63 沈克成：《行無愧怍心常坦，身處艱難氣若虹——悼念周任辛先生》。

需要說明的是，在老人人生最後幾年，家裡經濟條件不差，並不是如沈克成先生所說「家貧如洗」。

周仁生早期開辦英語學習班是純公益性質，沒有收一分錢的。潤物細無聲，卻讓對英語學習如饑似渴的各路學生感到愧疚。學生們相商，就在逢年過節送禮，以當束脩。學生送的禮，又多為煙酒，後來發現老師床底下堆滿了煙酒，他根本吸不完喝不完。學生轉頭一想，如此送法，反而有害恩師身體健康。最後學生提議，索性送錢，最實際。一位同學的母親，也是周仁生的老朋友，去做思想工作，周仁生最後才接受收錢。老人也在為家裡人掙錢。有一段時間，兒子兒媳雙雙下崗，他這位瘦小的托派老頭子就成為全家唯一的收入來源。

另外，周仁生替不少機構翻譯都是收費，這筆費用也不低，再說他平時生活節儉，積累了一定積蓄——死後留下十七萬元現金給妻兒。這筆錢，能讓老人在離開人世時，多一份安心。

周仁生「一心求死」，考慮經濟因素只可能是占很少一部分。一是，如此一番人生經歷之後，老人早已看淡生死。周仁生在一九九五年十二月三日致周履鏘的書信之中寫道：「章兄給鶴梅的信中，兩頁紙有一頁半是談養生之道。可見人老了，注意的方向也變了。」

二是，老人見證了太多無奈的死亡，在絕望、淒苦、寬容之後，在油盡燈枯、苦酒飲盡之際，對自己淒涼沉鬱人生的絕決告別。從他親筆撰寫的悼念愛徒胡振東的文章《在默默中生存，在默默中泯沒》中，可以讀出老人當時心境。

他（指胡振東——引者注）的病情惡化了，他是醫師，深切病魔難以制服，便悄悄地準備與人間作別了。他把用不上的多餘的藥「靈芝康復寶」「地奧心血康」，悄悄地告訴女兒、姪女，要送給兩個窮朋友，那天，筆者（周仁生自稱——引者注）又去看望。握著他的手，他把筆者的手握得緊緊地，彷彿是最後一次握手了。然後我們相對無言，唯有淚千行。

臨終前，他蒼白的臉，左轉右側，疼痛難熬。他的一生曾經救活了多少病人，減輕了多少病人的疾苦，自己卻在臨終時深受折磨。好像太不公平了。但轉念一想，人世間的事啊！常常是不公平的。

「人世間的事啊！常常是不公平的。」這是老人一句泣血之語。轉換一下場景，親友眼中臨終的周仁生，不也是周仁生眼中臨終一心求死的胡振東嗎？

二〇〇四年一月二十五日（農曆甲申年正月初四）沈克成和文選看到臨死之前周仁生衰弱的景象。

> 只見他病弱的身軀似乎已抵擋不住氣候的嚴寒，雖然暖風機就在身邊，還在不住地瑟瑟發抖。由於長久沒有好好進食，他的聲音已變得羸弱而嘶啞了。[64]

文選先生費盡唇舌，最後終於說服了周仁生正月初六去醫院抽肺部積水。想不到的是，就在正月初六清晨，周仁生老人撒手人寰。老人似乎習慣了在正月別離，數十年前離開上海的逃亡，也是在正月。

據周仁生生前一位極其親近的學生說，老師不是死於前列腺癌，當時癌症病情已經穩定住了，他死因是衰竭。據趙青音回憶：

> 一月二十六日晚上，和平常一樣，周先生在十點鐘之前就睡覺了，因為已接受朋友的勸告，第二天還要到醫院看病，所以這天睡得比平日還要早，九點多鐘就已上床了。大約睡到十二點鐘，周先生起床小便，躺下去不到十分鐘，就覺得胸悶氣喘。我起床開起燈問他，哪裡不舒服，他指了指心頭。我以為他要吐痰，拿了一張餐巾紙給他，沒吐痰，我扶起他靠在床上，我問他要不要開水，他點了點頭，說話已有點不清楚。當我倒來開水，他只抿了一口，不喝了。我說，你有什麼事要說嗎，我去拿紙筆，你寫一下，說著我趕緊去拿來紙筆，但他已拿不住筆。我趕緊去叫醒睡在樓上的兒子，媳婦。他們下樓以後，看到這種情況，也慌張起來，當兒子叫他

---

64 沈克成：《行無愧怍心常坦，身處艱難氣若虹——悼念周任辛先生》。

「爸爸，爸爸」時，他已經不能回答。兒子說「爸爸，你先躺下」，說著我們就扶著周先生躺下，這時周先生呼出去的氣大，吸進來的氣小。不一會兒，周先生掙扎著，好像要坐起來，我們扶著他靠床坐著，這時他把我們每一個人和整個房間環視了一下，然後略帶微笑，閉上眼睛，頭一歪，就倒了下去，我們趕忙把他放平。一測試，周先生的呼吸，心跳都已經停止，時間是一點四十五分。[65]

中國托派重要的人物周仁生就這樣走完了他的一生。

很多學生聞訊趕來料理老師的後事。讓周仁生的學生感到心酸的是，當幾人拆除木床的時候，發現一點也不吃力，搬出來的時候輕輕鬆鬆，木床已被蟲蛀一空，以至他們可以用手可以折斷床靠，床杠，把它拿去作木柴也生不起火。房間裡鋪床地方的地板已基本腐爛，只放著幾塊石墳著木床。[66]老人生前生活簡樸如此。

禍及妻兒

在周仁生晚年，一直陪伴左右的趙青音心性突然發生奇怪變化。趙青音是周仁生很好的助手。在繁重的謄抄工作之中，趙青音老人終於明白，他的老伴周仁生是從事一件極其高尚的工作。周仁生和趙青音原本就是師生戀，在趙青音的心田裡，一直種著崇拜的種子，這顆種子到她的晚年突然枝繁葉茂，變成一株蒼天大樹。趙青音老人固執地把自己姿態放到最低，低到塵埃裡。她覺得周仁生老師待過的每一個地方都是聖潔的。最後，她要和周仁生分桌子吃飯，分桌抄寫。她在房裡吃飯，就像舊時代不上桌的丫鬟；她不在周仁生的書桌上抄寫——不，她絕不能打擾到他神聖的工作——而是另外搬張小凳子，把稿紙放在凳子上，坐在門口謄抄。

65　徐晉：《周任辛先生逝世前後及與我的師生情緣》。

66　同上。

周仁生去世，她生命之中的這根擎天支柱被無情地連根拔起。家裡全部擺設保持不變，彷彿周仁生不是死去，而是出了一趟遠門。她也不再睡臥室——周仁生睡過的臥室，是神聖的聖殿。她睡在家裡的過道裡，天天面對著是一幅巨大的周仁生遺像。

趙青音最後終於精神崩潰了。她倒在走廊裡，連排泄都沒有意識。周仁生的學生們強制把她抬出房子，不讓她過分睹物思人，換個環境，也許對她的狀態會好點。周仁生學生把趙青音安排在養老院裡，和她的兒子周爾雅同住（當時周爾雅也已患精神疾病）。學生帶上周仁生的遺像，掛在養老院的房間裡，營造家的環境。對趙青音來說，有周老師的照片在，有兒子在，就是家了。

由於兩位老人對周爾雅的深深愧疚——他們給周爾雅帶來無妄之災——使周爾雅一直生活在溺愛之中。周爾雅就像一個永遠長不大的孩子。周仁生曾向友人透露過對兒子的真實想法：兒子算是無用了，不成器，只追求物質享受，他已經放棄兒子，只能給他金錢做補償。不知道老人有沒有發現，這不正是一個互為因果的怪圈嗎？

已有老年癡呆症狀的趙青音常常深夜在房間裡踱步，打擾了兒子周爾雅的睡眠。周爾雅正在吃治理精神病類的藥，常常神志不清，「據說，周爾雅就為此打他母親。」在市區一間咖啡館裡，周仁生生前一位親近學生向我講述這件事情時，不自然地壓低了聲音。我們陷入沉默，路邊的風吹過榕樹，發出陣陣沙沙聲，冷得我牙齒打顫。

二〇〇八年十二月二日，趙青音老人油盡燈枯。誰也沒想到，在趙青音老人去世後不久，周爾雅也縱身跳樓身亡。

周仁生學生推測，周爾雅的悲劇和他的淒苦童年、未成年時被人批鬥的經歷，存在某種因果關係。當年，趙青音緊緊擁抱著表情錯愕的六歲周爾雅痛哭。造化弄人，圓滿背後，竟然藏著一條悲劇的伏筆。這一段無可名狀的痛苦童年，創傷了周爾雅幼小的心靈，他像被一名功夫高手狠狠地打了一掌，內傷一直停留在體內，只到很多年之後，他的悲劇才被一一引發、兌現。

這是一個家庭的悲劇。

四、尾聲

周仁生去世之後，遺物全部由趙青音保管。二〇〇五年，周家附近工地施工，打樁震壞房子，翻修房子時，周仁生的遺物經過多次搬遷。有人——這真是視野獨特的一個人——建議：周仁生留下的書本和稿子，都是沒有用的，可以當廢紙賣掉。所幸趙青音和周爾雅堅決不同意，周仁生的遺稿也得以保全，不過也是雜亂地堆在一起。

二〇〇六年四月，周履鏘從上海來溫尋找周仁生翻譯的《托洛茨基文集》補遺譯稿，在周仁生家中，他和趙青音共同整理，找到了上下兩卷的譯稿底稿。

《托洛茨基文集》是托洛茨基流亡時期著作的文集，共十二卷，流亡土耳其時期五卷，法國兩卷，挪威一卷，墨西哥四卷。一九六九年美國開拓者出版社出版英文本之後，又發現一批托洛茨基的文章，編成補遺。鄭超麟生前就組織人員進行翻譯，周仁生負責譯補遺二卷。周仁生已基本完成了補遺翻譯。周履鏘還在周仁生的遺物中發現兩封致中央編譯出版社的書信，該書似有列入二〇〇三年出版的意向。據周履鏘瞭解，北京施用勤正在翻譯《托洛茨基文集》，周仁生翻譯的《托洛茨基文集》補遺兩卷如果能被列入出版，也是周仁生和周履鏘倆人的心願。

周履鏘還企圖尋找周仁生留下的其他遺稿，也沒有找到周仁生寫的回憶錄。周仁生原沒有寫回憶錄的打算，在朋友一再督促下，被說動過，曾在給周履鏘的信中談及寫作大綱。趙青音告訴周履鏘，周仁生到死都沒動筆寫回憶錄。

讓周仁生的學生們感到遺憾的是，周仁生的大部分遺物遺稿書信最終還是丟失了。據溫州一位已故的媒體從業人員回憶，他在採訪中曾碰到難以解答的英語難題，有人推薦讓他去找周仁生老人。周仁生耐心地為他做了解答。這位媒體從業人員無意間在周仁生的書桌上看到曾任周恩來秘書的童小鵬簽名的一本贈書。周仁生和童小鵬有過怎麼的交往？類似的問題都由於周仁生的去世和遺稿、藏書、書信、日記（據說周仁生有寫日記的習慣）的丟失，都無從解答。

二〇一四年秋天，由周仁生的學生虞爭鳴先生召集，在市區一間酒店會議室裡召開紀念周仁生逝世十周年座談會。周仁生生前的好友和學生聚集一堂，大家一起回憶老人留下的溫暖點滴。

沈克成先生登上講壇說，晚年的周仁生淡泊名利，由於物價飛速上漲，政府每月補助就顯得很低，溫州中共老黨員馬驊先生看不下去了，在一次溫州政協座談會上，拍案而起，說，請問在座諸位人格，哪一位高過周仁生？

沈克成先生所說的這個故事，我也在周仁生寫給周履鏘的書信中找到出處。

馬驊在文革中受過折磨。他現在的觀點是：托與中共是政見不同，托是國際共運中的一個派別，是追求革命的。這是他今天的結論，還說我們的人都是品德高尚的。他好心好意，擒著《國際事務概覽》，在溫州政協座談會上高聲說，你看，他們譯出書來，不夠政協委員資格嗎？恐怕在座諸君，未必有他們的品德、學問與風格吧！馬先生實在見義勇為，敢說真話，值得尊重。[67]

對托派的態度，晚年蘇淵雷、谷超豪和馬驊一樣，也發生了轉變。

在上海，周仁生和王國龍曾陪同蘇淵雷來看鄭超麟。鄭超麟很高興，他知道蘇淵雷在一九四〇年曾為托洛茨基寫過悼詞。蘇淵雷抬頭看見鄭超麟家牆上掛著鄭超麟、劉靜貞和兒子弗來的相片，站起來，走到照片前合掌拜了三拜，淚水奪眶而出。

著名數學家谷超豪是周仁生在甌江小學、溫州中學讀書時的校友。谷超豪衣錦還鄉，在一次由他做東請甌江校友的聚會上，周仁生向他說起早年他在提籃橋監獄裡對來調查的人實話實說，說谷超豪不是托派的事。谷超豪聽完哈哈大笑，在聚會散場前還剩兩分半鐘，特地坐到周仁生的身邊，對周仁生說：「過去我們和平共處，今天我才捨不得這兩分半時間白白過去，跟你說句知心話。你們這批人，我都很瞭解，不論個性、品格、學識，都是令人欽佩的，我們

[67] 周仁生一九九三年十二月六日致周履鏘書信。

從前只是方向不同。」

蘇淵雷、馬驊、谷超豪，周仁生，早年都是溫州中學裡激進學生，蘇淵雷、馬驊、谷超豪加入中共，周仁生加入托派，從此分道揚鑣，內心隔著「大江大海」。現在，滄海橫流，他們都已一一作古，想來墓木都已拱了吧。

逝者長已矣，生者如斯夫。虞爭鳴先生牢牢記得他剛開始下海經商，逐步疏遠英語書本和周老師課堂時，周仁生語重心長對他的告誡：「爭鳴，賺了錢，早點回來做學問啊！」虞爭鳴先生謹遵師命，成為一名翻譯家。虞爭鳴先生還是仁心公益基金的會長，該基金會，正是由周仁生生前的學生發起，銘刻「仁心」之名，傳承了老師的奉獻精神，孜孜不倦從事公益活動。可以說，周仁生的學生一一繼承了他英語教育和公益理想的衣缽。從這種意義上說，周仁生老人還活在溫州，只是，在眾人的思念之中，他身上的托派色彩越來越淡。

二〇一六年四月，香港林致良先生寄來的香港天地出版社剛出的五套厚厚《彭述之回憶錄》（每套共上下兩卷），第一卷是由周仁生和葉向陽根據法文本譯出，第二卷中文本由程映湘（彭述之女兒）編撰。我一收到書，馬上轉交給虞爭鳴先生。周仁生老人沒能看到這套書的出版。

當時，虞爭鳴先生整理周仁生文集已到收尾階段。他讀了周仁生先生寫給周履鏘先生的數百封「無話不談，毫無保留」的書信之後，對我說，他們這些學生自以為和老周先生走得很近，其實不然。

虞爭鳴先生停頓一會兒，轉來一下頭，又重新轉回來對我說，老周先生[68]有很多「面相」，最重要當然是他的政治身分，他晚年的英語教學，只是一種不得已的謀生手段，晚年的周仁生其實一直都在找他的托派接班人：第一等人選，當然是托派；第二等人選，是同情托派的人；最末等人選，是對托派研究、對陳獨秀研究感興趣的人，可是他學生三千[69]，老周先生一一過目，無一人合適。

68 虞爭鳴先生習慣稱周仁生為老周先生，周履鏘為小周先生。
69 虞爭鳴先生估計，周仁生的學生超三千，還是一個保守數字。

這時，我回頭看周仁生寫和胡振東告別的句子，才猛然驚醒，這就是蜀中諸葛亮給姜維送終——蜀國事業無後——的場景啊。握著胡正東的手，他把周仁生的手握得緊緊地，彷彿是最後一次握手了，然後他們「相對無言，唯有淚千行」。

周履鏘：兩年托派團員　三十年滾滾荒漠

一九五五年四月下旬的一天，二十七歲的周履鏘從福州看守所被押送到一百八十公里遠的南平。走出關押了幾年的看守所，周履鏘恍若隔世，他吸了幾口高牆外的空氣。和他同行的，還有他的溫州老鄉趙養性。

到了南平，周履鏘和早已從各地押送而來的近千名犯人集合在一起。每人發一套棉衣褲，被告知要去勞改隊，但沒有說地點。大家估計是去蘇北挖河築堤。根據前幾批經驗，送到外地勞改的犯人，刑期大都在五年至十年之間，刑期長的和無期死緩的關在監獄，刑期短的則留在當地勞改。

當時福建還沒有通火車，近千名犯人先從南平乘汽車到上饒，在上饒再換悶罐火車。悶罐火車就是一節節活動的巨大棺材，外表冷酷，不把吞入其中的人當作人來看待。「只有那眼珠間或一輪」[1]，還可以表示是個活物。一個個人像一顆顆土豆一樣塞滿少窗戶沒有廁所又悶又熱的車廂，黴味、汗味，會憋得人透不過氣來。只聽得火車單調的哐當哐當聲，不知幾時能到站。乘客所受的苦，難以形容，如果乘客又剛好是犯人，那就更沒有人來關照他們的死活了。

悶罐火車走走停停，走了兩三天之後，周履鏘感覺到車廂被分組推到船上，然後聽到水流聲，原來是過長江了。周履鏘內心湧上一陣悲涼：長江以北，就不再有南方家鄉溫暖的氣象了。

悶罐火車過江後又往未知的前方哐當哐當了兩三天。這一千名大多是來自南方的犯人，感覺越來越冷。很快，車廂裡寒冷蓋過原有的悶熱，一種痛苦裹上另一種痛苦。有人從悶罐火車上端小窗裡看到長城，哦，是過八達嶺去塞外。周履鏘澈底絕望了，和中國歷代數之不盡的淒苦無名者一樣，他被新朝代流放邊疆。

1　魯迅在小說《祝福》裡描寫祥林嫂的句子。

難受、暗罵、絕望，每一種情緒退潮之後，車廂裡犯人間的聊天都是謹慎的、無關痛癢。來路不明的各路勞改犯混雜在一起，零丁、淒涼。

四月底，火車終於停下。眾人下車，四顧白茫茫一片，踏雪步行了約一個小時達到了郊外。一塊用鐵絲網圍成的十多幢工棚，在視線裡慢慢變大，這就是周履鏘所在的勞改隊了。

按照南平出發時編好的隊組，二十來個人一小組，五個小組一個小隊，一個小隊一百多人住一個工棚。三四個小隊組成一個中隊，最後由三四個中隊組成一個大隊。所以，周履鏘才估算出，總共有一千多名來自南方的勞改犯。周履鏘屬於第三中隊第三小隊，趙養性屬於第一中隊第一小隊。

幾天後開會宣佈，這裡是內蒙古集寧，也叫平地泉。平地泉在北京西北，呼和浩特以東，離家鄉溫州兩千公里。從地圖上看，周履鏘這只渺小的蝨子，像是被一根巨大的手指按住，從「大公雞」的下腹部，一直拖行到「大公雞」的脖子上。

勞改

在內蒙古全省範圍，周履鏘所在的勞改隊屬於內蒙古第十四管教支隊第五大隊。「內蒙古第十四管教支隊第五大隊第三中隊第三小隊」，是一個「永不磨滅」的記號釘在了周履鏘身上。被命名，被編號，也是服從權力的一種方式。

一支勞改大隊駐紮一個勞改農場。內蒙古當時有很多勞動場所，除了農場，還有煤礦、石棉礦、磚瓦礦、機械廠等，有一個單位叫二十四支隊，周履鏘又估算了一下，那麼內蒙古至少有二十四支勞動支隊了，至少有二十萬勞改犯。當時，犯人大多是從遠在千里之外的華東、華南地區押來，以廣東、湖南、福建、浙江人為主。

這二十多萬勞改犯，大部分都叫「反革命」。

起初，周履鏘最反感被當局叫作「反革命」，心裡忿忿不平，因為他是反對國民黨反動派的，也是「革命」的，潑在他身上的其他髒水，他都能忍，就是對「反革命」這個稱呼不能忍受。當時，當局處理他又不是公開的，又不允許他和別人談案情，周履鏘只能悶聲不響了。日子一長，周履鏘才逐漸瞭解到，原來「反革命犯」的罪名，是一個無所不包的大籮筐，這個大籮筐裡裝有國民黨的黨政軍憲特、有共產黨內的叛徒和反對派、甚至還有宗教人士、聖母軍、一貫道等等。成王敗寇，也就沒有什麼好說的了。

內蒙古第十四管教支隊對外稱是鐵道部第二築路工程隊，當時的任務是修築集甯到二連的鐵路，第五大隊的任務是建集寧樞紐站。

當時，中蘇之間只有過滿洲里一條鐵路通道，正在修築的「集二鐵路」是打通中蘇交通的第二條鐵路通道。「集二鐵路」從內蒙古烏蘭察布集甯南站連接中蒙邊境的二連浩特，從北京經內蒙古直通蘇聯，要比經滿洲里中東鐵路到蘇聯近一千多公里。一千公里，也只是周履鏘從流放地到家鄉的一半距離。

原來，蘇聯的鐵路寬軌軌距和中國以及世界上其他國家普遍採用的都不一致。二連浩特到集甯的鐵路路基是直接按照蘇聯的寬軌標準修建，相應的，要在集寧修建換軌樞紐站。

築鐵路流動性很強，一段工程結束，勞改犯們就要搬家。一九五五年底，周履鏘所在的大隊從集寧調到包頭修建運輸包頭鋼廠原料的專用線——「包白鐵路」，趙養性所在的中隊繼續留在集寧。從此以後，周履鏘掄鎬四顧，念天地悠悠，荒漠蒼茫，西出陽關無故人，成為完全孤單的一個人。

修鐵路，遇窪地填土築路堤，遇小丘挖修路塹，遇河流建橋，遇高山鑿隧道，體現社會主義大建設無往不勝的氣概。修鐵路人員有鐵道兵、建築工人、民工和勞改犯人。其中最重最苦的工作是築路基填土方工程，這種活就留給勞改犯人去幹。當年沒有築路機械，全靠人工用肩挑用鎬挖。如果運氣不好，築路堤時碰到高填方，要爬上三層樓高的堤頂，整天挑一百多斤的擔子，其苦楚「一言難盡」。

一九五六年，修「包蘭鐵路」，周履鏘從包頭往西一直修到河套地區。由於經常搬家，他所在的勞改隊都沒有建高大的圍牆，只是在四周圍上鐵絲網，估計也沒有通電：因為周履鏘發現，照明用的是油燈。外出勞動，都是遍地放羊式。

讓周履鏘覺得奇怪的是，這樣鬆散的監管，竟沒有逃犯。周履鏘說：「也許當年那批犯人，大都是經過鎮反活下來的，嚇破了膽，能活下來豈敢再逃？不像後來圍牆越修越厚，還加上電網，進出口多重鐵門，獄警越來越多，管理越來越嚴，反而不斷發生越獄暴動事件。」

飽經苦難摧殘、被剝奪自由而倖存下來的人，很有可能會得這種類似「斯德哥爾摩綜合征」的行為習慣。

當時各個勞改隊還要及時丈量工程數量，進行勞動比賽，管犯人的幹部沒什麼文化，就從犯人中選出稍有文化的來做這項工作，周履鏘被選中了。周履鏘就有了一小半從事非體力勞動的時間。也由於「稍有文化」的關係，他後來被當作技術人員調到內蒙古東部保安沼農場，擺脫了痛苦的修路工作。

在勞改隊裡設農場築工程，從設計到施工，都需要技術人員。解放初期，社會上技術人才奇缺，勞改隊也不得不從犯人中尋找技術人員。犯人中有不少是有高等學歷的，但是大多是學文史政經，這些在國民黨政府中「當官做老爺的」，周履鏘發現，投入勞改隊，所學的都毫無用處。只有少數學理工科的的犯人才被利用起來了，其中有水利專家，工程師。

周履鏘在中學時，理科成績不錯，當時原本打算是去讀理科的，到上海聽了彭述之講課之後，才對社會主義理論發生興趣，就放棄了理科，命運發生改變。到福建海澄中學教書時，因為學校缺理科老師，他還充數教了幾年數理化，也由於這個原因，想不到他投入勞改隊之後，還能「被利用」。

在勞改隊裡，學醫的犯人也頗有市場。當時和周履鏘一起做苦力的，有兩位原北京協和醫院的醫生，他們不僅為犯人治病，也為幹部和幹部家屬看病，「甚至被接到外面給某些領導看病」。放逐塞外三十年後在家安度晚年的周履鏘老人，回憶苦難時，不經意使用的也恰是給他帶來苦難者的操作者的語言習慣──「領導」。

「犯人就是一堆廢物，原本只是作為勞動力使用的」──如此冷酷的句子，從當事人周履鏘老人口中說出，自嘲得不近情理。

勞改生涯，周履鏘收穫一個心得體會：學文史哲確實沒用，學數理化醫學，還真是「走遍天下都不怕」。晚年的周履鏘還是保留這個觀點。

在這二十萬低頭掄鎬命的勞改犯中，有多少學「毫無用處」的文史政經，我們不得而知。他們都是上一個世界惆悵的精英，被無情地掃進了歷史的垃圾堆。

一九五七年冬，管理者要從第十四勞改支隊中，選出醫生、工程技術人員、技工三四十人，調到內蒙古東北部保安沼勞改農場，周履鏘被選中。這一選擇就是整整三十年。從一九五七到一九八七年周履鏘退休回到上海，周履鏘在保安沼整整待了三十年。這原本是周履鏘人生之中最美好的一段年華，他卻被釘在原地，從青年變成老人，像是一棵鬱鬱蔥蔥的樹，在一夜之間，風化成一段枯木。

三十年滾滾荒漠，只因為短短兩年托派生活。

大肅托

一九五二年十二月二十二日，全國大肅托，舉國上下，天南地北，同一天被捕。「天網」恢恢，周履鏘這條小魚，也無法逃脫。

當天下午周履鏘被抓時，他正忙著給福建海澄縣新政府幹活。政府草創，一有組織活動，到處抽人，識字的教師當然是不錯的人選。那一天，政府組織集市，身為海澄中學教師的周履鏘被抽去在現場做宣傳工作。

兩個穿便衣的公安，給周履鏘看了逮捕證。周履鏘被捕了。簡單、乾脆。

那時，公安裝備不全，連像樣的警車也沒有，他們就徵用了一部大卡車，整部大卡車裡只坐著周履鏘一個人，奔走在讓周履鏘感覺陌生的閩中夜間道路上。當天晚上，周履鏘就被押送到漳州。

周履鏘被關在漳州一間老式大房子的廂房裡。兩個解放軍守在外頭。有一天，周履鏘出門倒馬桶，看到了趙青音的背影，周履鏘在被公安提審時說，他看到趙青音了。從此，周履鏘再也不允許走出房間。連馬桶也不用自己倒了，解放軍幫他倒。

周履鏘開頭是不願意說，後來，周履鏘也只能交代，「他們也只是聽著。」周履鏘說了才發現，實際上，他這個托派團員所瞭解的，還不如提審他的人瞭解得多。提審的人對托派歷史、托派各路人馬，都瞭若指掌，到後來，對他也就不怎麼審問了，因為「沒多大價值」。

大肅托當天，另一位溫州托派胡振南在北京被捕，剛開始也是閉嘴不說，堅持了三個月，對方告訴他：「你就算不說，我們也是知道得一清二楚。」晚年患神經元肌肉萎縮症，已經不能說話的胡振南，用一聲長歎告訴我，當局說的一點都沒錯。[2]

一九五三年四月底，周履鏘被押送到福州市的看守所，被告誡，不要跟別人談案情。每間牢房門口都有一個名牌，周履鏘門口的名牌上寫的卻是「周ＸＸ」。這是不想讓無關的人知道他的名字。

一九五四年下半年的一天，看管人員叫到他的名字，叫他去拿行李。看管人員出了看守所之後，叫了一輛黃包車之類的車子，周履鏘又一次不知道目的地在哪。

到了一個地方之後，他們讓周履鏘先等著，對他說：「看看，這些是不是你的東西？」一個皮箱和一些雜物，周履鏘在福建海澄工作時的東西，都攤在地上。

周履鏘在等著的時候，從裡頭帶出幾個人，是周仁生、趙養性和黃禹石。這是周履鏘在一九五二年大肅托後，在漳州那所不知名的房子裡倉皇地見過趙青音背影兩年後，再次見到托派同志。

在一個不大的廳裡，周履鏘四人接受開庭宣判。

周仁生，無期徒刑。

黃禹石，一五年。

趙養性，八年。

2 胡振南的故事，見本書下文。

周履鏘，七年。

半個多世紀過去了，當周履鏘老人挨個挨個向我談起在福建的每個溫州托派的刑期，就像是數手裡的硬幣，沒有太多的感情起伏，只求事實客觀。

在福建的溫州托派，統一抓捕，統一宣判。可周履鏘當時還不知道的是，這是全國範圍的大肅托，是中國托派的滅頂之災，很多對托派丈夫的事業持同情態度的妻子，也不能倖免。周履鏘的妻子錢慧初隻因曾在大公小學聽過課，參加托洛茨基被害紀念會，但並未參加托派組織，這一天，一九五二年夏從福建剛回上海的錢慧初也在上海被抓了。

沈雲芳的妻子翁淑青快要臨盆，當局也是照抓不誤。翁淑青被抓到上海提籃橋監獄之後，馬上送到監獄裡的醫院生產，翁淑青的女兒誕生在監獄醫院裡。晚年周履鏘寫文章打趣道：這真是監獄之花。

如果說，在巨大痛苦中也要分出哪個稍微幸運，那麼周履鏘要比周仁生幸運的，是童年孩子的命運。大肅托前，周履鏘兩歲兒子周大燁由錢慧初帶著在上海生活，當周履鏘和錢慧初一個在海澄一個在上海同一天被捕後，周大燁就留給在上海的外婆帶。第二年秋天，錢慧初在上海釋放，就見到了自己的幼兒。

宣判一結束，周履鏘和周仁生、黃禹石、趙養性就一起關在福建省看守所裡。在托派組織中佔有重要地位的周仁生，一開始就關在福建省看守所裡。

周履鏘老人曾說過，托派和共產黨一樣，關起來的時候，各種表現的人都有，基本上可以分三種：第一種就是骨頭很硬的，死不承認自己是反革命，不認罪；第二種中庸派，儘量不說話，潑在自己身上的髒水，認了，唾面自乾，但是也不舉報別人，不隨眾惡；第三種是表現積極，和當局妥協了，批鬥同仁。

他沒有在三岔口碰到這道見證信仰的艱難選擇題。在福州沒關多久，一九五五年四月下旬，他就和趙養性像兩塊無需告知的土豆，被裝進悶罐火車，押送到內蒙古勞教去了。

三次被捕

算上一九五二年大肅托，周履鏘一生總共有三次被捕經歷，兩次是被中共逮捕，還有一次是被國民黨逮捕。

周履鏘第一次被捕，也是在一九四九年那個特殊的年份。那一次，抓他的是國民黨人，當時，他還是一名風華正茂的上海師專學生。

四月二十六日凌晨，上海解放前夕，上海已成孤島。國民黨瘋狂捕人殺人。周履鏘被捕的細節，現在讀來，依舊瘆人。

二十六日凌晨，軍警包圍學校，師專全體學生從睡夢中被強迫集中到禮堂，一個帶面具的人，不發聲，持黑名單指認，凡認定的，被軍警押走。一共抓走十五名師學生，其中托派的有周履鏘、周儀以及托派同情者、周履鏘之後的夫人錢慧初，當時的罪名是「共產黨」嫌疑。

周履鏘先被押在附近的看守所，下午三四點鐘，又被押上囚車，囚車在市區呼嘯西去，在達人中學（現在是建國西路的上海市監察局）門口停下。周履鏘進去後發現已關押了數百名學生，以交大和復旦的學生最多。達人中學原址是法租界巡捕房，院子內是一個很大的天井，往北的一幢樓房都是小房間，就是當年的小牢房，現在關這些鬧事的學生，剛好合適。被捕的學生都沒有帶衣被，當晚，國民黨當局拉來一卡車軍用被子。大家睡地鋪，一條被子當墊，二人合蓋一條被子。

當晚被捕的約有三百人，大部分是參加學運的群眾，其中真正是中共黨員或學運中的骨幹反而不多。周履鏘後來推測，可能是共產黨首先得到消息，通知重要成員離校了。那時候的上海，同學們都是熱心參加學運，「不怎麼認真讀書」。那是整個時代的熱血在每一位年輕學生的胸膛裡沸騰。

五月二十三日起，允許保釋，周履鏘和另三位師專同學由他的叔父保釋出獄。大約有三分之一的學生都被保釋出獄了。其餘的學生等到二十七日上海全市解放，看守逃跑，才都出獄。

黑名單上當晚沒有被捕的人事後在校外也被捕，有些人被祕密殺害了。交大的穆漢祥、史霄雯就是兩例。那麼，為什麼包括周履鏘在內的三百多名學生毫髮無損？半個世紀之後，周履鏘才知道，是中共地下黨從刀口下把他們學生營救出來！

一九九六年五月二十五日上海新民晚報發表一篇署名嚴祖礽的文章《黎明前的鬥爭》，談到就是「一九四九年四二六事件」。文章披露，當時是中共地下黨進行了營救，交大黨總部成立「營救被捕同學黨組」，派三十八級支部書記徐光裕負責營救，徐光裕找到了名報人嚴獨鶴，請他聯絡一批被捕同學家長，他們向市政府提出釋放無辜被捕學生的要求，並設法衝破新聞封鎖，把被捕的三百五十二人名單發表在大公報上，使國民黨當局十分被動。在社會各界輿論壓力下，國民黨當局不得不從五月二十三日起陸續允許取保釋放學生。

這又是此一時也彼一時也。

一九四九年十一月，新中國建立剛一個月，只有托派團員兩年資歷的周履鏘被捕。

這一次，共產黨逮捕了錢川、丁毅、劉毅、王國龍、趙養性、沈雲芳、胡振東。還是托派團員的周履鏘原本不是逮捕的對象，而是無意撞上槍口，當天，他無事去位於閘北區寶山路的沈雲芳家串門，被守株待兔的便衣捉住了。

當晚，公安找周履鏘談話。內容很隨意，公安對他說：「你們說共產黨不可能勝利，現在我們勝利了，你怎麼看？你們年輕人，還是要革命，但是方向不對。現在，唯一的條件就是，你們不許再活動了。好好改造思想。」

這次逮捕，周履鏘的名字本不在黑名單上，且只關了一天，所以，周履鏘一直不把這一次當作正式被捕。

大肅托後，一九五四年宣判周履鏘的判決書上寫著：「一九四九年十一月被我公安逮捕教育釋放後，仍不悔改……」判定周履鏘不是初犯，而是再犯。

周履鏘用自嘲的語氣說，當局認定他被逮捕過，他自己再不承認，豈不有些「不識抬舉」了？

關於公安的兩句告誡「出獄你們不許再活動了。好好改造思想」，周履鏘做到了第一句話，因為以當時的形式，托派是不可能再繼續活動了；第二句話，他做不到。

一九四九年，在上海的托派的主要人物都已經離開。剩餘的托派成立了一個「江浙臨委」，把托派黨團員並在一塊。江浙臨委的負責人，是溫州人錢川。

上海已經沒辦法繼續再待了。一九四九年底到一九五〇年一月間，經周仁生的同意，周履鏘帶著妻子錢慧初去福建海澄，到周仁生任校長的海澄中學安身。

我們在聽故事時，總會不經意間忽略一個細節，那就是舊時行路的艱難。晚年王國龍在他的口述裡，會不厭其煩地細數他從溫州到上海經過的每一站，怎樣從水路換旱路，花三天時間到上海。行路的艱難和路途的遙遠，是一種時空的隔斷，會給幾十年前慌不擇路的異見分子提供意想不到的安全感，就算有時候僅僅是心理上的安慰。

周履鏘先取道廈門，去找廈門大學的托派安明波。安明波給周履鏘指明去福建海澄的路，當時，從廈門到海澄，要渡過一片海。周履鏘彷彿是安全走過了《聖經》裡的紅海，以為把追兵和危險遠遠地拋在後面。

成為托派是很自然的決定

二〇一四年四月，由仁心公益基金（周仁生的學生以他的名義發起的一個公益組織）虞爭鳴會長引見，我和溫州學者沈迦叩開了周履鏘老人的家門。

周履鏘老人的家在上海靜安區靜安麗舍一幢房子的一樓，推門進來，映入眼簾的，是晚年入川的陳獨秀寫給程裡鳴醫師的那幅對聯：「美酒飲到微醉止；好花看在半開時。」

這幅對聯是二〇一二年陳獨秀的後人吳孟明（陳獨秀是吳孟明的舅祖父）書寫並贈送給周履鏘的。聯邊注「此仲甫公贈程裡鳴醫師宋詩聯句，時在四川江津，已是六十年前之事。」

陳獨秀一度是中國托派的領袖，中國很多托派成員都會把陳獨秀的話語奉為座右銘。周仁生生前掛在家裡的對聯，和胡振南為去世的哥哥胡振東印製的紀念冊第一頁，都是獄中陳獨秀寫給劉海粟的那幅表明自己心志的著名對聯：「行無愧怍心常坦；身處艱難氣若虹。」

吳孟明寫不出舅祖父陳獨秀瀟灑狂狷的狂草，而是工工整整一絲不苟的唐楷，這和周履鏘老人難得安詳的晚年生活相得益彰。

在房間靠窗的位置，有一台按摩椅，還有一隻紫砂螃蟹蹲在窗下一張小桌子上，安安靜靜。

八十八歲高齡的周履鏘老人就這樣坐在我的面前。淡色的夾克衫，扣著紐扣，深色的西褲，身板結實。如此結實的身板讓他熬過數十年艱苦的勞改生涯。老人前腦門和頭頂都已光禿，兩邊稀疏的白髮，一口牙齒掉了只剩幾個。他思路清晰，精神很好。我和沈迦先生向他講明瞭採訪的意圖。他先是低頭耐心地聽著。

上海吳基民先生為周履鏘先生寫過兩篇文章，第一篇是《四個托派的人生沉浮》，刊發在二〇〇四年〇四期的《世紀》雜誌，四個托派是指曾猛，王國龍，周仁生和周履鏘，第二篇是《中國的最後一個托派》，專寫周履鏘先生一人，刊發在二〇一二年第一期的《世紀》雜誌。說周履鏘是中國的最後一個托派，是吳基民在文章中的想當然推斷。該文發表之後，周履鏘寄給吳基民一張勘誤表，指出文章裡的一些錯誤細節。首先，他認為該文的題目欠妥，宜改為「中國一個青年托派的執著人生」。據周履鏘先生的瞭解，在二〇一四年，至少還有二十多位中國托派在世。

對照吳基民的文章，按圖索驥，我重新摩挲這位老托派的苦難經歷。老人說出的我不曾知道的諸多歷史細節，就像退潮之後留在沙灘上陌生堅硬貝殼。

一九二七年四月，周履鏘出生在溫州一戶商人家庭裡，家境殷實。

周履鏘從小就認識周仁生——這位以後把他帶上托派道路的導師。周履鏘讀的是甌江小學，和周仁生是同校，比周仁生低五個年級段。周履鏘的姑母周蕙芳和周仁生同班，他們親如姐弟。她時常帶周履鏘到周仁生家去玩。

周仁生和周履鏘真正接觸，是在周履鏘就讀浙東第三臨時中學時。一九四四年，周履鏘讀高二，周仁生來到浙東三臨中擔任英語教師。這位僅比學生大五六歲的青年老師，以高超的教學藝術贏得了學生的尊敬。周履鏘成為周仁生第一批學生。

這一年前後，後來成為周仁生夫人的諸暨人趙青音，也隨著流亡學生的大潮來到浙東三臨中就讀。周履鏘和趙青音大姐曾在豆燈下情同姐弟似的共讀。

周仁生，一位剛執教鞭的青年老師，周履鏘和趙青音，情同姐弟的兩個高中生，仨人的人生軌跡在一九四四年的小山溝裡美好地交叉過。那時，抗日戰爭眼看就要勝利，東甌僻靜的小山溝裡，讀書聲琅琅。

那時已經是托派的周仁生，在浙東三臨中裡影響了一大批學生。周仁生剛開始並沒有把周履鏘當作發展的物件，而是以老同學周蕙芳的侄子身分對待。也是從那時開始，周履鏘受到他的薰陶，慢慢地接受了托洛茨基斯想。而周履鏘真正加入托派，是在之後的上海。

一九四五年，抗戰結束，浙東三臨中撤銷。來自紹興這一帶的高三學生和少部分高二高一學生回原籍，溫州當地的學生則並到道司前附近的溫州高中。一九四七年一月，周履鏘從高中畢業，就來到了上海。

周履鏘來上海，並不是吳基民文章裡所說的「深深為周仁生的人品所折服，他聽從周仁生的意見……跟隨周仁生來到上海」，[3]而是因為一個簡單的事實，當時溫州還沒有設立統一的大學招生點，要報考需要去杭州或上海。周履鏘有一個親戚剛好在上海做生意，也有一個落腳點，高中畢業之後，周履鏘就很自然到了上海。當年七月份，周履鏘考取了上海師範專科學校。

「很自然」的背後，是滾滾大勢裹挾著每一個活生生的個體，泥沙俱下。在上海，周履鏘再次碰到了周仁生。周仁生帶著周履鏘參加彭述之開的哲學課。拿著煙斗侃侃而談的智者彭述之對高中畢業生周履鏘有著致命的吸引力。幾句振聾發聵的真理，帶著濃重的湖南口音從五十二歲的彭述之口中說出，能讓想讀理工科的周履鏘徹底放棄初衷，而對社會主義理論發生興趣。這也輕易地扭轉了周履鏘的命運。周履鏘也正式走上了托派這條佈滿荊棘的道路。

按照周履鏘的演算法，他是在一九四七年加入托派，充其量還只是一個小小的團員，到一九四九年，托派走入地下，不能再開展活動，他只過了短短兩年托派組織生活。

---

[3] 吳基民：《中國最後一個托派》。

拜訪第一天，我們從上午聊到飯點。沈迦先生建議下館子，周履鏘先生欣然接受，他起身拿了一條拐杖出門。沈迦先生緊緊地挽著周履鏘先生，我緊緊地跟著他們。

走在上海靜安區繁華的路上，我問了周履鏘先生一個困擾很久的問題：「為什麼不把托派夫妻關在一起，關在同一所監獄？」

周仁生最後關在上海，他的妻子趙青音關在福州；周履鏘關在福州，接著被送到內蒙古大漠裡，他的妻子錢慧初關在上海……中共就像民間傳說裡的王母娘娘，在這一天，拔下頭上的發簪，劃了一條銀河，分開托派和托派親人。從此，托派夫妻兩地相隔，生死茫茫。

周履鏘先生說，全國大肅托，當局以軍區劃分關押地點。比如，當時廣東和武漢都是同屬於中南軍區，在廣州被抓的林松祺是關押在武漢監獄裡。上海是中國托派活動的重鎮，屬於華東軍區範圍，托派中判刑比較重的，如鄭超麟、周仁生最後是關在上海。

能苟活已經很不錯了，還癡心妄想夫妻團聚？原來這就是問題的答案。

周履鏘在福建被捕，錢慧初在上海被捕，從此兩人資訊隔斷，生死未卜。一九五三年秋，錢慧初釋放，繼續在上海一中學裡教書，帶著幼兒艱難生活。一九五五年，周履鏘被送到內蒙古勞改後，允許和家屬通信，這才和錢慧初恢復了聯繫。周履鏘告訴他的妻子，他被判刑七年。她也就有了可以等待團聚的日期。

一九五九年十二月二十二日，周履鏘服刑整整七年獲釋。在吳基民的筆下，接下來是如此一段場景。

> 其實他原本是有提前釋放的機會的，也是在那一年的十月一日，中華人民共和國建國十周年，政府頒佈了特赦令。一天農場的領導找了他，對他說：「根據你在農場的表現，可以考慮特赦。但是你還有三個月就可以刑滿釋放了，特赦名額有限，就把機會留給別人吧。」周履鏘答應了。那領導又說：「釋放以後你有什麼打算？」周履鏘回答：「我想回上海。」那領導說：「哎，這事兒難辦。你家在上海，但按政策，大城市的釋放人員不

能回去，只能在農場就業了，不過你可以把家屬接來，也可以回家去探親。」就這樣周履鏘就留了下來。[4]

去上海拜訪周履鏘之前，我讀到這段文字，連連扼腕歎息：周履鏘先生太書生氣了！太老實了！這怎麼能當真呢？我當然不是一個世故老成，能看出事件背後端倪的人，恰恰相反，我為人處世木訥、單線條。另外，退一步，設身處地想一想，面對命運，大多數當事人只能是直愣愣地站著，承受意外的喜悅或是痛苦，無他，「只緣身在此山中」。也許，只有少數人才能事先猜到底牌。我只是讀了邵燕祥在《遙遠又不遙遠的林彪》一文中，回憶了他碰到和周履鏘類似經歷時所採取的聰明做法，才有「事後諸葛亮」的恍然大悟。

一九七一年十月十八日，當時正在河南淮陽「（中央廣播事業局）五七幹校」勞動的邵燕祥忽然接到連隊通知，「即日可以回北京探親」，邵燕祥「二話沒說，抬腿就走，怕一遊移，又會生變，這是早有教訓的。經周口到漯河，買上車票北上，鄭州下車，直奔中原區工人路姐姐家。」——讀來驚心動魄。如此聰明的舉動，也是「早有教訓」得來的。

我向周履鏘先生轉述了邵燕祥的做法，問他：「您當時為什麼不馬上走呢？」

周履鏘淡然一笑，說，農場的領導對他說，「可以考慮特赦」，也只是一句客套話，當時的政策，就算他真得獲得特赦，也不能回到大城市上海，就算他像邵燕祥一樣，馬上拔腿就跑，四周黃沙漫漫，他又能去哪裡？他也只是一個無家可歸的勞改犯。

在周履鏘寫的回憶文章裡，有如下簡短幾句：

> 一九五九年十二月二十二日，我服刑七年期滿釋放，但不許回家，只能在勞動農場結業，當時說可以給假回去探親，但春節時我提出請假，就是不准，沒有任何理由，（我是）一個被專政的物件，只能忍受，錢慧初的期

4 吳基民：《中國最後一個托派》。

望落空了。

接下來的二十八年，周履鏘的身分是刑滿釋放留場就業人員，實際還是受管制的人員、「被專政的對象」。一九六一年，他從水利工程設計部門調到農場辦的子弟中學當代課老師，也算是做回老本行了。

聊天到此，老人慢慢地從沙發上起身，進內屋書房拿出薄薄幾頁A4打印紙。隨著老人走動，這幾頁打印紙在他的手中「瑟瑟發抖」——確實只有薄薄幾頁。

周履鏘老人說，這是他寫的關於自己的一點材料，供我參考。我如獲至寶。

十多年前，周履鏘的朋友就鼓勵他將三十多年的勞改生活寫下來，但他一直沒有動筆，後來只零星寫了十幾頁A4紙。周履鏘先生說，蘇聯的索爾仁尼琴在勞改營裡蹲了十一年，寫出了巨著《古拉格群島》，他勞改的時間是索爾仁尼琴三倍多，卻不能寫出中國勞改隊的全貌，除了自己的寫作能力有限之外，他認為這也和中國的勞改隊管理制度有關：犯人們是不允許串隊的，所以自己知道的也很有局限，不能瞭解全貌。

在中國的監獄裡牛棚裡，犯人和牛鬼蛇神們都是處於資訊隔絕的狀態，不能也不敢多做交談。早年被打成「反革命」的溫籍辭書編纂家黃鴻森先生告訴我，在監獄裡，犯人之間不敢相互打聽，他只是低頭譯書。文革中，黃鴻森和溫籍小說家林斤瀾關在北京同一個牛棚裡，有一次，他看到林斤瀾提溜著飯盒去打飯，也不敢上去搭話。這是一種被訓練出來的求生本能。

在那個時代，除此之外，每一個弱小的個體還在資訊隔絕的逼仄空間裡，反復地寫檢查，交代材料，自己給自己潑髒水。被迫反復寫交代材料寫到一定階段，甚至會讓人自我認罪。這是一種無意識的自我催眠。

這些經歷過資訊隔絕和自我催眠的犯人，倖存下來之後，其幸或不幸，依舊是值得人們深思的話題。他們真實的心理，是否依舊處在自我催眠的狀態，而缺乏深刻的反思？而這樣的反思是否與新時代的精神、新的世界思潮接軌？也依然是一個值得探討的問題。

錢慧初萬里尋夫

當晚，在上海靜安區一間嘈雜的路邊旅館房間裡，我認真閱讀周履鏘老人寫的這薄薄幾頁紙。慢慢地，耳旁的嘈雜聲退去，我穿過一個無聲的時空隧道，讀到了一個感人至深的愛情故事和一段我未曾聽說的殘酷歷史。

能幫周履鏘抵擋塞外三十年風沙的，除了托派信仰，還有他胸中燃燒著對愛情的美好等待。對周履鏘來說，這是一道光芒萬丈的亮色。

一九六一年一月，周履鏘再次要求請假，又是不准，但說可以讓家屬到內蒙古住些日子。周履鏘就寫信告訴妻子錢慧初。錢慧初盼夫心切，毅然決定到內幕古探親。

上海－南京－下關－天津－山海關－瀋陽－四平－江橋，這些是錢慧初當年萬里尋夫時經過的中轉站，對回憶往事的老人來說，每一個原本稀疏平常的地名都發著光，裹著溫暖。

錢慧初備置了冬裝，帶著年幼的兒子冒寒啟程，義無反顧，一路向北。那時上海還沒有直達北京的火車，母子倆先坐火車到南京，從南京坐馬車到下關，乘輪渡過江，在浦口乘津浦鐵路到天津，在天津換乘火車，出山海關到達瀋陽，再換車到四平，最後換乘「平齊鐵路」到離周履鏘所在農場四十裡外的江橋車站下車。

那時通訊並不發達，錢慧初隻在上海啟程時給周履鏘拍了一個電報，告訴他她到達的大概日期，叫周履鏘到時到江橋車站接她。整個江橋車站一天只有一列晚上到達的火車，周履鏘一連兩晚都沒有接到。

江橋車站是日本人修建的小車站，沒有電燈。第三天晚上，周履鏘又去接，火車到了。在漆黑的月臺遠處，他看到一位婦人向人問路，周履鏘一聽，馬上就能分辨出，正是妻子。這距周履鏘上次聽到妻子的聲音，已過去整整十年！周履鏘馬上奔過去。剛一見面，錢慧初就對丈夫說：「大燁很懂事，路上還會照顧她。」

保安沼位於嫩江支流綽爾河的下游，是一片歷經千年沉積而成的土地肥沃的沼澤地。保安沼地形西高東低，沼澤地帶中的小丘就是住人的村落，村名有地方色彩，有三馬駕、五家子、半拉山、白土崗等，還有一個村莊叫「合記公司」，與其他地名很不協調，有日本「株式會社」的腔調。還確實和日本人有關，侵華時期，日本侵佔朝鮮和中國東北，把朝鮮人趕到了東北，一些人就在保安沼一塊高地上住下，取名「合記公司」。當時朝鮮人還帶來了水稻種植技術，竟然在保安沼種植成功，由於當地土地肥沃，產出的大米還很好吃。

在勞改農場裡，周履鏘竟然能吃到水稻。周履鏘在異鄉土地上生長出來的水稻中吃出南方家鄉的味道。周履鏘先生向我津津樂道保安沼土地的肥沃，好像是在說和他無關的一個倒楣蛋的生活，那個倒楣蛋被流放在北方一個陌生的地方，卻發現水草異常鮮美。周履鏘越是如此感慨，越讓我這個拜訪者替老人感到悲傷。

北方人的主食是粗糧，犯人更不用說了，全是粗糧，以玉米為主，副食是沒有油星的菜湯。一九五七年之前，在築路工程隊，因為要幹重體力勞動，犯人們基本上可以吃得七八成飽。保安沼的「魚米」味道，只有在幹部食堂裡吃飯的人才能吃到，犯人是無法享受的。周履鏘刑滿釋放在農場就業，生活有了改善，才能在幹部食堂吃飯。錢慧初到保安沼的一九六一年，正值「三年自然災害時期」，上海的供應已經很困難了，在保安沼，錢慧初竟然還可以在幹部食堂買到飯菜。她也感慨：農場的伙食比上海還要好。

當時農場裡有一位領導幹部找周履鏘談話，詢問他妻子的生活情況，並表示關懷。接著，這位領導幹部動員周履鏘把妻子調來農場學校教書，周履鏘應付說，讓她回上海後請求調動。

「幸好當年沒有上當。」老人說。有一位在農場就業的工程師，就把他在北京當教師的妻子調到農場，她還是北京的模範教師，來了之後深得好評，可是到了文革時期，僅僅因為工資較高，穿著較時髦，就被批鬥，被迫自殺了。「幸好當年沒上當」，也是周履鏘「事後諸葛亮」的結論，他不可能事先就能預料到殘酷的十年浩劫的發生。不過周履鏘知道，就算為了一時團聚，把在上海大都市生活的妻子接到保安沼農場，一起「走歸」[5]故鄉的日子，也一定是遙遙無期。

[5] 「走歸」是溫州方言。

「錢慧初如果那時也調來，恐怕也會在文革中被迫而死。」老人說。

錢慧初在農場住了十多天回到上海。一九六一年八月，周履鏘調到農場辦的中學任教。一九六二年一月，周履鏘終於獲准回家探親，到上海和妻子團聚，再回到溫州探視年邁的父母。

當時，錢慧初、趙青音、錢思敬這些加入托派時間並不久，受托派影響並不深的托派成員或托派同情者已經陸續釋放出獄。這些人也只是從一個有形的監獄走進另一個活動範圍更大的無形監獄，生活依舊淒苦。在溫州，周履鏘碰到了她的姑母周蕙芳，她告訴周履鏘，趙青音帶著兒子住在周仁生的父母家中，錢思敬在溫州一個街道工廠勞動，有人看到他在街上拉板車。

捲入「挖內人黨運動」

一九六六年「文革」開始，周履鏘所在農場學校也很快被波及，首當其衝的是一位語文老師。在禮堂開批鬥會，被批鬥的語文老師跪在臺上，周履鏘和其他師生坐在台下，會開到一半，一個平時對他很尊敬的學生，突然走過來，很兇狠地對他吼：「周履鏘，出去，你沒有資格參加會議。」周履鏘老師狼狽地被揪了出來。

這位突然變兇狠的學生說的話，也是有「根據的」。文化大革命開始以後，中央公佈「公安六條」，其中有一條規定：地（主）富（農）反（革命）壞（分子）四類份子，禁止參加文化大革命。勞改單位的留場就業人員，不管有無公民權，都是被專政的對象，沒有資格參加文化大革命。

不久之後，周履鏘被趕出學校，調到離校二十裡的造紙廠勞動。他被禁止參加文革。管理也越來越嚴，從原先分散居住改為集中居住，住到由於犯人減少而多餘出來的牢房裡，圍牆照舊，只是沒有了崗哨，晚上還要學習受訓好幾個小時。但是他也躲過了社會上的鬥、批、改，有人說他們是「進了文革的避難所」，周履鏘苦笑，這卻是「苦澀的」避難所。

周履鏘所在的勞改隊裡的幹部，大多是從部隊轉業過來的，大隊長以上的幹部都是抗日戰爭時期浴血戰場的「老八路」，文化水準低，但是「人品很好」。「就是這樣的幹部，在文革中也被鬥成走資派。」老人歎息一聲說。不久，公檢法實行軍管，派到保安沼地區的是瀋陽一支部隊，為首的是團級幹部劉政委。農場裡的「老八路」幹部接受批鬥之後，大部分都靠邊站了，劉政委為所欲為。周履鏘先生說，劉政委竟在那幾年姦污了多位女青年，後來也只是調回部隊，也沒有聽說有處理的下文。

文革中的各種整人運動，就像烏雲突然籠罩著每一個人，詭異非常。沒過多久，「挖內人黨運動」風起雲湧。

周履鏘是漢人，之前也沒有聽說過「內人黨」，又是沒有資格參加文化大革命的「階級敵人」，所以對「挖內人黨運動」並不關心，自認與己無關，只是冷眼旁觀。到了一九六九年三月，正值天天播放「滿懷激情迎九大」，突然通知周履鏘帶行李去參加學習班。全班有就業人員十五六人，大部分都是原來領導重用的人，有土木工程、水利、機械、電機等專業的技術人員。農場勞改隊的領導對待使用的就業人員，在政治上原本就無意、無力改變其身分，但在經濟上給予較高的待遇。文革中，勞改隊領導也被打成了走資派，在「挖內人黨運動」中又被打成「內人黨」——周履鏘先生說，文革中的「挖內人黨」運動，受害最深的是廣大蒙族人士和老幹部。周履鏘就親眼看到紙廠廠長，被說成「內人黨」，當眾被打斷兩根肋骨——於是，周履鏘他們連最後一點點靠山，都崩塌了。

周履鏘他們被視為有「內人黨」嫌疑，又成為「挖肅」的對象。

什麼是「內人黨」？

從老人口中說出這個陌生名詞，讓我感到不安和惶恐。和我從老人口中第一次聽到「內人黨」的反應一樣，文革中的周履鏘被捲進了「挖內人黨」之前，也從沒有聽說過一個叫「內人黨」的黨派，除了有和我相同的不安之外，身為當事人，更多的是恐懼。周履鏘甚至不知道懸在頭頂的利劍長成怎樣的形狀。

一九四七年，在共產黨人烏蘭夫領導下，成立了內蒙古自治區。在一九四七年之前，也的確有一個內蒙古人民革命黨，反蔣但是搞內蒙古獨立，這就是所謂的「舊內人黨」，內蒙古自治區政府成立後就不存在了。文革中，開始了「挖新內人黨運動」，聲勢兇猛，波及整個內蒙古。二〇〇九年第一期《炎黃春秋》刊發一篇哈斯格爾勒寫的《「內人黨」冤案親歷記》，作者被自己的丈夫舉報，被鬥得精神恍惚，最後成為重殘，可見當時運動的兇惡。

按照親歷者哈斯格爾勒的說法，波及整個內蒙古的「挖內人黨運動」，是來自一個「捕風捉影」的情報。

一九六七年，滕海清來內蒙古擔任自治區革命委員會主任，對內蒙古實行全面軍管。

一九六八年一月十日，根據由南方支邊來內蒙古大學的一位歷史教員捕風捉影的情報，自治區革委會核心組幾個負責人成立了挖新、老內人黨的工作小組。

一九六八年二月四日，滕海清帶著李樹德（內蒙古革委會副主任）向康生、江青彙報準備挖「內人黨」，得到首肯，並得到康生的指示：「內人黨至今還有地下活動，開始可能揪得寬點，不要怕！」[6]

這是「對共產黨的偉大、光榮、正確沒有懷疑過」的哈斯格爾勒寫的這篇親歷記的開篇部分，她把這幾個「可惡的人」釘在文章開篇，也想把他們釘在歷史的恥辱柱上。身為親歷者，哈斯格爾勒當然有理由恨上述這幾個人——就像在一個密閉的充滿煤氣的擠滿人的房間裡，有幾個人劃了幾根火柴，房間馬上變成煉獄，劃火柴的人當然不可饒恕，但是，是什麼原因讓整個房間充滿煤氣？這也同樣值得我們深思。

康生說，「開始可能揪得寬點」，從此這場腥風血雨的整人運動正式開始，幾萬無辜人頭落地。

最高人民檢察院特別檢查廳對林彪、江青反革命集團的主犯的起訴書裡指控：「內蒙古自治區因『內人黨』等冤案，有三十四萬六千名幹部群眾遭到誣陷迫害，一萬六千兩百二十二人被迫致死。」民間的統計資料是致死四萬多人，傷殘十四多萬，被抓、被挖、被迫害的人數大約七十萬。哈斯格爾勒認為民間的統計資料更可信。[7]不管是哪一個數字，都是慘絕人寰。

6 哈斯格爾勒：《「內人黨」冤案親歷記》，《炎黃春秋》二〇〇九年第一期。
7 哈斯格爾勒：《「內人黨」冤案親歷記》，《炎黃春秋》二〇〇九年第一期。

周履鏘所在地學習班設在原來監房裡的一間大屋內，兩張大土炕上睡十五六個人。這也是一個殘酷的畫面，在人獸不分群魔亂舞的風暴中，兩夫妻都可以相互揭發，這土炕上躺著的來自天南地北的十五六人，又有多少同床異夢？剛開始，是學習《敦促杜聿明投降書》和《南京政府向何處去》，接著要周履鏘他們交代「內人黨」問題。先文鬥後武鬥。當時的「挖內人黨運動」是由軍管人員領導，運動已進入中後期，各單位似乎都在比賽「挖內人黨」的成績，都要儘量多挖以顯成績。

「我們這些人」老人說，「被鬥得沒辦法，只得承認自己是『內人黨』，因為『我們這些人』頭上已經有多頂帽子了，再加一頂『內人黨』的帽子也無所謂。」

老人輕描淡寫用幾句話帶過苦痛。接下來，苦痛裡開出荒唐。

既然大家承認是「內人黨」，那就要交代是誰發展誰，怎麼發展的問題了。周履鏘「交代」，是原內蒙古領導人畢力格圖發展他的，畢力格圖對他說過：「好好幹，努力爭取。」這其實是勞改幹部鼓勵犯人最普通的一句話，卻荒唐得變成了畢力格圖介紹周履鏘加入「內人黨」的方式。

承認自己是「內人黨」之後，最痛苦的是要交待發展了多少人。這甚至是要活生生抹掉無辜者的生命！一個被陷害者的選擇可以決定另一個無辜者的生死。這真是太殘忍了。

老人沒有對我們說起，他被捲入「挖內人黨運動」中更多的細節，卻回憶了同事老張的故事。

和周履鏘一起被鬥的電氣工程師張君（大家一起工作時都叫他老張，周履鏘已經想不起他的名字了），廣東人，曾為農場的水電站建設做出很大的貢獻，被鬥得只能承認自己是「內人黨」。當天會上，管事的幹部說，張某承認加入「內人黨」，但不肯交代發展了哪些人。掌管幹部嚇唬老張：晚上好好思想鬥爭，明天繼續交代。

第二天早上，大夥兒起床，發現老張不見了，是不是逃跑了？幹部派人去尋找，到下午才在水閘閘門口啟閉室發現已經上吊的老張。在農場，沒有火化場，死後都是薄棺土葬。晚上，幹部召開就業人員大會，宣佈：張某抗拒坦白，死有餘辜，一口棺材也不用給。

過了幾天，批鬥會的緊張程度似乎放鬆了，改批鬥為學習，又過了幾天，宣傳學習會結束，大家回到原工作地方。中央也叫停了「挖內人黨運動」。農場幹部中宣佈打成內人黨的人一律平反，領導「挖內人黨運動」的軍管人員也調走了，換了另一批軍管人員。周履鏘他們十五六個被打成「內人黨」的刑滿就業人員，包括死了的老張，始終不給一個說法。周履鏘他們一再追問，領導們也只輕描淡寫地說，你們交代的「內人黨」問題一律作廢。就這樣，周履鏘他們被莫名其妙、稀裡糊塗地當上了「內人黨」，最後又不明不白地不了了之了。

老張算是白死了。

老張的故事還沒有完。周履鏘晚年走筆到此，繼續寫道：「本來不想再寫了，可是對後來發生了一件事還想寫上幾句。」

多年之後，已是鄧小平掌權的時代了，軍管幹部調走了，農場領導也換了。有一天，農場的場長找周履鏘他們十幾個被挖成「內人黨」而尚在的人，詢問被逼自殺的張君遺骨的下落。

周履鏘他們說：「老張死後，我們是死未見屍，怎麼知道其下落？」

時隔多年，為什麼農場還要追查這件事？原來，老張以反革命罪被判刑之後，他的妻子迫於形勢和老張離婚，但一直沒有再婚，後來移居加拿大。文革結束後，她給鄧小平寫信，要求能得到丈夫的骨灰。此信層層批轉，最後轉到了勞改農場，於是場長才不得不去尋找。

但是周履鏘他們實在不知道老張的遺骸在哪，場長也為此發愁：這可是「鄧辦」批轉的信，不敢不辦。後來有人建議他去找當年埋葬的那個人，找到此人後一問，也說當時只是用破蓆一卷，挖個坑埋了，根本無法找到。情急之下，一位「高人」出了一個「高招」，暗示埋葬人隨便去挖一具無名屍骨去火化，然後寫一份證言就是了。於是，這位埋葬人就領著農場裡的幾個人到了亂墳崗，裝模作樣找了一番，居然挖出來「真正的老張遺骨」，用卡車送到七八十裡外的火葬場火化，買了一個漂亮的骨灰盒裝上，最後連同火化證寄給加拿大老張的妻子。周履鏘寫道：「至於老張妻子收到後如何痛哭，及隨後如何置墓埋葬，我就不清楚了。」

我想到同樣沒有留下骨灰的曾猛，和從武漢抓了一把土回去的林松祺的弟弟。那個被當成老張的無名屍體，叫什麼名字？他又有著怎樣的故事？如果他泉下有知，想起亂墳崗裡客死他鄉讓家屬無處祭奠的千千萬萬無名屍，他會感到慶倖嗎？

老人也想起多年前從一本雜誌上讀過一篇介紹瞿秋白遺骨發現的文章，配有楊之華痛哭和一具排成人形的屍骨照片，也說是埋葬人找到的，還編了一個埋葬人當年拿一個磚頭給瞿秋白當枕頭的故事。這難道是真的瞿秋白的遺骨嗎？後來火化後在八寶山修了瞿秋白墓，文革中已死了幾十年的瞿秋白也被打成叛徒，瞿墓也被毀了。二〇一〇年，周履鏘也在一本雜誌上讀到一篇保存文革中被迫致死的國家領導人骨灰，如何冒險保存的經過。後來另有一人著文說，是他保存的，爭功吵了起來。

「這些褻瀆死人的鬧劇何時休呢？二〇一一年二月」八十五歲周履鏘對自己的苦難回憶，就斷到此處。薄薄十一頁A4紙。

文革十年，周履鏘有「案底」，當然要被嚴格控制，請假探親也不易獲准。好在他的妻子錢慧初有假期，她常到保安沼看望周履鏘，避暑。一九七六年七月二十八日，唐山發生大地震時，錢慧初正在保安沼夫妻團聚，當時山海關的鐵路中斷，學校開學回不去了。到了九月，錢慧初只得從瀋陽繞道承德到北京轉車。錢慧初沒有去過北京，那一次剛好路過，就準備在北京玩幾天，到了北京，被告知轉車的旅客一律不許進城，原來正值毛澤東死了。她只得立即返回上海。

文革結束後，周履鏘又被調回農場學校教書。錢慧初身體漸差，直到一九八一年她去世，再沒有到過保安沼，都是周履鏘回家探親。從一九五九年刑滿到十九八一年錢慧初去世，倆人兩地艱難奔波，過著牛郎織女式的短暫夫妻團聚生活，為了能籌足路費，平時只能省吃儉用。

一九八七年冬，周履鏘在農場學校以教師的身分退休，總算回到了上海。周履鏘回到了上海沒有老伴的家。錢慧初直到去世，都不能確定她的夫君到底能在哪一年能回家團聚。

「這就是我夫妻倆人苦難的一生。」老人說。

尾聲

一九八七年冬天，當周履鏘退休回到上海時，中國最後一批關押的托派鄭超麟、周仁生、王國龍等已經被統一釋放有十五年了。如上文所述，李培去世之後，周履鏘走進了鄭超麟家，他見證了鄭超麟最後的歲月。

在當下，陳獨秀研究開始走紅，陳獨秀的面目也日漸清晰起來。晚年的鄭超麟對陳獨秀的看法有沒有發生改變？周履鏘說，晚年的鄭超麟對陳獨秀晚年的思想轉變還是不敢苟同，認為陳獨秀回歸「五四」時期的自由、民主，這在真理的道路上是走「回頭路」了，托派運動當然要比「五四」思潮更先進，一直堅守革命正統的托派，現在依舊有旺盛的生命力——這也是包括周履鏘在內的大多數托派遺老的觀點。

周履鏘、吳孟明和林致良[8]三人編輯了《陳獨秀晚年著作選》在香港出版，這其實是陳獨秀托派時期的著作。周履鏘先生笑著對我說，如果定名為《陳獨秀托派著作選》，徒增出版障礙，所以，就用「晚年」兩個字代替「托派」。

拜訪結束後，我們陪周履鏘先生外出吃飯，老人用拐杖指點上海房價和店面價格。這時，他就是一個普通的中國老人。看著沈迦先生攙扶周履鏘先生，我突然想，如果讓周履鏘先生一個人融入人潮，我們根本不能分辨他和其他老人的區別，就像一滴倔強的雨水融入家鄉的河流。

到了住宅區門口，周履鏘先生想自己刷門卡，感覺吃力。老人把門卡綁在褲腰帶上，可是繩子太短，門禁安得太高。沈迦先生趕緊上前幫忙。老人在鐵門後向我們揮手告別，結束了兩天的採訪。老人又重新關上了自己的故事。

8 香港學者，馬克思主義網路文庫中文版編輯。

後記

二〇一四年四月，我去上海採訪完周履鏘老人之後，八月寫好初稿，寄給老人過目。其間我們有多次書信往來。剛一打開書信，老人稱呼我為「您」、「永勝先生」，我極其惶恐。要知道，老人比我大五十五歲，大了半個多世紀。二〇一六年三月，虛歲已經九十歲的老人倚在床上，給我寫信，對我的文章提出細緻的參考意見，也依舊稱我為「您」，並為他自己潦草的字跡表示「請見諒」。這是老一輩人為人處世的傳統，讓我感動。

周履鏘老人思想開闊，這和他曾給鄭超麟做過秘書的經歷有關。由於鄭超麟獨特的身分，鄭家「往來無白丁」，鄭超麟曾要求周履鏘多和國內一流學者直接接觸，為以後「托派平反」做好基礎。鄭超麟又身處大都市上海，所以能耳濡目染。

對「老先生」陳獨秀的想法，周履鏘老人對我說，有些也未必全對。

在初稿中，我寫到如下這一段時——

> 在當下，陳獨秀研究開始走紅，陳獨秀的面目也日漸清晰起來。晚年的鄭超麟對陳獨秀的看法有沒有發生改變？周履鏘說，晚年的鄭超麟對陳獨秀晚年的思想轉變還是不敢苟同，認為陳獨秀回歸「五四」時期的自由、民主，這在真理的道路上是走「回頭路」了，托派運動當然要比「五四」思潮更先進，一直堅守革命正統的托派，現在依舊有旺盛的生命力——這也是包括周履鏘在內的大多數托派遺老的觀點。

我很忐忑，不知道老人在看我的稿子時，會不會劃去這一段，後來這一段原封不動。事實上，老人對我的稿子改動很少，有改動的地方大多是我理解錯誤的一些小細節。

隨著交流深入，老人對我的信任慢慢增加。我看到，老人緊閉的家門，慢慢地一點點打開，接著越開越大。也許每一位老人都在等一個人，等一個願意傾聽，理解他的人。

在上文初稿結束部分，我原本寫有一句「周履鏘用拐杖指點上海房價和店面價格。他有兩套房子，正準備留一套出租一套」，我第二次和虞爭鳴先生一起登門拜訪老人時，老人對我說，他把這句話劃掉了，是因為我可能誤會他的話。「實際上」，老人說，「我這一套房子我是用兒子的命換來的。」

我內心一震。老人竟然願意主動說起那一段苦澀的往事。我知道老人的兒子周大煒先老人而去世，在訪問中，我當然是自覺回避這個話題。古希臘悲劇作家歐裡庇得斯說：「對凡人來說，最大的悲痛莫過於看到自己的孩子死去。」[9]

我一動也不敢動，靜靜地聽完老人講他兒子周大煒的故事。講完故事之後，我清楚地看到老人用手指拭除眼角一顆渾濁的液體。我分不清那到底是不是淚。也許這就是杜甫形容的「眼枯即見骨」？

老人寫有一篇悼念亡兒的深情文章，我把它放在附錄裡。

附錄三、悼亡兒

周履鏘

我的獨子周大煒，一九五一年七月二十二日（六月十九）出生於廈門，二〇〇七年五月十日（三月廿四）逝世於上海。二〇〇六年，我年屆八十，當時寫下遺囑，指定大煒於我死後，將我的骨灰送到溫州和他的母親合葬。不意大煒反而先我去世，現在由我寫此悼文了。

一九五二年夏，我和妻錢慧初攜未滿周歲的兒子大煒返回上海，錢慧初留在上海新群中學任教，我再去福建，當

9 我在范瑋麗女士的《他翻譯了整個中國》中讀到這句話，該書的主人公楊憲益也是「看到自己的孩子死去」。

年十二月二十二日，全國大肅托，我和慧初在福建上海二地同時被捕。第二年慧初獲釋，先在市二女中，後調五十九中學任教。我在人間消失了三四年後，他們才得知我在內蒙古勞改，從此慧初和兒子大燁相依為命，慧初忍辱負重，獨自承擔起撫育兒子的重任。後來慧初得知我判刑七年，他們期盼我期滿後回家團聚。一九七九年十二月二十二日，我服刑期滿釋放，但被強迫留場就業，不許回家，當年也不准請假探親。無奈，慧初在一九六一年一月攜大燁去內蒙古看我。那時南京長江大橋還未建，要在南京下關過渡，然後轉乘三次火車，路上走了六七天，其艱苦程度，不亞於孟姜女千里尋夫。我所在的勞改農場離平齊鐵路江橋車站約四十裡，他們動身時給我發了電報，江橋站是日本人修建的小站，晚上連照明都沒有。我到車站接他們，一連二天都沒有接到，第三天晚上，火車到了，在漆黑的月臺遠處，我聽到慧初和大燁說話的聲音，我馬上奔過去，終於接到了分別已八九年的母子二人。當時慧初對我說：大燁很懂事，路上還會照顧她。

我所在的勞改農場辦有員工子弟學校，正缺師資，知道我妻錢慧初是中學老師，動員我把她接到內蒙，所以那幾天的生活安排得不錯。那個寒假是父子分別八、九年後的首次團聚。

一九六二年一月我回上海探親，一九六三年七月，慧初又攜大燁到內蒙探親。那時我已被調到學校當代課教員，他們這個暑期就住在校內。大燁那時小學五年級，整個暑假與我的學生在一處，有時去釣魚，一次釣來一面盆的魚。

大燁聰穎，從小與媽媽住在校內。媽媽是物理教師，大燁愛好電子，從裝礦石收音機、一管機開始，到小學畢業時，已經能獨立裝六管收音機了。大燁好鑽研，也好將整機折卸，這樣卻練就了一身手藝。

文革時大燁讀初三，後來到皖北插隊，一九七六年五月才返回上海。為照顧患病的媽媽，沒有繼續去讀書。在工廠當一名普通工人。

電子產品更新換代很快，從收音機到黑白電視機、彩色電視機、錄影機、VCD、DVD、攝影機、數碼機。大燁只有初中文化程度，也沒有受過專業教育，可憑他的刻苦鑽勁，在修理電子產品方面，都能跟上每次的產品換代。近年來電腦和網路普及，他完全由自學而入門。在電子修理方面，大燁幾乎無所不能。單位的有些人，叫他「周工」，其實他既無學歷，也無職稱，本人也無意冒充，只是因為單位裡有些技術問題，正式的工程師無法解決的難題，大燁能解決。

二〇〇二年我家居住的北京西路進行舊區改造，當時動遷佈告寫明是建商品住宅，部分居民天真地想，既然是商品住宅，當然是出售的，於是要求回搬，願意拆一還一，超過部分花錢購買，大家認為這是天經地義的。想不到上海官方與開發商早有一律不許回搬的密約，不少居民被迫走上抗爭道路。大燁也為維護權益，用過去鑽研技術的心思，買了許多司法的書籍，認真鑽研，居然達到粗通的程度。他聯合沈婷等人，將開發商周正毅告上法庭，希望通過司法途徑維護合法權益。他們沒有想到，我國目前司法名為政治服務，實為腐敗服務，為權貴服務的，結果是每場官司必輸，雖然如此，大燁仍依法抗爭，並利用政府資訊公開的承諾，從有關部門取得大量資料，證實周正毅的非法。從而引發了全世界關注的上海東八塊拆遷事件。詳細情況，沈婷著的《誰引爆周正毅案》有了記述。實際上當局最怕老百姓依法抗爭，於是執法者非法鎮壓守法者。從那時起，大燁和我們全家受到與奸商周正毅相勾結的當局的打壓，周大燁夫妻二人被拘留三次，房屋被強遷，大燁身心受到損傷。二〇〇七年一月十四日夜又遭抄家，並被拘留，因此誘發了他的膽和胰腺病突發，於二〇〇七年三月五日發病，五月十日身亡。從醫學上講，大燁是死於急性胰腺炎，其實是因動遷受迫害而死。大燁去世後，外界反應強烈，網上也有「周大燁被迫害致死」的文章，那些日子當局很緊張，不斷找君娣（周履鏘兒媳，引者注）商談，有些人勸她停屍抗爭，我們全家商量後，考慮到上有倆位老人，下有未成家的小孩，忍痛接受了調解。

我的弟弟沒有兒子，大燁是我祖父以下唯一的孫兒，是我們家庭的主樑，大燁的去世給全家帶來極大的困難。孫兒女雖已成年就業，但未成家，尚不會理家，我已年邁無力，家庭的重擔都落到兒媳君娣的身上。現在她強忍悲痛支撐這個破碎的家。

二〇〇七年六月

「沈雲芳，你肚子餓不餓？」
——大肅托當天最遲被捕的托派

站在上海喧鬧的街頭，我想像能一下子抹去無數煩躁的車燈和不眠不休矗立的街燈，這樣，我皮膚上的毛孔才能呼吸到半個世紀之前，上海夜晚胡同的安靜和清冷，那種安靜和清冷就像濃墨一層層染進宣紙。

一九五二年十二月二十二日上海晚上七八點鐘的夜，用溫州方言形容，已經是「墨黑墨黑」的了，忙了一天的會計師沈雲芳，來到上海寶隆醫院看望三天前住進產科病房待產的妻子翁淑青。看到妻子翁淑青血壓各項指標都很正常，就要初為人父、二十五歲的沈雲芳感到踏實。囑咐完妻子翁淑青好好休息，和妻子告別後，沈雲芳走出了上海寶隆醫院。這一次簡單的告別，卻要到十年之後才能重逢，那時，迎接他的是妻子久違了的溫暖和十歲女兒有點不知所措的大眼睛。

在回家路上，沈雲芳感覺後面有人跟蹤，他一下子感到脊柱發涼，頭皮發麻，心想：「今天要出事了」。夜幕中的人，一直跟蹤沈雲芳到他家門口，永興路六十三弄二號。

走進家門，關了家門，沈雲芳像什麼事情都沒有發生一樣向岳母報告了妻子血壓各項指標都正常的好消息。岳母也感覺到踏實。當時，岳母和翁淑青六歲的小妹妹住在沈家。

沈雲芳爬上床。他當然睡不著，只能做做樣子。

咚、咚、咚，幾聲終於要來的敲門聲，普普通通，讓上海弄堂裡十一點的深夜安靜得發冷。沈雲芳起床開門。

兩名便衣走進來，問沈雲芳：「你是沈雲芳同志吧？」給他看了逮捕證，說：「你已經被逮捕了。」

沈雲芳就把口袋裡的五十多元錢掏出來，遞給了岳母，並用溫州方言對她說：「二樓房間五斗櫥裡，還有一二百塊錢，你可以拿去花掉，裡面還有一張存摺。」

逮捕沈雲芳的便衣，很客氣地對他的岳母說了一句：「打擾了。」沈雲芳的岳母能聽得懂幾句上海話，趕緊追問道：「我的女婿幾時能回來？」

便衣說：「這真的是不知道。」

老人臉上馬上湧下兩行眼淚。

走出弄堂口，沈雲芳看到押送他的一輛黑色雪佛蘭轎車。沈雲芳坐在後排當中，兩名便衣分坐兩邊。一名便衣對沈雲芳說：「我們只負責逮捕你，至於你的命運今後如何？我們不知道。不過，請你放寬心。」

沈雲芳說：「既來之，則安之。」

黑色雪佛蘭轎車把沈雲芳送到北站區公安局寬敞的局長辦公室裡。局長親自接待沈雲芳，還稱沈雲芳為「同志」，讓他在沙發上坐著稍等一會兒。

「沈雲芳同志，現在已經是十一點鐘了，你肚子餓嗎？」局長說。

沈雲芳擺擺手，說不吃。如此場面，沈雲芳當然不可能有胃口。

局長又熱情地說：「不要客氣，今晚有肉絲麵。再說了，接下來的時間還挺長的。」

局長先後接聽了三通電話，處理沈雲芳交接事宜。

凌晨兩點，沈雲芳又被裝回那輛黑色雪佛蘭轎車。車子滑行在凌晨的街道，像滑行在無聲的冰面上。沈雲芳抬頭看一下窗外，認出是國貨路，沈雲芳猜想，那就應該是去提籃橋監獄。就像經過一條重重質檢標準流水線的貨物，辦理完最後一道手續後，最後「啪」的一聲，沈雲芳被扔進了提籃橋監獄。

看守所管事的向他吼出三條戒令：

一、你的代號是七十六號。

二、在監獄裡，你不能說真名，也不能和別人談起你的案件，別人問你，你也不許說。

三、按時吃飯、睡覺。

吼完這三條戒令之後，沈雲芳被帶進一間關著十來個人的牢房。管事的向牢房裡一個年齡稍長的「頭頭」訓話：不要和這個人說話，也不要向這個人打聽案情。牢房裡的「頭頭」點頭，連說「是、是」，表情卻很驚愕：管事的警告不要和這個二十多歲的犯人說話，這可是之前從來沒有過的事。

關進看守所的沈雲芳感覺到寒冷，開始發冷。管事的給沈雲芳拿了一套管理人員穿的黃色夾棉的衣褲，讓他穿上。

身高只有一米六左右的沈雲芳換上這身黃色棉衣褲，褲腳還長出一大截，就像掉入套中。瘦小的沈雲芳就是一個名副其實的「套中人」。沈雲芳穿上這身行頭之後，獄友們又對他刮目相看了。

算一算被捕時間，沈雲芳應該是大肅托當天最遲被捕的托派。

十二月二十三日下午五點左右[1]，沈雲芳聽到從不遠處的監房裡傳來《國際歌》，剛開始是有幾個人唱——這是在幹草垛上扔了一根火柴——整個牢房馬上響徹著《國際歌》。原來，在這個看守所，關了不少年輕的托派，《國際歌》最先是從幾個年輕的托派的嘴巴裡情不自禁湧出來的。

這讓整個看守所感到恐慌，這也是從來沒有碰到過的事。管事的馬上一間一間牢房查過來，看到底有誰在唱國際歌。

據沈雲芳說，當時他的牢房裡還關著一個葡萄牙籍的「國籍間諜」，說一口流利的上海話。那位葡萄牙籍的「國際間諜」湊近沈雲芳，問：「（唱《國際歌》的是）和你們一起的嗎？」

沈雲芳沒有回答。不過「國際間諜」馬上就明白了，這是中共內部的事。

在看守所裡，還關著托派的重要人物鄭超麟。《國際歌》這只「雄鷹」掠過沈雲芳和鄭超麟，也掠過了他們的托派「崢嶸」歲月。

[1] 鄭超麟回憶，被捕（十二月二十二日）的第三天或第四日，我忽然聽到樓上樓下很多人唱國際歌……《鄭超麟回憶錄》上冊，第二二四頁。

「梁山酒店」

一九二七年三月二十三日，一個叫沈秀明的小男孩出生在平陽東門西溪頭（現屬於平陽昆陽鎮）。

沈秀明的父親沈慶懋是當地一位遠近聞名的蠟燭製作手工藝人，專門製作供奉在寺廟裡的大蠟燭。這種蠟燭有兩尺多高、直徑有兩名小孩手臂圍成一圈那麼粗。製作這種大蠟燭，是一件極費力的技術活。沈慶懋需要爬上二樓，往下一層層澆灌蠟燭油，等到底下澆好的那一層蠟燭油凝固差不多了，再澆灌新一層。一支大蠟燭，需要數天才能製作完成。有這一門手藝在手，沈慶懋一個月能收入三個銀元。這讓沈家一家人吃飽飯不成問題。

每年七、八、九月，是製作蠟燭的淡季，又剛好是茶葉上市的時節，沈慶懋還會充當兩三個月的茶葉製作工人，奔波在平陽、溫州城區兩地。

沈秀明八歲那年，沈慶懋舉家遷居到溫州城區。沈慶懋被樂清柳市一家蠟燭工廠請去當製作蠟燭的師傅。在柳市煙霧迷漫的工棚裡，沈慶懋澆灌出數不清的大蠟燭，由於工作辛苦，常常顧不上吃飯，到柳市兩三年之後，沈慶懋得了嚴重的胃病。一九三七年，當他被送到溫州的家裡時，已經吃不下飯了，沈慶懋知道自己不久將離世，就把獨子沈秀明託付給小舅子周立齋，讓周立齋務必把他培養成人。沈秀明就住到了姑母沈秀珠家，和表哥周仁生一起長大成人。

父親之死是中國傳統家庭面臨的最大的悲哀和不幸，是沈家家道驟然中落的開始。第二年，沈秀明的母親游大囡由於悲傷過度，也離開人世。

沈秀明小學讀得「支離破碎」。最初在平陽讀了幾個月私塾，跟父親來溫之後，在藝文學校讀了兩年。日軍入侵溫州時，姑母帶著沈秀明去平陽老家避難，半年之後，溫州平安了，姑母又帶著他回到溫州，沈秀明入模範小學就讀，讀了一個半學期，日軍又入侵溫州城了，姑母帶著沈秀明避難樂清白象，等到日軍退出溫州城之後，沈秀明又要找可以入學的學校。

學生時代的周仁生，對別人寬和，對表弟沈雲芳卻很嚴格。周仁生會監督沈雲芳的功課，常常會在大清早帶著沈雲芳上積穀山背書。周仁生覺得，讓沈秀明讀小學四年級的功課太淺，要他直接讀小學五年級，需要提供讀完小學四年級的初小畢業證。沈秀明就冒用了隔壁鄰居家男孩徐雲芳的初小畢業證。徐雲芳當時剛好讀完初小不再繼續讀書，那張初小畢業證剛好沒用。

沈秀明就改名沈雲芳，在三希小學讀五年級。命運詭異玄妙，在日後兇惡的革命事業中，「沈雲芳」這一個秀氣的女性化的名字，甚至幫他逃過一劫。

一九四一年前後，三希小學畢業的沈雲芳考進溫州中學位於青田水南的初中部，讀了一個學期，由於水土不服，患上了嚴重的皮膚病，沒辦法上課，只能回到溫州周家養病。

周立齋做的是雨傘生意，收集城裡小販做的雨傘，簡單包裝一下，再轉賣到外地，生意做得還挺大，東到日本長崎，南到汕頭、泰國，北到天津、上海。周立齋並不識字，以前一直是周仁生在家幫父親記帳。沈雲芳在周家療養時，周仁生剛好要外出讀大學，周立齋就讓沈雲芳暫時在周家記帳。

周立齋並沒有忘記沈慶懋臨終時對他的囑咐：務必把沈雲芳培養成人。不久之後，周立齋就通過關係，找到了在五馬街開會計師事務所的瑞安人戴千里，讓戴千里收下沈雲芳當學徒。

在溫州，戴千里是一位有頭有臉的人物。戴千里，暨南大學畢業，他的岳父更是鼎鼎大名——溫州同盟會重要組織者、曾任暨南大學校長的姜琦。戴千里妻子名姜鳳子。姜琦為了紀念他早年在日本留學的歲月，特地給女兒取了一個很有日本味的名字。

當時戴千里已過不惑，事業有成，心中卻藏有一道傷痕：中年喪女。一九三七年，戴千里一家三口在錢塘江大橋邊擺渡時，突遇日本戰機空襲，女兒被日本戰機投下的炸彈炸死在戴千里和姜鳳子跟前。

女兒的意外死亡，也讓戴、姜兩人的婚姻急劇惡化。一九四五年，兩人協議離婚。據沈雲芳回憶，是溫州當時名律師木長榮處理此事，離婚後，戴千里每月給姜鳳子生活費。

戴千里看中了為人沉穩、做事機靈的沈雲芳。兩人名為師徒，情如父子。「近水樓臺先得月」，表哥周仁生的托派信仰影響了沈雲芳。周仁生讓沈雲芳讀《托洛茨基自傳》、《不斷革命論》等托派書籍。以書為鏡，沈雲芳看到自己家庭的沒落，看到會計師事務所裡的不同階級，看到社會上不斷有人失業，對「資本主義階級」自然而然產生反感，沈雲芳也更加認同「托派真理」。

一九四六年，在滬的日本僑民還在陸續撤退，同時也留下了巨大的淘金空間。戴千里嗅到商機，通過熟人的關係，順勢把會計師事務所開到了上海灘。

戴千裡帶上沈雲芳，也帶上了已經分居的姜鳳子。

來上海後不久，戴千里再婚。沈雲芳就和師母姜鳳子生活在一起，住在廣東路七十號勝利出版社內。一九四六年夏天，周仁生來到上海，也在沈雲芳住所落腳。在上海的周仁生一邊教書，一邊從事托派活動，同年，沈雲芳正式加入托派組織——社會主義青年團，正式參加托派學習小組。

一九四六年底，戴千里讓沈雲芳搬到吳淞路住。沈雲芳來到吳淞路那一條弄堂，才發現整條弄堂裡都住著日本僑民，當時還留在中國的日本僑民先匯聚在這一條弄堂，等待回國的輪船。弄堂口，是國民革命軍精銳部隊「新一軍」官兵在站崗，衛兵向穿中山裝的沈雲芳敬了一個軍禮。一些低頭走得慢的日本僑民經過崗亭，會被站崗的官兵抽嘴巴，日本僑民然後「嗨」的一聲，快步而過。走在弄堂裡，身材矮小的沈雲芳常常會被日本僑民誤認為是同胞，向他問路，沈雲芳一轉身，日本僑民馬上一鞠躬，改用熟練的上海話致歉。

沈雲芳這時才明白，原來戴千里是讓他去「占地盤」。那一夜，沈雲芳孤身一人，躺在吳淞路那一條弄堂裡一張榻榻米上，「汗臥敵營」，度過了一個驚恐的不眠之夜。

等到在吳淞路安頓下來之後，沈雲芳才接來姜鳳子和周仁生一併住下。周仁生和沈雲芳看著弄堂裡的日本僑民越搬越少，讀出「重拾舊山河」的樂觀革命氣概。

一九四八年，戴千里拿出十根「大黃魚」——每根重十兩的金條——買了閘北區永興路六十三弄二號一套房子，讓姜鳳子和沈雲芳居住。

一九四八年底，身在臺灣的姜琦患肺結核，他遙望大陸，希望女兒姜鳳子能來身邊照顧。當時飛臺灣的飛機票已經很難買到了，戴千里還是想方設法買到一張，讓姜鳳子能飛越海峽，父女團聚。

第二年四月，在上海臨解放前，姜鳳子寫信給沈雲芳說，她已經不可能再回到上海，讓沈雲芳把房子地契寄到臺灣，其他雜事，都由沈雲芳做主。

一九四九年的大江大海，隔開了戴千里和姜鳳子的恩恩怨怨，也給沈雲芳在洶湧的大海裡留了一條可以自由棲身的小船。

正如前文所說，當時溫州還沒有設立統一的大學招生點，高中畢業生要報考大學需要去杭州或是上海，杭州和上海相隔又不遠，而國際化的大都市上海更能吸引高中畢業生們，所以很多來自溫州的高中畢業生會選擇多走幾步，去上海報考大學。沈雲芳所住的閘北區永興路六十三弄二號，也就成為溫州托派初到上海的落腳點，給兵荒馬亂中堅持信念的青年學生提供難得的溫暖，像在大雪封山的旅店裡，能馬上喝到一杯抵禦寒冷和漂泊之苦的熱咖啡。

不管是外出參加考試的托派高中畢業生，還是準備在上海邊謀生邊幹托派事業的青年，大多數人都是囊中羞澀的。一九四九年七月份，住在沈雲芳家的胡振東找到的工作是送報紙。而身為戴千里會計師事務所裡的會計師，沈雲芳每月固定的收入就是溫州托派青年的荒漠甘泉。

說得豪爽點，沈雲芳的這處小小住所，就是開在上海灘的「水滸酒店」，打聽各種消息，接應每一名同道中人。來的都是客，銅壺煮甌江。沈雲芳的住所，最多住過十個人。他接送過太多背著行囊的溫州托派青年——有些甚至不惜離家出走來到這裡，如胡振東的弟弟胡振南——他們短暫歇息，又壯志滿懷、匆匆忙忙奔向各地。沈雲芳對有些熱血的青年的短暫一瞥，甚至就是倆人的最後一面。

沈雲芳這處看似安穩的「水滸酒店」也是搭建在驚濤拍岸的懸崖峭壁上。早在一年前的一九四八年，托派「多數派」建黨大會前，國內大勢已定，解放軍準備過江。這時，托派「多數派」的主要工作除了建黨以外就是準備應變，相應地就成立了「江浙臨委」。一九四九年十月整個「江浙臨委」就是在沈雲芳家裡被中共連鍋端掉。

公安在沈雲芳的住所，逮捕了沈雲芳、錢川、丁毅、劉毅、王國龍、趙養性、胡振東。公安還搜查了房子，看到廚房裡面吃剩的飯菜，感慨道：「看來你們在上海的生活，非常清苦。」

他們幾個托派起先關在太原路一間很大的別墅裡，別墅裡還有專門的跳舞廳。當晚，公安對沈雲芳說，「抱歉，要讓你打地鋪了。」躺在別墅二樓的地板上，沈雲芳心裡當然是七上八落。不過，沈雲芳說，他心裡已早有準備了，覺得終究有一天他是會被捕的。

托派團員周履鏘，本來不是逮捕的對象，第二天去沈雲芳家串門，無意撞在了槍口上，被守在那裡一夜的兩個便衣逮住了。

第二天分別接受談話。沈雲芳記得，找他談話的是上海公安局一位姓趙的科長。趙科長告誡沈雲芳：「一，不許再繼續從事托派運動了；二，你生活上如果有困難，可以到四馬路的公安局我的辦公室找我。」還給了沈雲芳兩元車錢。被抓到幾個托派談完話之後，都各自放了。

沈雲芳後來才知道，他們這次被抓是一名溫州托派葉征慶叛變了，向公安局報了案，公安局才不得不出動抓捕。沈雲芳被抓第二天，公安去找戴千里。當時戴千里正生病住院。當公安向戴千里說起，和他情同義子的沈雲芳是托派時，病中的戴千里完全懵了，很不理解：「什麼是托派？沈雲芳是什麼托派？」

公安對戴千里說，以後沈雲芳如果有什麼出規的行為，要隨時向公安報告。

戴千里向公安坦言，他確實不知道沈雲芳是什麼托派，他只知道沈雲芳平時為人正派、老實，至於沈雲芳的思想他從不過問，這是沈雲芳的自由。

過了幾天，沈雲芳依舊去位於湖南路的中匯大樓四〇八室戴千里會計師事務所上班。同事見到他，驚喜地叫道：「小鬼回來了！」戴千里見到來上班的沈雲芳也很激動，安慰他繼續安心上班。

小平小平

是周履鏘老人告訴我關於周仁生表弟沈雲芳老人的消息。這也讓虞爭鳴先生非常驚訝，周仁生生前很少向學生提起他還有這麼一位托派表弟。不過這也符合周仁生晚年的人生信條：譯托派書籍，藏托派信念於稿子中，不向外人談信仰和自己的前半生。曾經有學生向他問起托派的事，被他嚴肅回絕：「你問這些幹什麼？」

二〇一四年八月，上海的天氣陰雨綿綿陰晴不定。我從溫州趕來，推開了漕寶路大上海國際花園沈雲芳老人的家門。

耄耋之年的沈雲芳先生在家門口迎接我，一看到我，連忙說：「難得難得，有家鄉人過來。」

瘦瘦小小的個子，目測身高在一百六十公分左右，笑容安詳。他把我讓進幾十平方米的居所裡，接過我手中的傘，再緩慢地走到廁所，把我的傘撐開晾著。客廳茶几上放著新版的《先知三部曲》和周履鏘與吳孟明、林志良合編的《陳獨秀晚年著作選》，靠窗的桌子上放著兩只大碗，各盛著滿滿的葡萄和提子。窗臺邊是幾盤長勢喜人的吊蘭。

老人有點耳背，思維很慢。很多時候，我只能把問題寫在紙上，可當老人一看題目，馬上就像一根彈簧一樣，好像「噌」的一聲，又有了精神。這會讓我想到吊蘭旺盛的生命力。

費力回憶往事一些細節時，老人會習慣用手指加額，這時，我能清楚看到他頭髮和眉毛中都纏雜著白色。

不管老人的記憶如何消退，刻骨的傷痕是不會忘記的。我相信他敘述的很多故事的真實性。比如監房裡的吼出來的低沉的《國際歌》，這麼有畫面感一幕，我在鄭超麟的回憶錄裡也找到佐證。

在談話中，老人會突然轉變角色，變成訓話者公安、監獄裡、勞改管裡管事的等角色，聲音驟然提高，表情嚴肅，又惟妙惟肖。老人會伸出指頭，自呼自己名字，「沈雲芳，需要注意的一、二、三、四點」。這讓我內心一震。

沈雲芳的妻子翁淑青，也是一名溫州托派。一九四七年，她從溫州來上海考大學期間，也在沈雲芳住所二樓閣樓上住過一段時間，她最初是被大連外國語學校俄文專業錄取，準備奔赴北方，一九五〇年暑假，翁淑青又收到了北京大學寄來的錄取書，她就轉到北京大學讀書。可好運總是短暫，一九五一年，翁淑青家沒有能力再供她繼續在北京大學讀書，她只能輟學。

收起行囊南歸的翁淑青回到了上海的沈雲芳面前，「人面桃花相映紅」。一九五一年，倆人結婚，婚禮簡單，有現成的房子，有現成的家具，請親友吃了喜酒，事就這麼成了。

結婚當時，沈雲芳沒有告訴戴千里。過一段時間，戴千里知道後，還問他，需不需要添置什麼？沈雲芳連說，不用。

老人用一二句話輕描淡寫帶過生活中的甜蜜。同樣的，一九五二年十二月二十二日的大肅托，也輕描淡寫地碾過倆人的愛情。

大肅托當天，是翁淑青超過預產期的第三天。沈雲芳剛走，公安就走進寶隆醫院的大門，直接把翁淑青轉送到提籃橋監獄醫院，專門有幾個女看守看著她，第二天，翁淑青在監獄裡生了一名女嬰。很多年之後，周履鏘先生還寫一篇小文章《監獄之花》，就是說翁淑青產女的故事。

可憐的小生命在監獄裡吃了三個月的母乳之後，就要送出鐵窗外。監獄管事的問已經被逮捕的沈雲芳：還有誰有能力撫養他的女兒？

「戴千里」的名字像一道閃電在沈雲芳絕望的腦海中閃過。戴千里義不容辭，找到會計師事務所裡一位燒飯的舟山老媽子，他出錢讓老媽子的親戚帶著三個月大的嬰兒放在舟山鄉下養大，直到第二年翁淑青出獄，母女團聚。出獄後的翁淑青帶著女兒輾轉在幾個學校之間，在別人歧視的目光中，辛苦教書，養大女兒，期盼著不久後能一家團聚。

我問沈雲芳先生：「您的女兒叫什麼名字？」

沈雲芳先生說，翁淑青給女兒取的名字叫「小平」。

「小平？是什麼意思？」我有點疑惑。

老人笑了一聲，說：「翁淑芳是希望，起碼小的能平安，大的不好說了。」

瞬間凝固，我們沉默。我轉頭看窗外，上海的天空還是濕漉漉的，視窗雨滴聲微弱。

名字真的能給一個人帶來好運？在新中國建立之前，沈雲芳經歷過兩次可怕的經歷，據沈雲芳所說，有一次就是因為他這個秀氣的名字而逃過一劫。

一九四七年夏天的一個上午，有兩個人來到戴千里會計師事務所，要找沈雲芳，就問沈雲芳一個女同事：「沈雲芳小姐在不在啊？」

沈雲芳的這位女同事叫袁瑋，當時四十來歲，在電影院裡工作過，跑過龍套，為人機警。袁瑋一看，對方都戴著墨鏡，腰間還別有手槍，又不認識沈雲芳，想當然把沈雲芳認成女的，那一定是來者不善，苗頭有點不對，就打馬虎眼道：「今天沒來，不曉得。」

這兩個戴墨鏡的人就在事務所一直等到中飯飯點才走。

沈雲芳當時剛好在南市陽朔街糖行查帳，忙到下午三點才回事務所，在中匯大樓的樓梯口，他看到幾個陌生人在等，原來找他的並沒有死心，留下幾個人馬繼續等待。沈雲芳根本想不到這幾個陌生人是來抓他的。

和這幾個想抓他的陌生人擦肩而過，沈雲芳走進事務所。袁瑋劈頭蓋臉就罵道：「小鬼，你做什麼壞事去了？有幾個人要抓你！」

沈雲芳一聽，馬上轉頭就走，不敢坐電梯，走樓梯下四樓，從大樓邊門逃走。沈雲芳來到周仁生在上海的住所，說有國民黨特務找上門一事，趙青音就讓沈雲芳當晚務必要留下過夜，避避「風頭」。沈雲芳在周仁生那兒住了一個禮拜，才敢去事務所走邊門上班。

沈雲芳敘述經歷的第二次可怕經歷，就是本書開頭部分所說，臺灣托派支部覆滅時，國民黨特務上門找「周阿寶」（周仁生化名）一事。

「沈雲芳，不行，你要多吃！」

大肅托被捕的托派，接下來的軌跡都是相似，像一顆顆小小的彈珠，嵌在設計好的凹槽裡向下滑行。

關進提籃橋監獄裡沒幾天，沈雲芳開始接受提審。提審都是在晚上九點十點之後，剛開始提審他的人是一個三十幾歲的年輕人。對方說沈雲芳是「反革命」，沈雲芳不認同，就辯論，那人說不過他。沈雲芳自認掌握的俄國革命理論並不差。

監獄方提審沈雲芳四次之後，毫無進展，第五次提審時，就換了一個提審的人，五十來歲，看上去是一個經驗豐富的高級幹部，態度也很和氣。

那人當然還是說托派就是反革命。

沈雲芳反駁的理由也很直接，托派是反國民黨統治的，托派也是革命的。沈雲芳還說，中共逮捕他是沒有法律根據的，是非法的。因為一九四九年十月之後，在上海的托派根本就沒有任何行動了，是「浮在空中的」。

那人說：「我們是無產階級專政。」

沈雲芳反駁說：「那你們專政的物件是什麼？」

提審到了深夜十二點。那人換個話題，問沈雲芳說：「現在十二點了，你肚子餓不餓？吃茶吧。」冰冷的提審，是用酥軟的上海話交談。在看上去輕鬆的氛圍中，那人向沈雲芳打開天窗說亮話：「你們，就是走路走錯了，方向不對。」

沈雲芳馬上用上海話頂回這句嘲諷：「你是一個煤球店老闆。」意思是在抹黑他。沈雲芳這句漂亮的反駁，把現場做記錄的書記員都聽笑起來了。

躺在砧板上的魚，再俏皮的動作，都是徒勞。沈雲芳由於參加「反革命組織」，被判了十年刑期，他比別的托派囚徒還多了一條罪：資助反革命組織——他用自己的固定收入資助過其他托派人員。

提籃橋監獄管事的對沈雲芳說：「你要參加勞動，老待在監獄裡對身體不好。」

沈雲芳分配到的任務是背裝滿米飯的飯格子。沈雲芳要背的飯格子有多重？一個鋁格子重兩斤半，總共是三十個格子，就有七十五斤重了，算上厚厚的木質夾板，總重量在八十五斤到九十斤之間。

身材矮小的沈雲芳就是一隻負重的山羊，背著九十斤重的盒飯，來回攀爬在提籃橋監獄一樓至六樓的監房之間。管理人員看著都很揪心，常會問沈雲芳吃得消吃不消？沈雲芳說，吃得消。

在談話空隙，老人對我說：「小個便先。」

老人從靠窗的桌子邊起來，把頭微微伏低，像一頭老牛。他雙手放在腰間，做小跑狀，跑得卻緩慢。上午的亮光灑在他的背上，我下意識觀察老人腿部的肌肉，發現老人的腿部肌肉結實非常，輪廓分明，像一位老拳師的下盤。幽暗的歲月，賦予了老人如此茁壯的下盤，有了如此茁壯的下盤，才能讓老人跋涉過幽暗的歲月。這是一朵雙生花。

一九五五年元旦前後，沈雲芳夾雜在一千來名勞改犯中，從上海火車站出發，坐悶罐火車到安徽淮南市田家庵淮河邊修路。當時淮河正氾濫，四顧白茫茫一片，連居民的屋頂都看不到。同時看到這種景象的，還有溫州托派何止錚和陳又東。

千多名勞改犯睡在就地搭建頂上鋪草的工棚裡，睡的是蘆葦席子。蘆葦席如刀紮人，頭幾天，沈雲芳穿著棉毛衫也睡不好，被管事的罵道：「你們上海人就是太嬌了。」

吃的是粗糧，幾個饅頭配稀飯或是雜湯。剛開始，沈雲芳最多只能吃兩個饅頭，他又被管事喝道：「你不行！要多吃，不吃體力跟不上。」一些來此地已經勞改過一段時間的勞改犯，一頓能吃五六個饅頭，稀飯、雜湯喝乾淨。

管事呵斥的是一句大實話。勞改犯就是一個個沒有生命只是重複勞動的「木馬流牛」，每天從早到黑下工地，回到工棚都已是精疲力盡。沒過多久，沈雲芳的飯量自然就變大了。

沈雲芳最初分到的工作是挖泥土，他一鐵鍬下去，踏一腳，挖出十幾斤泥土，而幹得好的勞改犯，一鍬下去能挖出四十來斤泥土。管事的看沈雲芳挖泥土的效率太低，就讓沈雲芳改挑泥土。沈雲芳說，最辛苦的活就是挑泥土。

周履鏘先生也向我回憶，在北方大漠勞改修路時，最讓他受苦的不是擔石方，而是擔土方。放在筐裡的石頭，大小不一，有時候石頭稍小一點，很慶倖可以偷懶，而土方不同，幾鍬下來，幾十斤的重量基本固定，吃了水的土方又沉得很，不好偷懶。

小個子沈雲芳分配的任務是一次挑六十斤，他咬咬牙挺住了，步子還邁得不慢。據沈雲芳說，在工地上，曾有人起鬨，慫恿一個身材高大的勞改犯和沈雲芳比賽挑土方，對方人高馬大，一次能挑九十斤。沈雲芳接受挑戰，幾天下來，一算總量竟然是沈雲芳打敗了他。沈雲芳一次雖然挑得比他少，但是跑得卻比他快！

「挑土方越到後面越辛苦」，沈雲芳老人用兩隻手在我面前比劃出一條陡峭的斜線，「泥土挖得越深，離路面就又高，挖得越深，泥土吃水越深，也就越沉，越到後來，路面和挖土的土坑落差越來越大，挑泥土就是在爬高壩了。」

和沈雲芳一起勞改的溫州老托派陳又東就沒能挺過來，死在挑泥土的高壩坡道上。

陳又東比沈雲芳年長，早年教過書，得過肺結核，不過離世時還不到五十歲。當時是下午兩點左右，日頭正猛，陳又東挑著還不到五十斤的泥土，正在爬坡，突然就栽在高壩上起不來了。大家連忙通知管事的，當時條件有限，工地上連現成的車子都沒有，管事的好不容易調來了一輛農用車，等到農用車開到現場，陳又東已經死了，無力回天了。陳又東就像一隻螻蟻死在淮河邊的堤壩上。

命運如流逝的淮河水，喜怒無常。在淮河邊工作一年半時間之後，沈雲芳的人生軌跡又引來轉折。一九五六年五六月的一天，工地上的高壓喇叭大聲叫著沈雲芳的名字。沈雲芳趕緊跑到管事那裡報到，管事的告訴沈雲芳，由於他勞動積極，勞動成績顯著，上頭決定沈雲芳不用再參加勞改，還可以外出參觀。

老人向我描述當年離開淮河邊勞改工地的場景。他眼光向下看，語調又突然變得嚴肅，用手指往地面一指，學那管事的腔調，說：「某某某（指另一名勞改犯），沈雲芳的這根擔子，以後就交給你了。記住，沈雲芳不用再幹活了，他身上的任務數，就由你來完成。」

悶罐火車換成了帶座位的普通火車，沈雲芳和幾名溫州托派坐在座位上隨意暢快聊天，別的乘客沒有發覺身邊坐的是囚徒。沈雲芳偶爾會看一眼在車廂兩頭的一二名看守，看守也是神情輕鬆。雙方都心知肚明，沈雲芳他們是不會跳火車逃跑的，就算逃跑也沒地方好跑，再說了，這是一輛開向新生的火車。

而立之年的沈雲芳，看著淮河上的工地被遠遠的拋在身後，最後被徹底地清除出視野，走出他的生活。

到了上海，沈雲芳才發現，當局組織了原本關在上海提籃橋監獄裡的上百名托派集體參觀，參觀新中國的建設成就。上百名托派集中在一起，這種場面也讓沈雲芳吃驚，「想不到有這麼多托派犯人」，他既看到了資深的托派，如鄭超麟、杜畏之，也看到了很多之前不認識的托派。

接下來是分組，年輕的小托派沈雲芳是小組長，管事為什麼要讓沈雲芳當小組長？這是因為管事的看過沈雲芳勞改時的成績，知道他「工作積極，不會亂講話」。

第一天是包場看電影《馬蘭花開》，沈雲芳感覺很舒暢。

《馬蘭花開》說是的，為了參加祖國建設，家庭婦女馬蘭要學開推土機，卻遭到媽媽和丈夫的反對和眾人的譏諷。但馬蘭堅持刻學習，學會了駕駛推土機。在支援兄弟建設工地時，馬蘭被分配到老工人胡阿根名下，跟他學習開鏟運機。老封建胡阿根十分輕視婦女。有一次，他因為馬蘭的鏟運機的鋼絲繩斷了而對她大發雷霆。馬蘭的思想有些動搖，在指導的鼓勵下，她堅持努力學習，胡阿根被她的精神感動了，他將技術都傳授給了馬蘭。馬蘭終於成為了一名優秀的女推土機手。

沈雲芳還參觀了上海市總工會療養院，看到各個房間整潔，床鋪乾淨，食堂裡菜肴豐盛。療養院的負責人親自向他們解說：現在還只接收在工作崗位上做出突出貢獻的優秀工人代表來療養，不過以後療養的對象會進一步擴大，能讓更多的工人來此療養。

沈雲芳還參觀了中華橡膠廠，據稱，該廠解放前陷入破產邊緣，生產停工，二百名工人無工可上，新中國成立之後，採用了公私合營，工廠用大米向錫蘭換橡膠原料，最後橡膠廠起死回生，產品供不應求，工人增加到五百人。

沈雲芳參觀得很起勁，現場很多年輕的托派和沈雲芳也有相同的體會。當時，遠在北京參觀的胡振南也內心激動，一九五六年的建設氣象也確實感染了胡振南。胡振南還認真寫了《我見到社會主義》的總結。

在參觀過程中，沈雲芳看到鄭超麟、杜畏之這些老托派基本上都是不愛說話，只是默默地看著。接待方問鄭超麟感受如何時，鄭超麟也只是「嗯」了幾聲，走過場。

為期十來天的參觀結束之後，刑期還沒有滿的托派重新關回提籃橋監獄。沈雲芳就留在提籃橋監獄裡「重操舊業」，繼續背飯格子，還縫過軍大衣紐扣。一直到一九六二年十二月二十一日，沈雲芳坐滿了十年的刑期。沈雲芳心想，這總可以回家了吧。

管事的問沈雲芳他們：「你們接下去有什麼打算？」

一個安徽籍的刑滿人員說：「我要回家。」

管事的說：「可以，明天你就可以買火車票回家。」

沈雲芳想回到平陽老家，可是他在平陽沒有戶口，他連老家都回不去。留在上海居住地，又是不可以。當時國家有個政策，為了社會治安，像沈雲芳這樣的刑滿釋放人員不能回大城市安置。一九五九年十二月二十二日，遠在內蒙古農場的周履鏘刑滿釋放，也不能回到上海，繼續留在塞外三十年，熬成一位退休老人，才能回到上海。

沈雲芳被安排「就地就業」，安排在楊浦區勞動機械廠。楊浦區勞動機械廠成品齊全，從汽車配件到榔頭、把手這些小件都有生產。

管事的說：「這工作不錯的，還有工資。」

對沈雲芳來說，人世間所有的相遇，確實是久別重逢。至此，一九五二年十二月二十二日夜晚寶隆醫院那一次簡單的離別，才算真正地劃上一個句號。現在，迎接他的是妻子久違了的溫暖和十歲女兒有點不知所措的大眼睛。

而世間所有的久別重逢，也都是為了下一次的別離。

一九六五年七月份，為了響應國家號召，楊浦區勞動機械廠沈雲芳所在的整個機械部門和三／四工具部門內遷到青海，在青海成立青滬機床廠，托派沈雲芳就像無數個釘子、把手中的一個，被扔到青海，工作到一九八六年十二月二十八日，六十歲退休，才回到上海居住。他和周履鏘的命運，如出一轍。

戴千里的眼淚

一九八一年，政治氣候變好，沈雲芳開始打聽「亦師亦父」的戴千里的下落。他打聽到了戴千里所住的詳細地址，在愚園路九十二號。

那一年的一個大清早，沈雲芳來到到愚園路九十二號所在的那條小弄口，挨個找門牌號，上海老弄堂裡的門牌號是出了名的難找。沈雲芳看到有一個人蹲在弄口修沙發，就上前問：「請問這裡有沒有一位戴千里先生？」

那人起身回答，說有的，向裡屋喊了一聲。戴千里的養女戴麗麗大步流星地走出來，驚呼道：「阿芳回來了！」戴千里失去愛女之後，和第二任妻子也沒有生育子女，就認了外甥女戴麗麗當養女。這位修沙發的人，正是戴麗麗的丈夫，復旦大學教授。原來每逢過節，戴千里都會在家宴上提起沈雲芳，流露思念之情。所以，戴麗麗馬上就認出來的人正是遠道歸來的「浪子」沈雲芳。

戴麗麗馬上朝裡屋二樓大喊了一聲：「爸！阿芳回來了！」

當時，戴千里還沒起床，聽到這一句，馬上就坐起了身。「父子」相見，七十八歲的戴千里老人留下了滾燙的熱淚。這是沈雲芳第一次看到戴千里流淚，流的是老人的濁淚。

沈雲芳老人向我描述這個場景時，已經是話帶哭腔，眼裡滲出濁淚。透過沈雲芳老人眼裡的淚光，我彷彿也能看到戴千里老人那雙同樣閱盡滄桑的眼睛，就像一九八一年，遠道歸來的遊子沈雲芳立在戴千里床榻前看到的一樣。

二〇一〇年七月二十六日，沈雲芳的老伴翁淑青去世了。

沈雲芳老人告訴我，他至今都沒有告訴女兒「小平」名字的由來，因為「這些事情沒必要向後代再說起」。

最後一個半天的拜訪結束之後，我走進沈雲芳住所內衛浴缸裡拿他幫我撐開晾乾的那一把傘，走到門邊時，我無意發現翁淑青的遺照。她帶著眼鏡，臉龐圓形，慈眉善目。原來她一直都在平靜地注視著我們的訪談。

老人把我送到門口，怕我對上海的道路不熟悉，一遍一遍提醒我回去應該要坐哪一路公車，在哪一站下，然後他向我比出兩個手指——「只用兩塊錢。」

在我們這個用手指比劃「耶」、賣萌橫行的年代，獨居老人沈雲芳先生的這兩根手指讓我即感到喜悅，又感到溫暖，最後泛上的卻是傷感，我用溫州話回了一聲：「知道了」，又走進了上海細細軟軟的雨中。

邱季龍：龍兮龍兮奈若何

南方小城溫州冬春時節襲人的濕冷，有時會讓人難以承受。冷風鑽進人的衣服，讓人瑟瑟發抖。如果這時再下一場雨夾雪，那麼溫州街頭的販夫走卒，就會忍不住詛咒皇天了。

一九四八年的春天，中共從北到南節節勝利席捲大陸，這大大出乎中國托派的預計，也讓剛加入溫州ＳＹ[1]只有一年時間的十九歲溫州中學畢業生邱季龍充滿疑惑：該如何解釋當下這股寒冷的形勢？

邱季龍和幾名臉上同樣寫滿疑惑的ＳＹ中學生，窩在一條篷布嚴實遮蓋的小船裡。小船停泊在溫州梧田一條河道的中央。梧田河道縱橫，連著迷宮一樣的三垟濕地。小船來去煙波裡，非常安全。幹革命工作，就是提著腦袋幹活，開會的地點，當然要經過深思熟慮。

天下起著雨，冷雨如箭鏃落在篷布上，嗶嗶啵啵。

密不通風的小船裡，除了邱季龍這幾名ＳＹ中學生，還有溫州托派老黨員王國龍和趙養性。王國龍目光堅定，如同定住這只飄蕩小船的鐵錨。

王國龍作了政治報告，解答了邱季龍他們的疑惑。王國龍在小船裡說的和之前的說法並無太多不同，他認為，現在革命的客觀形勢已經成熟，只是主觀因素還不足，所以，今後的溫州托派的主要任務還是要多多發展組織。

溫州寒冷的氣候好不容易熬過去了，可是革命的氣候依然詭異。

沒過多久，上海托派「多數派」和「少數派」的紛爭波及到溫州。一九四八年六月，邱季龍幾人躲在後垟巷溫州中學學生周大鈞家組織會議討論。選在周大鈞家開會，是因為周大鈞雖然還不是ＳＹ成員，但是思想積極，他家房子前後三進，房子大，平時沒人，便於開會討論。

1 社會主義青年團，簡稱ＳＹ，下同。

邱季龍和胡振東是多數派，葉征椽、徐明烈和郎起秀三人偏向少數派。這仨人的少數派思想源自何處？邱季龍腦中閃出「曾猛」的名字。邱季龍認為：「他們可能和曾猛有接觸。當時的曾猛雖然不參加組織了，但是依然有在影響學生。」

「這也可以看出曾猛的為人。」晚年的邱季龍先生笑了一聲，對我這名拜訪者如是說。

彼此都不能說服對方。最後邱季龍他們決定，溫州ＳＹ，既不屬於多數派，也不屬於少數派，溫州ＳＹ獨立，名稱依然叫溫州社會主義青年團。

開完這場意義重大的會議之後，帶著對時局的些許疑惑和早已堅定如磐石的托派信念，邱季龍坐上一條機帆船一路北上到達上海，專程到上海投奔革命導師周仁生。周仁生，有著巨大人格魅力，就像一個磁極吸引著中學畢業生邱季龍。

從下著冷雨的梧田河道，到奔流的黃浦江，再到白雪皚皚的中蘇邊境，最後到樟樹成行的仰義紅楓山莊老人公寓，邱季龍的人生劃了一個大大的、難以名狀、悲涼的圓圈。

對日本人的恨融入血液裡

一九二九年十一月十九日，邱季龍出生於信河街古爐巷一戶人家，排行老二，大哥邱元龍比他年長三歲。家有兩條「龍」，可見邱家對兩個孩子的滿滿期待。

邱季龍說，他對日本人的恨，是從小就建立的。邱季龍這一代人是在日寇鐵蹄下空隙中度過早年讀書經歷。人生剛啟蒙，讀書明志，舉頭窗外，日寇闖進安靜的溫州古城，人民備受燒殺搶劫之苦，對日寇的恨，是早早就融入他們的血液裡。

邱季龍小學讀的是溫州模範小學，也就是以後的溫中附小。當時模範小學校長王曉梅，按照慣例，每週一都要對學生講話，基本流程是先講總理遺囑，三民主義教育，這些內容，王校長總是簡單帶過。他會花更多的時間跟學生們講時事，比如傅作義的百靈廟大戰，台兒莊大戰，聽得小學生熱血沸騰。

學校大禮堂上掛著一張巨大的布制世界地圖，王校長站在小學生眼中的「世界」前，侃侃而談。小學生邱季龍的目光時不時掠過慷慨激昂的王校長，落在那張巨大的布制世界地圖上。他看到蘇聯的廣闊疆域，再想到受日寇欺負的中國，就對蘇聯大國產生天然的好感。

一九三八年二月二十八日，日寇飛機首次轟炸溫州，在南塘街投下炸彈當場炸死兩人、炸傷五人。其後日寇飛機再次轟炸南塘簡易軍用飛機場，炸毀橫瀆、下呂浦等村莊房屋十多間，炸死、炸傷平民十多人。有目擊者回憶，其中有父女兩人被炸得肚腸飛掛在田邊樹枝上。

邱季龍記得最慘的是縣後巷遭受日本敵機的一次空襲，兩排炸彈扔下來，縣後巷頓時成一片火海。

在家裡遇到空襲時，邱季龍的父母會讓他和大哥邱元龍趕緊鑽進吃飯的八仙桌下，上面蓋上棉被，聽著屋頂上的日本敵機呼嘯而過。

一九四一年四月十九日至五月一日，溫州第一次淪陷。有一天晚上，還是小孩子的邱季龍和奶奶一起入睡，他睡在床裡頭。夜裡突然聽到「噌噌噌」的皮靴聲，是日本兵破門而入來搶東西。家裡值錢的東西都被搶走了，連他父親收藏的印章都沒能倖免。日本兵還從邱季龍奶奶手指上捋走了金戒指，沒有發現躲在被子裡頭瑟瑟發抖的邱季龍。

日本人走之前，還不忘用刺刀在邱家的八仙桌上狠狠劃下深深的一刀。

溫州第一次淪陷結束後的秋天，一九四一年八月，剛被浙江大學錄取但未去報到的周仁生來到溫州模範小學教書，教社會課。周仁生開始走進邱季龍的人生。當時的高中畢業生周仁生還沒有正式接受托派思想，但思想激進，上課有趣生動，學生們都愛聽。

邱季龍回憶，周仁生在課堂上講「鴻門宴」的故事，語言生動，描述惟妙惟肖，彷彿教室一下子變成了項王軍中帳。初為人師的周仁生，說著縱橫華夏的蓋世英雄，手執教鞭，在黑板上點出「啪啪」之音，恍若親臨沙場。

在模範小學，周仁生組織了「別了」讀書會，讀書會的成員有邱季龍、胡振東、葉征慶、胡大鏞、陳鶴梅、席時佳、沈豔芳等人。周仁生在一份材料裡回憶：「當時他們都還很年輕，只有十三—十四歲」。[2]邱季龍拿起筆把年齡劃掉，再改寫，對我說：「周先生記錯了，當時我們年齡更小，是十一—十二歲」。

讀書會出版了「別了」壁報，周仁生對他們平時的要求就是多看小說，多寫壁報文章，「談不上思想影響」，「但這個讀書會會員，是以後溫州托派學生中的中堅份子。」周仁生在這句話中流露出自豪。

一九四二年春天，邱季龍小學畢業，當時進初中有兩個選擇，一是去設在青田水南的溫州中學初中部，邱季龍和邱季龍父母都嫌路程太遠；另外溫州中學有些老師也不願去青田水南，這樣很好的師資就流到在九山湖邊的甌海中學。邱季龍選擇了去甌海中學就讀。邱季龍的小學同學胡振東也做出了相同的選擇。

這一年的七月十一日，溫州第二次淪陷，一個月之後，日寇像侵襲農耕民族的游牧外族一樣，又一次退出溫州城。

初中生邱季龍在胡振東父親胡長庚醫生的書架上讀了好多書：有李季翻譯的《馬克思傳》和托洛茨基自傳《我的生平》上中下三冊，李季是從德國留學回來的一個老托派。還讀了馬克思寫的《哲學的貧困》。當時神州國光社出了一本《中國社會史論戰》，李季也是其中主要的論戰者之一，這本書很難找，卻也出現在胡長庚的書架上。

胡長庚醫生對邱季龍和振東的讀書方向並不制止，也不置一詞。另外，胡長庚醫生白天要去上班，也沒有時間干涉自由閱讀的邱季龍和胡振東。

在自由的閱讀中，一粒種子開始破土而出。初中生邱季龍慢慢得出一個信念：落後的資本主義社會必須要通過社會主義革命。「不過，我對當時的托派組織還不瞭解。」邱季龍先生說。

一九四三年暑假，邱季龍在書中讀到「史達林」這個名字，就跑到周家問周仁生：史達林何人？

周仁生簡單回了兩個字：「庸才！」

一看這架勢，邱季龍不敢再問周仁生了。

---

[2] 周仁生：《一九四一年至一九四六年的溫州托派簡況》。

在甌海中學，邱季龍也聽慣了空襲警報。一有空襲警報，邱季龍和同學們就躲在學校附近九山湖邊上的甘蔗園裡。也有大膽的同學，會抬頭看日本敵機，當敵機低空俯衝時，能清楚得看到飛機裡扔出炸彈，他們就數著：「扔下兩個炸彈啦！」

有一次空襲時，邱季龍躲在下呂浦的甘蔗園裡，還碰到了當時並不認識的以後同樣成為托派的年輕學生陳兆魁。

一九四四年九月九日，像一個重複的夢魘，溫州第三次淪陷。相比前兩次，溫州第三次淪陷的時間最久，跨過一九四四年的冬季到一九四五年的六月十七日。

一九四四年冬天，邱季龍和胡振東在解放路碰到日本人拉壯丁。那人穿白西裝，戴一頂拿破崙帽，一把將邱季龍和胡振東拉住，等那人轉身去拉別的壯丁時，邱季龍拔腿就跑。那人很生氣，拿起一塊磚頭向邱季龍扔來，磚頭擦到邱季龍的頭髮，砸在邱季龍前面，邱季龍腳步不停，從解放後巷溜走了。第二天，邱季龍碰到當時並沒有逃跑的胡振東，問日本人究竟把他拉過去幹嘛？胡振東說，是去抬沙發。

終究有一次，邱季龍還是被日本人抓住了，當壯丁去抬米，和他一起抬的正是陳兆魁。

這一年冬天，邱家舉家逃難到茶山。

熬過漫長的冬季，一九四五年春，甌海中學初中畢業班在瞿溪西邊的山區言章一片寒冷中開學。邱季龍和胡振東，徐聯芬、黃濤、黃克娥七八名同學，換下了青色的學生裝，穿上了長衫，這是為了萬一碰上日本兵盤查時少些麻煩。他們從小南門坐小船出溫州城。當時日本兵未曾在水路設關卡，所以，走水路平安。

甌海中學當時的教導主任是郭溪人，他安排邱季龍七八名同學先到郭溪一地主家大院裡匯合。當天晚上，邱季龍他們住在租來的農民房裡，第二天再去言章。

言章在瞿溪的半山腰，上體育課時，邱季龍他們需要往下走六百級石梯，到山下平地上上課。

一支國民軍隊在言章和邱季龍擦肩而過。參軍的大部分是知識青年，聽口音很多是上海人。他們來山區的甌海中學聯歡，帶隊的還是一名美國教官，拿卡賓槍。邱季龍從來沒有見過卡賓槍，這名美國教官還很帥氣地用卡賓槍朝大樹射擊，讓興奮的同學們看留在大樹上的彈孔。

邱季龍後來猜測，這只軍隊應該屬於蔣經國主政的贛南地區，在江西浙江一帶流動，所以才到了他們學校。後來這支軍隊應該開到緬甸，成了一支悲壯的遠征軍。

邱季龍緩了一口氣對我說，在言章山區，他沒有看到中共的「三五支隊」。

在言章讀書的中學生要自己買菜，燒飯，買的菜也簡單，無非是向當地農民買點筍，難得碰到有農家殺豬的，他們才能買到點肉。平時的醬油、醋等調料，他們要回家去裝。

邱季龍和幾個同學曾結伴挑著裝有醬油瓶酒瓶等瓶瓶罐罐的布袋，走路回家。清早起來趕路，走到瞿溪鎮上，剛好是中午。

「經過西山時，遇到日本設的關卡，日本的士兵突然變得很緊張，刺刀齊刷刷地頂著我們。我們很納悶，轉頭一想就明白了，原來我們的瓶瓶罐罐在布袋裡顯現出的輪廓，日本兵以為是手榴彈。我們幾個就笑了，日本兵看我們笑了，也放鬆了，發現不會有什麼危險。我們拿出瓶瓶罐罐給他們看，才能過關。」

故事笑談過來，泛上來的是苦澀。

一九四五年的夏天，陽光燦爛，邱季龍和胡振東從甌海中學初中部畢業。

學校剛一宣佈結業，畢業文憑還沒發，第二天大清早六點鐘，邱季龍和胡振東行李也不收拾，就開始興沖沖地趕路了，兩人像兩隻歡快小鹿，穿梭在溫州連綿不絕的山路上。涼爽的風刮過少年的臉龐。這一年，邱季龍十六歲，胡振東十五歲。

坐在自家沙發上，臉上已爬有皺紋的邱季龍老人笑著對我說，當時心中懷著喜悅，所以走山路一點都不覺得累，一路都是歡歌笑語，下坡的山路，他和胡振東都是俯衝下來的。

從上午六點一直走到晚上六點，走了一百六十多里山路，邱季龍和胡振東趕到「三臨中」，見到了周仁生。他們是專程來找周仁生的。周仁生見到邱季龍和胡振東兩人，很是高興，還特意帶著他們去鎮上一起喝綠豆湯。

就在邱季龍和胡振東趕到了「三臨中」第二天，日軍也撤退了，溫州中學在城區復學。邱季龍和胡振東就又走山路回到言章，帶好鋪蓋，回城區讀溫中。

對邱季龍和胡振東這兩位熱血少年來說，能見到周仁生導師的面，來回奔波三百多里崎嶇山路，又有何妨？半個多世紀前的好天氣好心情，現在還溫暖著邱季龍老人。

托派學生是遊行破壞者？

一九四五年夏天，邱季龍和胡振東兩人跨進了溫州中學高中部的校門，跨進了溫州中學高中部「風雨滿窗」的特殊一屆——一九四八年秋（三）屆。邱季龍和胡振東小學初中高中都是同校同班同學，是兩根纏在一起的獨特藤蔓。

一九四五年夏，周仁生「撥開雲霧開始跟邱季龍和胡振東講述第四國際的來龍去脈。」

這一年夏天的美好心情，一直持續到八月十五日，日本宣佈無條件投降，舉國振奮人心。

日本無條件投降之後，邱季龍和胡振東幾個學生去周仁生家，迫切想聽周仁生講時事，當時王國龍剛好也在周仁生家。邱季龍他們當然是希望周仁生和王國龍兩位能多講一點，他們就能多聽一點。當時主要是王國龍發言，周仁生在旁邊沒有說話。

王國龍說，現在的形勢，我們也不能盲目樂觀，不要太高興。這是前門送走了日本帝國主義，後門卻引進了美帝國主義。美帝國主義是要把我們中國變成他的殖民地。蔣介石當然是買辦階級，中國靠蔣是沒有前途的。抗日戰爭最主要也是美國人的勝利，沒有美國參戰，沒有美國向日本扔下的兩顆原子彈，中國的抗戰勝利還很難講。

邱季龍認為，在一旁沒有發言的周仁生當然也是同意王國龍的意見。

聽導師一席話之後，十六歲的高一新生邱季龍開始考慮國際形勢，得出的觀點是，以後中國必須走革命道路。只是這條革命道路該如何走，他當時沒有想明白，「禪師」的手指還沒有給向他指明方向。

這一年秋天，周仁生開始正式向邱季龍和胡振東講述托派思想。當時周仁生說清了兩個問題：一個是蘇聯內部黨派鬥爭的問題；第二個就是中國革命的性質問題。托派周仁生認為，史達林腦中根本沒有無產階級思想，蘇聯資助國民黨，陳獨秀提出要五百支槍，都被史達林拒絕。大革命的失敗，最主要的原因當然還是史達林的錯誤領導，要中共以個人名義加入國民黨。而對於這一個危險舉動，托洛茨基是早就警告過，斷定國民黨會叛變革命。

「要不然也無需犧牲這麼多人，讓無數人頭落地。」周仁生導師如是說。

高一學生邱季龍又想起兩年前的暑假，周仁生用「庸才」兩字評價史達林時的場景。

一九四六年夏天，周仁生奔赴上海，在中國革命的風暴中心，從事托派革命活動。去上海之前，周仁生把邱季龍，胡振東兩位愛徒交代給王國龍、趙益性。

王國龍當時是《地方新聞》社的主編，在解放後巷一間二樓的房間裡辦公。邱季龍和胡振東常常跑去找他，聽他談革命形勢。王國龍對他們倆心中所想，心知肚明。

邱季龍還參加過馬克思主義挺進社組織的一次會議，會議地點在鼓樓街饅頭巷一位比他高二年級的學長周自申家。趙益性組織會議，十幾人參加，當時宣讀了一份第四國際的文件，只是一張紙的內容。這份文件，是周仁生從上海寄來的。

既然溫州已經成立了托派黨組織，相應地就要成立團組織。一九四七年二月，邱季龍胡振東正式加入托派團組織——社會主義青年團，簡稱SY。

溫州是以上海多數派成立的章程文件為藍本，宣佈成立了溫州托派團組織——SY。領導機關由五人組成：甌海中學生物老師、樂清人趙養性屬於黨跨團的成員；書記朗起秀；政治委員胡振東；組織委員邱季龍；群眾工作由當時是溫中學生自治理事會主席徐明烈負責。

SY組織，一般是三四人一組，但是不可以少於三人。身為組織委員的邱季龍是親眼看到托派團成員的迅速發展。溫州托派學生像鮮花突然開滿草坪，隨風驕傲搖曳。

「當時加入托派團組織，是不會考慮以後的道路會不會坎坷，而是認定哪裡是真理，就走向哪裡。」這是邱季龍當時的信念。從托派學生轉眼成托派老人，邱季龍的信念一直堅定，就像一顆滾石。

托派小組的主要工作是學習，看馬列主義原著。邱季龍讀到的很多馬列主義原著都是在溫州中學圖書館裡讀到的。當時的溫州圖書館收藏有馬列主義理論性的著作，這些著作屬於學術性質。

邱季龍不得不面對的一個事實是：溫州中學裡的學生運動，大部分是由中共學生發動，不過當時的托派學生也是支持中共學生發動的運動，因為兩方學生在反對國民黨的目標上是一致的。

在溫州中學讀書時，邱季龍常常看到受中共影響的學生組織的時事辯論。有同校同學叫他去石坦巷王宅找比他大一二屆的一位高三學生，對方神祕地遞給邱季龍一本《新三民主義》的小冊子。

邱季龍就去問周仁生，新三民主義是什麼意思？周仁生說，新三民主義就是毛的新民主主義。當時，談孫中山的三民主義，可以大行其道，談毛的新民主主義，還是非法，中共的學生就把書名換成新三民主義，換個眉目，躲避檢查。邱季龍記得這是在一九四七年春天的事。

看周仁生如是說，邱季龍也就不再和想拉他入中共領導的青年盟的同學來往了。

溫州學生運動最轟轟烈烈是一九四七年六月二日的反飢餓反內戰遊行。當時參加遊行的學生主要來自溫州中學、甌海中學、溫州市中學和建華中學（私立學校），遊行名義上由學生自治聯合會領導，當時的做法是，遊行當天的宣言需由學生自治會宣傳部長負責撰寫，而當時那名學生自治會宣傳部長，正是邱季龍。

邱季龍撰寫了一份帶著托派觀點的宣言，提交給了學生自治聯合會。六月一日晚上很遲的時候，邱季龍才得知，學生自治聯合會裡的中共學生不認同邱季龍寫的宣言，修改了他起草的稿子。

邱季龍胡振東他們得知這個消息之後，就不幹了。邱季龍和胡振東所在的一九四八年秋（三）屆，當時全班有二十多名托派。這班托派學生就自起爐灶，寫標語，譜寫歌曲，參加了遊行。壯懷激烈，各走各的路。當時，中共學生喊出的口號是「反對國民黨徵兵徵糧；學生罷課」，而托派學生打出的口號，是在此基礎上再加上「工人罷工，商人罷市」。

事後，中共學生認為托派學生是破壞遊行。

邱季龍說，在這之前，溫州中學的壁報，觀點涇渭分明，中共學生和托派學生的觀點一個最明細的分歧是，托派學生會罵史達林，而中共學生不會。而這次遊行之後，溫州中學實際上也是整個溫州的托派學生和中共學生正式在溫州大地上劃開了一條楚漢漢界。托派學生也暴露得更加明顯了。

對比兩派在學生中的發展線路，邱季龍認為：托派更重視理論工作，重視學習；而中共重視宣傳口號，口號很大眾化，比如「反蔣」之類。

「我們這些托派學生，內心是渴望追求理想、真理和理論的，不滿足中共宣傳的那些低層次的宣傳口號。」邱季龍老人如是說。

托派學生當時能讀到三種主要刊物：第一種是多數派的刊物《求真》，文章篇幅較長，是大段大段的理論宣傳；第二種也是多數派刊物《青年與婦女》，文章篇幅較短，也重視理論性；第三種是少數派的刊物《新旗》。這些都是托派戰友從上海帶來，在溫州中學托派同學之間傳閱。

根據規定，SY領導機關一年要改選一次。一九四八年，邱季龍和胡振東升為高三學生，面臨學業壓力，兩人退出了領導機關。

用邱季龍自己的話說，在高一高二，他把九十九%的精力放在運動上，一%的精力放在學習上，連上課都在看托派材料。

當時一些教材是要學生自己去買，有些原版書價格很貴。邱季龍的隔壁鄰居陳叔平，是溫州中學的數學老師，他是蘇步青的老師。當年老房子結構特殊，陳叔平老師每次回家都要從邱季龍家穿堂而過，走過大廳，經過邱季龍家廚房，才能回到他自己家。為了省錢，邱季龍就向他借了原本的《範式大代數》。邱季龍當然把這本書看得很珍貴，不敢輕易留下折痕。

「可即使這樣，我還是沒有用太多的精力來讀書。」邱季龍老人笑著對我說。

一九四八年六月，做出決定的十九歲溫州中學畢業生邱季龍踏進了一條開往上海的機帆船。他坐下來，內心像磐石一樣堅定，感到寬廣，等待未知的未來向青春朝氣的他徐徐展開。

「你們都是青年學生，不要參加活動，去讀書」

一九四八年十月，周仁生安排邱季龍去南京，邱季龍成為上海托派和南京托派的聯絡員。周仁生通過組織關係，把邱季龍安排在金陵大學教務處年級組工作，當一名普通教務員。金陵大學教務組分為年級組和學分組兩個組。當時在南京的托派有中央大學裡的教師熊安東。常常在中央大學熊安東的單人教師宿舍裡，倆人接頭。

在南京，托派開展的托派運動，也是發動反蔣學生運動，這和中共的目標是一致的。邱季龍當時的體會是，在解放軍渡江前，兵荒馬亂的古城南京，有中共這麼一個大目標在前面沖著，對他們托派來說，活動還是挺自由的，他們乘機可以渾水摸魚，擴大影響。

每一個月，邱季龍都會去上海，向周仁生彙報工作。當然，他不敢用通信和電報彙報工作。

有一段時間裡，胡振東也在南京。有一天，胡振東提著花生米來看他。然後神祕兮兮地問他：「今天是什麼日子？」

邱季龍說：「我不知道。」

胡振東說：「今天是你農曆十月十九日的生日，你連自己的生日都忘記了！」南京的板鴨和花生米都是比較出名的。板鴨，清貧的胡振東當然是買不起的，胡振東就買了花生米給邱季龍慶祝生日。

一九四八年十二月底，金陵大學要遷往廣州，邱季龍向周仁生請示去留問題。周仁生說，既然如此，那就回上海吧。

一九四八年底，內戰繼續撕裂中國，三大戰役的烈火在中國大地上熊熊燃燒，同胞操戈，死人如麻，哀鴻遍野。在鬱鬱蒼蒼，王氣黯然收的千年古都南京，慌亂的人群或南或北，如洪水來臨前四處奔跑的螞蟻。

在一片混亂中，從南京到上海的火車已經很難坐上了，不管是有票還是沒有票。當時根本沒有票的邱季龍是看到有一節車廂上的窗戶開著，就從窗戶裡鑽進去才坐上火車。坐上火車後，他發現頭頂上的行李架上都躺著人。

邱季龍回到上海，是遵從革命導師周仁生的指示，也符合托派留在城市發展工人運動的觀點。不過巧合的是，一九四八年底，當周仁生指示邱季龍回上海的同時，他卻和趙青音、林松祺離開上海到廈門，經廈門大學安明波介紹，到福建海澄中學教書。這讓我感到疑惑：周仁生既然覺得上海已經是不安全，為什麼還要邱季龍回到上海？難道說，當時在托派組織中有較高職務的周仁生已經暴露，而較底層的邱季龍還是安全的？

老人簡單地回答我：「這都是組織的安排。」

回到上海之後，托派組織安排邱季龍去位於北京西路的中華醫學會上海分會應聘，當時，托派錢川在上海分會當會計，上海分會裡剛好又有職位空缺。場面上的招聘形式也是要過的。錢川叫邱季龍寫一張毛筆字看看書法，邱季龍寫了李煜的那首《虞美人》，結果就被錢川選中。

在中華醫學會上海分會工作，邱季龍感覺很清閒。一九四九年二月份，邱季龍就去愛彌小學教書。組織也是鼓勵邱季龍去開闢新的活動陣地。一九四九年六、七月，愛彌小學解散，邱季龍短暫失業，後在徐家匯小學代了一個月左右的課，睡了一個月閣樓。

隨後，邱季龍來到上海總工會下屬的恒通梭廠，在工人夜校裡當教師，教工人識字，編革命歌曲，正式來到工人隊伍當中。

早在一九四九年五月，王國龍就從溫州來到上海，把在上海的溫州托派團組織分為北區中心和南區中心，邱季龍、胡振東、沈雲芳和周履鏘屬於北區中心，葉征慶屬於南區中心。

王國龍當時的指示是：「我們的力量還很小，先不要擴大組織」。王國龍斷定中共還不能統一全國。[3]後來中共

---

[3] 對於中共能否統一全國這個說法，邱季龍對王國龍的回憶，和王國龍自己的說法並不相同，見本書《和而不同？王國龍、周仁生和彭述之的交往》一文。

勝利成定局了，陳獨秀對紅軍的質疑究竟是對還是錯？邱季龍他們有滿腦子的疑問，甚至連錢川這位老托派也有同樣的疑問。

王國龍並沒有回答問題，讓每一個人的疑惑在上海的風中飄蕩。

當時上海號稱有三十萬工人，托派的主要工作就是在城市發展工人。邱季龍在SY的中心小組，負責聯繫兩個小組：橡膠小組和電車小組。邱季龍表示，他所負責的兩個小組，人數並不多。

我追問道：「具體有幾人？」

老人在沙發上深深吸一口氣，回憶了十多秒說：「橡膠小組和電車小組，各二名。」

一九四九年十一月份，沈雲芳家被公安連鍋端，邱季龍卻逃過一劫。

按照工作安排，北區的SY，每週五下午都集會一次，談談工作，聚會的地點，就在沈雲芳的房子裡。

邱季龍老人說：「沈雲芳真是好人，每一次發薪水，第一件事就是買米買黃豆。我們吃的基本上是煮黃豆下飯。當時，王國龍也在上海，很長一段時間沒有工作，也住在沈雲芳家。」

事發後的週五下午，邱季龍還是像往常一樣去沈雲芳家，可一推進沈雲芳家家門，感覺不對，就馬上退出來了，後面突然出現兩支冰冷的槍把他頂進屋子。

邱季龍當時有個別名叫「邱茂林」，電車證上就寫著「邱茂林」這個名字。邱季龍就把電車證拿給他們看，和他們名單上的「邱季龍」的名字對不上。公安就來來回回打電話，確定他的身分。

邱季龍堅持說自己只是一個叫邱茂林的普通工人夜校老師。在他們的電話中，邱季龍聽得出，他們的托派被連鍋端了，不過還好的是，這不是中央統一行動。

公安打了兩個小時的電話之後，還是不能確定他到底是不是邱季龍，就把他放了。邱季龍還清清楚楚記得一名公安在放他之前對他的忠告：「你們都是青年學生，不要參加活動，去讀書。」

一九四九年底，驚恐過後的托派成員坐下來吃一頓年夜飯，討論接下來應對事宜。他們分析十一月被捕事件，主要原因是葉征慶叛變報案，公安局才不得不出動抓捕。當時的上海市長是陳毅，陳毅一定上報給毛，毛當時可能還沒有統一抓捕的念頭。

我問：「你們托派是怎樣得出這個結論的呢？」

邱季龍老人說：「因為據我們的瞭解，建國後，毛還邀請老托派李季參加政協，李季推辭了。李季說自己早沒有參加托派活動了。可見毛當時還是想利用托派的人做事。」

很難判斷邱季龍他們推測毛的意思，究竟有幾分根據。值得注意的是，一年之後，一九五〇年十二月二十一日的《人民日報》上刊登了托派李季和劉仁靜的聲明，承認托派路線的錯誤。

在這頓年夜飯上，錢川決定要去香港，邱季龍決定留在上海。邱季龍還是堅持在城市發展工人運動的托派的信條，他當時剛好正在工人隊伍中工作，就想看看在建國新形勢下，工人們是怎樣的反應？

邱季龍經過觀察認為，女工思想都比較單純，積極回應政府開展的各種活動號召，男工的思想就要複雜一些。

沒過多久，恒通梭廠裡要建立中共團組織——新民主主義青年團，工廠希望邱季龍能參加。邱季龍不敢自專，就去問王國龍：「可不可以參加？」王國龍說，「青年團是群眾組織，可以參加。」邱季龍就成為恒通梭廠青年團的副書記。

又一轉眼，恒通梭廠裡要建黨組織了。當時一名叫程美倫的女工找邱季龍聊天，她給邱季龍亮了一下中共的黨徽。在當時，中共黨徽還是很少見到的。

邱季龍一陣忐忑。

程美倫向邱季龍亮明瞭中共地下黨員的身分後，就對他推心置腹。她觀察邱季龍已經好久了，覺得他開展群眾工作做得很好，想讓他入中國共產黨。

這件事情就麻煩了，邱季龍採用和沈雲芳相同的策略，「拖字訣」，一再說自己覺悟不高，還沒有準備好。

沈雲芳老人還向我說過此事最大的隱患：要是當時加入了共產黨，算是跨黨，等以後中共清算托派，那他的罪名要更重，更讓人吃不消——是「反黨」。

一九四九年十二月，邱季龍以讀書為藉口，離開上海去杭州，投奔正在杭州工作的大哥邱元龍。既然托派活動已經很難開展了，邱季龍的政治理想已經破碎，那不如換個活法，研究科學，同樣也能為這個國家做點貢獻。

邱季龍老人對我說，當時他確實是想去讀點書。

想不到一個月前，那名公安在放邱季龍之前說的那句「去讀書」的苦口婆心忠告，成為事實；可悲的是，「去讀書」不能讓天真的邱季龍逃脫日後被整的宿命，他終究要被吸回漩渦中心。

邱季龍在杭州複習了一個春天，還沒有複習好解析幾何，就參加了一九五〇年六月份的高考。他報考了兩個心儀的學校，上海同濟大學和燕京大學，都是物理專業。同濟大學物理系先錄取了他，《大公報》公佈了入圍名單，邱季龍考了第一名，五百二十六分。同濟大學老師找邱季龍聊天，希望他能留在同濟大學，不要再觀望下一家大學。邱季龍不置可否。

邱季龍更想去的是燕京大學物理系。當時燕京大學物理系發出公告，前三名可免學費，如果邱季龍能考進前三名，就能為家裡減輕不少壓力。燕京大學師資力量一流，設備先進，也讓他神往。

燕京大學物理系隨後放榜，邱季龍五百二十六考分位居第二名，當時清華大學機械系的錄取分數也只有五百一十分。邱季龍老人告訴我，有意思的是，燕京大學物理系考第一名的方娜麗，也是一名溫州人，是一位出生在外地不會說溫州話的溫州人。也就說，一九五一年燕京大學物理系錄取的前兩名學生，都是溫州人。

邱季龍特別珍惜平靜的讀書時光（這讓我想起同樣沉迷文學的林松祺）。在燕京大學，除了「五一」、「十一」不得不參加的遊行活動之外，邱季龍平時都泡在圖書館學習，連假期都不回家。

燕京大學的學習氛圍濃如醇醪，在食堂吃飯，同學們都是有意打亂年級段，想和高年級同學坐在一起吃飯，只為能在聊天中獲得新知識。

邱季龍的物理老師是褚聖麟，有一天，比邱季龍高兩年的李椿對他說：「你知不知道，褚先生給你打了十分滿分，我都只得了九分。」當時，燕京大學採用美式的學分制。

一九五一年，由於燕京大學有著獨特背景，反帝運動開始在學校裡瘋狂蔓延。事情的緣由是西語系一位美國教授要回國，學生給他送來一幅「春風化雨惠我良多」的錦旗，很快被說成是親美行為，運動波及全校。

「接下來，學校裡的讀書氛圍就很差了」，老人平靜地對我說，「《炎黃春秋》裡刊登的回憶燕京大學風潮的文章，我都是親歷者。」

一九五二年，燕京大學像秋季煮熟的大閘蟹被拆分，學校民族學系、社會學系、語文系（民族語文系）、歷史系併入中央民族學院（今中央民族大學），法學院併入北京政法學院（今中國政法大學），經濟學系併入中央財經學院（今中央財經大學），工科併入清華大學，文、理科併入北京大學，北大遷至原燕京大學校園「燕園」。燕京大學物理系的學生邱季龍，也就「自然而然」成為北京大學理科學生。

大肅托後一天被捕

一九五二年十二月二十二日全國大肅托，大多數托派都在當天被捕，而有少數托派如邱季龍、陳兆魁、陳道同三名托派大學生是在二十三日被捕。

十二月二十三日中午，有人通知邱季龍去一趟校長辦公室。他內心納悶：校長找他會有什麼事？邱季龍到了校長辦公室，沒看到校長，通知他的人叫他在校長辦公室先坐著，這時候，邱季龍就看到陳兆魁也來了。

邱季龍一看到陳兆魁，就全明白了。

公安向邱季龍亮了逮捕證，說：「你被捕了。」邱季龍看了一下逮捕證，看到上面有公安部長羅瑞卿的簽名。

邱季龍和陳兆魁被公安帶到附近一個破亭子，四周泥土圍牆圈住幾間舊房子。公安讓邱季龍和陳兆魁蹲在舊房門口等著，裡面有人在處理交接犯人事宜。

邱季龍乘機對陳兆魁說：「你高中之後的事情，我是不知道的。」邱季龍是想對陳兆魁暗示，他是不會交代關於陳兆魁的事。邱季龍剛一開口，就有一個從高處劈下的聲音喝止：「蹲好！不許講話！」

公安對接好資訊之後，邱季龍和陳兆魁就被押送到北京草嵐子胡同監獄。

一九五四年四月，邱季龍接受審判，判定他犯有反革命罪，企圖顛覆人民政府，被判六年有期徒刑。

「反革命罪，企圖顛覆人民政府」，晚年的邱季龍向我重複這一句，然後苦笑一聲說：「這真是一個諷刺。」

剛一審判完，邱季龍就被送到北京青河農場參加勞改。說是北京青河農場，其實農場的位置已在天津茶澱區域範圍。邱季龍和其他勞改犯人一起，種水稻，幹農活。

「一張麻袋系住四角，提起，上面鋪平塊狀泥土，你猜一次能鋪多少斤？」

在訪談中，邱季龍先生給我這個五穀不分的年輕拜訪者出了一道題。我沒有一點概念，很難猜。

看我一臉疑惑，邱季龍先生豎起了三根手指頭，公佈了答案：「足足三百斤。」

和邱季龍一起挑泥土的是一位十七歲的天津後生。十七歲的就被勞改，邱季龍猜測對方有可能是個小偷。在幹活的時候，邱季龍感覺自己的體力都比這位十七歲的後生要好。

在邱季龍的心中，有一個近乎倔強的信念。

「我當時的想法是，要永遠積極向上，做一個有用的人。就算勞改挑泥土也是如此。這在托派中間是一個共性，為什麼會如此？這是因為我們托派發展物件，都是挑最好的學生。」邱季龍老人向我笑了一聲，點破了其中的「訣竅」。

在老人的笑容中，我彷彿看到小個子的沈雲芳在淮河邊揮汗如雨的情形。

一九五六年六月份，邱季龍和陳兆魁接到通知回北京參加參觀活動。邱季龍記得他們參觀了十個專案，有北京機械廠，百貨大樓，官廳水庫，其中還有北京原子能展覽會……領隊人告訴邱季龍，如此高端的原子能展覽會，一般人還真是進不去。

參觀完之後是寫總結，然後等待分配工作。甚至有人對邱季龍明講，他會分配到北京教育系統當中學老師。邱季龍當即提出，想回北大繼續讀書，對方很委婉地回絕了。對方說，祖國建設更需要他。

邱季龍後來碰到北大物理系一位校友才得知，他被抓當天，學校開大會批判。這樣邱季龍根本就回不了學校，要不然，學校的臉面往哪裡擱？

老人劃了劃自己的臉對我說。

一九五七年二月二十七日，北京市公安局宣佈邱季龍假釋出獄。邱季龍對這個確切的日子永生難忘。原來，他一出獄，就先去新華書店找書，剛好看到毛澤東寫的《論正確處理人民內部矛盾》小冊子當天首發。邱季龍恍然大悟：「哦。我原來是被當作人民內部矛盾來處理了。」

老人對我一陣苦笑，甚至在沙發上笑得抖動起來，然後捂著嘴，慢慢讓笑聲停止，彷彿又把自己要說的故事，活生生按回肚子裡去。

和陳道同抱團取暖[4]

同一天被捕，關在同一所監獄裡的托派大學生陳道同比邱季龍早一點假釋出獄。兩人在一九五七年北京寒冷的冬春之際，一起抱團取暖，一起瑟瑟發抖。

陳道同，何許人也？他就是著名托派人物陳其昌的長子。他出生於一九二七年五月二十五日，中國大革命失敗的年份。陳其昌給在這一年出生的孩子取名為「道同」。

一九五二年十二月二十三日，陳道同被捕時，他是中國人民大學「國家與法權理論研究室」研究生。陳道同被捕的情景和邱季龍如出一轍。那天中午飯後，陳道同被叫到學校辦公室，告知去參加一個學習班，他等來的是個穿軍服

---

[4] 本章關於陳道同的故事，我主要參考了段躍女士寫的《陳道同採訪手記之二陳道同生命史探訪》一文。

的人。

那個人拿出來一個東西要讀，是逮捕證，邊上一位姓呂的科長說：「別念了，就放在這裡吧」。

當陳道同走出門時，一輛吉普車正等候著，同宿舍的人把他的鋪蓋也給卷了過來，見他出來，馬上把鋪蓋卷塞進車，「同宿舍的人都很熟，但那一刻他們用眼睛瞪著我，很凶的樣子。要知道，那個時代對反革命分子是很仇恨的。我被叫上車，坐在後坐，穿軍服的人要給我帶手銬，呂科長說，別帶了」。

「我被送到草嵐子胡同的監獄，這個地點是後來才知道的。當天晚上就審訊。我哭了，太冤屈了，真想不到我會被捕」。「一下子被打入監獄，感情上實在接受不了；一下子被打成反革命，並且還跟特務關在一起，這和自己對自己的認識差距太遠了」。

陳道同覺得自己委屈，理由是很充足的：因為他早已經退出托派。

段躍女士在《在陳道同採訪手記之二——陳道同生命史探訪》一文中提到，陳道同是她採訪過的十五位托派中唯一明確退出托派組織、又沒有被組織斥為叛徒的人。

在陳道同早年的記憶中，家庭、父親、親情是與革命者的地下政治活動攪拌在一起，與緊張、恐怖、神祕的氣氛攪拌在一起的，而父親的被捕、犧牲將這些記憶神聖化了，崇尚革命的政治理念結結實實地鋪在他人生的底色上。通過家庭，陳道同自然而然被革命氛圍薰陶。

有意思的是，十五歲之前的陳道同也接受了另一種啟蒙——西方文明，按照當時革命者的認知和理想，西方文明與資本主義幾乎是劃等號的，那是共產主義運動的敵人。[5]

據段躍女士的採訪，在一九三二年到一九四二年的十年基礎教育階段，陳道同對吸取知識產生了強烈的欲望，更重要的是作為人的獨立意志和理性精神得到了開發和養育。

[5] 段躍：《陳道同採訪手記之二陳道同生命史探訪》。

一九四八年初，陳道同找到鄭超麟，要求退出托派。他說，「我要退出來，是不是要履行什麼形式？」鄭超麟回答：「沒什麼形式，我們這個組織就是糊裡糊塗的，你參加托派時沒什麼形式，你退出，也是自由的」。「我們這個組織就是糊裡糊塗的」，多麼有意思的一句話。

一九四九年九月，陳道同辭去公職，考入北京大學法律系。一九五一年北京大學畢業，被分配到中國人民大學法律系深造，因一九五二年的被捕，研究生沒有讀完。

在監獄裡的陳道同，和絕大部分托派一樣，認罪了，低下了頭顱。就算你已經退出托派，也是要接受中共的清算，何況陳道同還有陳其昌之子這一個如此特殊的身分。

一九五七年初，邱季龍和陳道同兩人假釋出獄之後，沒地方安身，就辦了一個出入證依舊住在北京市監獄裡。邱季龍一直向北京市公安局一位負責他和陳道同案件姓高的處長打聽：什麼時候能去學校上班？高處長的答覆是：還有五百人等著安排入教師隊伍呢，耐心等著吧。

邱季龍和陳道同兩人住在監獄裡，當然覺得是「不舒服的」：倆人到底囚徒還是自由人？

邱季龍就去問高處長：「我們現在的身分究竟算什麼？」

高處長回答：「你們是屬於思想認識問題。」

邱季龍和陳道同終於明白，等待安排工作的希望是很渺茫了。倆人相商，搬出北京市監獄，一起在北京鄉下清河鎮租下一處農民房，兩人一起以翻譯為生，艱難生活。

邱季龍去北京圖書館找國內還沒有譯本的物理、數學原著，找「米」下鍋。他讀到蘇聯人寫的一篇觀點挺深的數學論文，就翻譯了出來，一九五八年五月份的《數學通報》發在第一篇，重點推薦。

邱季龍拾起了自己的物理老本行。他在北京圖書館發現一本《現代原子物理》，書中所談的內容在全國都屬於尖端領域，他和陳道同合作翻譯好了，將整本譯稿投給了出版社，最後石沉大海，連一張退稿通知都沒有。邱季龍懷疑，說不定被出版社的人偷了也有可能，因為這可是一本關於物理尖端領域的書稿。

「獨煢煢而北行」的陳道同收到母親從上海寫來的催婚的書信，要陳道同回上海和女工琴弟結婚。母親寄來的書信，也喚醒了陳道同童年鍋巴的味道。

陳道同童年生活淒苦，家裡常常揭不開鍋。一九四一年，陳其昌家的生活有所好轉。同情托派的金源錢莊經理夏杏芳聘任陳其昌為錢莊編輯刊物《上海經濟動態》，兼做文化教員，陳其昌每個月能給家裡十五到二十塊大洋，才能夠讓家人都活下來。

晚年的陳道同回憶，金源錢莊是管職工伙食，免費吃飯。專門有廚師燒飯，陳其昌就住在錢莊裡面，一天三頓都在那裡吃。錢莊燒飯有大鍋，一天三餐過後會有很多鍋巴，陳其昌就看上了這個鍋巴，以他的身分不好直接跟廚師說，就先通過總經理同意，叫總經理跟廚師講，鍋巴不要扔，以很便宜的價格賣給陳其昌。每天的鍋巴收集起來裝進麻袋，每個月叫亞東圖書館汪孟鄒家裡的廚師到金源錢莊去運，運到亞東圖書館，然後由年少的陳道同到亞東圖書館取回家，一家幾口就可以吃到鍋巴了。鍋巴很幹很幹，跟米差不多。鍋巴拿回來，陳道同的母親先把它用水泡開，過濾，再放到鍋裡蒸，蒸成米飯一樣的，實在不怎麼好吃，從營養的角度就更差了，只要能吃飽肚子，可實際上還是不夠的，當時陳道同的母親撫養五個孩子。四個是男孩子，都處在長身體的階段。

一直到陳其昌被日本人殺害，扔進黃浦江後的兩年，還是鍋巴救了陳道同和他弟弟妹妹的命。

邱季龍老人說，上海女工琴弟一直很喜歡陳道同，而陳道同卻沒有在意過她。陳道同在北京讀書時，有過一位電影學院讀書的女朋友。邱季龍沒有見過陳道同那位女友，不過既然在電影學院讀書，邱季龍估計「長相應該是漂亮的」。

陳道同四顧落魄的處境，放棄了在北京的漂亮女友，同意回到上海，擔負起家中長子的責任，也接受了琴弟的柔情。組建家庭之後，琴弟對陳道同一直很好，一有批鬥運動，都是琴弟出去頂著，讓陳道同可以躲在她的身後。因為她是工人身分這塊「擋箭牌」。

陳道同南下之後，邱季龍也離開了清河鎮和陳道同同住過的農民房，搬進了大哥邱元龍和大嫂劉世梅在清河鎮的住所，好有個照應。

邱季龍的大哥邱元龍，是新中國第一批毛紡織專家，我國山羊絨分梳技術和產品開發的先行者。百度上有他專門的詞條。

一九四五年，邱元龍畢業於溫州中學，隨後入上海復旦大學法學院學習，「後來認識到當時政治腐敗，仕途黑暗，決定棄法就工，轉入中國紡織建設公司技術人員訓練班學習毛紡技術」，這是百度詞條上的「官方說法」；而邱季龍告訴我，邱家供養兩個兒子讀書的費用並不低，大哥邱元龍為能給家裡減少開支，才選擇去中國紡織建設公司技術人員訓練班，當時全國急缺毛紡技術專業人才，入這個培訓班免學費，學成之後，還包分配。

一九四八年，邱元龍從培訓班畢業，分配到上海第三毛紡廠，不久到上海第一制麻廠跟隨日籍留用人員、黃麻紡織專家阪田學習。

一九四九年冬，邱元龍參與浙江麻紡織廠的建設。這一年十二月，邱季龍才有了去杭州讀書，以投奔正在杭州工作的大哥邱元龍的藉口，從而可以離開上海避開恒通梭廠中共黨員拉他「入夥」的舉動。

一九五四年，邱元龍被調到北京清河製呢廠，任梳紡車間主任，和兩年被捕的弟弟邱季龍同在一個城市。一九五六年，邱季龍正蹲在中共的大牢裡，邱元龍加入中共。

邱季龍的大嫂劉世梅，是一位紡織工人，在那個年代，紡織女工是一個高尚職業。她是一九五七年的「三八紅旗手」，全國人大主席團成員。劉世梅是毛親自「圈閱」提拔過的人。邱季龍說到此處，就用手指劃了一圈，表示毛用筆「圈閱」的軌跡。

一九五八年二月，清河鎮當地派出所突然通知邱季龍參加勞動，地點在北京雍和宮附近石料圍成的工地上。他站在工地上，冰天雪地。

邱元龍劉世梅回家一看，發現邱季龍不見了，一打聽他的下落，大吃一驚。原來，當時彭真要清潔北京市容，像邱季龍這樣的人，就要像垃圾一樣，被掃到郊區，圈在一處。邱元龍劉世梅四處奔波，想法設法營救邱季龍。

一九五八年三月八日清晨，邱季龍踏過北京街頭清脆的積雪，辭別在北京的親友，登上開往東北中蘇邊界的列車，支援邊疆，開始了一段漫長的艱辛歲月。

聽著軋軋的車輪聲，被放逐的邱季龍竟然感覺是壯志滿懷。邱季龍記得，在讀大學時，飯廳牆上高掛著醒目的紅色大標語：「建設大西北」。當時中國還未創建石油學院和地質學院，北大物理系不少畢業生奔赴新疆進行地質物理探礦，同學們對此都很嚮往，他當時卻未獲此「殊榮」，還感到些許遺憾。現在他要「赴」（這是邱季龍老人回憶在東北中蘇邊界農場艱苦歲月時，用的字）東北開墾荒原，建設邊疆大學，他腦海中浮現的是三十年代莫斯科青年赴西伯利亞建設共青城艱苦而浪漫的人生之旅。

列車入松遼平原，晨風中，四周是遙望無際的皚皚白雪，他還饒有興致填了一首《菩薩蠻》：

平川莽莽風卷雪，寒空數點星明滅。
千緒伴離愁，征人志可酬？
朝辭燕京闕，暮沐關山月。
壯氣溢胸膺，遼河未解冰。

邱季龍下火車後又轉乘捷克產的十輪卡車，穿過兩三米厚的層冰覆蓋的小興凱湖面，到達烏蘇里江支流小黑河畔杳無人煙的沼澤荒原。這裡沒有房屋，只有預先為邱季龍他們準備的一排排三角竹架外面披一種叫小葉樟茅草的窩棚，點綴在無邊的荒草之中。他們的任務是要在這片荒原上開墾數萬畝農田。

首要的工程是修建導流堤，憑雙手用鐵鎬劈開凍土。這是一項極其艱苦的工程，重八九斤的鐵鎬，勞動人員每天要掄八小時。鐵鎬衝擊堅硬的凍土，就像撞在冰冷的鋼鐵上，震得人雙手鮮血淋漓，耗盡力氣。邱季龍慶倖高中時愛好雙杠，練就一對好臂肌，八九斤的鐵鎬掄得不過癮，他挑了一把最重的十七斤大鎬，把同班組的人羨慕不已。一天下來，腰酸背痛，苦不堪言，而邱季龍內心火熱的建設社會主義邊疆的信念，使他充滿活力和幹勁。

接下來的任務是一人一把長柄大斧，為機耕隊拖拉機翻地清除荒原上的障礙。一片片榛樹林、橡樹林、楊樹林在大斧的揮舞中倒下。尤其是那些胳膊粗細、齊刷刷、密麻麻、筆挺挺、綠油油的小楊樹林，鶴立草原，令人喜愛，邱季龍真是砍不下手，幾次提建議要保留他們。可是當時的中國，連活生生的人都面臨著空前的浩劫，稚嫩的楊樹又怎樣躲過砍盡殺絕的厄運呢？晚年的邱季龍想到那些可愛楊樹，仍感到滿腔歉疚和遺憾，「那些決策者又於心何安？」

蕭瑟的荒原寒風帶來了「大躍進」深翻挖地的號令，要深挖五十公分！這讓學理工出生的邱季龍驚訝不已。稍有農學知識的人都知道地表十五公分的土壤是作物豐盛的廚房。多少萬年來的茂密叢林和草原的變遷，木葉芳草的枯榮，為小興安嶺至長白山麓這片處女地的地標積累了三十多公分珍貴油黑的沃土，而往下四十多公分，便是連合抱的大樹樹根都不下紮的白僵土。如果深挖五十公分，將白僵土翻成表土，那將是寸草不生，更不用說耕作了。這種明顯違反科學的破壞性決定居然要雷厲風行，當時誰又能公然違抗？

邱季龍又想要拯救泥土。他委婉地向農場領導提出深翻不能超過三十公分的建議，懂得一些農業知識的農場領導內心同意邱季龍的建議，又不敢向大家公開宣佈。

秋風過後，嚴冬來臨。在農場，越來越堅硬的凍土深翻至二三十公分已經很不容易，而且當時還要求「夜戰」，「放衛星」，吃過晚飯休息半小時又要到地裡繼續幹到深夜十二點。在零下三十度的荒原上，鐵鎬與凍土的撞擊聲此起彼伏，鎬聲漸漸稀少，有些精疲力竭的人顧不得寒冷，就倒在地上睡著了。隊部也就順勢不再要求深挖超過三十公分了。

南方人邱季龍看過零下四十度的嚴寒奇觀。晴天，太陽灰白朦朧，黯淡無光，粉末狀的冰珠漫天飛舞，朔風如刀割得人臉頰僵痛青紫，厚口罩結了一塊冰碑，鼻子失去知覺。

實際上，邱季龍剛到小黑河畔勞動農場不久，大哥大嫂的書信就寄到農場，信上說，把「自由身」邱季龍放逐去農場，是沒有理由的，是「有關部門」搞錯了，邱季龍可以向農場申請回來。可奇怪的是，在環境如此惡劣的荒原農場，邱季龍卻沒有申請回京。

我不解地問：「為什麼？」

老人淡淡地說，他們到了農場之後，有人嘗試逃跑，不過，農場在中俄邊境的茫茫荒原，逃跑之後，發現真的是無處可逃，要麼死在荒原，要麼只能返回農場。農場也開展了嚴厲打擊勞動人員外逃的整治運動。在這種氛圍下，他如果提出要回北京，覺得是「不合適」。

冬去春來，農場墾荒任務完成，邱季龍被調到新建的農場大學任課，教物理和數學。邱季龍教書認真，晚上備課改作業到十二點才能就寢。第一學期，他就被學校評為「優秀教師」和「先進工作者」。

運動無常，轉眼間，邱季龍獲得的眾多榮譽反而成了「插杆賣首」。一九六六年六月十六日，人民日報社論發表文化大革命運動員令的當天下午，邱季龍就成為全校首批三十二名「執行資產階級教育路線」的「學術權威」之一，掛牌戴高帽遊街批鬥，被打成「黑幫」。學生不上課，批鬥打罵成為他們接受的「革命教育」。

一支紅衛兵戰鬥隊拉邱季龍出去批鬥，接著猛打他一頓，使得他腰部受傷不能站直。看著已經不能站直的邱季龍，紅衛兵戰鬥隊還繼續惡作劇，以「節約鬧革命」的名義，勒令他去校園一個角落挖兩大框紅膠泥挑到他們的「司令部」代替糨糊貼大字報用。二百多斤的重擔壓得他痛入骨髓，舉步維艱、踉蹌欲倒，紅衛兵戰鬥隊哈哈大笑。

原本非常純樸善良、尊師習禮，邱季龍深夜改作業都會改到名字的學生為什麼會變成如此模樣？邱季龍內心一陣悲鳴：他們是被教唆而敗壞了靈魂，變得如此殘暴，以他人痛苦為樂。邱季龍教物理學成了宣傳資產階級思想，批判他「知識越多越反動」，他對自己反問道：難道無產階級另有一套與伽利略、牛頓、愛因斯坦不同的物理學？悲鳴和反問過後，邱季龍深信，這是與馬克思主義背道而馳，是一場文化浩劫，使原本落後的中國大大倒退，為此他深感痛心。

從繁重的懲罰性勞動回來的一個傍晚，邱季龍看到他獨自居住的宿舍房門上貼著一張某個戰鬥隊要徵用他房間的大字報，勒令他馬上搬走。邱季龍木然立在宿舍門口，他能搬到哪裡？又有誰敢接受他？

在一剎那，邱季龍的鼻子彷彿嗅到馬廄乾草的舒服氣味。在校園邊上馬廄西邊有一處存放馬飼料乾草的小間，紅衛兵是從不去那裡的。於是他就卷起了鋪蓋去乾草小間，睡得安穩。

有一次，半夜一聲轟然巨響驚醒了睡慣了安穩覺的邱季龍。原來幹草房和馬廄的隔牆是用大坯塊壘的，並不十分堅固，當晚是被馬擠塌了，算邱季龍命大，大坯塊倒向馬廄一側，否則睡夢中的他被壓在大坯塊下而無人救助就很難活下來的。

此後，邱季龍和馬廄裡的四匹馬就不再隔開了。每天晚上，邱季龍拖著幹完重勞動之後的疲憊身軀，即使馬糞尿臭味熏天，照舊睡得香甜。

半夜起來，邱季龍順便給馬喂一次飼料，撫摸馬頭，給馬撓撓癢。日子久了，馬和人產生了感情。不管白天黑夜，它們一見邱季龍走進，就興奮得搖頭晃腦，向他靠近。特別是有一匹混血的高頭大馬，脾氣暴烈，野性難馴，會踢會咬，一般人都不敢靠近，連車夫都怕它幾分，難套上車。而邱季龍給它套車時，馬鞍剛舉起來，它就迅速退入車轅。馬夫見它這麼聽邱季龍使喚，就向工宣隊推薦他到遠離學校六十多裡地的學校農場參加春耕。這正中他下懷，讓他可以暫時避開「造反派」的凌辱，與四匹馬一起，駕車運種子肥料，扶犁耕地。

邱季龍嘗夠了挨打的滋味，從不忍用鞭子抽打馬匹，它們反而更聽他的話。

五月高緯度的完達山麓，清晨五點不到就出太陽了。邱季龍每天從天亮忙到天黑，將七百五十多畝大豆、玉米和小米播種完畢，雖然疲憊，也有難得的舒暢。在那些人與人都不敢交流，人人自危的劫難深重的日子裡，能與通人性的馬一起和諧生活，邱季龍夫復何言？

愛惜可愛的小樹木、珍惜三十公分厚的黑土地，與馬匹感受深受，目光向下，卑微地面向大地尋找精神力量，也許是絕望之中的人本能的選擇。

一九七〇年春天，工宣隊宣佈解除「黑幫」，邱季龍恢復身分後不久，又要參加「五七幹校下鄉插隊落戶」，「接受貧下中農再教育」。與他一起的二十戶幹部，都是攜帶妻兒一起插隊落戶到離城幾十裡外的一支大隊，再分配到五個生產隊。只有邱季龍是獨身一人。

和邱季龍一起分配到最貧困的第五小隊，是溫州著名作家林斤瀾弟弟一家四口。

「誰？」我趕緊追問。

「我已經不記得那人的名字了，不過可以確定他正是林斤瀾的弟弟。」老人說。

世界真小，太多悲歡離合的故事，是地表下的大樹鬚根，每一條鬚根都是各自生長，可是不經意間的交錯總讓人驚歎不已。

溫州作家程紹國先生在他的《林斤瀾說》有一篇「天可憐見」，是寫林斤瀾與「右派」擦肩而過的「幸運」經歷。程紹國先生是為聖者隱去痛苦，親人罹難，自己隻身倖免，到底算是何種「幸運」，很難用「功利主義」去衡量換算。

林斤瀾父親林丙坤是滄河學校的創辦人，程紹國先生不忍在他的書裡點破林丙坤的最終命運，只是把文字停留在林丙坤為兒子安排去學校綫路「希望兒子快快飛黃騰達」的父愛溫情處。

據林斤瀾回憶，一九四二年溫州淪陷，林丙坤帶著家小到鄉下避難，最主要的還因為林丙坤是「溫州教育三巨頭」，怕偽政權要利用他，任命職務。他當然是不合作的，但還好，偽政權對他這樣辦教育的，也沒怎麼為難。不過這到後來卻成了罪名。一九五三年肅反，林丙坤被揪出來批判，罵他是「三紅人物」，就是在國民黨、偽政權、共產黨時期都風光。林丙坤是有血性的人，受不了這個侮辱，回家後爬進了自家院裡擱的、高不過肩、防火用的大水缸，他就把自己活生生溺死。

林丙坤育有十個孩子，四男六女，用林斤瀾的話說是「管也管不過來」，而邱季龍老人的講述，又給溫州林家故事添上不為人知的一筆。

邱季龍和老林到了第五小隊，發現當地人窮得叮噹響。一九六九年結算下來，每個勞動日是八分錢，一天勞動下來正好只夠買一張平信郵票，更可憐的是，這八分錢也是拿不到手，因為還要上繳公糧。貧窮和飢餓，使社員——都是當地農民——人心渙散，相互埋怨。在第五小隊，窮到連給馬飼料中添鹽的錢都沒有。

文化大革命中，那一望無垠的黑土地，居然讓多少輩依靠土地生活的種地能手餓肚子，邱季龍和老林感到匪夷所思。是一股什麼力量束縛了農民的手腳，喪失了生產積極性，幹與不幹一個樣?!而且寧可讓土地荒蕪，也不許農民自己種一塊地充饑？

邱季龍和老林決定改變現狀。首先建議大隊向公社申請貸款，給農民買種子、化肥和農具。農民見到兩位「幹部」能給他們辦實事，運來了返銷糧，吃上了飯，就開始信任邱季龍和老林。晚上開會，邱季龍和老林反復動員鼓勵農民積極春耕生產，規定收工回來可以種房前屋後的自留地。

第五小隊規定，早上五點開始下地幹活，而邱季龍凌晨三點就起床，用大鐵鍋燒菜，四周貼上一圈玉米粉做成的巴掌大的貼餅子，做好一天的飯菜，然後再叫附近十來家社員起床準備下地。憑著幾年來在「黑幫」和在學校農場的繁重勞動鍛鍊，在第五小隊，邱季龍感到幹農活很輕鬆。

公社還要求社員每晚要開會學習，邱季龍和老林一般只開短會，好讓社員早些回家休息。

在初級社時，當地農民的日子還是比較好過的，可到高級社收入就降低了。邱季龍最終認識到，公社化不僅使農民失去了屬於自己的那片土地，連合作化後劃定的可按自己意願耕種的自留地也歸公了，結果還是餓肚子。螳臂擋車，邱季龍和老林的努力最終化為泡影。

一九七三年春，邱季龍被學校召回「復學鬧革命」，從而結束了近三年時間的所謂「接受貧下中農再教育」的農民生涯。

一九七七年，邱季龍允許回家探親。一九七八年，溫州地區教育局籌辦教育學院，缺理科教研員，四十九歲的邱季龍終於有機會回到家鄉，在教育崗位上一直幹到退休。老人像一位胸有平天下良策的孤獨隱士，最後隱居在仰義紅楓山莊老人公寓，聽著公寓樓下綠地上傳來的大媽跳廣場舞的陣陣配曲——有一天，我聽到的是「鳳凰傳奇」組合唱的朗朗上口的口水歌。

一張發黃的革命者合照

二〇一四年四月中旬，周仁生學生組織了一場紀念周仁生先生逝世十周年的座談會，會場設在市區奧林匹克大酒店。我從一位和周仁生有過交往的老人那裡問到邱季龍先生的電話，就撥打電話過去，邀請邱季龍先生參加座談會。

電話裡頭的邱季龍先生，語氣平淡，語言簡潔，說：「我會準時參加的。」邱季龍先生還告訴了我陳兆魁先生的聯繫方式，叫我也可以邀請陳兆魁先生一起參加。

在紀念周仁生先生逝世十周年的座談會上，邱季龍先生和陳兆魁先生各自回憶了和周仁生先生的交往。對史達林幾十年的憤怒之氣，還在兩位耄耋老人的胸中縱橫翻滾。

邱季龍先生和陳兆魁先生坐在一起，我發現，在座談會空隙時間，倆人也不多談。座談會結束之後，兩位老人走出奧林匹克大酒店，只簡單告別幾句，就各回各的家。

邱季龍先生要在公車上顛簸許久，才能從市區繁華地帶回到他在鹿城區和永嘉縣交界處的甌江上游江畔——仰義紅楓山莊老人公寓，從繁雜紛擾回到暮色四合、安安靜靜與世無爭的綠樹江邊。

二〇一四年九月，我又致電邱季龍老人，溝通採訪意願。電話裡的邱季龍老人還是簡單幾句：「行，你來吧。」邱季龍先生，當然是一位有故事的老人，就在甌江邊上，等我敲開他的家門，訴說故事。根據我的職業敏感判斷，我知道，對老人來說，我只是一個年輕的拜訪者，一個「外道」之人。

在老人的公寓裡，我們剛一見面，老人就對我說，他只接受過兩個人的採訪，第一位是段躍，因為她做的口述課題的出發點是搶救史料為，所以，他願意講述。第二位就是我。

隨著訪談逐步深入，老人開始信任我，對我「傾囊而出」他的故事。坐在沙發上的老人離我越來越近，我們促膝而談。說到動情處時，和電視裡有經驗的新聞主播一樣，老人是以撲向傾聽者的姿態，我不由自主把身體往後躲。

老人聊到他的信仰。周仁生早年在他心中種下的托派信仰，已經長成一棵大樹，隨著時光流逝，樹木的裡層一直沒有變。邱季龍先生認為，從人類社會發現進程來看，社會主義社會比資本主義社會要先進，資本主義社會必定會過渡到社會主義社會，過程中會有艱難險阻，但是滾滾大勢不可阻擋，如長江之入東海。

老人說：「史達林把社會主義的徽倒掉了。現在的俄羅斯已是資本主義國家，它和被美國軍火商控制的美國並沒有矛盾，所以兩個國家可以坐下來把酒言歡。切尼有軍火商背景，軍火商製造了這麼多武器怎麼辦？所以就要到處製造戰爭。比如伊拉克戰爭。這不是美國在間接殺人嗎？」

「現在蘇聯不是解體了嗎？蘇聯革命失敗了。我認為還是客觀條件不成熟。在未來，資產階級不會永久存在，我們需要真正的社會主義革命。光喊是沒有用的，這些必須都要革命者去做的。我當然是一個革命者。」

「美國資本主義是虛偽的民主，共產主義的民主，當然要比資本主義的民主要民主。」

總結自己的人生，為了強調語氣，老人的講述從說習慣了的溫州話突然換成普通話，用手指戳向胸口，睜大眼眶，一字一字對說：「托派沒錯，中共錯了。我——心——安——理——得，坦然！」

說完這一席掏心窩的話之後，老人看到的是我顯露出的非常驚訝的表情。我內心的震撼確實是太過強烈了。當時，我並沒有在意也不可能看到自己的表情。後來我才知道，我這個表情，傷害了內心敏感的老人。

下一次見面，我剛在老人公寓裡的沙發上坐好，老人就開門見山問我：「上一次我聊到托派，你的表情非常驚訝。我想知道你內心對托派是怎麼看的？不知你平時都看些什麼書？」

我感到一陣窘迫，可隨即一想，也覺得無妨，用西方俗話來說，it's my turn，輪到我「傾囊而出」自己的真實想法。這很公平。

我向老人誠實地表示，我認同西方關於自由、平等、民主的普世價值觀，認為社會主義是一種烏托邦，「在美國學者漢娜・阿倫特寫的的《極權主義的起源》一書中，比較了史達林的社會主義和希特勒的反猶主義，認為都是一種極權主義。」

我提到漢娜・阿倫特的名字時，老人「哦」了一聲，點了一下頭，對漢娜・阿倫特有所耳聞。

聽完我的回答，老人沒有反駁，也許只是單純想要一個答案——就是關於我對托派的態度——然後簡單說了一個「好」字，一轉話題，老人繼續講述自己故事。

老人拿出一本溫州中學（四十八）秋校友會編的二〇〇七年七月會刊，鮮紅色的封面上印有一幅馬孟容嫻靜的水墨畫和「風雨人生」四個大字。這四字像是寫在血上，用來形容邱季龍胡振東所在的溫州中學一九四八年秋這特殊一屆學生，也算合適吧。

老人對我說：「裡面有我幾篇回憶文章，你可以參考一下。」

在這一冊會刊裡，老人寫的《艱辛歲月》，回憶了他下放小黑河畔荒原農場的歲月；《故誼深沉》追憶了他和已故托派同學胡振東一生的友誼；還有一篇《摯友情深》文章，是為了悼念逝世一周年的周冀甌同學。

文章配有一張周冀甌遺像，周冀甌西裝領帶，右胸口別著一朵花，應該是參加某個公開活動時的留影，一頭銀髮的周冀甌老人笑得燦爛，露出牙齒，眼睛眯成一條線。

邱季龍的文章上說，一九四九年，周冀甌考入臺灣師範大學數學系，畢業後赴加拿大U・B・哥倫比亞大學數學系深造，此後長期從事保險公司的計算工作，晚年定居加拿大，最後死於癌症。一篇小文，一個老人一生的故事。

老人說：「周冀甌也是一名托派。」

我有點驚訝，問道：「可在您的文章裡，一字沒提他是托派。」

老人說，同班同學有二十來人是托派，但是還有很多同學是中共黨員，就在最近幾年，還有中共黨員身分的同學說道肅托是……老人不忍再說，我想省略號後的詞，應該是「正當」、「正確」之類的詞。老人搖搖手，聲音壓低，對我說，所以在校友會刊裡說這些也沒什麼意思，雖然他自己也是會刊幾名編輯之一。在聊天現場，我能感受到老人的無奈和痛苦。

會刊翻到最後，在封三位置，有一張發黃的黑白畢業照——「浙江省溫州中學四十八秋高中部同學留影」赫然出現。我在胡振南老人的電腦裡看到過這張畢業照，已經失語的胡振南老人打開這張照片，把滑鼠停留在胡振東年輕的臉龐上，向我「啞啞」幾聲，告訴我他就是胡振東。當邱季龍老人告訴我，他們班有二十名同學是托派時，這張合照就讓我感到沉重了許多。

照片上的男女學生，著深淺兩色學生裝，深色學生裝像中山裝，而淺色學生裝有點像紅軍的軍服。年輕的翁淑青坐在第二排左邊第一個位置，斜劉海，雙手平放在大腿上，看上去有點拘謹。我上一次「看到」翁淑青，是在上海沈雲芳家，沈家牆壁上放著一張慈祥的老婦人遺照，正是翁淑青。兩張跨越幾十年的照片，我在眼前重合。

合照中間位置的胡振東，在眉宇之間，和弟弟胡振南有好幾分相似。胡振東左肩低右肩高，頭往左肩歪，一人佔據一個半人的位置，和旁邊同學拉開挺寬的距離，也許從這個站姿上可以看出他是一個很熱情的人？

邱季龍在最後排左三位置，剃平頭，陳兆魁在倒數第二排右三位置，也是剃平頭。

合照上總共有八十四名學生和九名老師。我拿著這張照片，近距離看著他們的眼睛，希望能在他們的眼睛裡發現點資訊，這當然是徒勞，他們的眼神甚至面部表情都是模糊。

老人拿出一本浙江省溫州中學四十八秋高中部通訊錄，對我說，加上中途輟學的學生，其實他們那一屆有一百多名學生。

我問道：「你們班上那二十名托派同學的名字，您還記得嗎？」

老人從我手裡接過會刊，一個一個數給我聽。

「翁淑青、我、胡振東、郎起秀、周冀甌……」，老人蒼老的指甲扣過照片上一個一個面容模糊年輕的高中生，也扣向幾十年前意氣風發的自己。穿過時間的河，老人有時會記憶模糊，就扣一下自己太陽穴，然後說，「這一個可能是托派」。

這一刻，老人公寓安靜，我不敢發出一點聲音打擾，老人指甲扣在照片上發出的悶悶渾濁聲音，在我腦中迴響、震盪。

老人數完之後，剛好是二十人。這二十人之中，又有多少陰陽相隔，含憤藏於地下？

走出老人的公寓，轉過老人公寓樓下的一座石子橋，是紅楓山莊老人公寓裡一條筆直的林蔭道，兩旁綠樹成蔭，樹木是溫州常見的竹子、樟樹和榕樹。樹蔭下，老人們有的在聊天，有的在跳廣場舞。這讓我想起了海德格爾所說的「林中路」。當晚年的邱季龍站在窗邊，望向樓下筆直的「林中路」時，他內心還是沒有困惑，也許會有些許「吾道已孤」的孤獨感泛上心頭吧。

東西亡故，只剩南北
——溫州胡家托派故事

經過半個多世紀的城市變遷和舊城改建，現在的溫州人已經很難觸摸、感受到一九四九年溫州城的溫度和脈絡，也很難想像當時溫州城「捉襟見肘」的規模。

下寅，在溫州城區鹿城以西，是鹿城區雙嶼街道轄區一個小地方。從九山路乘計程車，沿著人民路一路向西，過太平嶺，穿翠微山，在溫州市腫瘤醫院附近的下寅公交站牌下車，距離剛好四公里。短短四公里，刷一會兒微信就到。

雙嶼街道是城郊接合部，各色人物混雜，派出所民警任務繁重。在下寅，想找到當年一家鋸木廠的舊址，當然是徒勞。

我出發的九山路，正是當年溫州舊城西邊城牆的邊界。在以前，西出來福門，就算是出城了，再一路向西，過翠微山，步行大半天，才能到下寅。和現在的繁鬧相比，當年的下寅還是荒涼小村。

一九四九年五月，溫州城已經和平解放，四七歲的名西醫胡長庚和另一位王姓家長相商，準備各自將不懂事的孩子送到溫州中學自首。十七歲的胡振南和那位姓王的同學得知消息後，就和張、余、姚、陳、陳、金六名托派同學相商，離家出走，躲在市郊停產的下寅餘家鋸木廠內。

躲在鋸木廠裡的七名中學生，分工明確，熱血沸騰，或奮筆疾書，或刻蠟版，胡振南和另一人負責印刷，最後由當時溫州托派負責人、一位姓徐的同學負責把印刷好寫滿「真理」的小冊子——反駁陳紹禹誣蠛托派的文章——帶到市區托派週邊小組中傳播，以消除陳紹禹對托派的誣蠛。

在網路上，我找到陳紹禹、徐特立等著，由新中國出版社在一九三九年出版發行的《托派在中國》電子版，薄薄一百多頁。

胡振南這幾名中學生為什麼要專門寫一冊小冊子反駁十年前出版的《托派在中國》？這是因為，他們覺得陳紹禹對托派的誣衊，造成的惡劣影響一直還在。

使命感帶來的興奮和現實環境擠壓過來的不安恐懼混雜在一起，徐同學帶著複雜的心情小心翼翼地離開下寅餘家鋸木廠這個隱蔽的大本營，一路向東，穿過翠微山。他沒有心思停下來感懷一下日漸破敗卻依舊美麗的舊城，慌亂地進城，走進風雲驟變的溫州城。

具體是如何反駁的？晚年肌肉萎縮、蜷縮在老人公寓輪椅上，已經失去語言能力的胡振南老人用鍵盤打出一行字：「具體內容忘記了。」

「公民身分」是一個笑話

一九三二年，胡振南出生在永嘉縣（今屬於溫州市區）西郊外浦橋邊一戶醫務家庭。在胡振南出生的那一個年代，溫州這座南方小城也是汪洋大海裡一隻搖晃的小船，無法躲避革命浪潮的襲擊。

少年胡振南在家裡讀到了父親胡長庚保留的《嚮導》、《東方雜誌》、《世說新語》等上世紀三十年代進步刊物。通過這些刊物，用胡振南自己的話說，「知道了國民黨反動統治的腐敗表現」。

永嘉縣立中學初中部學生胡振南，用他那雙稚嫩的眼睛，感受到了國民政府的腐敗和混亂，以及帶來的經濟蕭條，通貨膨脹。奸商囤積居奇，米荒嚴重。他看到市民拖著空油桶在大街上罷市衝擊米廠，中學生紛紛組織遊行聲援，胡振南也參加了「反飢餓反內戰」運動，由於性格內向且不善於言談，只是「跟班」而沒有拋頭露面。但胡振南那雙稚嫩的眼睛慢慢變得堅定。

一九四六年春天，十四歲的初二學生胡振南和同班同學參加了托派讀書會，在一年時間之內，他就被認為是可靠的，就參加了溫州社會主義青年團的「週邊小組」——這是從讀書會中選擇熱情、可靠的成員進一步培養團員的預備隊。讀書會和週邊小組的不同點在於：讀書會只強調反動當局國民黨的腐敗統治；週邊小組中明確托派同中共觀點的差異，學習心得更進一步。「週邊小組」成員，有同校的，也有跨校的。

一九四八年春，胡振南初中畢業進入溫州中學就讀高中。這一年秋天，他加入ＳＹ，正式成為溫州托派團組織成員。胡振南的入團介紹人是曹家驥。胡振南說，當時他的哥哥胡振東早已經是托派，由他哥哥領進托派組織。胡振東可能有所顧慮，所以就把他交代給曹家驥。

麻雀雖小五臟俱全，ＳＹ小組一般是三－四個人，設有書記、政委和組委。原則上是單線聯絡，不許橫向聯繫，可實際上，這些托派團員高中生哪有什麼保密意識，學校中歌詠壁報活動頻繁，和受中共影響的同學互相知曉政治身分也是在所難免，同學之間都是心照不宣。在雙方看來，在反對國民黨當局的大目標上是一致的，是屬於「統一戰線」，有活動相互配合，只在爭取成員上存在競爭。

彷彿是一剎那，風雨突變，厄運緊逼這些二十歲不到的托派中學生們。一九四八年秋，臨近全國「解放」，對托派成員來說，「局勢惡化」，原來暴露的托派成員，都需要隱藏，一些托派成員高中畢業生到外地考大學，溫州ＳＹ成立了應變會，設理事會（書記，政委會和組委會），胡振南參加了組委會，每個成員負責聯繫兩－三個ＳＹ小組，當時約有十來個ＳＹ小組，有團員約三十來人，都是中學生。

一九四九年春，離去的人員增多，應變會進一步縮小，只剩下六－七個小組需要聯繫，團員也減少到二十來人。五月，溫州城解放，就出現了胡振南離家出走，躲在下寅從事「地下工作」的那一幕。

一九四九年六月的一個白天，胡振南一行七人（胡、張、余、姚、陳、陳、金），離開下寅餘家鋸木廠，各自帶著假造的文憑，在西門碼頭乘小木船經過麗水、金華、杭州到達上海。當時溫州托派負責人、那位姓徐的同學自認為在學校從事托派工作時做得比較隱蔽，沒有和他們一起離開，選擇在溫州多留一段時間。

當時胡長庚知道自己的二兒子胡振南離開了溫州，但卻不知道具體的去向。

七人都認為這是一次保密的「轉移」——說得直接點，其實就是逃跑——後來發現他們是在當局的注視下上了船，他們在上海的一舉一動，當局都瞭若指掌，宛如看中學生演舞臺戲。

途中姚、余和陳三人在杭州考入華東軍政大學參軍，胡振南和其他四人到達上海，後同原在上海的婁、朱、魯等成立溫州SY外地小組。向托派多數派和少數派兩方負責人要求他們雙方合併應付時局變化，結果當然沒有談成。

一九四九年九月，胡振南化名胡元良，和陳、葉、週三人在上海考取了北京鐵道學院鐵路運輸班。胡振南感覺，「當時考試挺隨便的」。

胡振南在托派團組織中的化名叫尚恩，是崇尚恩格斯的意思。

胡振南四人到北京學校報到時，剛好是一九四九年十月一日，當時開國大典還在進行。在這個特殊的日子裡，四個孤獨的「異教徒」靜悄悄地走進了沸騰的北京城。

在溫州西門碼頭乘小木船下水的七位托派中學生，就像一粒粒散開的串珠，隱藏在全國各地。

在胡振南用鍵盤無聲的講述中，同伴都只寫姓，而隱去了名。他不願意告訴我同伴的名字，我問：「為什麼？」他沉默了好一會兒，搖了搖彎曲的食指，用鍵盤打出三個字——「沒必要」。

在風雨飄搖中，溫州托派和上海托派失去了聯繫。一九五十年春節期間，胡振南由於工作的關係，有免費的鐵路乘坐，就利用節日回到上海，聯絡上海托派和溫州托派。

一九五一年北京夏天的陽光中有難得的喜悅味道。胡振南從北京鐵道學院鐵道運輸班學習期滿畢業後，分配到北京鐵路分局轄內車站工作，工作是統計車站車輛往來記錄。他也和考入瀋陽中國醫科大學的大哥胡振東保持頻繁的通信聯繫。

這只是迴光返照的短暫喜悅。

一九五二年十二月二十二日，全國大肅托。

當天下午，胡振南正乘務出差在另一車站，被西站長叫回去了，沒有說什麼事。胡振南趕回來，看到有兩三個公安在等他。他被捕了。關進北京草嵐子看守所。沒有一點前奏。

胡振南剛開始不服對當局給他的「反革命」罪名，拒絕交代，戴上手銬在一間小牢房中關了三個月。胡振南認為自己的工作是做得很好的，沒有一點漏洞，也不會暴露。內心還存有僥倖。當局派了一個前國民黨特務監視並「照顧生活」。

在後來的多次審訊中，審訊員時常提醒他活動要點。原來當局完全知曉他的一舉一動。胡振南就不再作無謂的抗拒，全盤托出。交代完之後，胡振南被轉到大拘留房間參加學習。

一九五三年夏天，胡振南被判處五年徒刑，送到北京監獄紡織廠勞動，隨後送到天津郊區茶澱清河農場勞動，在那裡參加了強力勞動，除了一般的農田操作外，夏天要頂著酷熱，冬天要在冰天雪地裡進行水利工程勞動……

一九五六年秋，又是在突然之間，胡振南被送回北京監獄參加學習，人員都是托派成員，由公安部科級官員來組織學習，並說以後可以讓大家返回原單位學習或工作，學習一段時間後組織托派到官廳水庫，四季青公社，義利食品公司參觀，還參觀市容，回來組織托派犯人寫參觀心得。

一九五六年的建設氣象也確實感染了囚徒胡振南。他寫了《我見到社會主義》的總結，並且真心認為看到的就已可表明新中國開始建設社會主義了。胡振南承認，這種心態支配了他往後多年的積極工作態度，一直到大躍進、文革等荒唐事件頻頻出現，他才開始懷疑自己原有認識，認為自己想法太幼稚。

接下來發生的兩件事，又改變了胡振南的命運。

一九五六年，「波匈事件」突然爆發，使胡振南他們返回原單位的打算落空，當局改變安排，讓他們參加制磚勞動，一直到一九五七年二月，胡振南被宣佈假釋，提前釋放（原本的刑期是到一九五七年十二月二十二日）並恢復公民權。在風起雲湧的詭異政治運動中，連生命都是如此脆弱無常，就遑論虛無縹緲的「公民身分」了。在一九五七年和一九五九年，胡振南還有普選的選舉權，他很快就發現，「公民身分」當然是一個笑話。

拿回公民身分的胡振南回到家鄉，成為一名民辦中學代課老師，隨後碰上大辦鋼鐵和組織學生勤工儉學勞動。一九五七年下放到溫州針織廠勞動，做過織衫擋車工和機修工。六〇年代，胡振南和數億大陸民眾聽到「臺灣國民黨揚言要反攻大陸」，本來沒戴「帽子」的胡振南也被要求參加四類分子的「社會主義改造學習班」。

公安人員對胡振南說：「學習學習對你們有好處。」這一句輕鬆的話就把胡振南的公民權又斷送了，隨後又以支農名義組織胡振南到永嘉縣山區農村插隊勞動，對溫州針織廠工人宣佈是「內遷勞改」。隨後，胡振南這一顆被丟棄的螺絲釘又被丟到溫州郊區藤橋六〇農場勞動，一年後調到西山陶瓷公司白泥礦挑白泥，前後約兩年才返回原單位勞動，一直到七〇年代初期，胡振南才摘掉了「憑空飛來的帽子」。其實，對於送出帽子決定別人的命運的決策者來說，帽子又怎麼會是憑空送出去的呢？

一九八七年，一直酷愛運動的胡振南患運動神經元疾病，只能回家休養。幾年前，胡振南「來」到溫州洪殿長壽老人公寓一間只有幾平米的仄逼房子裡「安身」。胡振南的「來」，當然是被家人「搬來」的，胡振南的「安身」，也只是安一個「殘缺之身」。

運動神經元病是以肌肉萎縮、肌無力等症狀為最常見。病人會說話不清、吞咽困難、活動困難、呼吸困難。這種病人被稱為「漸凍人」。著名的物理學家霍金，就是一名「漸凍人」。

一九九七年春天，胡振南發音日益困難，只有以字代話。

像上帝對約伯一樣，這是托派信徒胡振南承受命運的最後一擊嗎？

胡振東的生死苦戀

蜷縮在輪椅上的胡振南老人消瘦，臉頰往裡凹陷，手指彎曲。

我是一個冒失唐突的年輕人，當著主人的面，翻攪一杯沉澱多年的苦茶。老人並沒有抗拒。

我們的聊天方式是「半無聲式」的。我提問，老人會用少數幾根能用的手指——老人在描寫自己疾病的文章中，形容手掌已經是縮成了「雞爪掌」——吃力地在鍵盤上敲出文字作答。老人用的是五筆輸入法，字體是二十八磅大小的漢鼎簡魏碑。具體的文字，讓我看得觸目驚心。我們如此聊天，老人一天最多只能打五百來個字。聊太久老人會太累。

由於患運動神經元病的關係，老人會時不時嗆口水。當他用鍵盤第一次敲出「托派」，第一次敲出「胡振東」的時候，就都會被口水嗆得咳嗽不止，猛烈時，甚至會全身發抖不止，這讓我感到恐懼，恐懼一盞虛弱的生命之燈，會不會在發抖中突然泯滅？

「說說您大哥胡振東的故事吧。」

大哥胡振東正是把年少的胡振南引到荊棘密佈的「真理道路」上的引路者。

胡振南老人的身體往右傾斜，費力地打開抽屜，用手指扒開一層層雜物，露出一本藍色封面的《胡振東醫師逝世周年紀念集》。

我一頁一頁翻，用手機一頁一頁拍，哢嚓聲在老人無聲的房間裡顯得特別漫長。我心想：這薄薄的幾十頁紙難道就能交代另一名托派的一生？

翻開封面，是一張胡振東的遺照。坐在戶外的一條長凳上的胡振東，高高瘦瘦，頭髮四六分，圍一條米色圍巾，穿一件黑色皮衣，面容身形和胡振南都很相似。胡振東安靜地看著鏡頭，看著我。

遺照兩邊是陳獨秀在獄中寫給劉海粟那幅著名的對聯：「行無愧怍心常坦，身處艱難氣如虹。」這幅對聯被很多托派奉為座右銘。周仁生生前就把這幅對聯掛在客廳裡。周履鏘先生書房裡也存有這幅對聯的原本影本。

遺照下方是胡振東的座右銘，是抄自俄國物理學家列別捷夫的一段振奮人心的話：「你要勇往直前，在鬥爭中鍛鍊自己的智慧，自己的體力，不要被那無謂的感傷所征服，把你的全部心靈，全部意志，全部精力，奉獻給你終生的事業，堅持戰鬥，直到老死。」

座右銘下方是一張獎狀的照片，浙江省衛生廳在一九九一年頒發給胡振東省級白求恩式醫務衛生工作者的榮譽稱號。

帶著胡振東一生的故事，我把智能手機放回口袋，向胡振南老人道別。

這是另一杯苦酒。

一九三〇年胡振東出生，一九四五年八月，他考入溫州中學高中部學習，也就是在這一年秋天，他和同班同學邱季龍受到周仁生的影響，成為托派。一九四八年七月，他從溫州中學畢業後，去南京建國法商學院擔任圖書管理員一職。一九四九年四月，胡振東來到上海，在上海鄂江中學擔任過英語代課老師，在上海新聞日報社做過送報生，還在上海復旦大學旁聽過。

溫州和平解放時，胡振東並不在溫州，要不然胡長庚醫生要扭送兩個不孝子到當局投案自首。

一九五〇年九月，胡振東考取了瀋陽中國醫科大學，成為該校第四十二期學生，直到一九五二年十二月二十二日，全國大肅托時被捕。他在瀋陽市新生醫院改造八年。一九六〇年十二月，恢復了公民權留在瀋陽市新生醫院工作，又工作了八年。一九六九年一月份，胡振東被下放到山海關外不毛之地——遼寧省建昌縣藥王廟公社插隊。建昌的土地是不能種糧食，只能種罌粟和棉花。冬天墨水都能結成冰塊。一九七二年八月，胡振東終於回到家鄉，在永嘉縣黃田衛生院工作，治病救人二十多年，一九九〇年退休，卻繼續發揮餘熱到一九九六年。一九九七年十一月三日肝癌惡化病逝。

一九九七年，胡振東去世那一年，也是胡振南老人病情惡化，失去語言能力的那一年。惡運是一把兩刃三尖刀，同時割向兄弟倆。

在眾親友的回憶裡，胡振東醫師是一位濟世救人默默奉獻的在世華佗，被當地群眾稱為「活神仙」。經常一上午門診多達一百多人，有時日處方超過二百張。在那個金錢至上物欲橫流的社會，胡振東拒收紅包，「哪怕是一星半點家鄉的土特產」都不收。

胡振東退休之後，許多人建議他在黃田開私人診所，憑他的名氣賺大錢非常輕鬆，都被他拒絕。不管風吹雨打，他堅持每週兩次從溫州老家回永嘉為病人服務，直到臥病在家實在走不動為止。

一九九七年七月，胡振東高中同學徐聯芬來看他，當時離胡振東離世只剩四個月，徐聯芬看到的是這樣一幅場景：

那天外面下著雨，屋裡也水滴淅瀝，床頭房頂上吊著一塊接雨的塑膠布，發出大珠小珠落玉盤的滴答聲，看到這種景象，我一陣心酸，這哪是群情讚頌的一方名醫的住房？倒像古時杜少陵的秋風茅屋。破舊、潮濕沒有陽光，至少也是上個世紀建造的。他的生活也是再簡樸不過了，願意孤身一人住在這樣簡陋的屋子裡，過著「餅乾」、「清茶」、「速食麵」的清苦生活。[1]

徐聯芬感慨：「振東啊，你為什麼能千方百計為千家萬戶驅除病痛招來幸福，卻不為自己的起碼生活設想一下？」[2]

一九九七年十月二十九日，胡振東病情惡化，他是醫師，深知病魔難以制服，便準備與人間告別。他把不用的多餘的藥，悄悄地告訴女兒、姪女，要送給兩個窮朋友。

周仁生去看他，握著他的手，他也把周仁生的手握得緊緊地，彷彿是最後一次握手了。然後兩個托派相對無言，唯有淚千行。

胡振東是周仁生的愛徒，信仰相同。倆人還有很多共同點，都甘於寂寞清貧；理想破滅後，化為無限熱情藏在工作之中，胡振東是治病救人，周仁生是義務傳授英語。

周仁生看到自己親手發展的胡振東，臉色蒼白，左轉右側，疼痛難耐。胡振東的一生曾經救活了多少病人，減輕多少病人的疾苦，自己卻在臨終時深受折磨。

周仁生說：「好像是太不公平了。但轉念一想，人世間的事啊！常常是不公平的。」[3]

當胡振東在床上痛苦翻滾時，會有什麼放心不下？又或者是期待永久黑暗的到來，在黑暗中，那位日夜思念的佳人會不會在不遠處笑而不語地迎接？

1 徐聯芬：《憶振東》，《胡振東醫師逝世周年紀念集》，一九九八年。
2 同上。
3 周仁生：《在默默中生存 在默默中泯沒》。

胡振東曾對他的人生導師周仁生說過三句話：「第一，我的理想沒有實現；第二，情投意合的女友被迫離開；第三，現在留給我要做的，不使一個病人死在我的手裡。」[4]

《胡振東醫師逝世周年紀念集》中收錄了胡振東的幾篇遺作，胡振東在一首叫《夢》的詩歌中呼喊：「安格尼絲，我心中的光！」；一首名為《我將隨你而去》的詩歌，是寫在一九九四年五月二十五日葦忌日；還有一篇名為《初戀的回聲》的小短文。紀念集裡還附有胡振東女友三首遺詩。在親友的回憶文章中，對胡振東女友總是一筆帶過，空留一絲歎息。

葦是誰？托派胡振東有過一段怎樣的愛情？我頂著這兩個巨大的疑團，再次拜訪胡振南老人。

「葦是誰？」

聽到我這麼問，老人笑得很開心。無聲的笑，一顆乾枯的核桃上開出一朵安靜的花朵。

老人操作滑鼠，點開一個個子文件，像穿過山巒疊嶂的層層回憶，最後打開一個題目是《生死戀歌》WORD文件。胡振南轉頭向我啞叫了一聲。我知道他的意思，我趕緊用手機對著電腦螢幕拍照。整整二十四頁，三千多字，每一個字都是胡振南老人親手用幾根手指敲出來的。

阿葦出生在樂清一個陳姓書香家第，兩家是世交。一九四五年秋至一九四八年夏，胡振東和阿葦在溫州中學同窗三載，兩人性格內向，都喜愛文學詩詞和俄羅斯古典文學。受到理想主義和精神愛戀的薰陶，倆人共同立志投身於醫學事業。

一九四八年夏，高中畢業，時值局勢混亂，為了生活與學業，他倆分別通過家庭關係在滬、甯找到臨時工作，一邊準備大學考試。五〇年代初，在上海的胡振東因為托派身分遭拘留，雖不久就釋放，但處境可想而知。他為了不連累阿葦，只得強忍心中情感，遠走他鄉，考取瀋陽中國醫科大學。阿葦則考取江蘇醫學院。匆匆一別，兩人音訊隔絕

[4] 周仁生：《在默默中生存 在默默中泯沒》。

三十年。

阿葦平時不問政治，但是一九五二年大肅托時也因跟胡振東的密切關係而受到牽連，進了「學習班」集訓，之後她回學校繼續學習，受到歧視。但對跟胡振東的交往，她沒有絲毫懊悔。

阿葦畢業後被分配到安徽一地區級防疫站當醫生，她白天埋頭工作專研業務，夜晚沉思於對胡振東的掛念與眷戀！她把刻骨的相思、撕心的痛楚收斂起來，始終如一地等待著！直到六〇年代仍未考慮個人生活另作安排。

同單位裡有一位同齡青年追求她，被她婉言謝絕，後來對方仍繼續不死心地追求，她就坦率告訴對方自己「心中有人」，難能再作其他考慮。對方表示理解與尊重，像阿葦癡癡地等待著胡振東一樣，這位男年輕也如此癡癡地等著她。直到與胡振東音訊隔絕十年，阿葦才接受對方求婚。音訊隔絕十年，也許胡振東早已經不在人世。

直到八〇年代，胡振東通過同學的資訊知悉阿葦在安徽工作，就去信問候。她接到信後很是欣慰，馬上寫了一封七、八頁的長信，她開口第一句話是：「我知悉你健在，我就放心了！」

接著她以第三人稱手法，講述了「伊凡」和「娜塔莎」（這是俄羅斯古典小說中常用的青年男女主人公的名字）的少年戀情與日後遭遇，以及她苦苦思念的歲月心跡。字體秀麗，文筆優美，情節纏綿悱惻，感人至深。胡振東深深感慨，情不自禁地把信拿出給弟弟妹妹和周仁生先生觀賞。

倆人遂恢復鴻雁傳書，互通問候，互道保重，並相約在滬再會。一九八四年冬，阿葦借單位出差機會，獨自一人南歸，倆人終於見面。而倆人上一次的見面，是在三十年前。誰能想到，兩位暗生情愫的中學生一分手，就望斷天涯路，再見面，已是兩位閱盡人間冷暖的老人了？

兩位老人又邁步在鹿城林蔭道上，江心嶼中，九山河畔……胡振東在詩歌裡寫道：

來悄悄
去匆匆

似煙　似夢
……
似夢　似真
我的眼前又出現了你的倩影
我的耳邊又響起了你溫柔的聲音
我們又一同漫步
在婆娑的樹影下
在朦朧的月色中……
但短短的夢
怎能訴說長長的話
夢醒時
只留下一片迷惘與淒清

胡振東老人在他的詩歌中呼喊——

安格尼斯
我心中的光
你照耀著我
穿過黑暗的曠野
你使我在激流的漩渦中

沒有沉淪
你的微笑
是開在我心中永不凋零的花朵
在那嚴寒的日子裡
也向我吐露著春日的芬芳
痛苦的音符
幽怨的旋律
為我的人生譜寫出一曲悲涼的歌
這歌中　你的篇章
聲聲揉斷我的心腸
你的心靈溫柔善良
不要為我難過
也不要為我憂傷
我只求你原諒
原諒我給我帶來的不幸與創傷

一晃一周假期已到，倆人只得戀戀相別。阿葦在赴上海的輪船上，內心被撕裂：「我懷念著大海兩岸的親人……親人的心都是一樣好，可惜我不能分成兩人。」

「為了尋找愛情的墳墓，天涯海角我都要找遍。」阿葦記起一首俄羅斯民歌中的前二句。年輕時，她唱這首歌時總是很不理解，可溫州之行之後，她終於明白，所以能那麼平靜地和胡振東相見又分離。事實上，倆人的內心又怎麼能平靜得了呢？在回家後的第一個晚上，阿葦失眠了。

她在再次分開後寫來的第一封信中說：「本來想通過這次見面，能消除對親人的思念之苦。看來這是辦不到的，它只能加深對親人的思念之情！短短的幾小時，怎能談得完幾十年的歷程！」

又在同一信中，談到臨別時贈送的照片時她說：「這張根據背面記錄日期正是我和哥哥在南京路看遊行後的第十天，當時她心中想著誰，我是最清楚。」

當時倆人都已五十又五，此信台頭稱：「哥哥」，署名稱「小妹」，冷靜深情。

此後，直到一九九〇年退休，阿葦又一次回到溫州，倆人都克制心中的眷戀情思，都不願打擾對方的「平靜」心境，只能各自深夜沉溺在幸福而心酸的回憶之中。

他倆此後書信不斷，結局卻也只能讓人心碎。阿葦於一九九三年五月二十五日不治辭世，死於胃癌復發。臨終前她囑其家屬務必要把她的骨灰送往樂清跟父母安葬一起，其實是讓她能回到溫州與胡振東隔江相望。

胡振東曾伴著同學和阿葦的家屬一起前往樂清安葬骨灰。

此後，胡振東更是心灰意冷，對自己的衰弱身體更不在意，在埋頭醫療工作的同時，立意——「我要隨你而去！」

在阿葦辭世忌日，他寫道：

我將隨你而去
藍藍的東海是我的歸宿
你在海邊的山崗上
從此再也不會寂寞
每夜拍案的濤聲
就是我對你的呼喚

溫州的潮聲
就是我哼著的甜美的歌
也許、輕輕掠過的海風
會帶著我低低的歎息……

這也可以解釋，胡振東同學徐聯芬為何如此感慨：「振東啊，你為什麼能千方百計為千家萬戶驅除病痛招來幸福，卻不為自己的起碼生活設想一下？」

一九九七年，胡振東肝癌發作。此前他曾鼻血難止，以他的醫術本可早日設法把身體調養得好些，多活幾年問題不大，但他沒做任何補救辦法。終於在當年十一月三日中午，悄然離去。

此前早幾天他曾寫下遺囑：要將骨灰灑在甌江口外樂清灣。這是為了能在死後和阿葦相見！

但非常遺憾的是，胡振東和阿葦倆人的詩篇只在胡振東逝世後才發現，早幾天胡振東弟弟妹妹們討論他身後事時並不知曉內情，胡振南老人表示，胡振東生前和他約好身後要海葬，建議家人要尊重大哥的心願。而當家人由於風俗習慣提出反對，胡振南老人就沒有再堅持。這讓現在的胡振南老人懊悔萬分，他當時竟忘記了十七年前看過大哥和阿葦纏綿悱惻似詩的故事。

胡振東的詩文，帶有那個時代的天真爛漫。胡振東死前一個月寫的訣別詩，褪去天真浪漫，直指生命，讀來無不讓人動容。周仁生說：「凡讀過這首遺詩的人，結合他的坎坷一生，沒有不深受感動的。」[5]

胡振東在生命就要燃燒殆盡之際，唱了一首悲歌：

[5] 周仁生：《在默默中生存 在默默中泯沒》。

一杯人生的苦酒
總算飲盡
身上的桎梏
也已一一卸下
輕如清風白雲
飄飄然已可起飛
滿懷著你們的愛
幸福地悄然離去

「父親認為托派沒有前途」

往上追溯，是胡振東胡振南父親胡長庚的故事。

胡長庚，又名健耕，是老溫州城裡著名西醫。

他出生於一九〇二年，省立第十中（溫州中學前身）畢業——父子仨人竟然是溫州中學的校友——後在杭州浙江醫專學醫，早年參加北伐，在黃埔軍校醫務室工作。熱血青年投奔大革命，是那個時代的自然選擇。

根據王國龍的講述，胡長庚是受到曾猛影響去廣州參加革命，當年「受曾猛影響去廣州參加革命的，先他去的有陳素農（黃輔第三期），後曾猛去的有王屏周、胡長庚等。廣州準備北伐，需要大批醫務人員。王、胡都是醫生，也都是在溫州反帝愛國學生運動中和曾猛結成戰鬥友誼的。除王、胡外，還有藝文中學畢業後學醫的王祥齡。北伐軍出發，他們都是隨軍的軍醫官，屏周和祥齡是衛生隊隊長。他倆又動員黃琮和朱漢章等在他們的衛生隊裡當軍醫。」[6]

6 段躍：《王國龍口述》。

「胡健耕」這個名字，還出現在葉永蓁的長篇自傳小說《小小十年》裡。一九二九年，魯迅花兩個月的時間，校改葉永蓁的《小小十年》書稿、介紹出版、作《小引》，並頻頻與葉永蓁來往。由於和魯迅的交往，葉永蓁的名字也就永遠地留在了中國文學史上。

葉永蓁原名葉蓁，乳名崇餘，號會西，又字劍榆，一九〇八年出生於浙江樂清高嶴。葉永蓁二十歲之前的經歷，讀《小小十年》這本自傳體小說，大致可知。十二歲時，父親亡故，為了減輕家庭負擔，母親迫於伯叔間的壓力，打算讓其休學。後在祖父的支持下，從樂清第三高等小學轉學到省立第十師範學校附小，得以繼續學業。一九二六年，葉永蓁從省立第十中學畢業後，其母為他定了一門親事，但他另有所愛，憤而遠赴廣州。原想報考中山大學，可考期未到，又為北伐革命浪潮所動，便投筆從戎，讀了黃埔軍校。畢業後即入伍，從軍北伐。[7]

魯迅在「葉永蓁作《小小十年》小引」一文裡說：「這是一個青年的作者，以一個現代的活的青年為主角，描寫他十年中的行動和思想的書。」魯迅認為，該作品最有意義的是：「漸向戰場的一段，無論意識如何，總之，許多青年，從東江起，而上海，而武漢，而江西，為革命戰鬥了，其中的一部分，是抱著種種的希望，死在戰場上，再看不見上面擺起來的是金交椅還是虎皮交椅。」

葉永蓁的《小小十年》，充斥青春期大段大段的苦悶抒情。這也許也是這本書的史料價值所在。葉永蓁保留下來大時代背景下熱血青年的心路歷程。對當時很多熱血青年來說，胸膛裡流淌著一樣的溫度一樣的材質的熱血。從這一點來說，葉永蓁正是另一個胡長庚。

葉永蓁比胡長庚小六歲。胡振南老人告訴我，葉永蓁是他父親在省立第十中的好友。葉永蓁在《小小十年》裡卻說，他是到了廣州之後，才認識胡長庚幾位家鄉的同道中人。[8]

在廣州，葉永蓁和胡長庚拜謁過黃花崗七十二烈士，並認為很有意義。

---

7 方韶毅：《〈小小十年〉之後的葉永蓁》，《讀書》二〇〇九年十二月。

8 葉永蓁：《小小十年》，第五四頁，北京：人民文學出版社，一九九八年。

葉永蓁在《小小十年》裡寫道——

我到東山，和（陳）養然，（胡）健耕，（葉）耐言到黃花崗去，——而且到現在還沒有忘卻！往黃花崗，我們是用汽車去的。經過十五分鐘光景，便到黃花崗。直入雲霄的自由神，高高地站在前面，下車時就遙遙可見。過了墓門，映在我們眼裡的就是七十二烈士同埋骨的大饅頭。這大饅頭廣闊都有好幾丈，外邊圍著鐵鍊；白白的土堆，使我們都覺得悵然！土堆後面，便是石塊壘成的自由神所站之處。石塊上面，鐫著金色的西字。我們鞠躬之後，想到七十二烈士的英勇，真似乎感欷欲淚。我們看過中山先生所寫的「浩氣長存」，我們看過七十二烈士的略傳；我們看過憑弔者的詩文，我們的血管裡個個都彷彿在沸騰起來！「後死之責，誰其繼之？」我們幾乎都有這樣的感想。順便，我們又弔朱執信先生和廖仲愷先生的墳，看到滿地黃花堆積，實在令我們對先烈所做的事業，覺得有無限的感謝！而我們來憑弔先烈墳墓的人們，也應當竟先烈未竟之志，踏著先烈的血跡前進，這才對得住先烈吧！[9]

葉永蓁後來在戰場上曾親眼看到日寇的兩腿在半空上飛，心中大快。[10]同樣的，軍醫胡長庚也一定見過太多熱血青年殘缺的軀體和噴射而出的鮮血。他看到過革命最殘酷最血淋淋的一個面相。

胡振南老人說，他父親曾隨何應欽部隊北伐。據說何應欽部隊裡普遍存在體罰，這一幕胡長庚應該也會看在眼裡。聽說胡長庚曾參加「共產主義青年團」，也參加國民黨，是一個「跨黨」人士。大革命失敗後，葉永蓁感到失望，覺得受了革命領袖欺騙。[11]當時的胡長庚也會有相同的體驗。胡長庚回到溫州先在甌海醫院當內科主任，後參加

9 葉永蓁：《小小十年》，第五五頁

10 方韶毅：《〈小小十年〉之後的葉永蓁》，《讀書》二〇〇九年十二月。

11 方韶毅：《〈小小十年〉之後的葉永蓁》，《讀書》二〇〇九年十二月。

在紹興的志願軍後方醫院工作，回溫後，就任董若望醫院內科主任。

胡長庚對溫州托派人物也一直多有照顧。一九三九年冬天，被捕入獄的王國龍在獄中得了惡性瘧疾，體溫每天都是三九度到四〇度。昏昏沉沉，沒有退過燒。警備司令部的一位李姓醫官是王國龍小學的同班同學，凡是治瘧疾的藥，他都給王國龍用了，沒作用。後來李醫官跑到外面找到胡長庚，把胡長庚請來給王國龍看病。

胡長庚對醫官說：「得給王國龍保出來，不保是一定死在裡面的，已經發燒二〇多天了。」胡長庚這樣一說，再加上王國龍這位醫官同學幫忙講話，就把王國龍保了出來，當時，王國龍兩腿已經不會走路了。胡長庚救了王國龍一條命。

一九四四年，上海托派楊玉瓊、高翬被捕事發時，上海托派劉家良正在上海住醫院，治療腎結核病，當時割掉一個腎。手術雖已做好了，可是身體還沒有恢復。劉家良就帶病逃到溫州，由於一路勞累，到溫州之後傷口發炎。王國龍又找到胡長庚，胡長庚一看是炎症，必須住院，就聯繫了董若望醫院院長王德銘。王德銘院長答應幫忙。

劉家良住在董若望醫院，炎症慢慢好了。劉家良在溫州這段時間，也認識了溫州的很多托派，其中就包括周仁生。

一九四九年五月，溫州解放。胡長庚和另一位學生家長得知自己的孩子是托派，就相商要把孩子送往學校當局自首。

我問胡振南老人：「您父親為什麼要這麼做？」

老人一聲長歎，胸口起伏，用手指把鍵盤拉近一點，打字說：「我的父親雖然理解托派，認為托派運動是正義，但是知道政治鬥爭複雜，並覺得托派沒有出路，望我不要再迷戀。」

「沒有出路」這四個字，在電腦螢幕上顯得特別蒼白觸目。

快到「知天命」之年、看夠了革命殘酷的老醫師胡長庚是「斷尾求生」，想救「不懂事」的兒子胡振南一命。也許，他會認為，以他的社會地位，可以保兒子不死。

是命運的作弄嗎？胡長庚卻只能看著長子胡振東和二子胡振南在「沒有出路」的托派這條路上越走越遠，不再回頭。

看到了長子胡振東和二子胡振南從熱血的托派青年到托派大肅托被捕，淪為階下囚，再到出獄的全過程的胡長庚老醫師，在一九八四年去世，閉上眼睛。

胡長庚育有四子四女。兒子名字各含一個方位，依次是胡振東、胡振南、胡振西、胡振北，可謂是豪情壯志，胸懷天下。四女取單名，分別是胡可、胡雙、胡丹、胡月，簡單柔美。胡振東、胡振南排行老大老二，是托派，兄弟倆命運坎坷。「西」「北」經商，四女基本從事會計工作。現在，「東」「西」亡故，只剩「南」「北」。名字包含四方的胡家，構成了溫州近代史上一個獨特的隱喻。

「不是同路人」

是一位和周仁生有過交往的溫州老人告訴我關於胡家的故事。「胡振南還在世，可能在養老院，你可以去找找。」他說。

通過網路，我很方便地找到胡振南的資訊。他住在溫州洪殿長壽老人公寓，本市不少媒體都採訪過他，無非是抱著獵奇的心態，說一位患運動神經元病的老人，是如何樂觀，如何新潮，會用電腦和別人交流，還是一個足球迷，愛看足球賽。

洪殿長壽老人公寓離我所在的單位很近，只有幾站路。

從黎明東路洪殿公交站頭下車，能看到醒目的洪殿元弼道觀，道觀一樓賣溫州皮鞋，二樓供神，人和神，商業和信仰，各從其類和諧共存。道觀斜對面，是洪殿北路，進洪殿北路，經過一個農貿市場大門口，在第一個十字路口往西，拐進黎明僑中巷，幾十米外，沿巷架著一個「長壽老人公寓」鐵制小牌坊。穿進牌坊，右邊是一個羽毛球場大小的康樂場所，兩三個老人在壓腿，聊天。左邊是一幢四層落地式的老房子，一樓大院大門開在西面。大院裡有一條破舊的仿古遊廊，遊廊裡擺著一張麻將桌，一位穿著乾淨的老人認真地打出個骰子，對著空氣說：「東，該你了。」我疑惑著看他，他連忙解釋：「我自言自語呢。」一個老人獨自打麻將，孤獨如斯。

樓梯間牆壁上，掛著各種照片和老人公寓獲得的各種榮譽，在通向二樓的轉折平臺牆角，立著一張瘦瘦長長一米多高的仿古四腳花架，上面耷拉著一盆綠蘿。角落裡佈滿蜘蛛網。

患運動神經元疾病多年，八十二歲的胡振南老人[12]就住在二樓樓梯口靠西第一間。很少有人知道，他是溫州少數幾個還健在的托派。採訪者如果不問，老人自然也不會說。

二〇一四年三月，我第一次推開胡振南老人的房門。

回答「苦澀」的問題時，老人會習慣性地咽一下口水。回憶往事感覺費力時，老人會抬起頭。窗外的亮光穿過他的眼鏡，打在老態的臉上，由於顯瘦，老人的眼睛反而顯得大了。我看到的是一雙清澈，滾圓的眼睛。

當老人對問題有疑問，轉來頭來直視我，會看得我發慌。這不是沉默的、不能言說的苦難，而是離我只有幾個膝蓋骨距離，活生生的苦難。我能聽到他不經意間的喘息，歎息，和嘴裡的口水增多時往下嚥的咕嚕聲——這些都分明在告訴你，這架老舊的機器正在運轉。老人是一個會述說的老舊的機器，當得到外界的刺激，經過緩慢的運算，會給出苦澀確切的答案。而站在一個訪問者的立場，正如茨威格所說，注意觀察一位老人的激動情況，會讓人痛苦[13]。何況還是一位命運多舛，重度殘疾，風燭殘年的老人！

二〇〇七年，胡振南在一個WORD文件裡寫下自己的人生：「對少年時代之選擇，我無怨無悔，個人在歷史潮流之中不過極小的一滴，無法抗拒歷史大潮，在歷史大潮中，作為弄潮兒，嗆幾口在所難免，只要捫心無愧，對得起良心，對得起歷史，雖經歷坎坷也無怨無悔。歷史自有公斷，公眾自會理解。我認為，馬、恩的共產主義理想是人類追求的美好願望，但不是憑極左口號或行為所能快速實現的，要有高度發展的生產力為基礎，才能完成：貧窮不是共產主義，無民主也不是共產主義！」

---

12 我是在二〇一四年採訪胡振南老人。

13 茨威格在小說《一個女人一生中的二十四個小時》裡的句子。

我已經讀到他對托派的態度，但是我還是忍不住問他：「現在，您對托派怎麼看？」

老人突然變得激動，被口水嗆得咳嗽發抖不止，足足有一二十秒鐘。等咳嗽和發抖慢慢平息，老人又靠近了鍵盤。「我現在對過去無……」，老人用五筆輸入法打出「無」字，後面跳出十來個默認的片語，有「無邊無際」、「無法無天」……老人緩慢地一頁一頁執著地翻著。足足找了半分鐘的時候，老人還是沒有找到心中想要的詞，再聽見喉嚨裡發出一聲渾濁的歎息，一個字一個字打出來，是「無——怨——無——悔」，老人還費力同時使用二根手指，在鍵盤上跨越很遠的距離，艱難又堅定地按出一個大大的「！」號。

「我現在對過去無怨無悔！對歷史是不能後悔的，個人只是歷史大潮中一滴，無法抗拒歷史潮流。只能對得起良心，對得起時代，歷史自有公斷，群眾自會理解。現在大家對我很尊重，頗可欣慰！」這是老人一段重複的話語。

胡振南找出二〇一四年寫了一首詩《甲午隨感》，示意我用手機拍下來。

蹉跎歲月捌拾叁[14]，弄潮鬥妖攻大山。
漩渦嗆水幾沉浮，後得隨遇陋室安。
病癘纏身重折磨，臨老落得一級殘。
幸靠親友眾幫襯，笑戰惡魔念捌關。

這讓我想起胡振東的訣別詩。

第一次拜訪胡振南老人時，我就在洪殿長壽老人公寓碰到八十二歲的老院長林碎英。林碎英是胡振南年輕時在溫州針織廠的工友。見到我以記者的身分採訪胡振南老人，她就很熱心地和我聊天。

[14] 老人這裡算的是虛歲。

「大家都覺得胡振南老師人很好，很樂觀。」說得這裡，林碎英把胡振南老人的輪椅轉過來，面對面好好地誇了他一句。老人笑了，右手食指彎成一個鉤子，小幅度地左右搖晃，像一個靦腆的小男孩，不好意思地表示否認。

胡振南自從患病之後，家裡先後叫的保姆都走馬燈似的換，就算給保姆漲工資，也留不住，因為照顧臥床的胡振南老人確實太麻煩了，最後是林碎英收留了他。林碎英說，要不是她和胡振南以前是工友，她也不會接收胡振南。

「胡振南只能吃流食，燒菜的鍋都要分開燒，很多食材都要先猛火燉熟，再文火燉爛，最後再去殼搗成碎泥，才能給他吃。身體每天還要擦拭數次。很多保姆真是不願意接這種活。」林碎英對我說，「當然，在我們養老院，他每月的養老費用，也只能收得比別的老人高一點。」

移步到胡振南老人的門口，林碎英低聲地對我說，她在溫州針織廠上班時，只知道胡振南之前是老師，後來犯過錯誤，至於是什麼錯誤，工友們都不敢打聽。胡振南其實挺辛苦的，他在溫州針織廠上班這段時間，他的妻子受不了這種苦日子，就離開了。胡振南要獨自一人拉扯一子一女長大。工友們暗地裡都叫他「男秦香蓮」。

「那麼，胡振南老人在讀他大哥的愛情故事時，難免會顧影自憐。」我自言自語了一句。

我問林碎英：「你們對胡振南的托派身分怎麼看？」

林碎英坦率地說：「當然了，他和我們不是同路人。」

我從虛掩的門縫裡看這正在無聲上網的「不是同路人」胡振南老人。一九八七年，胡振南確診患運動神經元病時，醫生預計他只剩下十年的壽命，現在已經超過二十四年，這也是一個奇跡。遲暮的老人上網最愛搜索如何保持長壽的資訊，愛看足球賽電視轉播，認真過好從命運手中「賺」來的每一個有陽光照進窗戶的日子。

老人把他自己的故事緩慢說完，剛好是溫州的夏秋之交。突然，我想到還有一個很重要的問題沒有問，又匆匆地走在前往洪殿長壽老人公寓的路上。

「一九四九年六月，在溫州西門碼頭和你一起下水的其他六位托派，溫州托派負責人徐同學和那位父親要拉去投案的王同學，最終的命運又如何？」我有點迫不及待地問胡振南老人。

老人用鍵盤打字告訴我，一九五二年全國大肅托，他們幾個托派當然都沒有倖免，關監獄的關監獄，勞改的勞改，進學習班的進學習班。

一九四九年，那位王姓同學沒有離開溫州，因為他的父親後來改變主意了，不送他去學校自首了，一九五〇年左右，他考到長春統計學校，由於原先就有肺病，在東北又氣候不適，一九五一就因為肺病亡故了，死在大肅托之前。

那位溫州托派當時的負責人、徐姓同學，溫州中學一九四八年畢業，和胡振東同窗，一九五〇年，他在上海考進北京農業大學，一九五二年十二月二十二日大肅托在北京被捕，關的時間比胡振南要長，一九五七年二月，胡振南被釋放時，他還關在北京監獄裡，後來下放黑龍江勞改，在興凱湖農場搞化工，這和他所學的專業是對口的。很久之後才回到上海居住，二〇〇一年去世。

包括胡振南在內，在溫州西門碼頭一起乘小木船下水的七位托派中學生，就像一顆顆散開的串珠，最後，死神那一隻無形的大手都會一一撿回來，重新串好。

「六位中還有幾位老人在世？」我問。

老人伸出一隻手指，重重地在手裡拿著的一張A4紙上點下去，依次是「姚」、「陳」、「金」，然後點頭，接著再彎曲食指關節，搖晃。也就是說，「姚」、「陳」、「金」三位托派老人還在世，「張」、「余」、「陳」三位托派老人已經去世。

和上次談話一樣，老人對我講述時，又隱去了同伴的名字。他不願意告訴我同伴的名字，認為「沒有必要」。和胡振南命運相關的上述幾位同伴，我從邱季龍先生處得知，徐姓托派成員就是徐明烈，其他幾位我很難考證。

夏秋之交的溫州，時雨時停。我從老人居住的二樓住所看下去，發現養老院裡竟然種著一株被我忽視的「幸福樹」。「幸福樹」學名菜豆樹。菜豆樹屬於落葉喬木，秋天就要來了，我彷彿看到一片落葉，很快就要從大樹上飄落，落在地面。

附錄四、神祕商人葉正度

溫州人對中國托派的發展，可以說是「出人又出錢」，其中出錢最多的，應該就是當時在上海的溫州人葉正度。而葉正度，和溫州胡家也有關聯。他正是胡長庚的小妹夫，胡振南的小姑父。胡振南的小姑母名叫胡碧華。

葉正度中學讀的也是溫州中學，從浙江大學電機系畢業之後，據胡振南講述，在上海一個「資源委員會」裡工作過。後來在溫州一中學（校名已經忘記了）裡當過老師。胡振南只知道，小姑父葉正度和王國龍是好友。

在上海的托派之中，葉正度甚至是一個關鍵人物，類似「革命資助人」的角色。

有一段時間，彭述之住在上海的金源錢莊，後來怕牽連金源錢莊，葉正度就找到上海新新公司下屬的新新旅館，他在那裡開一個房間，安排彭述之住在裡面。當時彭述之跟陳碧蘭是住在兩個地方。葉正度是少數幾個可以經常在新新旅館來往的人。

後來，由於彭述之的活動，產生了宏華商行。參加宏華商行的股東，有夏杏芳，葉正度，李華卿，劉中（祖）強，還有一個是道亨銀號的羅瑟希。葉正度是宏華商行的經理。這些股東組成宏華商行是經過彭述之撮合的。他們開「宏華」的目的是用做生意掙來的錢支持托派活動。

上海托派整備影印出版伊羅生的《中國革命悲劇》，苦於沒有經費。葉正度個人就捐出了五百塊錢，才解決了這個難題。彭述之說：「葉正度肯說明，我們需要錢的時候，他就把錢拿出來，而且葉正度的錢是清潔的，不是骯髒的，什麼背景都沒有。」

葉正度的故事也隨著王國龍口述結束在解放前的上海。除此之外，胡振南對小姑父葉正度的經歷，也是所知甚少。

胡振南對我說，他也是後來讀了我做的王國龍的口述，才知道小姑父葉正度和托派的關係。而那時，葉正度和王國龍早已經離世多年。之前，王國龍和葉正度都沒有對胡振南談過這一層關係，這應該是出於革命保密的需要吧！

胡振南老人說，葉正度逝世於一九五一年的溫州，在全國大肅托之前，我們可以說是幸運嗎？

阿楊的故事[1]

一九四四年的一天，上海托派成員楊玉瓊突然跑到東方飯店找王國龍。她神色慌張。王國龍內心一沉。

楊玉瓊時不時來找王國龍。當時她已參加上海一間綢廠「工委會」，[2]是由托派直接領導、統籌工人罷工的組織。「工委會」成員共三人：阿亨、籍雲龍和她。每次開起會來，都是爭論不休。

楊玉瓊和王國龍來到跑馬廳看臺上。當時沒有跑馬，很清靜。原來，女工魏秋所在的綢廠罷工已經有一個多星期了。廠方把罷工領頭人魏秋扣留在廠裡，想逼迫她復工。楊玉瓊說，她自己跑到廠裡看過魏秋，魏秋很堅定。

王國龍大吃一驚，當即警告她，千萬不要再到廠裡找魏秋了，因為「魏秋是廠裡工人，而且不知道魏秋的政治聯繫」——王國龍擔心，魏秋是不是還有更複雜的背景——「你是廠外人，又戴了一副眼鏡，一望而知是一個知識份子，廠方發現了你，就會斷定罷工有外人插手。廠方為了早復工，會去報告敵寇憲兵隊。這樣，非但罷工不能勝利，連魏秋都有被日寇逮捕的危險。」

王國龍建議，楊玉瓊可以通過魏秋家裡的人（她那瞎子母親），到廠裡傳口訊給魏秋，廠裡就不會起疑心。

1 阿楊的故事主要參考了王國龍撰寫的《一九四一年秋至一九四四年的回憶》、段躍作的《王國龍口述文本》和《彭述之回憶錄》。

2 全稱為工人運動委員會。

「是『工委會』決定你到廠裡去找魏秋的？」王國龍橫插一句問道。

「不是。」是楊玉瓊自己的決定。

「為什麼這樣？」

「魏秋出事，我能坐視嗎？而且魏秋是由我聯繫的。」

倆人之間的火藥味已經很濃了。

「你至少要得到阿亨和籍雲龍的同意。」

楊玉瓊恨恨反問王國龍：「他們會同意嗎？想不到你也會反對。」

楊玉瓊希望王國龍能繼續留在上海，參加她所在的「工委會」。王國龍當然拒絕。王國龍明日就要回溫，希望她聽他的勸，不要再到廠裡去。

王國龍說：「爭論沒什麼不好，至於爭論不休，有歐伯和劉家良在，不會解決不了的。但是，你應該尊重阿亨和籍雲龍兩人的意見，認真分析，作出判斷誰對誰不對，而後決定支持誰的意見。二對一不就可以有結論了嗎？」

這樣的建議，其實很蒼白。

王國龍最後說，「工委會」裡先要決定和魏秋聯繫的妥善辦法，或者立刻去找彭述之和陳碧蘭商量辦法，才是當下最重要的。

楊玉瓊終於點頭，但顯然很勉強。

楊玉瓊，廣東中山人，父母是南洋華僑。在校園裡，她是一位球類運動員[3]，可以想像其奔放的性格，和高高躍起時展現的青春活力。在讀中學時，她受到托派寒君的影響，成為一名年輕積極的托派。

[3] 王國龍在文中回憶，一說是籃球，一說是排球。

王國龍明白，這是一個倔強的女人。他帶著忐忑回溫。此時正值溫州第三次淪陷時期，由於王國龍身分特殊，只能東躲西藏過日子。

讓王國龍吃驚的是，沒過多久，他竟然在溫州城裡見到了從上海逃難而來的托派重要人物劉家良。劉家良有肺結核，又剛剛摘去一個腎，早些時候，他正在上海一家醫院接受看護治療。劉家良為什麼會拖著疾病之軀來到溫州？

原來，楊玉瓊終究還是被捕，彭述之得知她被捕，擔心她「經受不了考驗」，萬一供出劉家良所在的醫院，該如何是好？彭述之馬上通知劉家良，劉家良帶著全家老小六口，倉皇出逃。如何安置這一大夥人？彭述之想到住在東方飯店裡王國龍的妹夫賈楣生，讓賈楣生設法弄條帆船，先把劉家良全家老少送到溫州再說。住在東方飯店樓裡的溫州同鄉中有好幾個是做帆船運輸生意，和賈楣生都有交情。賈楣生一打聽，剛巧有一艘帆船要開往溫州洞頭島。賈楣生當場和船老大說妥，並親自送劉家良全家老小六口上船，囑咐他們到洞頭要住哪一家商行，並開了介紹條子。賈楣生料想王國龍和李國棟一定是避居鄉間去了，就讓劉家良在洞頭等待，不要貿然進溫州城。

一番打探之後，劉家良終於見到了吃驚的王國龍。由於一路舟車勞累，劉家良到溫州之後傷口出現發炎。王國龍就找到胡長庚，胡長庚一看劉家良傷勢，要劉家良馬上住院。胡長庚就聯繫董若望醫院（溫州三醫的前身），這是一家天主教教會醫院，王德銘院長答應幫忙。在風聲鶴唳之中，也許只有教會醫院才願意醫治這位「硬著頸項」的「異教徒」。

劉家良住在董若望醫院，炎症慢慢好轉。驚恐落定之後，王國龍對楊玉瓊的恨意才猛然顯現。王國龍再次到上海後才得知，楊玉瓊既沒有在「工委會」裡研究辦法，也沒有去聽取歐伯夫婦的意見，一意孤行，仍然到廠裡去找魏秋，終於被廠方發現。不出王國龍所料，廠方報告了日寇憲兵隊，把她逮捕了。

之後的故事，據彭述之告訴王國龍的說法，這件事還差點造成彭述之被捕。晚年彭述之回憶往事時，那一幕他始終塗抹不去。

高子良被捕那一晚，我在李棠[4]家二樓亭子間住宿（臨時的），即同高子良同屋。深夜兩三點鐘，樓下敲門很緊急。在敵偽時代晚上燈光限制，沒有燈光。李棠當然不能不開門；我馬上感到有危險，立刻從二樓到三樓，穿著汗衫短褲，在三樓聽到下麵有日本人同員警進門，問高子良在嗎？我知道情勢不對，馬上跑到曬臺上，牆很高，只有天井那邊的曬臺牆比較低，用手可攀登過去。上了牆頭，底下是一個天井，有四層樓高，一個大黑洞；鄰居的牆頭也有一個曬臺，我縱身一跳，達到鄰居的牆角，在那邊曬臺上蹲著，靜聽動靜。幾十分鐘後，聽見有人開鐵門出去，即從那邊牆角跳過來，剛到李棠家沒多久，又敲門，我只得又跳過去。原來日本人又來問高子良同李棠的關係，李答是同鄉和職員，不久他們又離去了，我再跳回來，當然完全癱瘓了。那天晚上不能睡，李棠安慰我，把自己的床讓給我睡；我請李棠叫家人到弄堂裡去查看有沒有站崗或可疑的人。他的弟弟很精明，看到弄堂裡都是認識的人，天一亮就叫了一輛黃包車，離開李棠到李華卿家；實在筋疲力盡，不能動彈。[5]

凌晨兩三點，彭述之在上海弄堂裡兩棟樓之間跳來跳去，這是很滑稽的一幕。也可以想像彭述之對楊玉瓊的恨意。彭述之回憶至此，還情不自禁炫耀了幾句：

我後來回想起來，在跳牆時，下面是數十公尺的深淵，翻牆跳過去本來是不可想像的，原來是學生時代用手攀著鐵杠子，翻身打圈子，手腳有訓練。後來在南京監獄打太極拳也有幫助，因此救了命。[6]

4 一位同情托派的商人。
5 彭述之：《彭述之回憶錄》，第三九七－三九八頁。
6 彭述之：《彭述之回憶錄》，第三九八頁。

據彭述之的說法，之後的進展是這樣子的：

從李棠家逃出來，狼狽不堪，有兩個急迫的問題要解決：一、不能住在華卿家裡；二、設法知道發生的真相。阿楊被捕，劉乃光、高子良和李永爵同志阿楊供出來的。在審判中，阿楊還要供出我和碧蘭的住址，高子良用廣東話制止她，說「你要有良心！」從此她就不再做口供。也許良心發現，所以我們的住家日本人沒有來搜查，而且碧蘭已經同孩子們避開了。[7]

彭述之當時無法知道楊玉瓊究竟會供出多少人，凡是她知道住處的托派，都要進行應變。因此，「應變的範圍遠遠比被捕的範圍大得多」。不過，後來發現，實際上被捕的就只有魏秋、高子良、劉康、李永爵、羅真幾人，只監禁幾個月，都出獄了。

王國龍回想起他和楊玉瓊的那次談話，覺得自己對此事也有責任，就向彭述之據實轉告。

王國龍說：「事後回想起來，當時我見她已經點頭，以為她即使不同阿亨和雲龍討論，總會聽取你的意見。想不到她竟然如此獨斷獨行。但是如果當時我立即把阿楊到魏秋廠裡的事，在我臨行前即時告訴你，你可能還來得及阻止，使她不至被捕，因而可以避免組織這次損失。」

彭述之聽完後說：「這是你的疏忽，像這樣緊急的情況，你本應及時報告的。當然我們事前沒有想到阿楊會經不起考驗。」

從彭述之口中說出的這句話，「絕無惋惜之意」，王國龍知道，對這種「經不起考驗出賣同志的行為」，彭述之是「深惡痛絕的」。因此，對高子良、李永爵被捕後堅持不屈，雖遭嚴刑拷打仍拒絕供出的表現，彭述之是「極為贊

7 同上。

許」，「信任有加」。

至於楊玉瓊，她在憲兵隊看守所裡發瘋，後來死在馬路上。據彭述之回憶：「可是阿楊出來後沒有人睬她，到處流浪，已經瘋了。我們設法送她進瘋人院，她自己又離開了，寧願露宿街頭，在垃圾堆裡找食物，終於死在街頭。」[8]

「楊玉瓊的下場咎由自取。」——王國龍晚年撰文回憶楊玉瓊的故事時，還是如此冷酷一句。「我自問事前對她已盡到責任，但沒有及時彙報組織，想到老高（高子良）和劉康由於她的出賣，而致使他們和魏秋等人在日寇牢中受苦，使我更感到當時相信她的點頭是嚴重的失誤。她在牢裡發瘋，說明她供出老師高子良[9]和好友劉康的住所後，精神上所受到的鞭撻，在出賣行為為人所不齒之思想折磨下，可能正是促使她發瘋的內在原因（王國龍說了一句如此彆扭的句子），正是因為發瘋，才阻止了她繼續供出別人。」

「正是因為發瘋，才阻止了她繼續供出別人。」這句話的潛臺詞是，發瘋反而是上天對楊玉瓊的拯救。王國龍一生見過發瘋的女人多矣，他的眼中沒有憐憫。幹革命嘛，本來就是如此。

王國龍後來聽到關於楊玉瓊被捕之後的另一種說法，說阿楊還不錯的，「沒有什麼叛變」，她在特務機關受苦刑，打得大喊大叫，就神經錯亂了。所以高子良被逮捕不一定是阿楊講的。據說是特務收集到高子良在一個運動俱樂部的會員證，上面有位址，這跟原來的說法不同。

甚至還有另一種版本，是罷工事件見證人印容秋的說法。印容秋說，阿楊沒有受過苦刑，意思是她這個人不堅強，王國龍說，印容秋恨阿楊，他也搞不清這到底是怎麼一回事。

楊玉瓊悲劇的造成，背後還有一層托派同仁不願提起的原因。楊玉瓊是受到寒君的影響成為一名托派。寒君，生年不詳，曾跟隨羅章龍從事工人革命運動，羅章龍脫離中共後，寒君加入托派。一九三一年擔任上海滬西區委書記。

8 彭述之：《彭述之回憶錄》，第三九九頁。

9 高子良是楊玉瓊在廣東中山讀書時的老師。

一九三二年陳獨秀被捕後擔任托派臨委委員。一九三三年被捕，判處有期徒刑三年。一九三七年出獄後被選為中央臨委委員。一九三八年冬因「寒君事件」——寒君和托派臨委發生矛盾——被調往香港，擔任華南區臨時委員會書記，實為放逐出托派權力中心。[10]楊玉瓊就是在那時結識寒君。

寒君和托派臨委的分歧繼續惡化，結果彭述之親自南下去解決「寒君問題」而無果，倆人鬧翻。寒君離開了托派組織。彭述之回到上海後，臨委也開除了寒君。

楊玉瓊是跟隨彭述之來到上海，「還不時難忘寒君，正如陳又東、余嘉難忘曾猛一樣」（王國龍如此評價），不管如何，在彭述之看來，這已是值得懷疑的「貳臣」。

也許楊玉瓊的故事過於悲慘，彭述之和王國龍最後都說了一句公道話。彭述之說：「這是一個悲劇。」王國龍在回憶文章最後部分說：「估計她死時年齡約二十五歲左右。客觀地說，她畢竟也是日寇鐵蹄下的受害者。」[11]

我們不知道她的母親最後有沒有找到可憐女兒的屍體，也不知道楊玉瓊最後有沒有入土為安？

鄭莉莉，被風吹走的二十年

當「革命」這架龐然機器開動時，女學生是天然的弱者、被拋棄者，甚至是發瘋者。楊玉瓊不是唯一一位發瘋死在上海街頭的女托派，還有一位是年輕的托派、溫州女學生鄭莉莉同樣發瘋死在上海街頭。

行文至此，我內心不禁一聲悲呼：她們是那樣渺小，以致她們的生與死，都早早被遺忘了。而我之所以知道她們，原因是，我恰巧讀到了王國龍寫的文章，也恰巧採訪到了鄭莉莉的故事。套用茨威格寫的一句話，歷史「只表現大人先生們的苦難，只表現人間強者的盛衰，而對默默無聞的小人物一向漠不關心」。

二〇一一年下半年，我正在艱苦地對著電腦整理《王國龍口述自傳》文字稿，並把初稿傳給我一位編輯出版專業

10 據段躍：《王國龍口述文本》注釋。

11 王國龍：《一九四一年秋至一九四四年的回憶》。

畢業的「八十五」後的同事范晨過目。

什麼是托派？和我剛接觸這段歷史的第一反應一樣。看了十幾頁後，她拋下文字稿，看不下去了。

也是。中國托派和溫州托派，這段塵封的冷門的歷史，和一位八十五後溫州職場女性又有什麼關係呢？

等我整理完了《王國龍口述自傳》，有一天，她很驚訝地告訴我：她家竟然和托派有關係。她從沒見過面的幾十年前過世的年輕姨婆，就是一個年輕的托派！這位姨婆沒有結婚，最後發瘋死在上海街頭，只活了二十來歲。

這在情理之中，又出乎意料。再發現一名溫州托派，是情理之中；意料之外的是，這段苦難的歷史竟然離我們如此之近。

同事范晨有一個特殊癖好——愛讀訃告。她剛剛認識家族裡一個如此陌生又如此年輕的成員，想不到卻是以名字四周加黑框的方式出現。

二〇一三年九月，我見到范晨的爺爺奶奶。

范晨的爺爺奶奶住在市區華蓋山防空洞附近一個老式的住宅區裡，公共樓梯像長在外面的幾個「之」字疊加在一起，樓梯口的人家鐵門緊鎖。有多少無人問津的舊事，就藏在那些「嘰嘰」作響的老舊鐵門後面？

范晨奶奶姓鄭，一九三六年出生，兩鬢已經雪白。范爺爺燒得一手好菜，不停地勸我多夾菜。

「你問這件事，是為了做什麼？」飯菜吃到一半，鄭阿婆終於開口問道。兩位老人直直地看著我。我心裡咯噔一下：要開始講述這個塵封的故事了？老人會願意打開這壇刻意遺忘了好幾十年的苦酒嗎？

我向他們說了我的來意：就想單純地做個記錄。

兩個老人的眼神一下子變得柔和。

老人開始回憶。在老人長時間的沉默歎息中，我能讀出故事的沉重。

鄭阿婆在家中排行老三，大姐鄭依依，二姐鄭莉莉，兩個弟弟排行第四第五。鄭莉莉就是故事裡的主人公，比鄭阿婆大兩歲，大約出生在一九三四年。由於年代久遠，鄭阿婆對二姐的記憶早已經模糊，有些細節只能用「大約」

形容。

鄭莉莉正在鄭阿婆的腦海裡慢慢消失，記憶就是一台手提電腦的電池電量，長久不用，自然會消耗，直到最後，記憶不能重啟，沉入黑暗。

十幾歲的鄭莉莉甌海中學畢業。甌海中學，是現在溫州四中的前身，創辦人是溫州老一輩教育家谷寅侯。胡蘭成避難溫州時，曾用化名在該中學教過書。

當時甌海中學熱衷運動的風氣影響了年輕的女中學生鄭莉莉。她小小胸腔裡的那一顆稚嫩的心，猛烈地跳動著，熱血被大時代點燃。

甌海中學畢業之後，鄭莉莉去一所護士學校讀書。一九五〇年前後，鄭莉莉成為白累德醫院的一位護士。十六七歲的光景，正是現在中專生的美好年齡。

坐落在大簡巷的溫州白累德醫院，是英國循道公會派駐溫州傳教士蘇慧廉募集捐款而建，醫院名字的由來是為了紀念捐款一千六百五十英鎊的英國教徒亨利・白累德。一九〇六年一月三十日，白累德醫院正式開業，傳道濟世救人。

鄭莉莉是在進入白累德醫院前後成為一名托派，具體是受誰的影響，鄭莉莉家人無從知曉，鄭莉莉對家人也是守口如瓶。

當年鄭阿婆家庭有一定特殊性。鄭阿婆的父親是一個商人，解放前留在臺灣。在那個年代，有家人留在臺灣是一件很敏感的事。家人做事更要謹小慎微。幾個孩子是由鄭阿婆的奶奶拉扯大的，大姐不在溫州，在上海一家紡織廠工作。在家裡，二姐鄭莉莉找不到可以訴說心底最真實想法的人，底下幾個妹妹弟弟都還不懂事，還沒有真正認識到她所追求的「真、善、美」。

在鄭阿婆早年的記憶裡，鄭莉莉參加的是「讀書會」，而不叫「托派」，托派是後來才知道的名稱。以讀書會的名義，吸引熱血青年，這是地下中共和托派發展黨員常見的運動模式。

鄭阿婆當年家住溫州城區蟬街。鄭莉莉參加讀書會「讀書」時，總嫌弟弟妹妹太吵。為了不打擾鄭莉莉「讀書」，家人就在岑山寺巷租了一間房子，方便鄭莉莉在週末「讀書」，除了週末，平時鄭莉莉都是住在白累德醫院宿舍裡。

每到週末，還是小孩子的鄭阿婆去岑山寺巷子裡頭玩耍時，總能看到很多和鄭莉莉同齡的哥哥姐姐上樓走進鄭莉的房間，一起讀書，討論，交流心得。他們讀的書很多，甚至會提一皮箱的書來。鄭阿婆後來才知道，這些書，其實都是托派學習資料。

鄭莉莉有兩句話，讓鄭阿婆至今不能忘懷。一句，是鄭莉莉那些「哥哥姐姐們」說的：「紅纓帽提在手裡走。」紅纓帽是清代的官帽，指頭顱。這句話是說，幹革命很危險，腦袋提在手裡走，朝不保夕。另一件事，童年的鄭阿婆常常看到鄭莉莉低頭在筆記本上重複寫三個字——「真、善、美」。顯然，在十幾歲的鄭莉莉認為，當年所追求的托派事業，正是真、善、美的。

傳教士蘇慧廉回憶，白累德醫院首任院長包蒞茂「將傳教與治病救人結合在一起，治癒肉體也醫療心靈，達到了『雙重治癒』。」[12]宗教的歸宗教，政治的歸政治。當白累德醫院裡傳播出福音，讓更多病人回到上帝懷抱的同時，托派運動也滲透其中。白累德醫院裡的年輕護士鄭莉莉就是一個證明。

在白累德醫院裡，鄭莉莉想把同宿舍裡的一名女護士發展成為托派時，卻意外暴露了自己的托派身分。醫院把此事告知政府，鄭麗麗受到監控，被控制居住在醫院宿舍裡。據鄭阿婆描述，當地政府想知道鄭莉莉的上線，鄭麗麗閉口不說。

白累德醫院有一次舉辦慶祝活動，鄭莉莉終於乘監視的人鬆懈，翻出醫院圍牆，逃走。醫院這才不得不把鄭莉莉逃走的事情通知家裡人，鄭阿婆一家這才知道鄭莉莉參加的讀書會原來是這麼一個名堂，驚恐萬分。

沒過多久，一個和鄭莉莉差不多年紀的女中學帶著鄭莉莉寫來的紙條上門，紙條上說，鄭莉莉現在過得很好，有

12 沈迦：《尋找·蘇慧廉》，第二一四頁，北京：新星出版社，二〇一三年。

組織照顧，讓家裡人幫忙準備一下衣物，下次有人會登門來取。

夜晚，家門緊閉。當年年少的鄭阿婆和她的奶奶一起，為躲避在外、她們也不能真正明白到底什麼是「托派」身分的鄭莉莉縫補整理衣物。

其間有幾次聯絡人上門。聯絡人都是普普通通女中學生模樣，但是每一次來的人都不同。

鄭阿婆最後一次見到二姐鄭莉莉是那一年的除夕前幾天，晚上八點鐘左右，家門都關上了，鄭莉莉從後門進來。見面之後，家人不敢多問，鄭莉莉也沒有細說，鄭莉莉說要幾個銀元。鄭莉莉拿了家裡準備的幾個銀元，匆匆離去，消失在夜幕之中，留下驚慌失措的家人。鄭阿婆說，當時她們很擔心鄰居有沒有看到？看到會不會去告密？

一九五二年，全國大肅托，全國托派組織被摧毀，在大陸的托派組織幾乎被一網打盡，很多人鋃鐺入獄。鄭莉莉在溫州也待不下了，家裡人就把鄭莉莉藏到上海大姐鄭依依家。鄭依依白天去工廠上班，就把鄭莉莉鎖在家裡，不讓出門。鄭阿婆說，這也是沒有辦法的事，鄭依依只能如此處理。

有好幾次，鄭莉莉從鄭依依的家裡逃出去，在街上遊蕩。鄭莉莉，這一條被人遺忘的落網之魚當然不可能找到可以和她接頭的托派組織裡的人。在上海陌生接頭遊蕩的鄭莉莉，信仰破碎。她開始發瘋，衣不蔽體，露宿街頭。有好幾次，是員警把鄭莉莉送回鄭依依家。鄭依依也無可奈何。

二十幾歲的溫州托派鄭莉莉最後發瘋死在上海街頭——和楊玉瓊一樣的命運——鄭莉莉是具體在哪個時辰去世的，家人都不能確定。

故事說到這裡，鄭阿婆的聲音變得很小，街上的雜音清晰可聞。

鄭阿婆對我說，從此之後，家裡人對鄭莉莉的事諱莫如深，除了你，沒有人來打聽她的故事。鄭莉莉在世的二十年，也是被風吹走的二十年。

採訪結束後的一天傍晚，我在溫州市人民醫院附近找到了那條不起眼的的七字形小巷——岑山寺巷。岑山寺巷被巨大的醫院建築擠成窄窄一條。我走在岑山寺巷，抬頭一間間找，想找到幾十年前的一個晚上，那一位熱血的年輕護士。她打開檯燈，如饑似渴地閱讀「真、善、美」的托派資料，微弱的燈光最後消失在沉沉的夜幕裡。

走出陳舊的岑山寺巷，是繁忙的街道。我走到附近的溫州市中心醫院，溫州市中心醫院改名前是溫州市二醫，溫州市二醫就建在溫州白累德醫院的舊址上。溫州市中心醫院大門前，人來車往，行色匆匆。

附錄五、王國龍：我的托派歲月[13]

我叫王國龍，溫州市鹿城區人，一九一四年七月二十三日出生。我是一個托派。

一九二七年一月十五日，北伐軍第十七軍宣傳隊率先進入溫州城，十七軍政治部隨後在溫州舉辦了一個政治訓練班。姐姐通過朋友讓我參加訓練班，當時我只有十四歲，是這一班人裡年齡最小的一個。李國棟也在這個班裡，比我大兩歲。我們可以算是正式接受馬克思主義的洗禮了。我記得蘇淵雷來教課，教的是布哈林的《共產主義ＡＢＣ》，鄭超麟翻譯的。課程是一個禮拜，有一天休息。

一九二九年，我十六歲。到上海的一家舊書店當學徒，叫江東書店，說是舊書店，其實也賣新書，主要賣外文書。在這家書店裡當學徒，在這家書店裡，我不得不學外語。

為什麼會這家書店，有原因的。當時有一個運動分子在溫州遭逮捕，被關進杭州監獄。我哥哥王國芳和另一個同伴受牽連，不得不外逃。到了上海之後，我哥哥建議開家書店，一來維持生計，同時也為革命做掩護。他就叫我的姐夫投資，拉上一位在上海的朋友李景芳，他也是溫州五四運動中的一位人物，一起開這家書店。江東書店實際上是溫州一班左傾激進青年在上海的聯絡點。

學徒期間，我結識了從蘇聯留學回來的曾猛。那時，他是中共和托派雙重身分，是中央秘書處幹事，受周恩來的

13 本文為王國龍先生晚年口述，由沈克成先生和我共同整理。該文最初發表在《甌風》新刊第四集（二〇一二年四月），後發表在《江南》二〇一二年第五期。《江南》編輯去掉原來的小標題，做了若干修改，本書採用《江南》編輯修改之後的稿子。該口述文本在《甌風》新刊第四集發表之後，北京黃鴻森先生和上海周履鏘先生專門寫信過來，指出文中一些錯誤。我根據兩位先生意見，一一改正。謝謝黃鴻森、周履鏘兩位先生。

直接領導。同時，結識了第一個中國托派組織「我們的話派」中的主要人物史唐、陳亦謀、梁幹喬等。還結識了中共溫州獨立支部的一批黨員，如鄭馨、王國楨、施德彰等，他們大都是在溫州的城市暴動或農民暴動失敗後逃亡到上海的。

曾猛是托派，大家都是知道的。托派還沒有被扣上帽子，無非是中間派。鄭馨對我說，曾猛是共產黨員，是不能夠參加托派的，不過，我倒是可以的，因為我還不是共產黨員。當時的氣氛較寬鬆。

在江東書店，我學了外文，同時受到托派思想的影響。

一九三〇年秋，江東書店因生意清淡而關閉，我不得不回到溫州。我再次去上海是在一九三六年。

溫州托派組織的創建人是曾猛。他也是我大姐的朋友。在溫州的五四運動中，曾猛很活躍，是帶頭的。後來，他被學校開除了，就去上海讀書，後來去了廣州黃埔軍校。曾猛到廣州的時候，第三期報名已經結束，時任黃埔軍校管理處處長的戴立夫就把曾猛留在身邊。曾猛在戴立夫先生身邊認識了周恩來、張太雷，和中共有了接觸。

戴立夫先生曾經想把曾猛送到何應欽那裡當兵，後來聽說何應欽軍隊裡有體罰，就作罷了。香港罷工的時候，曾猛參加了在廣州的工人運動，和廣州工人運動中的領導人也有接觸。曾猛在廣州入黨，介紹人是鄧中夏和李啟漢。曾猛參加工人運動的經驗就是從廣州學來的。

北伐開始，東南軍從廣州一路到福建，再到浙江，一路向北。曾猛隨軍到上海時，剛好第三次暴動開始，就加入了上海總工會，正式參加第三次暴動。曾猛後來任中共中央秘書處機要秘書。當時，中央秘書處除了曾猛是溫州人外，還有一個溫州人是何止錚。

一九二七年，中共五大之後，曾猛被派到蘇聯學習，何止錚也一起去。曾猛只在莫斯科待了一年。不記得是誰說的，曾猛在莫斯科，連課都不去上，只待在房間裡看《紅樓夢》。這件事情應該是真的。曾猛在莫斯科加入了托派，而那時，莫斯科已經開始反托派。那時的反托，雖然不像後來那樣被說成反革命這麼激烈，不過，幹部派和受托派影響的學生之間的鬥爭還是劍拔弩張，曾猛關起門來看《紅樓夢》也是可以理解的。

幹部派當然就是指王明他們。在學校裡，幹部派過來說教，曾猛是不聽的。曾猛說，他是真正看王明不起。王明為了拍別人馬屁，真的沒什麼東西送了，就把自己從家裡帶出來的一件大衣做成一副圖匾——當時在俄國有這種裝飾——送給米夫。曾猛說，身為一個革命家，身為一名布爾什維克，怎麼能這麼幹？

當時國內的情況是需要人，曾猛在莫斯科只待了一年多就回國了。一九三〇年，我在上海碰到曾猛。在我的印象中，共產黨員都很有學問、很勇敢，心裡非常佩服。當時曾猛和廣東的人有來往，其他來自溫州的共產黨員，和曾猛的私人關係都很好，都說曾猛很能幹。

沒過多久，中國學生在莫斯科加入托派的黑名單被帶到了國內。據曾猛說，周恩來找他談過話。周恩來對曾猛說：「只要你馬上退出托派組織，並在黨內表態，跟托派劃清界線，我可以保證，不再追究。」曾猛卻說：「我沒錯。」曾猛沒有接受周恩來的建議。

一九三〇年，曾猛被中共開除了。開除之後，生活沒了保障，曾猛想回到溫州瑞安老家。臨走之前，曾猛碰到彭述之的夫人陳碧蘭。曾猛對陳碧蘭說：「我現在真的是沒有辦法了，只能先回家。」陳碧蘭說：「你先別回鄉下，一回鄉下，別人馬上會知曉你的托派身分。等我回信吧，讓我想想辦法。」

陳碧蘭找到陳獨秀，推薦曾猛做他的秘書。陳獨秀也知道曾猛工作很得力。曾猛當時一直在做祕密文字工作，而且做得非常漂亮。一個格子可以寫四個字，而且非常清楚。當時一些祕密文件都是寫在被單上的。

這樣，陳獨秀和陳碧蘭兩人把曾猛留下，在上海給托派做祕密工作。一九三二年，曾猛和陳獨秀、何止錚被捕。曾猛被捕的時候，當然不叫「曾猛」，是用一個化名：王子平。

曾猛被捕之後，曾猛的妻子秋君叫戴立夫先生去營救他。戴立夫先生和秋君趕到上海，找張沖。張沖是戴立夫的學生。張沖說，曾猛想要出去，必須先要在「留俄委員會」住上一段時間，張沖也是留俄委員會學習班裡的成員，是國民黨派去學習的。至於在留俄委員會裡幹些什麼，我當然不知道。曾猛沒有對我說，我也沒有問這個問題的必要。

曾猛很快就被張沖保了出來。出獄之後，曾猛根據張沖的意思，對報界作了個談話，說自己已對政治「心灰意冷」，隨後便和妻子秋君一起回到故鄉溫州。到了溫州之後，曾猛創立了溫州托派。

江東書店關門回溫州之後，我和曾猛保持通信。曾猛從上海給我寄來托派刊物《火花》。一九三二年秋，溫州警察局查到《火花》，以「危害民國罪」將我逮捕。這是我第一次被捕。算一算時間，我和曾猛差不多也是同時被捕。我是在溫州被捕，曾猛和陳獨秀是在上海被捕。

我被轉到法院，判了兩年半，關在溫州第四監獄。雖說是兩年半，其實真正關押的時間要長。按照當時法律，在看守所裡羈押，兩天當一天。所以，我坐了不只兩年半的牢。

第四監獄裡的政治犯是一個人一個房間。我也算是政治犯了。

第四監獄第二科科長是蘇州人，叫吳桐。在監獄裡，進步思想的書籍都是可以讀的，這讓我覺得蠻奇怪。朋友送來的書，監獄會蓋個印，「許」。我對監獄裡的人說，《資治通鑒•紀事本末》是朋友借我的書，你們蓋了章，總不恰當吧。我這麼一說，吳桐竟然也同意了，朋友送給我看的書，可以不用經過審查程式，直接送到我手裡。那個時候，茅盾的《子夜》剛出，朋友帶給我。一般說來，這種書是帶不進去的。吳桐一看，竟然也同意了。

第三科科長和我的關係也不錯。他在林語堂主編的《人間世》《論語》上發表過文章。鼓勵我，勸我也寫寫。我就開始寫監獄裡的生活，在《宇宙風》連載。當時的稿費蠻高，寫一篇文章能收到二十四元稿費。二十四元，可以解決我很長一段時間的生活問題。

刑期快滿的時候，審查員找我談話。

他說：「你知道不，你們幾個托派的頭頭，劉仁靜都轉投國民黨了。」

我就說：「他們都是叛徒。」

審查員問我，出獄後有什麼打算？

我說：「我刑期都坐滿了。」

他說：「你思想還沒搞好，思想還不對。」

我說：「我本來不是托派。你把我判成托派，現在，你讓我出來了，那我就是真的托派了。」因為這句話，我被加刑半年。

算一算時間，我第一次入獄，坐了四年的牢，一九三六年出獄。在溫州，我沒有學歷，正式學校進不去，只能去做家庭教師，教語文，教英文，寫寫稿子。生活來源勉強可以解決。

一九三三年，曾猛被保出獄，回到溫州。他在蓮花山看中一所房子，就和妻子秋君住在了蓮花山。

我從監獄裡出來之後，就去山上看曾猛。在蓮花山上，曾猛又影響了和我年齡差不多的一批年輕人，有餘嘉、董國雄、陳又東、錢川等。這是溫州托派形成的開始。

溫州的托派有幾個源頭。曾猛是最早的一個。還有一個是安明波，他從蘇聯帶來的講義，和曾猛的是一樣的。我們的理論都是受莫斯科中山大學托派分子的影響。曾猛在山上講座的內容，也無非就是這些。還有一個源頭，就是李國棟。李國棟在上海藝術大學讀書，王獨清是上海藝術大學的教授，李國棟主要是受王獨清的影響。一直到抗戰開始，曾猛影響別人，李國棟也影響別人，兩個人沒有交流，也沒有碰過面。

後來，上海「我們的話派」成員賀希從國民黨監獄出來，身體虛弱，生活困難，就來到溫州。賀希到溫州後，由李國棟和朱鈐出錢為他租房子，由錢川為他打針服藥。

賀希說，受兩個人影響的托派青年為什麼不一起合併成立組織？在他的撮合下，兩派合併，成立溫州托派組織。我正式參加托派組織就是在這段時間。那是一九三七年深秋。

溫州托派第一次代表大會，會址是在蓮花心山上曾猛家裡。出席大會的人有我和曾猛、賀希、朱鈐、李國棟、何樹芬、何止錚、黃禹石、錢川、陳又東、餘嘉等，曾猛主持大會並作工作報告。大會通過兩個決議：一、溫州工作綱領；二、請求上海托派中央承認溫州組織為溫州支部。派賀希去上海向中央臨時委員會報告。大會選出第一屆幹事會，曾猛（書記）、何樹芬（宣傳）、朱鈐（組織），幹事何止錚和我。

曾猛在幹事會上提出，抗日必須聯合共產黨共同行動。幹事會通過決議，派李蔡志代表溫州托派與中共浙南縱隊駐城內辦事處主任吳毓商談。李蔡志和吳毓是甌海中學同學，又是同鄉，有私人感情，李蔡志向吳毓提出聯合抗日的建議，吳毓卻斷然拒絕。

李蔡志問吳毓：「中共同國民黨合作，為什麼不能和托派聯合抗日？」

吳毓回答說：「托洛茨基是國際共產主義運動的敵人，是法西斯奸細，陳獨秀是漢奸。」

中共領導的永嘉戰時青年服務團在抗戰開始時成立；同時，國民黨永嘉縣黨部成立「救國禦侮團」。幹事會認為，儘管吳毓拒絕同托派合作抗日，但托派應參加中共領導的戰時青年服務團，因為它是真正的抗日群眾組織，決不能加入國民黨的救國禦侮團。幹事會通過曾猛的建議，溫州托派成員（除二三人外）及受托派影響的週邊分子全部加入戰時青年服務團。

李國棟辭去國民黨監察委員一職，解決了「跨黨」問題。此時溫州成立蛋類銷售處，李國棟設法謀得該處駐滬辦事處職務，幹事會決定委任李國棟代表溫州托派組織和中央臨委聯絡。

當時，鄭嘉治是永嘉縣戰時青年服務團的秘書長，總幹事是胡今虛。鄭嘉治叫我和李金錫當秘書處中的秘書。他們知道我坐過國民黨的牢，所以才讓我加入。後來，他們知道我是托派，就和我劃清界線。他們的管理相當好。

抗戰時間，我曾三次被捕。前二次是在組織工人罷工時被拘留，他們沒有證據，我只被羈押了個把月，就放出來了。第三次是一九三九年，托派中有人叛變，叛徒朱鈐全盤托出，曾猛和我都被逮捕了。當時被捕的人有很多。

一直到農曆七月半的一天晚上，深夜十一點鐘，我和曾猛同時被監獄裡提出來。我記得，曾猛沒有戴腳鐐，我戴著腳鐐，穿了一件軟馬甲，一條短褲，一雙拖鞋。他們把我們送到金華浙江警備司令部。

在金華大概待了半個來月，沒有提審。後來來了一個參謀，他對我們說，他們不能受理我們的案件，又把我們兩個重新送回溫州，交給溫台防守司令部審理，搞得我們也莫名其妙。他們把我們送回之後，我們被關在了凰橋司令部。審判我們的檢察官對我們實話實說：「你們為什麼會被捕，是因為你們內部有人向政府靠攏了。」

曾猛當然有被捕的經驗，我也是坐過牢的。當時，曾猛家裡沒有留下證據，我只是在半路上被碰到，也沒有留下證據。我當然也矢口否認。

曾猛就說：「如果是支強說的，那就讓支強過來，讓我們當面對證。」據說，檢察官也要求支強過來，但是支強不肯來。曾猛對我說，如果支強敢來，你就先狗血噴頭，大罵他一頓。

同一個籠中有三個人，我，曾猛，還有一個叫曾定的共產黨員。他是玉環三門人，是甌海中學畢業的。我在平陽山門見過曾定。我說：「想不到我們在這裡又相逢。」曾猛的幽默勁上來了，說：「宗兄，你是共產黨員，我過去也是共產黨員，現在是托派，托派坐牢是當然的，但共產黨和國民黨合作，你卻跟我們坐在一個牢房裡，真是幸會幸會。」

沒過多久，吳毓代表中共來防守司令部看守所看曾定，同時和防守司令部看守所交涉。他們講平陽蠻話，我們都聽不懂。他們談話結束，吳毓要走時，曾猛喊住他，當面問他，國民黨把我們的同志都關起來，你還相信統一戰線的建設嗎？吳毓不待曾猛說完，就表示歉意，不作答覆走了。

我們問曾定，你覺得我們是漢奸嗎？曾定說，我個人相信，你們兩個人不是漢奸。和曾定相處的日子裡，他從不跟我們爭論。但他對國共合作的統一戰線從未流露過絲毫懷疑和動搖，只表示承認我們是抗日的，對我們是托派表示婉惜。這一方面證明曾定立場堅定，另一方面也說明他是實事求是的。所以，我們相處得不錯，特別當我每次發高燒達三十九至四十一度時，他極為關懷，非常親切的護理。

一九四〇年五月間，我因惡性瘧疾，連續發高燒二十一天，每天大半時間處於昏迷狀態。軍法處的李醫官，是我十中附小的同學，他大哥李聖恩是曾猛的朋友。他不忘舊情一直給我服藥，但毫無效果。曾猛要求他請胡長庚到看守所來為我診治。第二天李醫官帶胡進來。胡長庚診斷後對李說，希望准予保外就醫，否則，必死無疑。李醫官如實報告軍法處，終於得到批准，但條件是必須在甌海醫院由胡長庚醫治。當時胡長庚是甌海醫院的內科主任。

陳素農知道我們的案子移送軍事委員會後，即要求他在軍委會的同學設法營救。據曾猛說，陳素農的同學要求軍委會的瑞安人黃菊裳先生幫忙。由於黃菊裳的出力，最後，軍委會指令溫台防守司令部准我們交保釋放。在我因病保外就醫後約兩個月，曾猛也交保出獄，但我們仍須隨傳隨到。

曾猛第二次被捕的時候，除了打通黃菊裳的關子之外，曾猛的妻子也寫信給張沖。張沖的回信是：「浙江的事，鞭長莫及。」用這樣的理由婉拒了。

曾猛出獄之後，就不搞托派了，溫州托派也就差不多全瓦解了。曾猛對革命走向悲觀，其中一個原因是，彭述之對曾猛被國民黨要人保出來有看法，認為曾猛被保出獄不會這麼簡單。

第一次出獄之後，曾猛曾通過別人問過彭述之，組織是不是同意他出來，叫彭述之答覆他。彭述之表示，這個問題，曾猛是不能問我的，應該由曾猛自己決定。

一九三九年五月間，「溫托」幹事會派我去上海向「臨委」報告工作。臨行，曾猛托我探聽彭述之對他在南京出獄時事的態度。彭述之跟我明確說過：「曾猛能從國民黨的監獄裡出來，那一定不會是無條件的，你叫我彭述之批准你可以從牢裡出來，這我是辦不到的。」

彭述之還對我說：「一個人在政治上發生過這種事，按照黨的紀律來說，是不可信任了。我們不能否認，曾猛到溫州之後，影響了一批人，但是今後是不是靠得住，這很難說。希望你能明白。」

我向曾猛轉告了彭述之的原話，曾猛也知道，彭述之沒有原諒他。他以前對彭一向很敬重，但從此他對彭的評價變了，甚至罵起來了。

一九四二年秋，我從上海回溫州，企圖恢復「溫托」組織，幾次約曾猛商談。他雖沒有拒絕，但因為對彭述之的不予原諒，耿耿於懷，始終不願作出恢復組織的行動。由於他持這種態度，受他影響的托派分子，也都沒有行動。因此，我恢復組織的企圖沒有成功。

一九四三年秋，有一天我偶然在路上遇見了曾猛。他對我說要去碧湖浙江省地方行政幹部訓練團工作。我問他：「你怎麼可以到那樣的地方去工作？」他說張沖囑該團教育長陳希豪到溫州來請他。他說：「這等於服兵役，不能拒絕應徵。」

抗戰勝利後，溫州中學遷回溫州。原托派分子金宸樞多年隨同校長金嶸軒先生工作。金宸樞向金校長建議，聘任曾猛和何止錚任教。曾猛進溫州中學，名義是「公民」課教員，但他上課講的不是「公民」課，都在講時事、講國內外形勢。約在一九四七年，陳素農調任國民黨陸軍軍官學校第六軍官訓練班主任。一九四八年十月要曾猛到那裡工作，負責文書課課長（軍銜中校）。約在同時，陳在溫州競選偽「國大代表」。曾猛又替他策劃競選。但那次陳競選失敗。曾猛因為自己幫陳競選沒有成功，感到對不起陳。但陳並不在意，陳知道選票為地方勢力所把持，而陳一向在外做官，沒有地方勢力，失敗是當然的，因此陳仍帶曾猛去武漢。曾猛就跟著陳素農去黃埔武漢分校任教官。

我再次見到曾猛，是在一九五七年的監獄裡了。

溫州托派另一個重要人物就是周仁生。我比周仁生大八歲。我們認識大約是一九四二年前後。當時，周仁生已經從溫州中學畢業。

周仁生在溫州中學讀書時，學校裡的托派氣氛很濃。當時，安明波在溫州中學教書。他不是溫州人。周仁生和安明波的關係很好，因此，周仁生的托派思想也受安明波的影響。

有幾個受托派思想影響的溫州中學畢業生考上了浙大。這幾個人和周仁生都是要好的朋友。這幾個人都是來自溫州各縣的，每個學期開學前，他們都會先住在周仁生家暢談。周仁生的家人都很歡迎這些學生。

當時的浙大在龍泉，我就在龍泉認識了周仁生。周仁生在浙大大概讀了兩年之後，浙大要內遷到貴州。周仁生沒有跟隨內遷，繼續留在杭州就讀。這段時間，我和周仁生保持密切聯繫。那個時候，溫州的托派組織已經瓦解了，後來只是部分恢復，周仁生對這件事，也是很關心的。

有一天，周仁生對我說，安明波想見我。安明波住在西郭。我們見面主要是談托派問題。當時溫州的托派組織還沒有完全恢復。安明波說，要想恢復，要解決的是少數派和多數派的問題，雙方都不用攻擊對方，乾脆，再造一個新「名稱」。

一九四二年五月，中國托派分裂為兩個組織：一個是原有的中國共產主義同盟（多數派，又稱鬥爭派）；另一個為「國際主義派」（少數派）。托派的分裂也影響到溫州托派組織。

對這個問題，我沒有表態。溫州托派組織把安明波的這個觀點帶到上海時，彭述之不同意。彭述之的門戶之見是很深的。

周仁生告訴我，組織恢復的時候，不用多數派的名字，準備用「馬克思主義挺進隊」。我一聽就覺得很不妥，表示反對，因為托派組織從沒有用過此類名字。周仁生和安明波商量後，改成「馬克思主義挺進社」。雖然，我對這個名字還是覺得不滿意，但是覺得「社」總比「隊」好聽點。後來，周仁生還把挺進社的組織綱領拿給我看。

我想，溫州托派組織總得要恢復，無論如何，先恢復起來再說。如果告訴彭述之，彭述之是一定不會同意的，到那時，就不利於組織的恢復。我是瞞著彭述之，同意了這個名稱。周仁生和一大批學生也就加入了「馬克思主義挺進社」，這樣，溫州托派組織又恢復了。

我最早是從曾猛的口中知道了彭述之，曾猛經常提起他。一九三九年的五月份，我到上海向「臨委」彙報工作，那是我第一次見到了彭述之。

彭述之有很多化名。他常用歐伯這個化名。我們在談話時，都稱他為歐伯。和社會上的人接觸的時候，他就會用他妻子的姓，說自己姓「陳」。

一九三二年十月，彭述之和陳獨秀因為托派問題被捕入獄。一九三七年八月，兩人同時獲釋。出獄之後，陳獨秀不願意來上海，去了武漢，而彭述之選擇了上海，參加臨委，當時鄭超麟還沒有來上海，這樣，彭述之當然就成為中國托派第一把手。

初見彭述之，我還不能直接去他家裡。彭述之約我到外灘公園裡頭見面。當時的溫州紡織公會組織各種運動，很熱鬧，彭述之也知曉。他說溫州有這麼多熱血青年，「情況很好」。我們談到了曾猛問題，彭述之明確告訴我，他不相信曾猛出獄是沒有條件的，而稱讚我在監獄裡經受住了考驗。

彭述之很喜歡開訓練班。我在上海不能久待，彭述之也要求我參加訓練班。當時陳又東也在上海。他是溫州達路榮昌記（音）在上海的辦事處主任。他公司裡的很多房間，也就成為收留從溫州來上海的年輕人的容身之地。

我記得我參加一期訓練班的題目是「從第一國際到第四國際」，教了十幾天。來聽的人不是很多，只有十來個人。陳又東也在訓練班上聽。彭述之的湖南口音很重，所以課程很難聽懂，這是我親身聽完彭述之上課之後的體會。他沒有準備講稿，都是脫稿。聽完之後，我對共產國際的歷史就清楚了許多。彭述之在我心中變得很具體。他是一個理論家，這是沒問題的。

我回溫州以後，就和曾猛一起被捕了。

一九四〇年下半年，我出獄治好瘧疾之後，住在一個朋友家。

那一年的秋天，胡長庚的妹夫葉正度（郭溪人）住在溫州。葉正度是浙大畢業，在上海做生意，和蔣振東認識，和托派的人有來往。他知道我出來之後，就帶口信給我：彭述之希望我能去上海。我就去了上海。

葉正度通過彭述之的關係，和同情托派的朋友成立了一個商行，商行的名字叫「宏華商行」，他們把做生意賺來的錢支持托派運動。溫州人對托派運動，是出人又出錢。

來到上海之後，我和葉正度住在一起。彭述之約我見面。這一次見面，我可以去彭述之的家裡了，這是我第一次去彭述之家裡。因此，我也就認識了彭述之的夫人陳碧蘭。那一次，彭述之夫婦留我吃飯。我們幾乎談了一整天。

彭述之說：「你在溫州被捕的情況，我是知道的。」

我問：「你怎麼會知道的？」

彭述之說，溫台防守司令部裡都是江西人，是江西幫，其中有一個江西人，公開職務是一名副官，也受過我的影響。所以，彭述之知道我在監獄中的表現，他早已經向彭述之彙報了。

我是經得起考驗的。彭述之看人就看這個地方。他認為我是一個經得起考驗的人。本來，他的家，我是跨不進去的。

彭述之對我非常親熱。他說，你和葉正度住在一起，生活由他負責。叫我暫時先別回溫州，要我參加「組織生活」，李國棟和黃禹石都在上海，讓我們組成一個三人小組。

他還送我兩本書，叫我在這段時間好好讀讀。一本是一位美國托派黑人寫的，作者名字已經不記得了，書名是《從第一個國際到第四國際》，彭述之在訓練班上的課，可能和這本書有關係。這是英文原本，中國還沒有翻譯出來。那個時候，我讀英文書已經沒有問題了。第二本是伊羅生寫的《中國革命的悲劇》，也不是譯本，是原文的影印本。《中國革命的悲劇》影印了五百本。影印也是要錢的。我們活動經費是從哪裡來的？主要是靠募捐。葉正度也捐給我們一大筆錢。

一九四〇年底，我從上海回到溫州時，溫州托派已經瓦解，曾猛認為彭述之不原諒他，所以，對這件事就不是很起勁。對我來說，恢復組織，也是困難重重。

第二年，我原本打算再去上海，後來溫州淪陷，我就去不了上海了，因為沒有輪船了。

一九四一年秋天，彭述之寫信給我，問我去了溫州怎麼不回來了？是什麼原因？他用了一句老話：「歲月如馳，賢者不免。」接到這封信之後，我只能千方百計去上海。那個時候的交通，溫滬航運已經中斷，只能走陸路，要經過清江、台州、寧海，再從沈家門乘船才能到上海。

我一到上海之後，就馬上去見彭述之，他看到我後非常高興，彭述之和陳碧蘭都說我幹得相當不錯。這個時候，上海的組織已經分裂了，分為多數派和少數派。上海臨委的兩派人，都想拉攏地方組織，我是溫州托派的負責人，因此在這段時間，我和王凡西亦有接觸。也由於這層原因，彭述之和我走得更近了。

這個時候，彭述之又開訓練班了。葉正度一個人住在威海衛路的「中社」公寓裡，一個人一個房間。彭述之就利用葉正度的房間，繼續舉辦訓練班。這次的訓練班，物件已經不同，物件是受彭述之影響，同情托派的人。彭述之叫我也參加訓練班。講座的內容是普列漢諾夫的《俄國社會思想發展史》，純理論的內容。彭述之也是講得非常清楚。

從一九四一年的秋天一直到一九四四年，我經常在上海和溫州兩地跑，開展托派活動。這段時間，我和彭述之接觸頻繁。我住在宏華商行，彭述之住在金源錢莊。宏華商行開在河南路和北京路交叉的中一大樓裡，到金源錢莊沒有幾步路程，彭述之想找我很方便。

金源錢莊的地點在河南路北京路南邊附近的一條弄堂。葉先芝（輔臣）為董事長。總經理夏杏芳，紹興人。在金源裡工作的托派有樓子春和陳其昌，樓子春在錢莊裡有股，陳其昌只是教錢莊店員們文化，樓上有一個小房間供陳作辦公室。陳其昌就是寫信給魯迅的陳仲山，本名是陳其昌，又名陳大巧。他是北大學生，和王實味、王凡西都是同學。

葉先芝在上海做金融生意，開錢莊。他從金源錢莊股東中買來股份。金源錢莊的前身叫志裕錢莊，葉先芝收來股份之後，改名為金源錢莊。葉先芝和彭述之的私人關係非常好，和杜畏之也是朋友。也因為這樣的背景，陳其昌才會進金源錢莊。

沒事的時候，彭述之就坐在金源錢莊的經理室裡聊天，彭述之是金源錢莊經理室裡的貴賓。彭述之連吃飯的錢，都是由金源錢莊提供的。金源錢莊也幫助我們出書，彭述之印《俄國革命史》的錢就是金源錢莊提供的。

葉正度也是經理室的常客，在那裡很隨便，不受拘束。處理業務外，也聊天。夏杏芳知道，葉正度能飲酒，就把別人送給他的威士卡拿出來，沒有下酒的東西，就到弄堂口買點花生來，給葉正度一個人下酒。葉正度常在閒聊時給夏杏芳出生意的點子，夏杏芳採納了，效果不錯，因此對葉正度也很器重。

日寇佔領租界，發行偽「中儲券」，以一元「中儲券」換二元法幣，勒令立即執行。上海所有銀行、錢莊為防止大量提款，都把提款額限制在五百元以下，只有金源不加限制，對存戶提款，敞開供應。因此，金源的信譽頓時家喻戶曉。人們都說夏杏芳有魄力，金源的業務隨之興旺起來。

當時李季生活窮迫，和彭述之商量，要把所藏的全套《四部備要》賣了。經彭述之介紹，賣給了金源。夏杏芳的經理室裡為此裝上了書架。書運來上架的那一天，我也在場。李季把書裝上架後，夏杏芳說：「我替你保管，你要用時就來取書，不要以為書歸我，你和心愛的書便分手了。」（大意）他的話是真誠的，李季很感動。

從此，李季也成了經理室的常客。我在經理室多次見到過李季，記得有一次他向彭述之談起，他已譯好了桑巴特的《現代資本主義》。他說到書中引有希臘文的資料，他不懂希臘文，只好輾轉請人翻譯，付了一大筆稿費。又有一次，他給彭述之一張條子，說是「老頭子」（指陳獨秀）寫給他的，彭述之看後遞給我。我還記得信上內容：「季子學弟……布林什維主義是法國勃朗基主義和德國軍國主義的混合物……有生之年要為反對布林什維主義鬥爭到底……。」當時李季說：「老頭子實在走得太遠了」。這張條子是彭述之後來常引用來批評陳獨秀的根據。

亞東圖書館老闆汪孟鄒也是經理室的常客。亞東和金源有業務上的來往，金源對亞東的出版事業，熱心支持，亞東出的書也堆存在金源倉庫裡。記得有一次，汪老闆在經理室談話，他對王凡西翻譯托洛茨基《兒子、朋友、戰士》的譯筆讚賞備至。就我記憶所及，抗戰爆發後，在亞東出版的小冊子有彭述之的《抗日戰爭勝利必須條件》、《奧國革命是怎樣失敗的》及關於西班牙內戰的小冊子、陳碧蘭《抗戰中的婦女運動》、鄭超麟譯紀德的《從蘇聯歸來》及《為我的從蘇聯歸來答客難》、劉家良譯的《大英帝國的兩個基石》，此外還有杜威委員會報告、蘇聯審判真相（書名已記不清）、托著《在新的世界大戰前夜》（譯者不知是誰）、樓子春用「郭和」的筆名譯馬克思論《猶太人問題》等等，陳獨秀在武漢發表的小冊子及為陳獨秀辯護的小冊子、陳在《宇宙風》雜誌上發表的兩章自傳，也均有亞東出版。

一九四二年，陳其昌被日本人裝進麻袋用刺刀戮死，屍體被扔進黃浦江。日本人要陳其昌說出彭述之的住所，陳其昌一直到死都沒有說。

陳其昌在托派中是老資格，他被捕之後，托派就要隱蔽了。托派隱蔽之後，彭述之叫我幫他做事。

首先，彭述之的住所需要轉移。第二，彭述之的書和手頭的文件要處理。我就先把陳碧蘭和他的孩子帶出來，我從溫州出來經過沈家門時，辦了一個證件。當時在上海開旅館房間，必須持有所謂「良民證」。我就開了一個房間，安置好陳碧蘭和她的三個孩子。後來在南京路東亞旅館開了一個小房間，又將他們帶到那裡。

彭述之的很多材料都放在金源錢莊的倉庫裡，特別是《俄國革命史》的紙版，都放在倉庫裡。為了避免文件被查抄，我就在黃河路和昌和路旁邊租了一間房子，安排兩個人，偽裝成舊書店，劉乃光和李永爵住在店裡。店裡擺著溫州的草紙等雜貨，劉妻也會動腦筋，又找些小人書連環畫，讓周圍兒童租看。彭述之的俄文書和其他從蘇聯帶來的材料，都藏在裡頭。這次匆忙搬出後，彭述之就再也沒有自己租住的房子了。

彭述之把《俄國革命史》紙版交代給來自廣東的羅瑟希，他是道亨銀行的人。我們就把這些材料，從金源錢莊的倉庫搬到道亨銀行的倉庫裡。

葉正度和劉中強，就給彭述之安排住所。劉中強是新新公司人事科科長，新新公司是有旅館的，彭述之就住在新新公司的旅館裡。在新新公司，彭述之又要辦起訓練班，讓同情者參加。

彭述之那段時間沒有工作，非常時期稿子也不能賣了，生活就只能靠妻子陳碧蘭。陳碧蘭供職於上海青年會。陳碧蘭在上海青年會的工作是由王獨清的妻子介紹的，王獨清的妻子叫黃碧姚，是上海青年會的一個重要人員。

陳碧蘭有三個子女，大女兒比較大一點，兩個兒子比較小。陳碧蘭的女兒小名叫莉莉，我們都叫她的小名。那個時候，莉莉已經讀完初中，快讀高中了，沒有錢繳學費。彭述之本來可以跟金源錢莊說的，不過他開不了口。叫女兒不讀書，又好像不妥當。陳碧蘭就對女兒說：「我也沒辦法，你去找阿龍叔試試吧，看看有沒有辦法。」當時，我做了一起顏料生意，賺了一筆錢，就拿著那筆意外之財，繳了莉莉的學費。

很多人都表示，要在經濟上資助彭述之，讓他的生活能過得更好一點。李國棟也是這樣表示的，都被彭述之謝絕了。彭述之對葉正度說過：「你們的感情很可嘉，不過，我不能依靠別人過生活。苦不苦沒關係，沒有什麼苦是吃不過來的。」不過，葉正度出資印托派書，是支持彭述之的事業，彭述之是接受資助的。

後來，陳碧蘭在上海青年會的工作也沒了。金源錢莊的經理夏杏芳就買了一台縫紉機，讓陳碧蘭在家裡做枕頭套。夏杏芳幫她聯繫收購的商家。由於費用問題，旅館裡不能長住。葉先芝就讓陳碧蘭住他家。這樣，陳碧蘭就在葉先芝家裡住了一段時間。

羅瑟希是道亨銀行經理的小舅子。所以，他在道亨是有發言權的。道亨銀行在愚園路買了一個花園式的住房，讓彭述之一家人住。少數派就說了，彭述之住上了花園洋房。實際上，他是替戶主守門。如果地產換權了，他就又不能住了。彭述之真是有點喪家犬的樣子。

我到金源錢莊的倉庫取《俄國革命史》紙版時，看見樓子春正在指點鄭超麟和王凡西擇取在那裡的托派文件。這是我第一次認識鄭超麟。我問鄭超麟：「紙版如何處置？」他說他們不準備搬走，也沒有地方藏放。我說，讓我搬走藏放吧。他無異議。我對王凡西說，讓我也參加擇取，讓我每樣撿一份來保存。鄭、王點頭表示贊同。於是我們三人蹲在地上，在一大堆油印文件中擇取。他們擇了每樣一份，我也同樣擇了一份。擇好後，我把我擇的一份捆好，連同幾箱紙版，叫了輛板車，我跟著板車，送到事先約好的一個倉庫。

彭述之告訴我，金源錢莊捐出了一大筆錢印《俄國革命史》，是很難得的。他認為出版《俄國革命史》是我們組織的一件大事。老托這部著作是無價之寶，把紙版搶救出來，以後再版，就無需那麼多資金了。再說，紙版留在金源倉庫，如果被日寇查抄出來，勢必牽連金源。他說：「我們在道義上也不能那樣不負責任。」關於這一點，我後來問起鄭超麟，為什麼你們當時決定對紙版不予處置？他的回答是：「沒有紙版，可以影印再版。事實上抗戰結束後，我們就是用影印再版的。」

後來有一次，我和鄭超麟談起這次應變，為彭述之搬家的事。鄭超麟說：「我們就沒有搬家，因為我們相信陳大可（即陳其昌）。」意思顯然是指彭述之不相信陳其昌。我覺得這樣說也不中肯，應變是組織的需要，事實上，彭述之也從來沒有流露過任何不相信陳其昌的跡象。

現在回憶起來，彭述之當時對陳其昌的被捕，確實說過如下的話：「大可是在國民黨的祕密電臺裡被捕的，這件事暴露了他參加國民黨的經濟情報工作。」當然農民銀行是重慶國民黨政府的銀行，但不能因此就簡單說成是為國民黨工作。農民銀行需要淪陷區的經濟情報，陳參加電臺的編經濟情報的工作，不等於就是國民黨特務。而且當時托派既然主張與國民黨聯合抗日，那麼對為抗日編淪陷區的經濟情報的事，就沒有理由有所非議，何況陳其昌參加這項工作，是因為他的兄弟（在重慶農民銀行工作）要他為抗日做些工作，大前提既是抗日，而他在編經濟情報工作過程中，沒有做過任何損害托派組織的事。憑心而論，彭述之的話，不能說是實事求是的。

抗戰前，彭述之有個想法，想找一個同情托派的文學家，為托派宣傳。自然，他第一個想到魯迅，但是彭述之也知道，他是沒辦法把魯迅拉過來的，這個想法也只能作罷了。第二個選擇是王獨清，他和彭述之的私人關係是很好的，可惜王獨清死得早。最後，彭述之才找到為人非常忠厚的胡山源。

一九四四年是抗日艱難時期，在上海憑寫文章養活已是非常困難。胡山源也需要一個穩定的職業。錢莊當然是一個穩定的職業，報酬也可觀。經過彭述之的介紹，胡山源最後進了金源錢莊。胡山源對彭述之就非常敬重了。

道亨銀行的花園房子賣了之後，彭述之沒有地方可住，胡山源就讓彭述之住在他家。胡山源家並不大，他就騰出一個房間，陳碧蘭還帶著三個孩子呢。

我和鄭超麟的第一次見面，是在上海，陳其昌被逮捕之後。

鄭超麟和彭述之不同的是，他不怎麼愛搞訓練班，他知道我是溫州人之後，只希望通過我，能在溫州發展更多的托派青年。

托派分裂之後，鄭超麟搞了一個公開的刊物，叫《新旗》。在我的印象中，這本刊物辦得很不錯。和彭述之辦的

《求真》和《青年與婦女》相比，《求真》太理論化，《青年與婦女》太通俗、太淺，《新旗》介於兩者之間。

鄭超麟能寫一手不錯的文章。對比彭述之、鄭超麟和王凡西的文章，我們就能發現，彭述之的文章比較「老化」。舉一個例子：陳獨秀去世之後，三個人都寫了追悼文章。當時我向彭述之建議，能不能把三篇文章油印在一起，當然，我是多數派，彭述之的文章要放在最前面，其次是鄭超麟和王凡西。後來大家一比較，發現彭述之的文章確實比較「老化」。

鄭超麟的文章大意是說，從法蘭西大革命到巴黎公社，陳獨秀一個人身上差不多集中了兩百年的思想。這個說法非常生動，讓人讀了印象深刻。王凡西悼念陳獨秀的文章，沒多大意思，他不同意陳獨秀後期的思想，只是說，陳獨秀的思想是不斷前進的。

鄭超麟經常譯書，經濟條件比彭述之要好一點，這也養成了他好客的性格。他的文學修養也要比彭述之高。對很多事情，鄭超麟都有自己獨特的看法。難得的是，鄭超麟和中共也處得比較好。

陳獨秀也看出鄭超麟的為人和品格，也非常信任鄭超麟。

陳獨秀為什麼會和彭述之在監獄裡鬧翻？彭述之認為，是他從蘇聯帶來了「領導權」問題，在監獄裡還擺出自命不凡的架勢，這讓陳獨秀看不慣。兩人就鬧翻了。在這一點上，鄭超麟沒有這樣的架子。儘管陳獨秀不同意鄭超麟的一些看法，不過，在私人層面上，陳獨秀是很信任鄭超麟的。

鄧小平留學法國入黨，雖然鄭超麟不是他的直接介紹人，不過，鄭超麟是特意關照過的。鄭超麟離開法國到莫斯科時，交代他人說，鄧小平年齡最輕，要照顧。鄧小平後來評價鄭超麟：「是個好人。」

一九四六年夏，周仁生和一些溫州托派分子雄心勃勃地到了上海。到了上海之後，就碰到要加入多數派還是加入少數派的問題，我讓周仁生自己好好觀察，再做決定。周仁生和兩派都接觸之後，最後他同意多數派的觀點。這個時候，多數派人數變多了，彭述之就又開始辦訓練班了。周仁生也參加訓練班。

一九四六年到一九四九年，我每年都會去趟上海。一九四六年，我到上海時，周仁生還是和他的表弟阿明住在一起，阿明當時在戴千里會計事務所工作。

那時候，周仁生已經可以進彭述之家了。彭述之對周仁生說：「馬克思主義挺進社這個名字，如果你當時告訴我，我是不同意的，不過，從現在看，效果很好，我只能表示滿意。」彭述之引經據典地說，這符合托洛茨基的觀點。

周仁生當時在上海沒有工作，彭述之就通過江蘇靖江一位朋友，為周仁生在靖江中學找到了一個當老師的職務。周仁生在靖江中學教書的時候，繼續影響學生。一九四七年，我到上海的時候，沒有碰到周仁生，那時他已經在靖江了。

我記得很清楚，一九四七年多數派出了兩個刊物，一份是《求真》，一份是《青年與婦女》。《求真》雜誌的社址在南京路。有一次，我到了《求真》雜誌社之後，他們對我說，過一會兒，彭述之就會來，今天有人過來要見他。已經是廈門大學教授的安明波，到上海見彭述之。彭述之已經交代，如果我來訪，就讓我先等著。

之前，安明波已經通過周仁生的介紹，和彭述之談過幾次。安明波說，他同意多數派的意見，也就是彭述之的意見。所以，我看到的那次談話，雙方都談得很愉快。

據周仁生說，談話之前，他還是屬於馬克思主義挺進社，談話之後，彭述之就宣佈，安明波和周仁生所在的挺進社，併入托派中的多數派。

由於工作需要，彭述之讓周仁生留在上海。周仁生的交際面很廣，除了上海、杭州之外，連臺灣也有他的托派同學。臺灣也成立了托派組織。

大約是一九四八年前後，周仁生領我去見彭述之，當時他住在華山路邊的一個倉庫裡，一個倉庫的鐵皮屋裡。這是我最後一次見到彭述之。

一九四九年，我到上海的時候，周仁生已經離開上海了。當時，周仁生在上海太暴露了，就啟程去福建，在海澄中學當校長。這個校長是不是由安明波介紹，我已經記不清了。周仁生去那裡當上校長之後，就招黃禹石去當教務主任。在福建當校長，也是周仁生的一種掩護。

周仁生在福建的時候，和國外的托派也是有聯繫的。當地對周仁生的政治面貌，是不瞭解的。

一九四九年五月七日，溫州城解放。我從溫州到上海參加托派江浙臨委，錢川把從溫州來上海參加多數派活動的社會主義青年團員交給我領導。我就將這批人按住所分成北區中心和南區中心兩個小組，為解決其中一部分人的吃飯、住房困難問題，就發動托派黨內有工資收入的人募捐。

一九四九年十月份，托派中的幾個人在房間裡刻印，被員警發現，當時這是不允許的，他們就被逮捕了。江浙臨委北區中心的成員大部分相繼被捕，關押在學校等單位，時間不長。最長的錢川、趙養性關押十二天，我被關了二十四小時就放了。釋放前，政府人員對我們說：「這次不是有計劃逮捕你們，是你們自己暴露了。希望你們遵守法律，不能再活動了，否則就不客氣了。」其實，對托派的整肅，政府早已做好準備。我們的底細，政府早已經摸清楚了。

托派多數派浙江臨委隨之瓦解。錢川等人去了香港，我仍留在上海。我當時住在我姐姐家。她也沒辦法，身為姐姐，她只能讓我住。這兩年間，我都是靠朋友的關係，做點翻譯，拿點稿費，解決生計問題。

一九五二年十二月二十二日，全國大肅托開始，托派被一網打盡。有些雖不是托派，卻受朋友的牽連，入獄，勞改。上海提籃橋監獄人最多的時候，關著兩百多名托派分子。一小塊房間，人多時關著四五個人，人少的時候，關著兩三個人。

我和周仁生、曾猛三人碰到，是在一九五七年監獄組織的參觀活動。全國各地的托派分子齊聚上海，周仁生和曾猛是從杭州的監獄調到上海。

周仁生在福建被捕。但政府為了弄清楚溫州托派的情況，調周仁生去溫州，後來又把他關到杭州監獄。當時，曾猛也關在杭州。這樣，周仁生就和曾猛碰到了。

參觀之後，在上海「住」了個把月，周仁生和曾猛再被調回杭州。周仁生和曾猛在杭州，關在不同地方，周仁生在臨平勞改，去打石頭。我參加勞改，是在監獄裡頭，相比來說，生活條件還算比較好的。外出勞改的艱苦是可以想像的，周仁生身體不好的毛病都是在那時落下的。

那次參觀結束時，曾猛對我說，妻子秋君不應該啊，不應該讓張沖去營救他。曾猛的意思是說，秋君如果不讓張沖去營救他，那麼後來的這一切都不會發生了。這也可以證明曾猛的整個心路歷程。一九六〇年，曾猛患水腫病後去世。去世的確切月日迄今未查明。他的家屬一九六一年才接到杭州監獄的通知，說曾猛已死，囑領遺物。從一九五〇年到一九六〇年，曾猛被關了十年，至死沒有判決。

三年自然災害之後，各地托派又集中在一起去參觀，有廣州過來的，也有杭州過來的。這次周仁生調到上海之後，就落在上海了。劉平梅也是在這次調到上海。

我和周仁生雖然不在同一個牢籠，不過統一學習的時候會碰到，在一條弄堂裡。兩個人一個房間，當時條件還是比較好的，門都是開著的，大家可以自由走動，我和周仁生能大天碰面。那個時候，周仁生的身體還是不好的，有肺病，但是非常樂觀。他把衣服剪成馬甲，他說，這就叫「的確涼」。

提籃橋監獄裡後來成立一個翻譯組，當時，連懂日文的大漢奸也是翻譯組的成員。監獄管理員知道周仁生的英語水準很好，就把周仁生調進翻譯組。喻守一和我後來也進入了翻譯組。喻守一懂英文、日文和德文。就這樣，我、周仁生、喻守一和鄭超麟，四個托派分子組成了一個翻譯組。

我們主要翻譯科技類的文章，當時我們翻譯了一些彩色電視機的基本資料。這對我來說，也是在外文方面很好的鍛鍊。

當時，上海人民出版社帶來了《國際概論》的原文。該書由英國一家大學出版社出版，每年出一本，上海人民出版社要我們翻譯成中文。周仁生翻譯美歐部分，喻守一是留東洋的，日本部分由他負責，我負責亞洲（不包括日本）

和非洲部分的翻譯，總數大約六十來萬字。每人一本字典，一本地圖。鄭超麟當審校。

鄭超麟被捕之後，很長一段時間是獨自一人一個牢房。他就在監獄裡向多個單位反映「法律問題」。一九五六年，我和鄭超麟在一起參加勞改，之後又分開了。我們曾經一起到過上海一家柴油機廠，我發現工廠畫廊裡竟然有一張鄭超麟編的《嚮導》刊物的封面照片，上面也有鄭超麟的名字。我告訴鄭超麟之後，鄭超麟也覺得很奇怪，以當時他的身分，這張封面照片就算能出現，他的名字也是不應該出現的。有人會說，中共把托派的功績全都抹殺了，事實上可能也並不如此。

我和鄭超麟第二次在監獄裡碰到，是一九五七年五月一日的參觀活動。我們被安排到人民廣場附近一個大樓裡，大街上經過的隊伍我們都能看得到。參觀完之後，工作人員問鄭超麟有什麼感想？鄭超麟說：「這紅旗紅裝味道好啊。」

在文化大革命當中，社會上在鬥，監獄中也不可避免。在監獄裡，托派和非托派的很多犯人要批鬥鄭超麟，這當然是一件挺麻煩的事。當時，他們認為鄭超麟是反革命，要鄭超麟跪著，把凳子舉在頭頂。我還能有什麼辦法呢？只能暗地裡要求在鄭超麟邊上陪同批鬥的人，盡可能地保護鄭超麟。

鄭超麟說：「我只有兩個問題還沒有解決，第一個問題是，一個國家能不能夠建設社會主義？第二個問題是，托洛茨基算不算反革命？」到最後，鄭超麟說：「我是反革命，陳獨秀不是反革命。」

這是我親眼看到的一件事。

我和鄭超麟在同一監房的時候，我就跟鄭超麟學外語。鄭超麟懂德法俄三國外語。我跟鄭超麟學俄語，花的時間比較少，因為我已經有一點基礎了。

鄭超麟在監獄裡寫過很多關於自己思想的材料。一個是關於讀「毛選」的心得。另一個就是他對國際風雲的看法。

鄭超麟提出一個獨特的看法，叫「幹部主義」。他說，人類從原始社會發展到奴隸社會，封建社會，資本主義社會，從資本主義社會到社會主義社會之間，就是「幹部主義社會」。他是拿蘇聯來舉例，蘇聯和中國，都是「幹部主義社會」。他愛到處發表他的新觀點。我對他說，我當然不同意你的這個觀點。

上海人民公社奪權之後，監獄裡一連十多天沒有報紙，我們也不知道什麼原因，感覺是發生了什麼重要事情，後來才知道，是上海人民公社奪權了。監獄裡的主管問鄭超麟：「你對上海人民公社有什麼看法？」鄭超麟說了一句：「只怕上面不會批准吧。」後來，毛澤東指出：「還是叫革命委員會好」。各地的新政權機構一律改名為革命委員會，上海的政權也改名為上海市革命委員會，「上海人民公社」從生到死只存在了十八天。大家都佩服鄭超麟的政治經驗。

在文化大革命當中，鄭超麟寫的文字資料都被沒收，甚至是「毫無關聯」的詩詞。那個時候的鄭超麟是很痛苦的。但是，我也從來沒有看到鄭超麟垂頭喪氣過。在監獄裡除了看書讀報寫字之外，他也幹活，洗被單。

鄭超麟和彭述之在私人關係上並不好。托派分裂之前，就這樣了。

在監獄裡，我問過鄭超麟：「為什麼和彭述之走到這種境地？」鄭超麟告訴我，中國到莫斯科學習的學生，分為兩派。有一派是「領導派」，因為選來選去，都是那一撥人當幹部；另一派，就是「被領導派」。

彭述之屬於「領導派」。鄭超麟說，他是同情「被領導派」的。從那個時候起，鄭超麟就對彭述之有不同的看法了。

文化大革命時期，具體是哪一年，我已經記不清了，日本一家很有名的歷史悠久的雜誌社，在法國訪問了彭述之，主要問了兩個問題。第一個是早期中國共產黨的歷史，第二個是劉少奇問題，當時是說劉少奇變叛徒了。當時這篇訪問，中國的黨史資料也做了翻譯。

彭述之說的意思大概是，劉少奇是他的朋友，從湖南到莫斯科都是朋友，後來，由於政治意見不同，就沒有關係了。但是，如果說劉少奇是叛徒，他是不相信的。這是根據彭述之對劉少奇為人的瞭解，和劉少奇在黨內的歷史可以推斷出來的。他不相信劉少奇會是叛徒。

幾乎在同一時間，也有人問鄭超麟關於「劉少奇是叛徒」的問題。問的人和鄭超麟幾乎吵起來了。鄭超麟說，說劉少奇是叛徒，那是沒有道理的，並反問對方有什麼根據？對方的根據是，某年某月某日，劉少奇曾在報紙上公開發表申明，被逮捕之後，放棄共產黨的身分。這就是證據。鄭超麟說，你們根本不知道實情，我可以告訴你，某年某月某日之前，根本沒有發生劉少奇被捕的事情，當時他在中央，所以他是知道的。

我的看法是，鄭超麟的認識比彭述之更進一步，彭述之是個人相信，而鄭超麟是直接拿出證據。

我聽到鄭超麟指責那人說：「你怎麼能人云亦云！」而那人也指責鄭超麟說：「太頑固！」

我後來對鄭超麟說，雖然你和彭述之的政治看法不同，不過對劉少奇的看法，卻是相同的，都是實事求是。

到文革期間，我們已坐了二十年的牢。他們就給我們換了地方。

一九七二年九月二十八日，十二名托派全部被送到青浦農場和周浦玻璃廠等二處勞改單位，各人分一間事先準備好的居室，每月發給不菲的生活費，但六人一個院落，不許與外人接觸，事實上是由關押在獄中改為管制。

我被換到周浦，還有鄭超麟、喻守一、蔣振東、李培和林華一共六個人；周仁生被換到青浦，還有黃鑒銅、劉平梅、葉春華、鄭良、熊安東也一共六個人。我和周仁生，又分開了。

管理青浦監獄的負責人對周仁生挺好，對周仁生說，有機會，他可以帶周仁生去周浦，讓我們老朋友見面。有一次，這個負責人還真的借了一輛車，把周仁生帶我這裡來，和我見面。

在青浦，犯人們主要過著農場生活。那個負責人對周仁生說，你的身體這麼糟糕，幹農活怕受不了，就沒有讓周仁生參加農場工作，讓周仁生負責煮飯，不過，周仁生不會煮飯。黃鑒銅的身體也不好。那個負責人說，你們兩個人輪流試著煮飯得了。

周仁生在坐牢期間，他的叔叔去世了。死之前，家裡人給周仁生寫信，他叔叔希望能在死前見周仁生一面。周仁生把這封信拿給監獄負責人看，竟然批准了。他們讓一個隊長陪同，把周仁生送到溫州。周仁生見到了叔叔最後一面。

周仁生和監獄裡的每一個工作人員都相處得很好，工作人員也沒有說過周仁生一句壞話。青浦農場裡也有一個化工廠，需要資料翻譯。這個時候，又要用到周仁生了。

一九七九年六月五日，上海市高級人民法院和上海市公安局負責人把我們十二人集中到青浦農場，宣佈恢復公民權。六月底，鄭超麟、李培、黃鑒銅、喻守一、葉春華、鄭良、熊安東、蔣振東等八人搬入石泉路新房居住，劉平梅回廣西，林華回廣西，周仁生和我回到溫州。

一九七九年出獄時，天氣轉冷，我和鄭超麟在監獄工作人員的陪同下去買棉襖。我們先到上海一家飯店裡吃飯，鄭超麟說：「今天，我們要放開吃。」

鄭超麟在商場裡脫掉外套，惹來商場的女營業員一陣哄笑。原來，鄭超麟裡頭穿著短袖的香港衫，再套著一件馬甲，讓女營業員覺得奇怪的是，鄭超麟把土布做的毛巾，縫上短袖，接成長袖。這樣穿確實是很怪。我聽到女營業員在議論，看上去陪同人員對他又很敬重，怎麼穿著這麼寒磣？

鄭超麟選了一件棉襖。鄭超麟背著一個包，出來時，整個人已經走不動了，幾乎是掛在我身上了。我看他很吃力，就接過他背的包。

我笑著問他，下一次，這個商場你還敢不敢進。鄭超麟說：「還會進去的。」如果愛面子的彭述之碰到這件事，下次一定不會再進這家商店。從這裡，也可以看出鄭超麟和彭述之生活態度的不同。

上海專門成立了一個管理托派的機構。政府正式宣佈給予我們公民權，卻沒有說是平反。最後，由上海市政協出面，在上海衡山飯店裡請我們托派吃飯，大家都去了。酒席分三桌。第一桌有鄭超麟、黃鑒銅、蔣振東、喻守一；第二桌，有我和周仁生；第三桌是其他人。

出獄後，政府給出的條件是，第一是提供生活費。給鄭超麟一個月的生活費是八十元。我和周仁生的生活費都是七十元。其他出獄的托派分子是六十元。我們也被分為三等。

第二是安排住房。他們對我和周仁生說，你們要回溫州，因為你們還有家屬，可以和家人團聚。有些在外地已沒有家人的溫州托派，就留在了上海。上海的普陀區是當時中國托派的居住地，鄭超麟，蔣振東他們都留在了上海。

鄭超麟本來是和另一個人住一套房子，後來為了照顧到鄭超麟的出行，就單獨為鄭超麟安排了一套房子。其他人都是兩個托派分子住一套房子。

我和周仁生當時的要求是不想回家。工作人員也確實向上級反映，問這兩個人留得還是留不得。據他們說，是鄧小平明確表示，我們兩個人一定要回去。

當時上海公安局一個處長來到溫州，他是事後才跟我說的。他到周仁生和我家都看過。看過之後，才跟我們說，決定補貼周仁生幾百元錢用來修補房子。我在東門的房子太小，住不下，就決定分配房子給我。

第三就是提供公費醫療。

釋放的時候，工作人員對我們說，沒有文件，「是中央的決定」。

托派可以釋放，據說是周恩來根據毛澤東的一次談話定下來的。毛澤東說：「他們大多數人都不抗爭了，思想也已經轉變了，雖然說還有個別人（指鄭超麟）還堅持自己的觀點，這沒關係，無所謂了，你就堅持自己的觀點得了。都釋放。」

根據「有家的回家」原則，我和周仁生只能回家。上海工作人員把我和周仁生送回溫州。

我們回來之前，溫州都已經收到消息了。回溫州之後，周仁生就開始教英文，他就帶上我。他教書，我幫他改卷。周仁生對我很尊重，把我當成老前輩。我對他說：「在英語上，你是老師。」

我和周仁生的友情是很深的。周仁生對我說過，我們有共同點，就是樂觀，不會整天愁眉苦臉，還有一個共同點，就是把錢看得很淡。

周仁生帶的兩個班，甚至是不收錢的。學期快結束的時候，有人對他說，你要收點錢，周仁生這才收一點錢。

周仁生的身體一直不好，整個上午都會覺得頭暈。到了中午稍微變好，下午去教書的時候，精神會變好，這都是在監獄裡留下後遺症的原因。

從監獄裡出來之後，還能參加工作，這讓周仁生覺得很高興。他覺得，又可以貢獻自己的力量了。

周仁生的居住環境比我差，這不是說房子的品質，而是有干擾。他的一個鄰居，老是對他大喊「你是反革命」，還鬧到派出所。有客人來看周仁生時，他的那個鄰居更是大聲喊。周仁生也沒有辦法。

出獄後，每年我都會去一趟上海見鄭超麟。我還當了一回中間人，把蘇淵雷介紹給鄭超麟認識，後來，蘇淵雷寫了一首詩，裱好送給鄭超麟。

蘇淵雷是這麼寫鄭超麟的：「玉尹殘編把誦頻，天荊地棘一超麟。ABC讀少年老，丁字碑傳客淚新。孤憤酸情誰得遣？童烏病婦世難春。彭陳不作聲名在，碩果猶存偃蹇身。」ABC指鄭超麟翻譯的布哈林的《共產主義ABC》。《丁字碑》是鄭超麟所著的《玉尹殘集》中的一首詩，是寫他想像中的托洛茨基的紀念碑。彭陳是指彭述之和陳獨秀。我記得蘇淵雷的第一稿是「天造地方」一超麟。後來改成「天荊地棘」，後四個字，更能概況鄭超麟的一生。

蘇淵雷的這首詩很富感情，從詩中可以看出蘇淵雷對鄭超麟的認識。蘇淵雷是同情托派的。一九四二年，托洛茨基被暗殺之後，蘇淵雷也寫過兩首悼念托洛茨基的詩。

一九八八年前後，出獄之後的鄭超麟，認識了湖南人民出版社的朱正。朱正很敬仰鄭超麟。當時鄭超麟手中有《先知三部曲》中的第一卷，鄭超麟就問朱正，能不能出版？朱正說，如果能翻譯得出來，湖南人民出版社可以想辦法出版。對我們來說，這當然是一個好消息。

我去上海的時候，鄭超麟對我說，《先知三部曲》有希望能出版，朱正已經答應了。說我出手比較慢，讓我拿走第一卷，回溫州先翻譯。

後來由於某種原因，朱正靠邊站了。所以，《先知三部曲》在湖南人民出版社出版的希望也就沒有了。當時第一卷我已經翻譯了十有七八了。

這個時候，鄭超麟通過王凡西買到了《三部曲》原文全本。第二卷交給周仁生翻譯。第三卷交給喻守一翻譯。周仁生基本功好，出手快。我們最大的優勢是對歷史背景比較熟悉。

我之前從沒有翻譯過書。我翻譯出來的東西，拿來和鄭超麟和王凡西翻譯的作品做對比。對我來說，這也是一種進步，有時候也能超過他們，並不是我比他們在歷史背景上有更深的理解，而是在文字上較好讀。

我翻譯時想盡力做到信、達、雅。「信」、「達」，我自認為是能做到的，「雅」那是萬萬不能做到了。《先知三部曲》的原文非常漂亮，周仁生也有同感。

後來，我碰到蘇淵雷。蘇淵雷讓我只管翻譯，翻譯好了可以交給華東師範大學出版社出版。他找該出版社的負責人談。這樣，我們又重新看到了希望。

另外，我們還要解決智慧財產權的問題。托洛茨基死了，《先知三部曲》的作者也死了。這該和誰去接頭呢？王凡西後來找到國際上一個專門負責托洛茨基著作權的代表巴頓。巴頓得知後非常高興，說著作權沒有問題，一切按手續辦就是。手續很簡單，只用交一千多元的費用，他的委託書就寄來了。這前後大約花了一年時間，等到我們拿到委託書，想找華東師範出版社的時候，蘇淵雷已經去世了。

我們想過要自費出版。鄭超麟和北京人民出版社的範用認識。範用卻說，這本書值得翻譯，可是他已經退休二線了，無能為力。我們又找到上海書林出版社，他們也是滿口答應，只要我們能拿出五萬元錢。

後來，一個偶然機會，周仁生一個學生找到北京一家出版社——中央編譯出版社，出版社編輯施用勤一口答應。施用勤來到上海找鄭超麟，提出一個條件，第三卷他們（施用勤、張冰、劉虎）已經翻譯好了，可不可以用他們的譯稿？鄭超麟為了能出版，當機立斷，一口答應。

當時是喻守一負責翻譯第三卷。不過，喻守一沒翻譯多少就病倒了，之後去世。第三卷，其實是我和周仁生一起翻譯完的。周仁生翻譯前三章，我翻譯後三章。翻譯出來的稿子一直放著沒有派上用場。後來，《先知三部曲》出版的時候，第三卷是用了施用勤等人的翻譯稿。全書由施用勤等人統校。《先知三部曲》能夠順利出版，施用勤起了很大的作用。由中央編譯出版社出版也增加了著作的「合法性」。

從鄭超麟拍板決定到審校、出版，時間不算長。當然，我和周仁生翻譯這部書，也不是為了錢，而是想讓更多的人知道這段真實的歷史。這是我們的目的。

我本來是貧苦出身，我也是苦慣了。

一九四七年到一九四九年，我是電燈公司職工。那兩年，生活有所改善。電燈公司的報酬很好。其他時候，我過得並不寬裕。我教書的時候，工資也是不高的，無非就是分些糧食。

我的一生，大小被捕六次。第一次被捕，從我虛齡十九歲一直坐牢到二十三歲。雖然只判兩年半，其實坐了四年牢。

抗戰時期的前兩次逮捕，我只是被關了幾個月。他們沒有找到證據，我是硬頂頂過來的。抗戰時期的第三次逮捕，我和曾猛一起被捕，關了一年多。這三次加起來，總共坐了五六年的牢。

解放之後，從一九五二年到一九七九年，關了多少年呢？整整二十七年。二十七加六，等於三十三年。我一生中最寶貴的時間，都是在監獄裡度過的。

在我看來，我不算白白坐牢。我是一個沒有文化的人，只是小學畢業，能夠學一點中國文化，能夠懂一點外文，這都是在監獄裡學到的。我沒有覺得白坐牢了。我拼命利用時間學習，也讀了相當多的書。這在監獄外是做不到的。所以，我能教書，我能辦報。

在最後一場最長的牢獄生涯裡，我讀完了《資本論》三卷，也讀完了馬恩、列寧全集。讀書總是和思想分不開。從生活態度上說，我在坐牢的時候沒有愁眉苦臉。很多事情，不坐牢是不能明白的。我從沒有抱怨。

一九五二年，我被捕之後，我的妻子就瘋了，三個孩子生活困苦。當然，我對不起我的家庭。

這是我的人生總結，我也只能這麼說。

徵引文獻目錄

一、文件案資料

溫州市文件案館藏資料；

二、文獻資料

一、強重華等編著：《陳獨秀被捕資料彙編》，河南人民出版社，一九八二年；
二、廈門市委黨史研究室主編：《廈門革命歷史文獻資料選編》（第九冊），一九九二年；
三、陳營、陳旭華編：《廈門大學校史資料》（第五輯）——組織機構沿革輯教職員工名錄，廈門大學出版社，一九九〇年；
四、廈門大學校史編委會：《廈門大學院系館所簡史》，廈門大學出版社，一九九〇年；
五、浙江省監獄管理局編：《浙江監獄工作回憶錄（一九四九－二〇〇五）》，浙江人民出版社，二〇〇八年；
六、《浙江省第一個監獄史》編纂委員會編：《浙江省第一個監獄史（一九五二－二〇〇五）》；

三、文集、年譜、日記、紀念集

一、《獨秀文存》，北京：外文出版社，二〇一三年；
二、《魯迅全集》，北京：人民文學出版社，二〇一二年；
三、彭述之：《彭述之選集》（四卷），香港：十月出版社；
四、周仁生：《周仁生文存》，香港：馬克思主義研究促進會叢書，二〇〇六年；

五、周履鏘：《周履鏘文存》，自印本，二〇一五年；
六、夏承燾：《夏承燾集》，浙江古籍出版社，浙江教育出版社，一九九七年；
七、《胡振東醫師逝世周年紀念集》，一九八八年；

四、回憶錄

一、彭述之：《彭述之回憶錄》兩卷，香港：天地圖書有限公司，二〇一六年。
二、陳碧蘭：《我的回憶》，香港：十月書屋，一九九四年，電子版；
三、鄭超麟：《鄭超麟回憶錄》上、下冊，北京：東方出版社，二〇〇四年；
四、王凡西：《雙山回憶錄》，第九十－九十一頁，香港：士林圖書服務社，一九九四年；
五、王凡西：《雙山回憶錄》，北京：東方出版社；
六、胡蘭成：《今生今世》，臺灣：遠景出版事業有限公司，二〇〇九年；
七、冀汸：《血色流年》第一百七十七－一百七十九頁，上海：復旦大學出版社，二〇〇四年；

五、專著

一、唐寶林：《中國托派史》，第十八頁，臺灣：東大圖書公司。
二、劉平梅：《中國托派黨史》，香港：新苗出版社，電子版；
三、吳基民：《煉獄——中國托派的苦難與奮鬥》，新加坡：八方文化創作室，二〇〇八年；
四、曾淼：《世界托派運動》，北京：人民出版社，二〇一一年；
五、唐寶林：《陳獨秀全傳》，北京：社會科學文獻出版社，二〇一三年；
六、坎農：《美國托洛茨基主義運動史》，香港：革命馬克思主義編譯社，二〇一五年；

七、羅伯特·亞歷山大：《拉丁美洲的托洛茨基主義》，商務印書館，一九八四年；
八、張澤宇：《留學與革命——二〇世紀二十年代留學蘇聯熱潮研究》，北京：人民出版社，二〇〇九年；
九、高華：《紅太陽是怎樣升起的—延安整風運動的來龍去脈》香港：中文大學出版社，二〇一三年；
一〇、高華：《歷史筆記》（兩卷），香港：牛津大學出版社；
一一、程紹國：《林斤瀾說》，北京：人民文學出版社，二〇〇六年；
一二、胡珠生：《溫州近代史》，瀋陽：遼寧人民出版社，二〇〇〇年；
一三、馬雨農：《張沖傳》，北京：團結出版社，二〇一二年；
一四、馬連儒、袁鐘秀：《王若飛傳》，貴州：貴州人民出版社，二〇一四年。
一五、盛嶽：《莫斯科中山大學和中國革命》，現代史料編刊社，一九八〇年；
一六、《肅清帝國主義間諜托洛茨基匪幫》，北京：人民出版社，一九五三年；
一七、吳思雷編撰：《一代詞宗夏承燾逸聞》，一九八八年；
一八、沈迦：《尋找·蘇慧廉》，第二百一十四頁，北京：新星出版社，二〇一三年；
一九、葉永蓁：《小小十年》，北京：人民文學出版社，一九八八年。

六、文章論文

一、王國龍：《曾猛其人》，《十月評論》第三十四卷第二／三期，二〇〇七年；
二、王國龍：《一九四一年秋至一九四四年的回憶》；
三、周仁生：《一九四一年至一九四六年的溫州托派簡況》；
四、周仁生：《晚風吹來憶往昔，林松祺——我的帶路人》，《十月評論》第三十四卷第一期，二〇〇七年；
五、周仁生：《在默默中生存，在默默中泯沒》；

六、段躍：《王國龍口述》，北京大學中國社會與發展研究中心知識份子口述生命史課題組，二〇一〇年；
七、沈克成、王永勝：《王國龍口述自傳》，《甌風》新刊第四集，合肥：黃山書社，二〇一二年；
八、許武智：《湮沒的革命者：溫州托派的興起與覆滅》，華東師範大學二〇一四屆研究生碩士學位論文；
九、楊奎松：《「江浙同鄉會」事件始末》；
一〇、史唐：《憶中共早期地下印刷所》，《中共黨史資料》，二〇〇七年第一期；
一一、徐家俊：《一九四九：上海監獄接管始末》，《政府法制》二〇〇九年第二九期；
一二、向青，《王凡西小傳》；
一三、王凡西：《悼念中國托洛茨基主義者樓國華》；
一四、林瑞樹：《蹉跎革命路：我的父親林壯志》；
一五、吳基民：《中國最後一個托派》；
一六、吳基民：《四個托派的人生沉浮》；
一七、哈斯格爾勒：《「內人黨」冤案親歷記》，《炎黃春秋》二〇〇九年第一期；
一八、周與杞：《我區最早留蘇的共產黨員何止錚》，《甌海文史資料》第十六輯；
一九、方韶毅：《〈小小十年〉之後的葉永蓁》，《讀書》二〇〇九年十二月；
二〇、方韶毅：《懺悔》；
二一、徐晉：《周任辛先生逝世前後及與我的師生情緣》；
二二、劉平梅：《我的回憶》；
二三、熊安東：《憶劉平梅》；
二四、沈克成：《行無愧怍心常坦，身處艱難氣若虹——悼念周任辛先生》；

七、書信

一、周仁生至周履鏘書信；（注：周履鏘保留周仁生從一九八五年到二〇〇三年寫給他的約三百來封書信，史料豐富，都是肺腑之言。）

二、周仁生至沈雲芳翁淑青書信；（注：我找到周仁生上世紀七八年代至沈雲芳翁淑青共四封書信。

八、網站

中文馬克思主義文庫http://marxists.anu.edu.au/chinese/index.html

後記

二〇一一年，《甌風》新刊主編方韶毅先生給我打電話說，沈克成先生手裡有份「托派」口述影像資料，問我有沒有興趣協助整理成文字？我脫口而出：「什麼是托派？」電話那頭，方韶毅先生沉默了幾秒鐘。我馬上打開百度，輸入「托派」兩字查詢，然後馬上對方韶毅先生說：「哦。我知道，托洛茨基嘛。」

實話實說，我那時根本沒聽過托洛茨基和托派。我必須從零開始，做好這份差事。

我登門拜訪沈克成先生。他給我幾張刻好的光碟，是托派多數派中央委員、曾任彭述之助手的王國龍先生八小時口述記錄。

做這份口述文本，我非常痛苦。一，這是一段我不熟悉的歷史，裡頭人物事件眾多，陌生，二，影像中的王國龍先生已是耄耋之年，有些口齒不清。我只能聽一句，按暫停鍵，再做原文記錄。我花了一年左右時間，才拿出四萬多字的初稿，裡頭有許多存疑的人名、地名。對這樣初稿，沈克成先生和方韶毅先生都表示不滿意。經過多次修改，最終方韶毅先生把四萬多字的修改稿整理出成兩萬多字的定稿。我終於松了一口氣，算是交了差。

由沈克成先生和我共同整理的《王國龍口述自傳》文本，最初發表在《甌風》新刊第四集（二〇一二年四月），發表後反響很好，《江南》雜誌二〇一二年第五期全文轉載。

後來我才知道，早在二〇〇五年，北京大學中國社會與發展研究中心知識份子口述生命史課題組段躍女士就專門從北京來到溫州，花了八天時間採訪了王國龍老人。王國龍老人以為很快就能看到段躍女士為他做的口述文本，卻遲遲沒有等到下文。王國龍老人很失落，沈克成先生才特意拿著攝影機再次為他做口述，錄下影像資料。這份珍貴的影像資料塵封了好多年，二〇一一年，沈克成先生才特意叫方韶毅先生推薦溫州人幫忙來整理。王國龍老人是用溫州方言口述，溫州方言又是以難懂著稱，不是溫州人，還真的很難勝任整理工作。方韶毅想到我這個在媒體供職的「小文青」。謝謝沈克成先生和方韶毅先生對我的信任。《王國龍口述自傳》刊發之後，我認為活已經幹完，就不再理會這事。到了二〇一四年，我才突然開竅醒悟：溫州托派是一段獨特的歷史，可以寫成一本書。

二〇一四年，我聯繫上了托派多數派中央委員周仁生的學生虞爭鳴先生。虞先生仁義謙和，我向他表明想法之後，虞爭鳴先生大力支持，並把我領到了上海周履鏘老人家門口。在世的少數托派老人之中，周履鏘老人地位特殊，他曾給晚年的鄭超麟做過生活和工作助手，也是聯絡各方的中間人，對鄭超麟、周仁生等托派重要人物的經歷都知之甚詳。周履鏘老人打開了家門，我的整部書稿也打開了眉目。

拜訪托派老人，就像走林中路，走完一條路，還會有出現一個分叉路，分叉路的前面還有分叉路。

周履鏘老人向我推薦了周仁生表弟沈雲芳先生。溫州另一名對溫州托派知之甚詳的老先生向我推薦了托派成員邱季龍老人和胡振南老人。他對我說：「胡振南住在洪殿附近的老人院裡，你可以去找找看。」這樣我才能採訪到了邱季龍老人和胡振南老人。邱季龍老人向我推薦了陳兆魁老人。

香港學者林致良先生向我推薦了陳良初老人。陳良初老人的故事，我沒有單獨成篇，選取了最有故事的一部分放在本書第一篇中。

我也拜訪了高齡、耳背、依舊樂觀的陳玉琦老人。

感謝向我打開心扉的托派老人，也感謝我拜訪過卻沒能成稿，以及還沒來得及拜訪的托派老人。

二〇一四年，我電話聯繫上了北京的段躍女士。段躍女士一直致力於知識份子口述生命史課題的研究，她把托派納入知識份子範圍。我採訪過的托派老人，她幾乎都已經採訪過，可見段躍女士研究之細緻。而據我的瞭解，她做的很多文本都沒有公開發表過，是為以後的中國留下一手資料。這是一種寂寞的寫作，讓我肅然起敬。

段躍女士對我這個初出茅廬的年輕後輩很關愛，對我說，她署名的資料我都可以引用，只要在文中標明引用出處即可。慷慨如此。她於二〇一〇年五月定稿的《王國龍口述》文本，超過二十萬字，對我寫作幫助有多大。她還傳給我《陳其昌檢索手記》、《陳道同的生命軌跡》、《冬至詠歎》三篇佳文電子稿供我參考。

段羅女士還對我說，如果我有問題她難以解答，她會幫我請教唐寶林先生。段羅女士還沒有見過我的面，就對我如此信任、幫忙。我夫複何言。

文武雙全的瞿煒先生，是我供職單位的部門領導，也是我的人生導師。我碰到他，就像一堆亂碼碰見程式師，我的人生被重組。本書思路是瞿煒先生提供給我的，我再根據他提供的思路采寫，「亦步亦趨」。緣分使然，讓我可以少走許多彎路。

二〇一五年，我花了整年時間寫好關於周仁生的稿子，初稿過六萬字。瞿煒先生一看，說，不行，太多資料堆積在一起，很多地方主次不分，拆開重寫。我重新佈局周仁生稿子，裁出安明波、林松祺和周仁生的故事獨立成篇，這才有了本書的基本框架。

瞿煒先生知我有幾斤幾兩，他說，你只說故事，少感慨。我遵命。

本書每一篇初稿，瞿煒先生都仔細看過，圈出語句不通順的地方和錯別字。我拿著改好的一疊疊文稿，心想，餘小子何其幸也。是瞿煒先生領著我走上文學的道路，這是一輩子的恩情。

感謝沈迦先生，他陪我一起拜訪過周履鏘先生，也看過本書多篇文稿，給我鼓勵和支持。

感謝施用勤先生，虞爭鳴先生曾把本書幾篇文章推薦給施先生，他推薦給上海一家文學期刊，雖然最後沒能發表，但我已心存感激。

感謝溫州舊書店老闆章宇先生，他幫我搜羅了不少的托派資料。

感謝我的朋友李崇灣先生、梁孝克先生、陳道勝先生、金思斯女士、麻笑恬女士，他們都看過我的書稿，都給我提供許多寶貴的意見。

寫作是一場彈盡糧絕的遠征，這場跨度數年的遠征最終能到達終點，套用王鼎鈞先生的一句話，是「水深江湖闊，謝諸子引渡」。

我再次感謝上文提到的諸位老師和朋友，以及我沒能一一點名感謝的其他老師和朋友。

由於筆拙，沒能寫出這些老人最準確的形象，也沒能寫出他們的精神追求和狀態。這是我第一本習作。如果本書存在引用資料而忘記表明出處，我向原作者表示歉意。

感謝我善良的妻子姜群芬，是她承擔了大部分的家務，「縱容」我安心寫作，去做自己喜歡的事。

最後感謝我的父母。雖然我很難向父母解釋，我寫了一本怎樣的書。

王永勝

二〇一六年四月三十日於溫州梧桐書屋

獵海人

迷途的羔羊
——中國托派沉浮錄

作　　者　王永勝
圖文排版　楊家齊
封面設計　蔡瑋筠
出版策劃　獵海人
製作發行　獵海人
114 台北市內湖區瑞光路76巷69號2樓
電話：+886-2-2518-0207
傳真：+886-2-2518-0778
服務信箱：s.seahunter@gmail.com

展售門市　國家書店【松江門市】
10485 台北市中山區松江路209號1樓
電話：+886-2-2518-0207
三民書局【復北門市】
10476 台北市復興北路386號
電話：+886-2-2500-6600
三民書局【重南門市】
10045 台北市重慶南路一段61號
電話：+886-2-2361-7511

網路訂購　博客來網路書店：http://www.books.com.tw
三民網路書店：http://www.m.sanmin.com.tw
金石堂網路書店：http://www.kingstone.com.tw
學思行網路書店：http://www.taaze.tw

法律顧問　毛國樑　律師

出版日期：2016年10月
定　　價：490元

Printed in Taiwan

國家圖書館出版品預行編目

迷途的羔羊：中國托派沉浮錄 / 王永勝著. -- 臺北市：
獵海人, 2016.10
面； 公分
ISBN 978-986-93372-7-4(平裝)

1. 托洛茨基(Trotsky, Leon, 1879-1940) 2. 中國大陸研究 3. 馬克斯主義

574.1 105018639